PRACTICE & EXPLORATION OF
FINANCIAL MANAGEMENT IN THE NEW PERIOD

新时期财务管理实践与探索

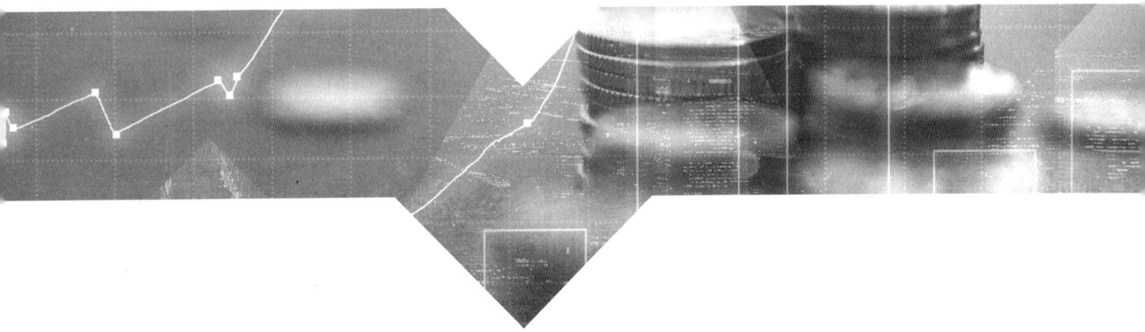

第三期中央国家机关会计
领军人才培训项目编写组
编

中国财经出版传媒集团
中国财政经济出版社

图书在版编目（CIP）数据

新时期财务管理实践与探索 / 第三期中央国家机关会计领军人才培训项目编写组编. -- 北京：中国财政经济出版社，2020.9

ISBN 978 - 7 - 5223 - 0023 - 8

Ⅰ.①新… Ⅱ.①第… Ⅲ.①财务管理－研究 Ⅳ.①F275

中国版本图书馆 CIP 数据核字（2020）第 170233 号

责任编辑：李昊民　刘孺泾　　　　责任印制：张　健

封面设计：陈宇琰　　　　　　　　责任校对：徐艳丽

中国财政经济出版社 出版

URL：http://www.cfeph.cn

E - mail：cfeph @ cfemg.cn

社址：北京市海淀区阜成路甲 28 号　邮政编码：100142

营销中心电话：010 - 88191537

北京财经印刷厂印刷　　各地新华书店经销

787 × 1092 毫米　16 开　25 印张　388 000 字

2020 年 9 月第 1 版　2020 年 9 月北京第 1 次印刷

定价：87.50 元

ISBN 978 - 7 - 5223 - 0023 - 8

（图书出现印装问题，本社负责调换）

本社质量投诉电话：010 - 88190744

打击盗版举报热线：010 - 88191661　QQ：2242791300

序言1

Foreword

习近平总书记指出，“人才是事业发展最宝贵的财富，人才资源是党执政兴国的根本性资源”。自2013年以来，国家机关事务管理局财务管理司在国家机关事务管理局党组的正确领导下，在财政部会计司的具体指导下，在中央国家机关各部门和中央管理在京企业的帮助下，依托北京、厦门、上海三大国家会计学院等优质教学资源，启动了中央国家机关会计领军人才培养工程。培养工程坚持以高起点、高标准、高要求为原则，秉持“严进严出”教育理念，以培养知识结构优化、实践经验丰富、创新能力突出、国际视野宽广、职业道德高尚的会计领军人才为目标，注重将“学、思、践、悟”贯穿教育培养的全过程和各方面。截至目前，国家机关事务管理局已开办四期中央国家机关会计领军人才培训班，培养会计领军人才近340余人。

培养工程注重在过程中将理论和实践相结合，通过打造骨干队伍，推动国务院各部门和中央管理在京企业财会工作从会计账表向财务分析、从结果反应向过程控制、从流程设置向机制建设、从财务会计向管理会计转变，特别是互联网环境下，通过不断强化人机互动、业财融合，提高财务管理的柔韧性和灵活性，推动工作方式不断迭代升级，建构“大财务”的工作格局，辐射、带动、推进会计行业品质提升和会计人员全面发展。

如今，第三期培训学员经过三年的学习，即将毕业。三年来，他们接受了专业理论的系统教育、综合素质的全面打造和实务一线的艰苦淬炼。这本《新时期财务管理实践与探索》是第三期毕业班的全面总结，更是学员理论水平擢升的全面展示。本书所录论文既有广度、宽度，也富有深度。其一是业务维度广，论文内容既包括国内业务，也涉及海外市场；其二是论述角度宽，既有政府事业单位，也有综合性企业；其三是著论有深度，论文所涉业务从财务共享中心建设到投资、并购、绩效考核、上市公司财务造假实证分析等，几乎涵盖企事业单位财务管理全过程和财务转型诸方面。

“善学者尽其理，善行者究其难。”希望第三期毕业班全体学员以此为起点，积极发挥领军人才的示范带动作用，学习不止步，探索不停歇，在各自的工作领域，努力打造美好明天，创造人生辉煌。

是为序。

国家机关事务管理局财务管理司司长　王德

2020年9月

序言2

Foreword

目前，互联网、云计算、大数据、区块链、人工智能等数字技术不断涌现，特别是数字经济得到了飞速发展。现代数字技术正加速推进全球产业分工深化和经济结构调整，重塑全球经济竞争格局。伴随全球新一轮科技革命和产业变革持续深入，国际产业格局在加速重塑，新一代数字技术是全球研发投入最集中、创新最活跃、应用最广泛、辐射带动作用最大的领域，是全球技术创新竞争高地，成为引领新一轮产业变革的主导力量。世界主要发达国家都将新一代数字技术作为核心发展战略，以期提升自身的全球竞争力。财务管理领域也受到数字技术的广泛影响，财务共享、财务管控技术不断提高、升级。财务管理人员都已经，或者即将迎来自己的财务管理新时期。

习近平总书记在2020年2月14日中央全面深化改革委员会第十二次会议的重要讲话中指出："要鼓励运用大数据、人工智能、云计算等数字技术，在疫情监测分析、病毒溯源、防控救治、资源调配等方面更好发挥支撑作用。"习近平总书记的讲话，为数字技术在财务管理的应用指明了方向。因此，研究新时期财务管理，是理论和实际工作者共同关注的重要课题。目前，中国正处于从高速发展模式向高质量发展模式转型的关键期。财务管理亟须加快推进企业和行政事业单位高质量发展，促进高质量发展向深度和广度拓展，真正推动中国企业和行政事业单位发展与产业变革，实现创新发展与生产力跃升，擢升中国财务管理的水平和能力。

《新时期财务管理实践与探索》一书，是中央国家机关会计领军人才第三期学员的经典之作。本书的作者运用所学的新知识、新技能，紧密结合所在单位的实际，对企业和行政事业单位财务管理进行了深入的研究和总结，提出了创新的发展理念和解决方案，具有理论意义和实践指导意义。本书可以作为财会人员的学习手册，书中清晰地介绍了绩效工资、基建项目投资管控、科技资金管理、跨国并购财务风险管控、"一带一路"税收筹划、财务共享服务、财务转型的概况及发展现状，深入浅出地阐述了这些财务管理的新模式并佐以实例，这对于促进企业和行政事业单位发展具有重要意义。本书是对新时期财务管理的实践和探索，可帮助广大财会人员了解新时期财务管理的新方法在不同领域的应用。这些具体应用实例可以拓宽各财务管理人员的工作思路，帮助他们进一步贯彻落实党中央和国务院关于经济高质量发展的重要指示。

我们应该意识到，新时期为财务管理人员提供了发展的机会，也同样带来了诸多挑战。其中一个极大挑战就是我们现在比以往任何时候都更需注重新技术、新方法在财务管理领域中的应用。本书详尽地为介绍了风险管控、财务共享、财务转型等常见应用。我衷心希望本书可以帮助奋斗在财务管理领域的优秀人才，尤其是财务高级管理人员，了解新时期财务管理的新模式，提供发展机遇，并且为如何做好财务管理提供一些解决思路。

北京国家会计学院院长　秦荣生

2020 年 9 月

目录

Content

第一部分　行政篇

第二部分　企业篇

第一部分

行 政 篇

财务视角下的绩效工资管理

——以 X 事业单位为例

朱　荣

摘　要　2006 年的事业单位收入分配制度改革，拉开了我国事业单位工资制度改革的序幕，随后十几年持续不断地改革创新，使事业单位绩效工资制度日甄完善，但伴随事业单位分类改革的推进，一些新情况、新问题在制度的制定、实际操作、监督检查、信息公开等方面出现了。这些新情况、新问题对我国事业单位的发展形成新的障碍，提出新的挑战，如果不能及时研究并解决这些问题，势必会影响事业单位整体改革目标的实现。但现有研究大都没有结合国家新出台的改革政策和相关规定，对新情况、新问题提出应采取的针对性措施。

本研究结合事业单位工资改革的最新形势，综合运用实证分析、文献研究、调研访谈、案例分析等方法收集并分析资料数据，通过创新思路和方式，从财务的视角，审视绩效工资管理中存在的问题，并应用回归分析等统计分析方法，对绩效工资管理中的重要指标进行测算。特别是通过案例分析，对工资管理中如何完善配套政策、优化绩效工资总量、完善考核分配制度、推进信息公开、加强内部部门间的协作、与宏观改革政策的衔接等方面，提出了解决方案。

本研究在我国新时代深化改革的大背景下，以独特视角研究并提出加强事业单位绩效工资管理的对策，同时强调研究成果的可借鉴性，对今后事业单位相关改革工作的进一步推进有着积极参考作用。

关键词： 事业单位；绩效工资；管理

一、绪论

（一）研究背景

2006 年 6 月 15 日，人事部（现中华人民共和国人力资源和社会保障部）

颁布了《人事部、财政部关于印发事业单位工作人员收入分配制度改革方案的通知》（国人部发〔2006〕56 号文件），该文件要求于 2006 年 7 月 1 日起，开始实施《事业单位工作人员收入分配制度改革方案》，即正式实施事业单位岗位绩效工资制度。

我国事业单位承担着社会基本公共服务职能，其所提供的公共服务的质量和效率，关系着社会治理的结构和水平、公众对政府的满意度和信任度、人民的幸福感、社会的稳定和谐等。事业单位实施绩效工资制度，触及事业单位收入分配的要害，关乎数千万事业单位从业人员的切身利益，也关乎众多知识精英的积极性、主动性和创造性的发挥。党的十九大报告中指出："坚持按劳分配原则，完善按要素分配的体制机制，促进收入分配更合理、更有序"。作为深化事业单位收入分配制度改革的一项具体措施，绩效工资制度改革的深入实施，是贯彻落实党的十九大精神，提升事业单位人员工作积极性、主动性的一项重大举措，对吸引和鼓励各类优秀人才从事公共服务事业、促进公共服务事业的发展具有重要意义。但在政策实施过程中，一些新的问题和困难也随之出现。这些问题和困难对我国事业单位的发展形成新的障碍，提出新的挑战，如果不能及时研究并解决，势必会影响事业单位整体改革目标的实现。在这样的背景下，本研究通过案例分析，从财务的视角深入探究绩效工资改革过程中所出现的问题，并分析其产生的原因，提出有针对性、切实可行的对策和建议，希望对深化改革进一步推进事业单位整体发展起到积极、有益的作用。

（二）研究意义

第一，事业单位绩效工资改革是落实新时代中国特色社会主义思想和构建社会主义和谐社会的要求。建立符合事业单位特点、体现岗位绩效和分级分类管理的收入分配制度，是深化事业单位改革的重要内容，对理顺分配关系、规范分配秩序、优化收入分配格局、促进社会和谐等具有重要意义。

第二，事业单位绩效工资改革是提高社会公益服务水平的要求。事业单位实施绩效工资制度，对促进事业单位管理体制改革、优化事业单位人事制度、提高公众满意度、提高公共服务水平，具有积极作用。

第三，事业单位绩效工资改革是促进事业单位自身健康发展的要求。绩效工资改革就是在保证薪酬设计公平性原则的基础上，主要遵循"多劳多得，按劳分配”的原则，充分调动工作人员的积极性和主动性，规范事业单位收入，激发和提升事业单位工作质量和工作效率，促进事业单位可持续健康发展。

（三）概念界定

1. 事业单位

事业单位是指由政府利用国有资产设立的，从事教育、科技、文化、卫生等活动的社会服务组织。我国事业单位主要分为三大类，分别是承担行政职能的事业单位、从事公益服务事业的事业单位以及从事生产经营活动的事业单位。从事公益服务事业的事业单位又分为公益一类事业单位和公益二类事业单位。

2. 绩效

绩效是个人或组织在一定的时期内，完成的可以对其数量和质量考评的工作成绩以及个人或组织在完成工作时通过一定的素养和技能完成既定目标和取得成效的总和。或者说，绩效是指组织或个人，在一定的资源、条件和环境下完成任务的出色程度，是对目标实现程度及达成效率的衡量与反馈。从字面意思上分析，绩效是绩与效的组合。一般解释为成绩、成效、效益。绩效受技能、激励、环境、机会等多方面因素影响。绩效的表现形式是多方面的，主要是个人能力、行为及成果。因此，绩效考核要根据多方面因素开展。

3. 绩效工资

绩效工资是将工资与考核结果相挂钩的工资制度。绩效工资对员工进行调控以刺激员工实现目标的行为，通过对绩优者和绩劣者薪资收入的调节，鼓励员工做出符合组织要求的行为，激发每位员工的积极性和主动性，努力实现组织的战略目标。绩效工资的基本特征是将员工的薪酬收入与个人业绩挂钩。

4. 事业单位绩效工资

2011 年印发的《关于深化事业单位工作人员收入分配制度改革的意见》规定：事业单位绩效工资分为基础性绩效工资和奖励性绩效工资两部分。基础性绩效工资主要体现地区经济发展水平、物价水平、岗位职责等因素，在绩效工资中所占比重原则上可相对大一些，一般按月发放。不同类型事业单位的基础性绩效工资所占比重，可根据实际情况有所区别。奖励性绩效工资主要体现工作量和实际贡献等因素，根据绩效考核结果发放，采取灵活、多样的分配方式和办法。绩效工资分配要向关键岗位、高层次人才、业务骨干和做出突出成绩的工作人员倾斜。

（四）国内外研究现状

1. 国内研究现状

通过广泛的调查分析，目前国内已有很多专业人士对事业单位绩效工资进行了研究，对我国近 10 年来事业单位绩效工资改革成果给予了充分肯定，对深化事业单位改革给予了普遍认可；其研究重点多集中在存在的问题和解决对策上。

对于存在的问题，从体制机制上来看，张尧认为，对于不同类型的事业单位，由于其运作方式、生产或服务职能、社会效益和经济效益的特异性，应考虑制定与之相适应的、公平合理的绩效工资总量的管理办法。但不分类别的绩效工资总量管理办法会产生许多不公。例如，经济效益和社会效益很高的事业单位或者承担风险较高、承担社会责任较重的事业单位可能获得的绩效工资总量不比一般的事业单位高很多甚至比后者低。姚庆儒、潘荣光等提出，在制度层面，缺少国家出台的相关细则，各地方开展工作缺少标准化的操作指南。王帅认为，陈旧观念对于推进以竞争和激励为主要理念的绩效工资制度是较大的阻力。从操作执行方面看，郝菊认为，事业单位中的绩效考核与设计体系存在不合理问题等，在职责划分考核上不清晰，这也导致了绩效工资制度设计过于单一，对于操作不合理，缺少具体性与可量化性，在参考过程不利于绩效指标衡量，缺少一定的标准指导。付文杰认为，在制定绩效工资分配方法时，员工参与的程度是重点，实际执行起来很容易产生有的单位负责人自己说了算的现象，怎样尽可能地发扬民主、研究合理科学的实施规定是需要面对的问题。从监督评估及信息公开方面看，都朝认为，当前很多事业单位虽然革新了内部绩效管理机制，但薪酬标准依旧存在普遍偏低的情况。很多事业单位的员工认为自己岗位的工作压力较大，得到的薪酬无法达到理想状态。王荧认为，一些事业单位发放岗位津贴的金额及要求等规则并没有面向单位的全体工作人员公布，这样容易导致贪污腐败行为，也会加大事业单位的财政压力。吕颖认为，事业单位人员对其公平性存在这样的担心：领导借制度改革搞分配自肥，绩效工资不能公平发放；将奖励的钱平均分配，绩效工资搞平均主义，绝对公平最终导致的是公平缺失；绩效工资评价主体过少，主要由领导和个别人来决定，员工对绩效工资的公平性产生怀疑。

对于改革对策，从制度层面来看，樊晨认为，应该完善评价标准和体系，以国家制定的方针为核心，以相关法律为依据，制定最切合实际的标准；努力克服部门多，评价标准多的情况；还应建立领导与员工互相制约的机制，克服人情因素，通过监督减少不作为的现象。胡慧剑认为，应根据岗位的不同来制定不同的考核制度，并按照按需设岗、按岗定责、以岗定薪要求，进一步规定员工的考核评选。李佳宜认为，高校绩效工资改革的制度还需要不断加以完善，针对于以往绩效工资改革中产生的问题需要运用灵活、有针对性的对策加以解决。从实施层面来看，林瑞琴认为，在绩效总量控制的前提下制定工作岗位绩效、考勤绩效、业绩奖励绩效制度，推进绩效工资制度更好地实施。宋昱认为，相关部门必须明确事业单位的绩效评判标准，才能有公正的工资分配。谭仕荣认为，应该科学解读绩效管理，要区分岗位类别，各岗位设立相对应的绩效考核细分指标和方法，并且要重视考核结果，建立对绩效考核过程的把控、监督和反馈。覃刚认为，应建立奖励性绩效工资分配办法定期调整机制，提高岗位贡献与工资收入的匹配度。从监督评估及信息公开方面看，丁永健认为，事业单位应当设立相关的监督部门或成立相应的监督小组，对绩效评价制度具体运行程序的各个方面进行有效的监管，避免出现徇私舞弊、恶意评价等不公正的现象。曹娟娟认为，应当建立多主体的教师绩效工资制度的监察机制，调动和教师绩效工资相关的所有的利益主体参与到监督之中。

2. 国外研究现状

国外对绩效工资的研究，起源于营利性的企业。罗伯特·欧文（Robert Owen）在 19 世纪初将绩效考核的概念引入苏格兰；管理学大师彼得·F. 德鲁克（Peter F. Drucker）曾研究了一套指标体系，并且通过实证研究得出有关管理领域的结论，首先提出目标管理方法（MBO）；约翰·M. 贝里（John M. Barry）提出，企业中的管理方应该施行绩效沟通，即管理层与员工之间就绩效目标的达成进行相互交流。美国著名心理学家约翰·斯塔希·亚当斯于

1965 年提出公平理论，把激励过程和社会比较直接联系在一起，侧重研究组织中工资报酬分配的合理公平性对员工产生的积极性影响，从而产生激励作用。1992 年，美国教授卡普兰（Robert Kaplan）和职业经理人诺顿（David Norton），首次提出平衡计分卡（the Balanced Score Card，BSC），并且进行多次修改，逐渐丰富完善该理论体系。而在 1970 年前后，美国管理学家奥布里·丹尼尔斯（Aubrey Daniels）提出“绩效管理”这一概念。

“事业单位”是我国的特有组织称谓。在国外，没有事业单位这一说法。国外承担我国“事业单位”职能的组织被称为“非营利社会组织”。国外非营利社会组织有着较长的发展历史，因此其管理经验也非常丰富，从组织的生命周期来看，其发展已到成熟期，并更加注重绩效对工资的影响。非营利社会组织最基本的特征是非营利性，这也是其最基本的属性，它们的所有权人既不是政府机关，也不是企业。我国实施的事业单位收入分配改革，可以借鉴国外非营利社会组织在薪酬管理方面的经验和取得的成果，以助力我国绩效工资改革的不断深入，取百家之长补一己之短，实现弯道超车式快速发展。国外非营利社会组织从业人员的薪资收入与之前相比发生了较大转变。

首先，由“低收入导向”逐渐向“高收入导向”发展变化，这是国外非营利社会组织从业人员的工资收入的转变趋势。在非营利组织团队合作中，特别是侧重技术性的工作中，人们需要相互启发、知识共享、互助共赢，所以他们的贡献是综合的，有时难以划分清楚。因此传统的薪酬支付方式不再适用变化的新情况。美国非营利社会组织在 20 世纪八九十年代对薪资报酬制度做了较大改革，管理者意识到：要提高员工的积极性和主动性、实现预期目标，就需要对以往旧的制度和措施进行修正，特别是对个人素养和技能水平的不断提高，有了更清醒的认识，而且比以往更加重视。把“以个人为基础”的薪酬支付制度引入了非营利社会组织薪资管理工作中，将影响薪资收入的关键性因素，确定为员工个人掌握的技能和取得的成绩以及贡献等基础因素。

其次，薪酬支付方式更加灵活，由“可变化收入”取代“刚性固定收入”。这种可变化收入分配方式，比毫无弹性的刚性固定收入分配更有利于调动和激发员工积极性和主动性。主要体现在以下几个方面：第一，实施绩效工资后，能够进一步提高绩效工资在薪资报酬体系中的比重，通过开展经常性的绩效考核工作，强调绩效工资调节员工收入、激励员工的作用，进而使员工在薪资报酬上实现“以绩取酬”；第二，绩效工资的经费保障来源，应尽可能地运用多渠道获取，可以将单位的其他收入进行分解，以此作为实施绩效工资的保障；第三，以现金支付的方式向员工支付原有的福利补贴。

最后，由产出支付报酬的方法向投入付出的方式转变。在国外，一些科研型高等院校和医疗机构，已经逐步地、有计划地采用能力工资，即以员工所掌握的技术和能力支付薪资取代了过去的以员工在特定时间内所完成的工作任务的数量为标准，发放工资和补贴。支付给员工工资，主要以个体投入（包括知识、技能和能力）等劳动因素作为基础。这种做法在很大程度上能够促进组织创新，作为有效激励措施，促使员工积极主动学习业务，不断更新专业知识，提高技术能力。

（五）研究方法及创新

1. 本研究采用了以下研究方法

一是实证分析法。实证分析法是经济学研究方法中最为主流的方法之一。本研究在大量实证研究成果和素材的基础上，做了进一步深入研究。这些实证资料提供了强有力的支撑，更具说服力，也使研究的基础更加扎实。

二是文献研究法。笔者在绩效工资管理研究中，查阅了大量相关报刊、文件、硕博论文、国外译文等，通过互联网查询、图书大厦阅览并查找相关文件等方式获取丰富的数据信息资料，并对现有观点、看法等进行了有针对性的扬弃，形成自己独特、创新的意见和建议。

三是调研访谈法。通过对相关事业单位人力资源部门资深负责人的访谈并与之探讨，对绩效工资管理实际工作中能够使职工受益的事业单位绩效工资改革政策红利和具体实施过程中遇到的实际困难和问题，以及基层事业单位人力资源部门人员对今后国家进一步完善政策的期待等，有了更清晰、更深入的了解，这对本研究主要观点的形成，起到了至关重要的作用。

四是案例分析法。本研究主要以 X 单位绩效工资管理作为案例，辅之被访谈单位以及查询的其他相关事业单位。一方面对绩效工资管理中的主要构成因素进行分析，另一方面对绩效工资管理重要环节进行核验。对管理存在的问题进行深度剖析，并总结了相关的经验和好的做法，通过梳理归纳，提出思路和建议，力求能够从体制机制上为解决问题出谋划策。

2. 本研究在研究内容和方法上做了以下创新

第一，笔者长期从事财务管理工作，同时也参与了本单位绩效工资管理制度的拟定、起草等工作。能够从财务的视角，跳出绩效看绩效，审视绩效工资管理中存在的问题，并借鉴性地做了深入对比分析，为做好绩效工资管理工作，提供了新的思路和方法。

第二，本研究不但能从宏观政策、基础理论方面对绩效工资管理进行研究，还能以回归分析法等统计分析方法，对绩效工资管理中的重要指标进行测算。不但具有政策广度和宽度，同时还注重因素深度的分析研究。

二、事业单位绩效工资改革情况

（一）绩效工资改革历程与现状

事业单位在我国社会经济发展中发挥着极其重要的作用，承担着多种职能。作为一种社会主体，与国家机关、企业组织不同，事业单位承担着部分政府职能，同时也承担着为公众和社会群体提供公共服务和产品的职责。但是随着我国经济体制、政治体制改革的不断推进以及经济规模的迅速扩张，传统的事业单位收入分配管理体制，越来越不适应改革发展的大趋势，所以，事业单位的各项改革已经势在必行。

2006 年 7 月，事业单位开始改革工资制度，旨在建立符合自身特点、体现岗位绩效和分级分类管理的收入分配制度。在此次改革的基础上，事业单位的岗位工资、薪级工资均已付诸实施，可是绩效工资、特殊津补贴等还未落实。2008 年 12 月，温家宝总理主持召开国务院常务会议，审议并原则通过了《关于义务教育学校实施绩效工资的指导意见》，将按计划分步骤实施：从 2009 年 1 月 1 日起，在全国义务教育学校率先实施绩效工资；从 2009 年 10 月 1 日起，在公共卫生与基层医疗卫生事业单位实施；从 2010 年 1 月 1 日起，在其他事业单位实施绩效工资。

2011 年，中共中央办公厅印发《中共中央 国务院关于分类推进事业单位改革的指导意见》（中发〔2011〕5 号）（以下简称《意见》），吹响了全面推进事业单位分类工作的号角。《意见》重点对各行业提出政策性指导，目标是到 2020 年，从功能、治理、运行、监管等方面在体制机制上有所改进，并取得实质性的进展，进一步切实推动和深化事业单位改革。《意见》将事业单位依据其社会功能划分为三大类，其中，从事公益服务的事业单位，根据职责任务、服务对象和资源配置方式等情况，又细分为两类：公益一类事业单位和公益二类事业单位。

经过历次调整，我国收入分配制度改革逐步推进，可以说，从根本上打破了原来传统的计划经济体制下“大锅饭”的平均主义分配方式。经过多年的探索与实践，以“按劳分配”为主体、多种分配方式并存的分配制度基本确立，以税收、社会保障、转移支付为主要手段的再分配调节框架基本形成，极大地推动了具有中国特色的社会主义市场经济体制的建立和完善，促进了我国国民经济又好又快地发展。实践证明，我国收入分配制度是与基本国情、发展阶段总体相适应的。从实际改革效果来看，改革取得明显成效，事业单位收入分配体制逐渐完善。经统计，城乡居民人均实际收入平均每 10 年增长一倍，家庭财产稳定增加，人民生活水平显著提高，各单位职工的积极性和获得感明显增强。

（二）事业单位岗位职称评聘管理情况

“以岗定级，以级定薪，人岗匹配”，定岗是绩效工资管理的最为基本的前提，通过定岗才能定级，从而确定各级别应得到的最基本的绩效，即基础性绩效。而事业单位的岗位又与职称紧密挂勾。在绩效工资管理中，岗位与职称的关系也是最重要、最基本的因素。二者的关系需要从制度上、政策上予以规范，才能建立起科学公平的绩效收入分配制度。按现行事业单位岗位设置管理规定，事业单位专业技术人员获得相应的专业技术资格后，由所在单位根据需要聘用相应的空缺岗位，并享受相应的待遇。有些省区市在职称评审中实行了“评聘合一”与“评聘分开”两种政策。一是“评聘合一”，即职称资格申报在核定的专业技术职务结构比例范围内进行，取得职称资格后即可聘用相应的专业技术职务，并兑现岗位工资待遇。二是“评聘分开”，即专业技术人员申报专业技术资格可不受单位专业技术职务结构比例限制，取得专业技术资格和聘任期满人员（除特殊规定外），须在专业技术职务结构比例限额内通过竞聘上岗聘任专业技术职务后，才能兑现相应待遇。实施这一政策的前提是单位建立竞聘上岗制度，实现“能上能下”。从实施来看，实行评聘分开造成了大量取得职称资格而未能聘任相应职务并兑现待遇的情况出现。据统计，安徽省仅中小学全省实行评聘分开的地区就有 4.6 万人取得资格而未能兑现待遇，这引发了一系列社会问题。

2011 年中共中央办公厅印发的《关于进一步深化事业单位人事制度改革的意见》（中办发〔2011〕28 号）明确指出：“实现事业单位专业技术人员职称评审与岗位聘用的有机结合。”2016 年，中共中央办公厅印发《关于深化职称制度改革的意见》（中办发〔2016〕77 号），指出：“一般应在岗位结构比例内开展职称评审。”现阶段应进一步规范职称评审和岗位聘任工作，推动职称评审与岗位聘用的有机结合；进一步完善事业单位聘后管理、建立健全事业单位岗位结构比例动态调控机制；加快职称制度改革步伐，适当照顾长期服务基层事业单位的专业技术人员，进一步调动广大事业单位专业技术人员的创造性、积极性。

三、X 单位绩效工资管理基本情况

（一）绩效工资管理基本原则

（1）坚持“经费合法，标准合理，发放规范”的原则，充分体现人才的价值，达到吸引人才、留住人才的目标。

（2）坚持按岗、任务、业绩定酬，岗酬设计与人员的贡献、绩效挂钩。

（二）X 单位工资结构

（1）实行以基本工资、国家规定津补贴、绩效工资为基本框架的工资结构制度。

（2）基本工资：包括现行工资制度中规定的岗位工资、薪级工资等。

（3）国家规定津补贴：国家文件规定允许发放的津补贴。

（4）绩效工资：除基本工资、国家规定津补贴（含工改保留补贴、改革性补贴）、科技成果转化收入报酬以外的各项收入，分为基础性绩效和奖励性绩效两部分。

（三）绩效工资的分配原则及管理权限

（1）根据国家有关规定，实行岗位分类管理，主要分为管理岗位、专业技术岗位和工勤技能岗位三类。

（2）基础性绩效主要指岗位绩效。根据具体工作岗位，按照岗位系数与基准数值确定。岗位系数按照三类岗位分别确定。基准数值随单位总体发展水平和各部门创收情况经测算后由办公会确定。每位工作人员只能享受一个岗位基础性绩效工资。

（3）奖励性绩效包括常规奖励绩效和奖励绩效补差两部分。常规奖励绩效根据创收情况和部门日常工作考核情况每月发放，奖励绩效补差通过创收情况、部门绩效考核和绩效总量控制情况原则上每半年进行一次。

（4）各部门在本部门绩效考核成绩的基础上，根据各岗位人员的工作业绩兼顾基础性绩效确定奖励性绩效。各部门人员年度绩效工资（包括基础性绩效和奖励性绩效）的最大值应控制在本部门绩效平均值的两倍以内。各部门可在部门额度内预留部分奖励绩效机动额度，用于因工作量变化、艰苦条件作业等特殊情况下在本部门内部调剂使用。

（5）管理权限。各部门负责人的基础绩效工资的系数由办公会依据办法的规定来决定，激励绩效工资由各部门决定。各部门内部人员的绩效工资由各部门领导集体研究决定。职能部门人员的绩效工资由办公会根据各部门绩效和单位整体发展情况决定。各部门每月按照办法确定工作人员绩效工资具体数额经人力资源部门审核后，由财务部门发放。全员人均绩效工资需符合有关绩效管理的政策要求。

（6）合同聘用人员的工资待遇由用人单位与被聘人员协商并以协议形式确定。各部门根据工作需要聘任的流动人员可实行协议工资制度，按照有关规定和人才市场价格，平等协商受聘人的工资收入，并用协议（合同）的形式予以确认。协议工资一般列入项目或部门成本。新参加工作的正式员工在定岗之前补助的标准范围为3000～5000元。具体执行标准由试用部门确定。

（7）个人年度考核不合格或有其他严重违纪违规的，由办公会研究决定扣发其绩效工资。

（四）绩效考核指标、组织及结果使用

（1）考核指标。业务部门绩效考核指标包括：科研与技术服务类为50%、规划研究能力为10%、标准研究能力为10%、质量控制为9%、成本控制为5%、课题申报及科技获奖能力为6%、全面从严治党及意识形态责任落实为6%、保密及综合治理为2%、团队建设为2%。职能部门绩效考核指标包括：制度建设与全面从严治党为30%、业务工作开展为30%、工作效率

为20%、落实推进决策为10%、管理与服务态度为5%、保密及综合治理为3%、团队建设为2%。

（2）职能部门组织的各项工作考核，由牵头部门负责。其中，规划研究能力、质量控制、课题申报及科技获奖能力由技术管理办公室负责，标准研究能力由标准所负责，科研与技术服务类、成本控制由计划财务部负责，全面从严治党及意识形态责任落实、保密及综合治理、团队建设由党委办公室负责。以上考核由人力资源部按期牵头组织审核、汇总。

（3）绩效考核评分规则。部门绩效考核按照考核项把部门的全部业务进行统计量化。每项考核分归一化处理，最高分为100分，其他分值与之正比取分。各类考核项的考核分之和为部门的绩效考核分。业务部门绩效工资原则上依据部门绩效分的多少配置。部门内人员的绩效可参照部门绩效工资总额的分配进行。在确定职能部门绩效工资总额的基础上，按照职能部门绩效考核分适度区分分配。可分配绩效工资与绩效考核总分的比值作为绩效价值。绩效价值与部门绩效考核分之积为部门绩效工资额。详见下式。

$$各部门绩效工资额=可分配绩效工资总额\div 部门绩效考核总分\times 各部门绩效考核分$$

部门绩效考核结果在单位内公布。作为各部门发展情况的自我总结分析、优秀团队评选等的参考数据，也作为团队优秀评选、推荐的重要参考依据。

（4）各部门参照考核项，根据各部门年度业务实际开展情况，确定员工个人主要考核项、考核内容及各考核项分值，并公告全体人员。各员工结合年底总结，对个人业绩进行总结和评估，并在一定范围内进行讲评述职。各考核小组组织进行个人绩效的确认。个人业绩综合评估由本部门考核小组考查被考核人在主要业务、团队合作、职业道德、合理化建议、遵守制度等方面整体表现情况，进行评估给出一定分值。各部门在年度绩效考核前，应明确考核方案，并报单位人力资源部门备案。

（5）特殊情况的处理。在项目有效的任务期内，每个考核年度该考核项均可等同记分或分摊到月；任务按期完成的，下一考核期可以延用一次该项目60%的分值，以鼓励以前的成就。任务有效期根据项目的实施计划据实确定。超过任务周期未能如期完成的考核项业务，在下一个考核期以该考核项记分的40%对应冲减当期绩效分，直至完成项目或冲减为零。论文出现抄袭作假情况的，以论文的绩效分的3~6倍冲减发现时期的业务绩效分，年度考核不得评定优秀等次。在考核过程中弄虚作假的或在综合治理等工作中造成重大损失的，视情节轻重，经办公会集体讨论决定，按照40%、60%、80%、100%四档酌情扣减。

（6）科技成果转化奖励的考核规定。科技成果转化奖励考核遵守公开、客观、规范的原则，发挥导向和激励作用。科技成果转化奖励考核每半年考核一次，年底总考核。科技成果转化奖励考核指标主要包括：各部门综合绩效考核分（80%）、科技成果转化效率（20%）。科技成果转化奖励考核按照考核指标把业务部门的科技成果转化业务进行统计量化。每项考核分归一化处理，最高分为100分，其他分值与之正比取分。各类考核指标的考核分之和为部门的科技成果转化考核分。业务部门可分配科技成果转化奖励额度与考核总分的比值作为科技成果转化奖励价值。科技成果转化奖励价值与部门考核分之积为部门科技成果转化奖励金额。职能部门员工科技成果转化奖励金额，根据科技成果转化支撑工作投入情况，由办公会研究决定。各研究所从科研项目经费中列支的用于科研人员工作激励的资金不纳入绩效分配。科技成果转化收益中用于相关人员奖励和报酬的资金，在未出台科技成果转化分配实施细则前暂纳入绩效考核体系，但不计入绩效工资基数，详见图1、表1。

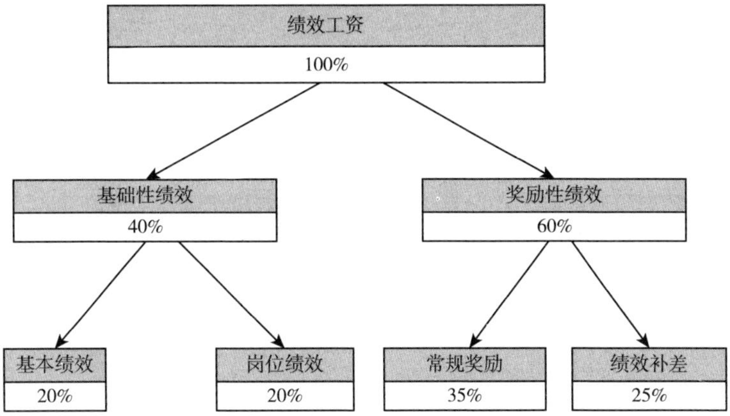

图1　X单位绩效工资整体分配情况

表 1　　X 单位岗位系数与级别对应表

	技术岗位		管理岗位		工勤岗位	
档级	技术岗位系数	岗位级别	管理岗位系数	岗位级别	工勤岗位系数	岗位级别
1	无	正高级工程师一级岗	无		1.3	高级技师
2	1.8	正高级工程师二级岗	无		1.1	技师
3	1.7	正高级工程师三级岗	2.1	局级正职	1	高级工
4	1.6	正高级工程师四级岗	1.9	局级副职	0.85	中级工
5	1.5	高级工程师五级岗	1.7	处级正职	0.8	初级工
6	1.4	高级工程师六级岗	1.5	处级副职	0.70（普通工）	普通工
7	1.3	高级工程师七级岗	1.2	科级正职	无	
8	1.2	工程师一级岗	1	科级副职	无	
9	1.1	工程师二级岗	0.9	科员	无	
10	1	工程师三级岗	0.8	办事员	无	
11	0.9	助理工程师一级岗	无		无	
12	0.8	助理工程师二级岗	无		无	
13	0.7	技术员岗				

注：①主持工作的副职参照正职岗位系数；②具有专业技术任职资格但未聘用的，岗位系数按相应任职资格的系数减0.05；③新参加工作人员执行初期工资、见习期人员岗位系数按0.5的系数确定。

X 单位在绩效工资办法的制定中，充分考虑了评聘分开问题，并对评聘两种形式下的绩效工资岗位系数做出差别性处理，即具有专业技术任职资格但未聘用的，岗位系数按相应任职资格的系数减 0.05。这种做法减少了已获专业技术任职资格但未聘用职工的负面情绪和不满意见，有效缓解了因评聘分开造成的政策矛盾。如果不予以细化会导致操作起来人为决定因素太多或临时决策事项过多，出现一事一议的被动局面。而且不宜向职工公布细节，不能公开的事项多了说明绩效工资管理政策出了问题。为稳妥起见，事业单位在绩效工资实施前，最好先试行一段时间，从中查找问题、梳理总结、充实内容、完善方案，只有从细节入手、从点滴做起才能扎实推进本单位绩效工资改革工作。

四、X 单位绩效工资管理存在的问题及原因分析

通过对比分析、访谈交流、资料查询等方式，笔者对 X 单位绩效工资管

理中普遍存在的共性问题进行了梳理。具体情况如下。

（一）绩效管理缺乏可操作性的配套政策

（1）《关于深化事业单位工作人员收入分配制度改革的意见》中明确指出：事业单位主管部门核定所属各事业单位的绩效工资总量，事业单位发放绩效工资不得突破核定的总量。但事业单位主管部门如何核定所属各事业单位的绩效工资总量问题没有明确的指导意见，以致事业单位主管部门自己研究核定绩效工资总量应遵循的原则。就 X 单位的上级主管部门来讲，其是按 2016 年的绩效工资水平核定，今后不能突破。核定程序是，先由各单位上报数据，再根据各单位上报的数据进行审核，而不是站在不同类型事业单位的角度，做好本部门或本地区的顶层设计，开展总量的核定工作，以致没有解决原来事业单位绩效工资总量不均衡、不合理的问题。这一方法虽然易于操作，不会造成事业单位的普遍反对，但缺乏科学合理性。因为没有国家层面的具体操作指引，导致有的事业单位绩效工资改革工作不够细化和深入，没有结合实际情况做到差异化处理。例如，执行职称评聘分开政策后，在分配绩效时对聘用和未聘用的同级别职称的职工没有区别对待。有的单位即便进行绩效工资改革，也是对现状的微调。既没有触动相关利益，也没有挖掘和提高本单位职工的潜力和活力。问题产生原因分析：部分事业单位领导思想陈旧，固守旧的做法，缺乏改革创新观念和能力，同时对绩效改革重视程度不够，落实和执行相关政策的力度不够。

（2）国家出台的绩效工资管理的文件中，没有明确的绩效工资考核指标，操作性规定不够细化，没有明确的范围和框架，各地区和各部门只能对文件规定作原则性转发，基层事业单位也只能自定绩效工资考核指标。《关于深化事业单位工作人员收入分配制度改革的意见》中规定：“行业主管部门要结合本行业特点制定绩效考核指导意见，加强对事业单位内部考核的指导，引导事业单位不断提高社会公益服务水平。各事业单位要完善内部考核制度，把绩效考核与分配更好地结合起来，发挥绩效工资分配的激励导向作用。”由此可见，国家相关规定仅是原则性要求或指导性意见；但事业单位在实际制定绩效工资考核指标时，各单位设置的指标差异较大，缺乏统一规范、操作性强的考核指标。问题产生原因：事业单位性质差别很大，管理体制也较为复杂，单位规模和创收能力千差万别。面对复杂的事业单位绩效工资改革，目前出台的政策尚不能支撑和适应快速变革的需要。

（二）绩效工资总量管理存在薄弱环节

（1）对绩效工资管理工作重视程度不够。因事业单位实行的是绩效工资总量核定政策，事业单位给职工发放多少工资不能由自己确定。X 单位的上级部门是根据该单位 2016 年绩效工资发放水平予以核定工资总量，并要求今后不得突破。不仅是对 X 单位，对该系统其他直属事业单位均按此原则进行核定。各省区人事部门和财政部门核定本地区事业单位绩效工资总量的原则也不尽相同。例如，山西省明确规定，按照“高等院校、公立医院绩效工资总量不超过无收入财政拨款事业单位绩效工资总量的 5 倍”的原则，核定下达年度绩效工资总量。年度绩效工资总量不超过调控总量的，不再需要审批。上述核定原则，在一定程度上缩小了不合理收入差距，但也制约了部分事业单位制定科学的激励机制。而且，目前部分部门和省区绩效工资总量的核定不能反映不同类型事业单位合理工资水平。例如，有的公益二类事业单位的职工收入水平还不如公益一类事业单位职工的收入水平。问题产生的原因分析：部分上级主管部门存在“平均主义”“好人主义”现象，仅以维持现状为主，工作方式简单，而不是在参考各单位上报数据的基础上，按不同类型事业单位、不同地区经济发展水平等情况分类核定，因地施策。

（2）绩效工资总量的核定没有形成动态调整机制。近年来，有的事业单位实际发生的绩效工资总量增长幅度较大，甚至出现了无序扩张，单位基尼系数明显过高。上级主管部门为防止事业单位间的差距过大，控制某些事业单位无限制的总量增长。只是简单地以某一年度的绩效工资总量作为今后的绩效工资总量控制数，而且若干年内不能增长。这种做法使绩效工资总量与单位目标完成情况脱节，特别是与单位经营创收能力的增长脱节，不利于激发和调动广大职工干事创业的积极性。问题产生原因分析如下：上级主管部门没按实事求是的原则，建立符合事业单位实际的绩效工资动态调整机制。

（3）绩效工资总量的核定没有与物价、劳动力价格上涨、单位经营收入增长率等挂钩。我国 CPI 呈逐年增长趋势，国家统计局发布，2018 年全国居民消费价格指数（CPI）上涨 2.1%，2019 年全年 CPI 将保持在 2.0%

左右。因此，在核定本地区或本部门所属事业单位绩效工资总量时，如果不考虑物价、劳动力价格上涨等因素，只是简单地采取“一刀切”或“一经核定几年不变”的做法，将不能够满足广大职工对日益增长的美好生活的需求。问题产生原因分析如下：上级主管部门在核定绩效工资总量时，需要有一盘棋的视野，进行综合分析、精心谋划、精准施策、统筹考虑总量核定问题。

（三）绩效工资分配和考核不够科学规范

（1）基础性绩效基准数的确定不科学。基础性绩效基准数的确定太随意，只是简单预估，粗略确定，指标单一，尚未综合考虑单位历史情况、未来发展、部分低收入职工等具体情况。例如，实施绩效工资改革后，有的职工绩效工资下降，有的职工绩效工资上升，绩效工资下降的职工会感到没有享受到绩效改革的红利，因而对绩效工资改革产生抵触情绪，认为绩效工资改革是不成功的，甚至对绩效工资改革持否定意见。所以如何科学确定基础性绩效基准数，对于稳定职工队伍情绪、促进单位轻装上阵快速发展至关重要。问题产生原因分析如下：部分单位人力资源部门人员精力有限、能力有限，无法扎实、细致地开展基准数确定等基础性工作。

（2）奖励性绩效工资分配比例的确定不够合理。业务部门与职能部门奖励性绩效分配比例不当。经与某事业单位人力资源部主任电话咨询了解到：制定该单位绩效分配政策的部门是人事劳资部门，其作为职能部门多少会从本部门或职能部门的角度考量，认为职能部门的人员普遍存在年龄偏大、资历较深的情况，不希望职能部门绩效工资与业务部门奖励性绩效工资差距太大，“不患寡而患不均”。该单位规定：职能部门的人均绩效工资最高不超过业务部门绩效工资的平均数。实际上，这也使得职能部门与业务部门人均绩效工资差距无法拉开，造成业务部门一线人员因付出太多而得不到公平的回报，从而产生不满情绪，影响单位整体干事创业的积极性。问题产生原因分析如下：部分单位人力资源部门相关人员站位不高，自我意识太强。

（3）绩效工资考核指标设置不规范。由于国家人事部门对绩效工资考核指标没有顶层设计，在实际工作中，通常是各基层事业单位自定考核指标，所以有的单位考核指标单一，有的单位考核指标过于繁杂；有的定量指标少、定性指标多等。例如，X 单位之前将单位创收收入作为一个重要的考核指标，其占比为65%，从财务角度看，仅重视创收收入单一指标，忽视了对成本和利润指标的考量。这种考核指标过于简单，虽然工作量不大、易操作，但无法全面客观地体现职工实际业绩和所做的贡献、未实现绩效考核的科学化和规范化目标。问题产生原因分析：主要是因为没有上级部门的规范性制度和要求，造成事业单位在指标设置上随意性大，有些指标不够科学合理。

（4）考核结果应用不当。很多单位在绩效工资考核时搞的轰轰烈烈，考核一旦完成且发放了奖励性绩效工资后，则对一些考核分数弃之不用，束之高阁。考核结果仅仅与绩效工资发放相挂钩，形成考核制度与综合提高“两张皮”的现象。出现这一情况，往往是因为“人”的因素在绩效考核结果的运用上发挥了较大的消极作用。例如，单位领导由于个人情感因素，认为某项指标不再按分数区分，而按全部满分处理；还有的索性把年终综合考核的某些指标临时作为绩效考核指标内容。这些人为干预考核结果或临时变更政策的做法，造成考核结果的应用不够客观，无法对考核进行客观评价，无法把绩效考核与奖励激励更好地结合起来，无法有效发挥绩效工资的激励导向作用。问题产生原因分析如下：事业单位对考核结果重视程度不够、责任心不强，忽视对考核结果的应用。

（四）绩效工资管理信息公开存在的问题

（1）未公开。信息公开是树立公信的前提，是最好的防腐剂。公开的前提是公平与公正，如果做不到公平与公正，涉及绩效工资的很多事情都是“暗箱操作”，则单位领导就不会主动要求公开绩效工资的相关信息。这势必造成有些意见在群众中引发揣摩、猜测，不同意见也随之不断“发酵”，最终酿成不可挽回的局面，致使单位领导班子陷于被动局面甚至会产生组织风险和廉政风险，影响单位职工队伍的稳定性和工作积极性。X单位虽然制定的绩效工资管理制度包括了考核原则、考核内容、考核标准等内容，也按要求广泛征求了职工意见。但考核打分情况和考核结果未予公示。这种做法属于“选择性公开”。如果绩效工资管理重要内容和考核指标打分结果不能充分公开公示，则考核打分部门的随意性增大，人为主观因素增多，甚至掺杂了个人感情因素，直接影响考核结果的客观真实性。问题产生原因分析如下：在绩效工资管理工作中可能有无法公开的特别“关照”，当然，也不排除“暗箱操作”的情况，这些问题直接影响信息公开的程度。

（2）不及时。有的事业单位对于绩效工资分配与考核等工作能够按照上级有关规定，在制定管理制度时明确公示相关内容，但对考核结果即便公开也存在公开滞后、不及时问题。公开的信息更新慢，公开时间随意性强，缺乏信息发布公开的有效机制，职工难以及时对公开的信息提出质疑，造成单位绩效管理工作信息公开流于形式，起不到监督和促进作用。问题产生原因分析如下：工作流程或环节不完善，缺乏责任心，对公开工作不重视，甚至有的主观上拖延公开的时间。

（五）事业单位职能部门之间沟通协调不畅

事业单位的职能部门，拥有一定的行政管理权力，有的职能部门各管自己的一段，“拥兵自重”。当遇到问题时，互踢皮球、推诿扯皮。事业单位的人力资源部门是绩效工资管理工作的主要负责部门，应协调好与其他职能部门的关系。在实际工作中，有的单位人力资源部门与其他职能部门沟通不够，造成工作被动。因为各职能部门都承担了本部门所负责业务的打分考核工作，所以要做到“一把尺子量到底”，不能有“双重标准”或“多重标准”。否则，会出现职能部门间因制度理解不一致、打分标准不统一或概念界定不准确，而产生矛盾。例如，财务部门界定的创收收入是税前还是税后，是否减除未到账的应收账款，业务部门统计的创收收入与财务部门统计的创收收入有差异等，这些情况均需职能部门间协商一致，如此才能使绩效工资考核工作顺利推进。问题产生原因分析如下：工作方式方法有待进一步改进，增强啃硬骨头、打硬仗，联合作战的能力。

（六）绩效工资管理政策与事业单位改革衔接不够

（1）目前实施的事业单位绩效工资管理制度，政策范围仅局限于提供绩效管理的指导性意见，未与事业单位分类改革、事业单位聘用制度、财政投入政策、养老金与职业年金制度的改革内容相结合，造成制度间相互脱节。例如，X单位实施养老金和职业年金并轨制度后，出现单位职工养老金和职业年金从基本工资中不够扣的情况。因为过去事业单位基本工资大约只占全部工资的30%，显然工资结构不合理，与工资分配理论、规律和历史沿革背道而驰，所以事业单位工资结构必须进行调整。通过近些年的改革，有些事业单位基本工资的比例达到40%～50%及以上，确保了从基本工资中能够每月足额提取养老金和职业年金。问题产生原因分析：事业单位分类改革进行过程中，虽然进行了相关方面的配套的改革，但配套的具体政策细化程度不同，出现“上面配套、下面乱套”的情况。

（2）从财政投入政策来讲，一般情况是按原渠道解决资金来源问题，这对于国家机关和公益一类事业单位来讲相对简单，而公益二类事业单位则情况比较复杂，不宜采取“一刀切”的做法。例如，X单位的养老金和职业年金由单位自有金支出，缴费基数由上级人力资源部门核定最低标准。这一政策会造成各事业单位实际缴费工作的不统一，有的按最低标准缴纳，有的按实际发生的工资总量计算缴纳，有的按居中的标准计提缴纳，操作上只要对本单位有利，就“八仙过海，各显神通”。问题产生原因分析：上级主管部门未统一相关具体政策，将选择决定权下放至基层事业单位。但各单位操作上的差异造成了事业单位之间的攀比和不平衡。

五、加强事业单位绩效工资管理的对策

（一）进一步完善相关配套政策

应在国家层面出台相关《意见》的实施细则，增强操作性、规范性。

（1）可借鉴目前实施的政府会计标准体系建设的成功经验，完善绩效工资管理相关配套政策。如会计标准体系：第一层是《基本会计准则》，属于概念框架，说明会计核算工作的指导思想、基本依据、主要规则和一般程序。第二层是《会计具体准则》，是经济业务会计核算处理时的具体规定。它的操作性强，是对具体经济事项和业务活动时，在具体会计处理和一些特殊的经济事项的会计要素增减变动时给出的政策依据。第三层是《应用指南》，是对具体准则的实际应用做出的操作性规定，是对准则的补充。第四层是《行业补充规定》，部分特殊业务并不能完全体现在会计制度中，因此，为了规范医院、高等学校、科学事业单位等行业事业单位特殊经济业务或事项的会计核算，需要结合各行业的实际情况做出必要补充。

（2）上述标准体系，层次分明，结构清晰。而我国对绩效工资尚未建

立起有效的制度体系。目前，从国家层面来看，虽然国务院办公厅印发的《关于分类推进事业单位改革配套文件的通知》包括《关于事业单位分类的意见》《关于分类推进事业单位改革中财政有关政策的意见》《关于分类推进事业单位改革中加强国有资产管理的意见》《关于深化事业单位工作人员收入分配制度改革的意见》等9个配套《意见》，但是每个《意见》都是宏观指导性的，还没有落地措施，我国应借鉴政府会计标准体系，根据每个《意见》出台更细化的实施办法，范围要全。例如，在《关于深化事业单位工作人员收入分配制度改革的意见》中，收入分配政策没有针对各类事业单位分别予以细化，缺少差异化管理政策以及相应的明细配套措施。对于公益一类事业单位，应注重非营利性，不得从事经营性活动开具创收发票，不得参与政府购买服务业务，此类事业单位就不会受到市场资本的诱惑和干扰，各级政府应重点加强对其的财政保障能力。人员绩效工资，由财政部门通过人员定额补助来保障，这样其才能更专注于做好公益服务。对于公益二类事业单位，应结合东中西部地区不同的经济发展水平，根据行业特点和事业单位财务收支状况，各级财政给予适当经费补助，在保障其机构运行经费的前提下，不再安排财政拨款，使其主要从市场上获取收入，或按照《中华人民共和国民法典》和《中华人民共和国中央人民政府组织法》的规定，参与政府购买服务活动，履行政府采购程序，以签订合同的方式取得事业收入。

（3）建议参照政府会计标准体系建设的结构层次，不但范围要全，从纵向讲还要更深更细，建立绩效工资管理纵横交叉的综合的、立体化的制度体系。特别是应出台事业单位工作人员收入分配制度具体实施细则，或印发可操作性的“应用指南”，以便不同类别、不同行业、不同性质的事业单位便于操作执行，也有利于绩效工资管理政策的有效贯彻落实。“应用指南”还可进一步细化，如《企业会计准则应用指南》，又细分为存货、长期股权投资、投资性房地产、固定资产、无形资产、资产减值、职工薪酬、企业年金基金、债务重组、或有事项、收入、借款费用、所得税、金融工具确认和计量等38个明细指南。此外，指南还后附了相关会计科目和主要账务处理等，使财务人员的会计核算、账务处理有规可依，也让财务处理事项更标准、更规范。

（二）优化绩效工资总量管理

（1）绩效工资总量核定是一项严肃的政治工作，各单位在思想上要高度重视。事业单位收入分配制度改革不仅关系到事业单位广大干部职工的切身利益，而且与其他各项配套改革密切相关，涉及面广，政策性强，情况复杂。它不但政策性强，政治性也强。绩效工资管理指导思想要与中央精神保持一致，与国务院出台的政策保持一致。必须站在政治的高度看待绩效工资改革，不能“上面一套、下面一套”，不能上有政策下有对策，不能与党中央国务院指导改革的精神背道而驰。否则不仅违反了组织纪律，也会误导广大职工，使职工利益受损，带来严重的负面影响。做好绩效工资总量核定工作，应严肃组织人事和财经纪律，一律不得突破国家政策红线。同时，要深入、细致地做好广大职工的思想政治工作，引导职工正确认识事业单位收入分配制度改革的重要性、复杂性、艰巨性和长期性，切实解决好本地区和本部门在改革中遇到的问题，确保改革工作的平稳顺利进行。

（2）在绩效工资总量核定上，参照财务预算管理，建立动态调整机制。事业单位的财务管理遵循实事求是的原则，其中调整事项是财务管理遵循这一原则的具体体现，如科目调整、分录调整、预算调整、会计事项调整等。在绩效工资管理工作中，特别是对绩效工资总量核定的管理，也应建立动态调整机制。建立动态调整机制首要的是确定好调整依据、调整原则、调整标准、调整内容等。绩效工资总量的管理，面临两个最直接的问题：一是在总量不变的前提下，通过调整结构，优化要素配置，激励先进，惩罚落后，在总量既定的范围内动态调整，使一部分人多得利，使一部分人少得利，但这种做法容易使部分后进人员因收入下降产生消极情绪。二是在调结构的同时努力增加总量，结合单位创收增长，做大蛋糕。同时，通过拓宽增收渠道，努力寻找收入增长点，在鼓励先进的前提下，实现全员增资。当然，第一个问题更易于解决，但解决后改革效果受到影响，部分职工的负面情绪会阻碍改革的进度。对于第二个问题，单位班子应积极思考，采取有效措施，考虑如何切实为广大职工带来绩效工资改革的红利。

对于如何做大“蛋糕”问题，可从两个层面来分析。

第一个层面是针对事业单位的主管部门，在核定总量时，一般采用托底限高的方式。一是要考虑本部门或本地区事业单位的绩效工资整体水平，对人均绩效较高且远远超出所属事业单位平均水平的，可在几个年度内限制增长；对没有达到所属事业单位绩效工资平均水平的，需要与该事业单位共同研究绩效工资年度增长比例和最高限额；对处于所属事业单位绩效工资平均水平的，也应考虑物价、劳动力上涨、创收收入的增长等因素，按一定原则和较为合理的比例相应浮动，科学合理核定总量。要充分发挥管理人员的聪明才智，制订具有操作性的实施方案，切勿采用一刀切的“鲁莽”做法。

第二个层面是针对各事业单位，应拓宽思路，积极谋划，为满足职工日益提高的经济需求和事业单位繁荣发展提供经费保障。当然，增加职工个人收入，不能突破和违反国家财经政策，对上级部门或单位核定的绩效工资总量坚决不能突破。但国家为鼓励科技创新、激励广大事业单位工作人员担当作为、干事创业等，也出台了相关扶持和优惠政策。事业单位应认真学习、掌握，落实好这些政策。把绩效这块“蛋糕”做大，既能提高单位职工绩效工资，又能激发职工科技创新、干事创业的积极性。

（3）增加绩效工资总量的具体方法。

一是2015年修正后的《中华人民共和国促进科技成果转化法》第四十五条明确规定：国有企业、事业单位依照本法规定对完成、转化职务科技成果做出重要贡献的人员给予奖励和报酬的支出计入当年本单位工资总量，但不受当年本单位工资总量限制、不纳入本单位工资总量基数。事业单位应积极推动本单位科技成果转化工作，在政策法规允许的范围内提高本单位工资额，从而提高本单位职工个人收入水平。

二是为贯彻落实《国家创新驱动发展战略纲要》和全国科技创新大会精神，加快推进科研项目和经费管理改革，更大限度地调动广大科研人员的积极性和创造性，有些省区市积极采取了科研经费优惠政策。例如，河南省委办公厅、省政府办公厅2017年印发了《关于进一步完善省级财政科研项目资金管理等政策的若干意见》，文中明确规定：加大绩效激励力度，取消间接费用中绩效支出比例限制，经费绩效支出可以突破核定的单位绩效工资总量，不纳入绩效工资总量基数，计入当年单位工资总量，绩效支出安排与科研人员在项目工作中的实际贡献挂钩。

三是《事业单位工作人员奖励规定》（人社部规〔2018〕4号）第十七条规定：获奖人员所在地区或单位，经批准可以追加其他物质奖励。经批准的奖励所需经费，通过相关单位现有经费渠道解决，不计入工作人员所在单位绩效工资总量。

上述政策均是在不纳入本单位绩效工资总量基数的前提下，做大蛋糕的有效方法。在具体实施工作中，各单位可进一步从制度上、标准上、流程上等予以细化，落实国家或地方的相关优惠政策，通过提高职工个人绩效收入，进而提高公共服务能力和科技创新能力。

（三）进一步完善绩效工资分配制度和考核机制

（1）财务会计遵循收入费用配比原则，即当期的收入应该与当期的费用相配比。配比原则是以权责发生制为基础和前提的，只有在权责发生制下，才能准确确定本期损益。所谓权责发生制，就是以权利和责任的发生或转移来确定收入和费用的发生时间，进而确定收入和费用的期间，它是与收付实现制相对应的。如某经济实体发生现金收付业务，当现金收付业务发生时，来确认现金的收入或支出，并做出账务处理，此种方式即收付实现制。收付实现制一般用于非营利性组织和实施政府会计制度前的政府部门和事业单位。又如，某经济实体与对方发生经济业务，双方签署了经济合同，虽然款项尚未支付，但权利和责任已经发生转移，即资金未发生流入流出，但确认为收入或费用，财务据此做账务处理，此为以权责发生制为基础的会计核算。为深化我国行政和事业单位会计制度改革，从2009年1月1日起，我国实施了《政府会计制度》，行政单位和事业单位全面实行以权责发生制为基础的新的政府会计制度，并统一了各行业的会计制度。在权责发生制下，受持续经营与会计分期两个因素的制约。收入以发生的时间确认，而不是到账的时间来确认。与之相配比的成本费用，仅是为取得该项收入而实际发生的成本费用，不必考虑成本费用是否已经以现金的方式付出。收入费用配比原则本质上是权责对等原则。

（2）参照权责对等或配比原则，建立公平合理的绩效工资分配制度。公平公正是绩效工资分配制度实施的重要基础和根本前提，只有公平公正，才能发挥绩效的奖优罚劣的调整作用。对职工个人收入来讲，公平公正即劳有所得、多劳多得。绩效工资分配制度，事关单位职工切身利益，从时效性来看，绩效工资分配应采取周期对应原则，定期进行考核分配。《中华人民共和国会计法》规定，我国财务会计一般以一个公历年度为一个会计期间，即从每年的1月1日起，至每年的12月31日为止，再按每个自然月为分会计期间进行会计核算。每月编制月报表以反映单位本月的收支状况和资产负债情况。按年编制单位财务决算，反映单位全年收支及资产整体情况等。这是为规范我国企事业单位财务核算而确定的会计核算周期。但是作为绩效工资管理，其周期的确认有较大灵活性，一般也以一个完整年度作为考核周期，但不一定是从每年的1月1日起至每年的12月31日为止。因为事业单位每年可享受一次税收优惠政策，即一次性收入除以12个月来计算上缴的个人所得税，所以很多单位等到年底发放奖励绩效（有的单位年初发放），以保证职工个人能获得最大收益。作为内部绩效管理的期间，时间点的确定比较灵活，有的单位从上年12月1日起至本年11月30日为止，作为绩效考核的年周期。还可把每年季度考核作为季度周期。如果有足够的人力，还可把每月考核作为月周期予以实施。科学公正的制度体系对单位职工工作积极性和事业稳定健康发展起着至关重要的作用。此外，公平公正不是绝对的平均，绩效工资分配除了应遵循多劳多得、优质优酬的原则外，还应遵循效率优先和鼓励先进的原则。

（3）合理确定基础性绩效基准数和绩效比例关系。基础绩效工资按照岗位系数与基准数确定，岗位系数按照专业技术岗位、管理岗位和工勤技能岗位三类岗位分别确定，基准数随本单位总体发展水平和国家宏观经济状况，由人力资源部门通过一定的方法进行测算后，履行集体决策程序来最终确定。具体来讲，基础性绩效基准数应根据岗位、职称、承担的责任和风险等因素，并兼顾公平原则，采用适当的数学统计方法，科学合理测算，不能不经测算随意确定，容易造成个人收入差距过大、单位基尼系数过高，致使职工心理不平衡、形成太大落差。绩效工资基准数的确定方法非常重要，具体如下。

基础性绩效工资是按照岗位系数乘以基准数来确定的。岗位系数确定后，如何科学合理确定基准数，对事业单位人力资源部门来讲是一项较为重要的工作。因为它不但涉及职工个人收入多少问题，还涉及单位可供分配收入这一“蛋糕”大小问题。X单位采用线性回归法，测算绩效工资基准数较为科学合理。应首先确定维持原“蛋糕”大小这一原则，确保绩效工资改革后职工整体收入水平不能下降。

有两种方式确定绩效基准数：一是利用一元线性回归模型测算，二是利用 Excel 的统计功能进行测算。

①一元线性回归模型法。常用的一元线性回归方程如下：

$$\hat{y}_i = a + bx_i$$

将基准数作为自变量 x，绩效工资总量作为因变量 y，而方程中的参数 a 和 b 也是直接的影响因素，岗位系数可作为 b，而 a 作为常数项，其取值对于基准数的确定影响反而不大，可以说，如果基准数为 0，那么绩效总量也为 0。因此，为了便于测算，常数项 a 在计算时可以忽略不计。对于自变量和因变量的均值可通过 Excel 的公式自动计算，将本单位每个职工的岗位系数代入公式，同时因变量 y 是核定的绩效工资总量参考值。采用试算法则能够锁定自变量 x 的取值范围。在此基础上，为了方便取整，可以通过四舍五入进一步确定基准数。

②利用 Excel 的统计功能进行试算。首先将职工名单、岗位系数、预估基准数、核定绩效工资总量等指标单独作为字段，录入 Excel。同时，在 Excel 中单独列出一个字段作为核定绩效工资总量的参照值，设好计算公式，纵向最末设置为每个字段的平均数，横向新增一列为“绩效工资总量参照值”。通过预估基准数的变化，观察绩效工资总量参照值的变化。当绩效工资总量参照值接近核定的绩效工资总量时，预估基准数则可以作为拟定基准数的参考。

关于绩效比例关系问题。正确的绩效工资比例关系是以能够充分发挥绩效工资激励作用和执行效果为前提的。如果基础性绩效比重过大，则激励作用相对减少；反之，奖励性绩效比重过大，则激励作用明显。但奖励性绩效比重不能没有限度，那么多少合适呢？一方面，上级人事部门和财政部门应有范围的限制。因为要考虑本部门或本行业的整体情况，以及符合“同城同待遇”等国家关于收入分配的相关政策。另一方面，各事业单位也应综合考虑本单位的职工队伍现状、历史沿革、人员构成、学历水平、职称比例、养老金和职业年金缴存基数等因素。但是总的来讲，从实际情况看，把个人绩效与贡献挂勾是发挥职工激励作用最为有效的手段和措施。通过对若干事业绩效工资比例了解的情况看，奖励性绩效占 60% 以上较为合适。如果低于 60%，则奖励性绩效发挥的作用明显减弱，职工工作积极性也会普遍降低。

（4）建立健全科学的绩效工资考评机制，发挥激励作用，增强激励效果。其中，最为重要的两项内容是建立考核指标体系和完善考核流程。可参照预算绩效考核指标体系，由国家人事和财政部门建立一级和二级绩效工资考核指标，事业单位可再进一步细化具体考核指标。如表 2 所示。

表 2　　事业单位支出绩效目标申报表

（　　年度）

项目名称							
主管部门及代码					实施单位		
项目属性					项目周期		
项目资金（万元）			中期资金总额：		年度资金总额：		
			其中：财政拨款		其中：财政拨款		
			其他资金		其他资金		
总体目标	中期目标				年度目标		
绩效指标	一级指标	二级指标	三级指标	指标值	二级指标	三级指标	指标值
	产出指标	数量指标			数量指标		
		质量指标			质量指标		
	效益指标	社会效益指标			社会效益指标		
		经济效益指标					
		可持续影响指标					
	满意度指标	服务对象满意度指标			服务对象满意度指标		
		服务对象满意度指标			服务对象满意度指标		

由表 2 可知，财政部已将绩效指标的一级指标和二级指标列出，事业单位仅需结合本单位实际，完善三级指标和指标值即可。这种做法不但具有统一规范性，还具有较强的操作性。同时，对考核结果的应用具有制度刚性约束作用。绩效工资考评指标也应借鉴上述做法：由国家人事和财政部门统一制定一级或二级指标，在实际填报时，各事业单位将具体工作目标转化为考核指标，细化三级指标或根据实际增加二级指标后再细化三级指标。表 3 可作为参考。

表3 参考表

	一级指标	二级指标	三级指标	指标值
绩效工资考核指标	党建指标	全面从严治党		
		党团文明建设		
		……		
	业务指标	数量指标		
		质量指标		
		能力指标		
		……		
	其他指标	综合治理		
		团队建设		
		……		

进一步完善考核流程。各单位在考核工作中比较重视打分、投票环节，往往忽视了考核结果统计及问题分析反馈，绩效工资考核变成仅仅为了分钱而考核。此种考核只关注了考核结果，未关注过程的管理，很容易造成形式主义。殊不知绩效工资考核还要通过全程监督、结果反馈来实现评先选优、岗位调整、培训提高等。上述做法会导致单位忽视对弱项或短板进行改进。

除上述两项内容外，确定适合本单位实际的考核办法，也是人力资源部门应着重考虑的问题。目前广泛采用的考核方法有排序法、目标管理法、360度考核等。事业单位应根据自身特点选择适合本单位的方法。只有建立健全科学的绩效工资考评机制，才能保证单位考评制度建全、程序合规、流程完善、结果公平合理，才能使全体职工凝心聚力、发奋图强、不断开创新的形势和事业发展的大好局面，实现事业发展目标。

（四）大力推进事业单位绩效工资管理信息公开

公开、公平、公正是绩效工资管理制度得以推行的重要因素。信息公开能促使绩效工资管理工作持续改进，并获得显著的激励效果。

（1）信息公开可对以下几个方面产生影响。一是可防范风险，特别是廉政风险和经济风险，阳光是最好的防腐剂。目前，我国对信息公开非常重视，并以条例的形式予以发布，针对信息公开的主体、范围、内容、程序、时间要求、责任等做出了明确规定。特别要求要对行政审批、行政处罚等结果的信息公开，同时对秘密隐私、国家安全等信息公开也做了禁止性规定。信息公开制度的完善，有利于政府职能的转变，有利于建设法治政府和法制社会。二是增加公众的知情权。公民的知情权是每个公民的正当权益，也是宪法赋予每个公民的获取信息的自由与权利，即知悉权、了解权。既具有公法权利的属性，也有民事权利的属性，是公民作为民事主体所必须享有的人格权的一部分。因此，知情权对公民来讲是生而平等的权利，必须予以充分尊重。三是信息公开能够切实发挥群众监督的作用。利用群众的力量进行监督，成本较少，便于组织，效果明显。应充分应用好群众监督的这把利剑，增加群众对政府的信任，弘扬公平正义和社会正能量。目前，我国预算公开工作已经稳步推进、全面开展。财政部发文明确指出：各部门要坚持以公开为常态、不公开为例外，依法依规主动公开预决算和政府采购信息，主动回应社会关切。建立健全厉行节约反对浪费信息公开制度，进一步细化部门“三公”经费支出公开内容，推进会议、培训、论坛、赛会、展会、博览会、庆典等经费的信息公开。推进公开新增资产配置、占用使用国有资产的分布构成及变动情况。加大绩效信息公开力度，稳步推进绩效目标、绩效自评和重大项目绩效评价结果向全国人大报告并向社会公开。

（2）建议国家人事部门和财政部门，参照财政预算公开工作取得的经验，加强绩效工资管理的信息公开工作。首先，要求各部门各地区人事和财政部门严格按规定及时公布相关信息，回应本部门本地区对绩效工资管理政策的关切。其次，事业单位从内部管理来讲，为保障本单位职工对个人收入分配方案、考核办法、奖励措施等方面的知情权，也应及时公开本单位绩效工资管理相关信息。其主要内容应包括：第一，本单位绩效工资制度办法的制定要公开征求职工意见，包括分配原则、考核指标、考核流程、考评方法等。第二，应公开本单位绩效工资管理具体实施流程，包括考核各环节涉及的部门在考核中的留痕管理等。最后进行考核结果及奖励分配的公开，包括打分情况和绩效发放总体情况的公开等。

（3）事业单位对绩效工资应加强过程管理，确保流程的透明化。对于一些特殊的绩效奖励或事项也要予以说明。例如，按现行管理规定，事业单位主要负责人的绩效工资应由主管部门或上级财政部门确定，与所在单位工作人员的绩效工资水平保持合理关系（据了解，一般情况下，事业单位主要领导的绩效工资不超过单位职工平均绩效工资约2.5倍）。此外，还应明确公示工作的负责机构，制定公示办法，对公示内容、公示方式、公示范围、公示时限和公示异议处理程序等事项做出明确规定。

（4）大力推动信息公开，增强职工的公平感。公平理论对我国绩效工资改革有重要启示和借鉴意义：一是管理者要通过宣讲或培训，引导职工形成正确的公平感，避免盲目攀比而造成不公平感。二是操作流程的公开、透明以及广泛的民主参与，有助于职工获得公平感。绩效工资对每位职工都很敏感，各单位对绩效工资的公开采取不同的方式，有的在单位内全部公开，有的在单位的部门内部公开，有的是背靠背，每位职工只知道自己的绩效工资，不知道别人的收入情况。个人绩效工资公开到什么程度，应根据不同单位的实际情况来确定，但需要公开的是绩效工资的奖惩标准、发放原则及程序等，即绩效工资相关制度规定需要公开、流程需要公开、内容需要公开，以使职工具有最基本的公平感。在此基础上，在本单位内部适当公开部门人均或部门总额，使每位职工能够以此为参照，对比自己的收入状况。

（五）职能部门间应积极配合，通力协作

（1）人力资源部门既是绩效工资管理的“设计师”，也是绩效工资管理的“发动者”和“参与者”。人力资源部门作为“牵头人”，应承担组织协调的职责，从组织、制度、流程、措施、监督、宣传等各方面发挥保驾护航的作用；既要有指导性意见，又要虚心听取其他部门和普通群众的意见，通过对问题的改进与解决，实现绩效工资管理目标。事业单位绩效工资管理工作应在人力资源部门牵头组织下，由技术、财务、党办、工会等职能部门密切配合。当然，人力资源部门人员的教育水平和专业能力直接影响绩效工资管理的效果。如果一个单位的人力资源部门人员学历普遍偏低，或人员素质不高，且没有经过工资管理相关业务或岗位专业培训，则对绩效工资管理提不出科学公平有效的实施方案，更无法应用统计数学等方法进行深度分析研究，那么该单位的绩效工资管理不会得以系统化、全面化地深入开展。此外，人力资源部门人员配备情况，也直接影响管理工作的质量和与其他部门的协作效率。如果人员不足、缺少必要的人力，则无法细化每项工作。而绩效工资管理又是一项较为繁杂的工作，涉及指标较多，而且涉及的每个职工的情况也不一样。因此，人力资源部门要有充足的人员才能把绩效工资管理工作做

实、做细，才能有时间和精力就绩效管理的细节与其他部门进行充分沟通、协调。

（2）共同做好绩效工资制度的宣传工作。一方面，对绩效工资管理政策的宣讲以及概念的界定、流程的公示、主要指标的解释等，通过对政策的解读宣传贯彻，帮助职工及时准确理解，增进思想认同，统一职能部门的口径，避免发生歧义，促进落地落实。各单位职能部门均有各自的分工，承担不同的职能，就职能部门内部来讲，都会涉及绩效工资的某一方面。例如，财务部门涉及收入及成本的确认，以及绩效工资的发放。技术部门涉及技术任务的完成情况、科技成果的转化情况、技术评奖情况等，并予以量化考核。党委办公室涉及党建工作情况以及意识形态责任落实情况等。综合办公室涉及综合治理、公文运转、消防安全、卫生防疫等。人力资源部门涉及职称及岗位的核定、薪资标准的确定、绩效工资管理工作的组织协调等。虽然各职能部门都有各自的分工，但更为重要的是部门之间的衔接，这需要制度和流程等方面的保障和约束。通过信息化手段优化流程，并通过广泛宣传广而告之，使职能部门人员悉知情况，这样才能保障部门之间的绩效工资管理工作顺利进行。另一方面，这种宣传能从心理上满足职工以更适应职工长期发展的需求，使职工增加对绩效工资改革的认识，使职工更认同自身工作的价值，并使其提高工作满意度，从而激发工作热情，最大限度地发挥绩效报酬在组织发展中的支持和促进作用。如果不做宣传或仅做有限范围内的宣传，普通职工不知道单位关于绩效工资的相关政策，势必产生信息不对称的情况，有时职工会私下打听“小道”消息，甚至会获得不正确的信息，从而影响职工情绪。

（3）提高职能部门人员素质，是做好沟通协调工作的根本。单位管理人员应认真贯彻落实习近平新时代中国特色社会主义新思想新要求，增强“四个意识”、坚定“四个自信”、做到“两个维护”，不断提高政治站位，扎实履行职能部门主要职责，注重团结协作，主动担当作为。在制定本单位绩效工资管理相关政策时，应从全局角度统筹考虑，而不能仅从本部门或局部利益出发，不能有“近水楼台先得月，向阳花木易为春”的想法，利用手中的权力让一小部分人获得额外收益。把住人员入口，单位在录用人员时应提高门槛，不能因为是职能部门而放松对招录人员职称、学历、政治面貌等的要求。通过综合考核，招录高素质、复合型人才。此外，还需加强人员的继续教育，持续不断地提高职工的业务水平，保持知识的不断更新换代。2019 年，新颁布的《中华人民共和国个人所得税法》规定，为鼓励职业发展，职工继续教育事项等符合条件的可在税前扣除。可见从国家政策上，国家对人才的培养给予了高度重视，并与个人利益相挂钩，切实推动了人才职业继续教育工作，提高了专业人才的综合业务素质。

（六）绩效工资管理政策应与事业单位改革政策相衔接

（1）做好顶层设计，从高处长远谋划改革。事业单位是我国社会主义现代化建设的重要力量。事业单位改革是一个系统、复杂的综合性工程，涉及管理体制、财政投入、机构编制、人事制度等方方面面，应有“一盘棋”意识，每个“棋子”是重要的一环，也是阵地的每一个“堡垒”，相互关联而又相互制约。同时，每一个“棋子”又不能成为短板或弱项，因为一个出问题则会影响事业单位改革的全局。在深化“放管服”改革的背景下，“一盘棋”意识尤为重要，事业单位既要做好不同行政级次改革的政策衔接，也要做好不同行业间不同经济发展区域内的政策衔接工作，还要处理好对不同层次人群的政策差异的宣传。原来的、旧的、习惯性的思想和做法将会被新的思想和做法所替代，对于政策的执行贯彻者和政策的实施对象，都会带来较为明显的变化。只有做好政策衔接工作，才能减少行政成本，提高行政效率，实现政策目标。党中央非常重视收入分配制度改革，并对深化改革提出了更高要求，习近平总书记在党的十九大报告中强调，要“深化事业单位改革，强化公益属性，推进政事分开、事企分开、管办分离”。新一轮党和国家机构改革就事业单位改革做出了新的部署。各级主管部门和事业单位要适应新时代的新要求，认真贯彻落实中央关于深化改革的重要部署，逐步完善，逐步深化，全面整体推进改革进程。

（2）以点带面，从线到面，配合国家宏观政策，为整体改革提供基础条件。事业单位绩效工资改革作为深化事业单位改革的组成部分，应与事业单位改革同步开展，协调推进。特别要做好制度框架内的衔接，不能独立运作，简单合并同类项。在事业单位分类改革中，最重要的方面是关于个人收入分配的问题，因为涉及每个个体利益，从而影响群体利益，因此可以说是整体改革的基础和前提。如果个人收入分配改革有问题或存在较大阻力，则会直接影响事业单位分类改革的全局。如果个人收入分配问题即个人利益能够妥善解决，则为全面深化事业单位分类改革提供了最基本的保障。首先，政策上应相互衔接，因涉及不同行政部门、不同职能、不同体系、不同机制等，故应通过联席会议或其他联络机制，经过充分的调查研究，防止定位不清、职责不明、相互推诿扯皮等带来的后疑症问题。其次，在政策上与实际工作操作上应做好衔接，如果出台的政策在多方面遇到阻力，说明制度制定的前期工作不足、衔接工作不到位，以致无法落地执行、达不到改革的目的。再次，应做好信息化工作的衔接工作，各部门各项工作均已达到信息化要求的标准，各自有一套信息数据库。要把这些独立的信息数据库打通，实现真正意义的大数据，还需做出更大的努力。随着区块链等新技术的应用，信息共享程度越来越高，为不同部门的信息衔接工作提供了技术条件。因为信息具有价值，其涉及不同利益的调整与再分配，只有以“壮士断腕”的决心和勇气、攻城拔寨的拼劲和意志才能打破利益格局，强力推进各项改革。配套改革既不能超前，也不能滞后，只有蹄疾步稳系统性地进行，才能确保各项政策统筹协调，落地见效。

（3）在改革的导向或结构等重大问题上，应前期通过调研，经过试点后自上而下，上下结合，逐步实施，否则，政策衔接不好，会出现“一盘散沙”的局面。为确保改革顺利进行，还需借鉴其他改革的经验和好的做法，汲取其他改革的教训。例如，之前的科研机构体制改革，目的是以科技创新和体制创新为动力，通过科研机构分类改革，深化科研机构管理体制改革。此次改革把科研单位进行了分类划分，按承担职能的功能分别划分为转为科技型企业的科研机构、转为业务类事业单位的科研机构和非营利性科研机构。对于转为非营利性科研机构，须完成相应人员和资产的剥离工作，同时将可推向市场和具有行政职能的事项从非营利性科研机构中划出。由中央编制委员会，正式发文核定非营利性科研单位编制数，由财政部根据核定的编制数测算经费予以财政支持，以专项启动费的方式增加对非营利性科研机构的科学事业费投入。对非营利性科研单位来说，上述改革会使其得到更多的财政资金以专门用于科研投入、减少对市场资金的依赖，即注重非营利性。但在之后人事部、财政部在《关于印发事业单位工作人员收入分配制度改革实施办法》中明确指出，对从事公益服务的事业单位，按照事业单位分类改革所确定的不同类型，实行不同的绩效工资管理办法。有些原非营利性科研单位获批为公益一类事业单位，还有些非营利性科研单位获批为公益二类事业单位。

而对公益二类事业单位，国家将减少财政投入，使其以经营创收为主要经费来源。由此造成一个科研单位出现多个不同的分类，执行不同的政策要求，如出现非营利性科研机构被确定为公益二类事业单位。今后的改革应引以为鉴，使绩效工资管理等收入分配改革有序进行。另外，在强调改革全局性、系统性的同时，还要强调有中国特色社会主义的特殊性。绩效工资管理，各国有各自的管理特点。我国是一个拥有 14 亿人口的超级大国，管理的难度比任何一个国家都要大，其情况也最复杂。目前，我国还处于社会主义初级阶段，人均收入还远未达到中等发达国家水平，而做好绩效工资管理工作是提高国民收入的基础，涉及国民收入整体水平的提高，需要充分考虑新时代中国特色社会主义的特点，符合社会主义初级阶段的发展特点和发展规律。只有这样，才能在事业单位绩效工资改革上有所突破和创新，才能向世界提供中国方案并引领各国在这一领域全面、健康发展。

结　论

事业单位改革大潮的洪流滚滚向前，事业单位工资制度改革在全面推进事业单位改革的工作中，如何贯彻按劳分配与按生产要素分配，效率优先、兼顾公平的分配原则，建立符合我国事业单位特点的多种分配形式和管理办法，建立重实绩、重贡献并向优秀人才和关键岗位倾斜的自主灵活的分配激励机制以调动单位和职工的积极性，促进社会事业发展，是亟待研究和解决的重要课题。本研究以 X 单位为案例，辅以其他事业单位实例，通过文献研究、调研访谈、实证分析等方法，从财务的视角，深刻剖析问题，总结经验，从体制机制、改革内容、方式方法、措施手段等方面，提出有建设性的对策。希望能对深入推进事业单位分类改革，健全适合事业单位特点、体现岗位绩效和分级分类管理的收入分配制度，深化事业单位工资改革，逐步实现事业单位工作人员收入分配的科学化和规范化有所裨益。

参考文献

[1] 周桂琴. 我国事业单位绩效工资制度改革及其改革的必要性分析 [J]. 科技经济与管理科学，2017 (27)：241.

[2] 章剑南. 基于公平理论的我国事业单位绩效工资改革问题研究 [J]. 云南行政学院学报, 2017 (6): 144-150.

[3] 秦瑞峰. 事业单位绩效工资激励的影响因素及解决策略探究 [J]. 中小企业管理与科技, 2017 (12): 40-41.

[4] 付文杰. 昌乐县事业单位绩效工资体系优化设计 [D]. 青岛科技大学, 2018.5.

[5] 李蓁, 孙鹏, 程龙. 新形势下构建公益二类事业单位分配制度体系的思考 [J]. 价值工程, 2018 (22): 87-89.

[6] 杨钰颖. 浅谈事业单位绩效工资制度改革 [J]. 管理研究, 2018 (8): 1-2.

[7] 宋斌, 吴宏伟. 事业单位绩效工资正向激励路径探析 [J]. 人力资源, 2018 (29): 56-57.

[8] 宋昱. 我国事业单位绩效工资制度改革实施的不足与对策浅析 [J]. 中小企业管理, 2018 (10): 6-7.

[9] 刘燕. 广东省属科技型事业单位绩效考核机制研究 [J]. 财经界, 2018 (11): 109-112.

[10] 王洁. 公益类事业单位绩效工资改革研究 [D]. 东南大学, 2017.5.

[11] 都朝. 论事业单位如何做好绩效工资管理工作 [J]. 现代经济信息, 2019 (7): 99.

[12] 胡慧剑. 事业单位绩效管理和绩效工资的创新改革研究 [J]. 管理论坛, 2018 (6): 619.

[13] 林瑞琴. 浅谈科研事业单位绩效工资的实施与管理 [J]. 焦点透视, 2016 (12): 176.

[14] 王荧. 事业单位绩效管理与绩效工资改革探析 [J]. 理论探讨, 2017 (13): 225.

[15] 李佳宜. 高校绩效工资管理存在的问题及改革对策 [J]. 管理观察, 2019 (8): 104-105.

[16] 樊晨. 当前事业单位实施绩效工资管理过程中存在的问题及对策研究 [J]. 人力资源, 2017 (11): 66-67.

[17] 吕颖. 事业单位人员绩效工资公平感与工作态度的关系研究 [D].

河北经贸大学，2011.

[18] 王慧. 基层事业单位岗位设置管理研究 [D]. 山西大学，2013.

[19] 张尧. A省省直事业单位绩效工资总量制度调查研究 [D]. 大连理工大学，2017.

[20] 王帅. 事业单位绩效工资多维完善机制探讨 [D]. 山东财经大学，2017.

[21] 曹娟娟. 海南省中小学教师绩效工资制度再改革的研究 [D]. 海南师范大学，2016.

[22] 覃刚. 事业单位绩效工资改革有效性研究——以广西交通运输行业为例 [D]. 广西大学，2016.

[23] 顾俊广. 绩效工资改革对事业单位财务管理的影响 [J]. 时代金融，2018 (8)：220-222.

[24] 唐红武. 关于完善医院绩效工资管理体系的若干思考 [J]. 经贸实践，2016 (5)：256-257.

[25]《国务院办公厅关于印发分类推进事业单位改革配套文件的通知》(国办发〔2011〕37号).

[26]《中共中央组织部 人力资源和社会保障部关于印发〈事业单位工作人员奖励规定〉的通知》(人社部规〔2018〕4号).

[27]《中华人民共和国促进科技成果转化法》(2015年修订).

[28] 习近平. 决胜全面建成小康社会夺取新时代中国特色社会主义伟大胜利——在中国共产党第十九次全国代表大会上的报告 [Z]. 2017.10.

高校基建项目投资管控问题研究

——以 M 高校为例

田志刚

摘　要　本研究在我国高等教育日趋繁荣、高校深入推进内涵式发展的大背景下，对高校基本建设项目投资控制展开研究。在全面调研当前教育部直属高校基本建设项目投资管控现状的基础上，深入分析了教育部直属高校基建项目管理过程中相对突出的计划管控、决策论证、过程管理、竣工决算等投资管控环节问题形成的原因。本研究以问题为导向，基于全生命周期理论、价值工程理论和建设工程投资控制理论，运用文献分析法、案例分析法进行解决方案的设计和具体案例的应用研究。本研究创新性地提出可以将全生命周期理论和价值工程理论融合应用于高校基建项目投资控制领域，对优化和提升高校基本建设项目投资管理设计了全生命周期价值投资管控组织方案，并针对项目建设全过程五个阶段的关键节点提出了具体的管控措施，最后结合 M 高校的典型项目实例进行了验证和分析。经过研究，本研究认为，高校要结合自身实际情况，科学安排好中央预算内和其他各类基本建设经费，尽可能地实现经济效益和社会效益最优，高校基建项目规划建设应将功能性和经济性统筹考虑，相比通常的直接将工程项目投资严格限定在概预算值内的限额控制方法而言，通过优化价值组织使建设项目功能性提高、总投资小幅增加或者功能保持不变、总投资降低是当前高校更为科学的、更为合理的选择。

关键词：高校；基建项目；投资管控；研究

一、绪论

（一）研究背景

1. 国家教育宏观管理的要求

新中国成立 70 余年来，我国高等教育实现了历史性的跃升。据教育部统计，截至 2018 年我国各类高校总数 2663 所，高等教育在学规模由 1978 年的 86.7 万人扩大到 2018 年的 3833 万人，高等教育规模已位列世界第一。近年来，我国高等教育国家财政性经费支出占 GDP 的比例连续 6 年保持在 4% 以上，经费总投入由 1978 年的 15 亿元增长到 2018 年的 1.11 万亿元。教育经费的持续加大投入，为高校教育事业发展提供了越来越充分的资金保障。

随着我国高等教育日趋规模化、竞争国际化，教育部直属高校在国家“双一流”战略等政策引领下，正逐步朝着内涵式发展方向迈进，如何把国家投入的巨额经费资源高效配置到基本建设项目中也是当前高校管理面临的重要课题。

2016 年 4 月，财政部发布的指导性文件《基本建设财务规则》（财政部分第 81 号）明确要求建设单位要对所属的建设项目管理进一步落实系统化的财务管理思维，强调在抓好工程建设项目资金管理的同时，更要抓好项目的财务和计划管理，特别是明确提出重点加强对包括建设成本和投资控制在内的 6 项关键指标进行绩效考核与综合评价。

2019 年 1 月 1 日起施行的新《政府会计制度》构建了“以权责发生制为基础的财务会计核算模式和以收付实现制为基础的预算会计核算模式并存”的新型会计核算模式。对于建设单位来说，新《政府会计制度》的实施要求将基本建设工程项目管理作为重要的经济活动统一到本单位的财务核算体系之中。

新《政府会计制度》依据《基本建设财务规则》和有关预算管理规定，在充分吸收《国有建设单位会计制度》的合理内容的基础上取消了基建会计专门核算要求，把基本建设项目作为单位业务活动统一到事业单位核算项目上。

新《政府会计制度》及《基本建设财务规则》的实施，对高校基本建设财务管理提出了更高的要求。当前，在高校基建项目管理过程中，如何节省资金、控制投资，备受国家和社会各方面关注，探索研究和解决高校基本建设项目投资管控问题势在必行。

2019 年 5 月，教育部发展规划司发布了《教育部直属高校 2018 年度基本建设投资情况通报》（教发司〔2019〕118 号），指出近年来高校基建管理水平稳步提高，规范管理意识显著增强，建设项目未批先建、超投资等违规现象得到了有效遏制。从建设项目类型来看，随着高校“双一流”建设的推进，直属高校基本建设进一步由“保基本”向“促提升”阶段转型，科研用房和实验室占比逐年加大。高校基本建设投资管理存在的比较突出的问题包括中央预算内投资完成情况低于预期、自筹资金投资计划执行仍需加强、竣工财务决算办理不够及时等。

根据最新通知要求，教育部要求各直属高校重点做好基本建设管理四个方面的工作。

第一，认真谋划2020年中央预算内投资项目的前期工作，遵照中华人民共和国国家发展和改革委员会关于中央预算内投资项目管理规定，紧紧围绕学校建设发展短板需求，提前谋划今后年度中央预算内投资项目，加快推进项目前期工作，有序推动项目建设，确保中央预算内投资下达后能够尽快开工建设。

第二，不断加强基建工程项目投资执行进度控制，优化项目前期管理、提高工程招标效率、加强施工进度控制、抓紧投资审核拨付，对项目建设进展进行动态监控和预判预警，按照计划节点严格把握中央预算内投资执行进度。

第三，持续抓好基建工程项目投资控制工作，做实做细项目前期工作，客观、全面、科学编制可行性研究报告和投资估算。不断完善设计变更、现场签证、认质认价、合同变更管理机制，严禁擅自改变设计方案、扩大建设规模、提高建设标准。严格遵照财政部关于竣工财务决算的有关规定及时组织开展竣工财务决算编报工作。

第四，积极推进基本建设管理规范运行，坚持依法依规、厉行节约、安全优质、节能环保、廉洁高效的工作原则，认真执行国家建设工程领域法律法规和《教育部直属高校基本建设管理办法》，严格履行基本建设程序，不断健全基本建设管理体制机制，深入推进工程建设领域廉政建设，努力提高决策水平和投资效益，确保基本建设工作在法制的轨道上规范运行。

2. 高校事业健康发展的需要

在新形势下，为深入贯彻国家各项高等教育方针、政策，进一步落实全面依法治国、全面从严治党以及推进“简政放权、放管结合、优化服务”对高校基本建设提出的新要求，高校需要全面梳理自身基本建设管理存在的问题，进一步完善运行管理机制，提高科学化、规范化水平，确保基本建设工作健康有序发展。

值得注意的是，高校基本建设领域仍是当前廉政风险防范的重要领域。

《教育部直属高校和直属事业单位基本建设廉政风险防控手册》显示，涉及此领域的有多达142个廉政风险点。高校在基建项目决策、规划设计、招标投标、施工管理、竣工决算过程中都不同程度存在管理薄弱、监督不力的情况。防控风险要求高校抓住关键环节，采取切实有效的措施，建立健全惩治和预防腐败的有效管控体系和长效机制。投资管控作为风险管理重要环节越来越多地引起高校的重视。

基本建设工作是高校事业发展的重要支撑和保障，在创新驱动、“互联网+”的大背景下，高校也需要重视和参与市场竞争，不断规范资金使用。在信息化大发展的大背景下，规范科学的基本建设工程项目投资管理可以为高校经济业务稳步推进提供基础和保障。

为顺应改革形势，适应外部环境，高校正不断拓展基建资金来源渠道，社会捐赠、PPP融资等方式，也成为资金的重要来源。高校在面临较大的金融压力情况下，如果对基建投资管控不到位，就会引发较大的财务风险。因此，高校需要借鉴企业相对成熟的内部控制体系和管理经验，合理地进行基建内控管理。只有这样才能够保障基建投资有效发挥其经济效益和社会效益。在此背景下，高校应尽快实现真正意义上的基本建设全生命周期管理，科学有效地控制基建工程投资，为事业可持续发展提供重要保障。

（二）研究意义

当前，高校基建投资管控的目标是准确反映政府基建活动的实际总投资、准确反映高校基建活动所支付的使用资产价值、准确核算高校基本建设活动合同结算以及各种债务债权关系。研究高校基建项目投资管控问题，具有以下几个方面的现实意义。

第一，有利于高校提高大额投资管控水平。当前高校基本建设项目资金来源中，财政性投资资金所占比重较大，各级政府财政部门要按时对核准投资进行批复、核算和清算。在这一系列的过程中，高校必须严格执行投资计划并组织开展会计核算工作，在将基建项目的政府投资准确核算的同时，准确反映项目的各项投资来源。有效管控基建工程项目投资可以确保高校在资金安排上更加具有计划性，从校园规划到项目建设，良好的投资管控可以为高校提供重要决策依据，从而提高高校内部大额投资财务治理水平。

第二，有利于高校建设经济活动合法合规。从会计核算角度看，高校的经济活动通过会计核算反映到货币计量上来。基本建设作为一项相对独立的、完整的经济业务，在一个重要方面反映高校财务经济活动行为的合法合规性。高校在基建项目管理过程中会随着项目决策、设计、招投标、工程进度对各类合同款、往来款进行计量核算。各类基本建设经济活动的财务资金往来和最终结算、决算都需要在国家法律法规制度下、在各类合同的约束下合法、有序地进行。依托良好的计划执行控制不仅会避免学校资金损失，而且也会监督基建经济活动在规范的框架内运行。在工程建设领域防范舞弊和预防腐败是现阶段高校管理重要的一环，高校通过项目投资管控可以将更多的制衡机制嵌入高校基建投资管理各环节中，有利于基建工作合规运行，能够大大降低基建项目管理违规风险。

第三，有利于高校处理好项目质量、进度和投资的关系。绩效显著的建设项目管理需要有机协调好投资、进度和质量这三者的关系，三者是统一的关系，而非对立关系。基建项目投资控制得好，不意味着工程质量会降低。相反，工程项目质量如果把控不好，会造成大量的返工争议、索赔，甚至影响工期进度；在这种状况下，工程投资往往会更高，高校会蒙受更大的损失。经验证明，良好的投资管控将大大促进高校处理好施工参与各方的关系，使基建项目管理形成合力，从而提高管控绩效。

第四，有利于保证高校财务信息的真实完整。当前很多高校基建财务信息反映不完整，部分游离于大账之外，基建“账账不符”“账实不符”的情况较为严重，做好基建投资管控，在对基本建设活动进行会计核算的同时，对建设成本进行正确的归集和分摊，有利于提高高校财务信息的完整性，保证交付使用资产的准确性，避免出现国有资产流失问题。

（三）国内外研究现状

1. 研究理论基础

（1）全生命周期理论。全生命周期理论可以作为一种决策支持工具，此理论运用于建筑业工程造价管理始于 20 世纪 70 年代，1974 年英国学者 Gordon 在《3L 概念的经济学》一文中提出“全生命周期造价管理”概念。这种造价管理模式是一种现代化的工程造价管理理念，可以帮助建设方进行项目决策、设计方综合考虑和控制建造运营成本，已经被西方发达国家广泛采用。

为了更直观地与国内外研究成果相衔接，本研究应用此理论名称为“全生命周期理论”。

（2）价值工程理论。价值工程（Value Engineering，VE），是以提高产品或作业的价值为目的，以对其功能分析为核心，力求以最低生命周期成本实现其所要求的必要功能的有组织的创造性活动。第二次世界大战后，美国通用电气公司工程师 Miles 从产品功能分析出发，努力寻找与短缺资源具有同样功能的替代品，提出人们通常“购买的不是产品本身而是产品功能”的概念，并于 1947 年在“价值分析”一文中首先提出价值工程基本理论。

（3）建设工程投资控制理论。建设工程投资控制是项目控制的重要组成部分，通常是按照项目建设规定和程序，采用动态控制方法，使项目各个阶段的控制目标相互制约、相互补充，最终将项目投资控制在上级主管部门允许额度或建设单位设定的投资额度以内，并采取相应的措施随时纠正投资发生的偏差，控制的重点在于施工前的决策和设计阶段。

2. 国外研究现状

在全生命周期理论研究方面，Petts R. C.′和 Brooks J.（1986）提出了一套全生命周期成本管理模型和有关应用范围。

Dellasola P. E. 等（1991）的《设计中的全生命周期造价管理》及 J. Bull（1993）的《建筑全生命周期造价管理》对全生命周期造价管理的有关理论和研究方法有深入解析。R. I. Carr.（2004）对工程造价控制的全过程进行了初级的、简单的探索和研究。Dragoo R. E. 和 Letendre R. A（1993）提出要有效控制建设项目的工程造价，采用全过程造价咨询是有效的方法。Medley 和 Larry G.（2002）研究了建设项目全生命周期成本与建设成本、运营成本和维护成本之间的关系。Ockwell . A（2004）在《公路管理：全生命周期工程造价管理技术的开发》中，研究探讨了相关类型工程项目的全生命周期造价管理理论和方法。

在价值工程理论研究方面，从世界范围看，价值工程理论在降低工程成本、提高投资效益等方面发挥了积极作用。特别是在项目设计阶段，价值工程的应用较多。

Lian Sheng Gu、Ming Hua Hu 和 Peng Hu 等（2011）在工程项目评标过程

中引入价值工程方法下的定量分析，提升了项目的综合价值和评价方法可信度。Fathoni U、Zakaria C. M 和 Rohayu C. O.（2013）提出价值工程和生命周期成本分析的应用可以在工程质量和社会可持续发展的平衡方面取得较好的经济效益和社会效益。Racha Rachwan、Ibrahim Abotaleb 和 Mohamed Elgazouli（2016）提出，价值工程是建筑项目质量改进和成本节约的有力方法，基于大型住宅项目案例研究得出使用此方法可使总预算节省 20% ~30%，同时能耗降低约 7%。Renata Schnei derova Heraloa（2016）将价值工程方法应用于公路项目，研究后提出此方法可以通过创造创新替代方案平衡项目成本，提高项目运作绩效。

3. 国内研究现状

在全生命周期理论研究方面，我国于 1990 年成立中国建设工程造价管理协会，工程造价管理理论和方法研究逐步向“全过程造价管理模式”转变。

路世昌等（1999）通过建立估价模型和函数使建设项目的造价在源头端的设计阶段就得到控制。薛由庆（2001）提出，将价值工程原理应用于工程项目前期规划设计，积极的事前控制可以促进建设单位提高项目投资效益。戚安邦等（2004）结合我国国情，提出了系统的建设项目全过程造价管理理论和实操方法。柴志刚和陈蔚（2007）提出，将设计环节作为降低工程造价的重要控制事前环节，可提高建设单位投资效益。

在价值工程理论研究方面，韩春民等（2008）应用价值工程理论对高校建筑工程管理的各个阶段进行了研究，并将设计阶段作为研究重点。张璐（2010）结合高校基建项目特点，提出了价值工程应用于高校基建工程要解决的诸多问题和方法，并以实例进行了分析。张树捷（2010）将价值工程原理和高校建设项目设计方案相结合，研究了通过量化的方式对设计方案进行比选。任民主（2010）将设计阶段作为关键阶段，结合案例将价值工程在此阶段的应用做了分析阐述。徐晨（2011）提出，通过整合现有资源，将价值工程理论和方法应用于工程项目决策阶段可以有效地增强项目功能、节约项目投资、提高综合效益。朱田惠（2012）提出，价值工程理论在工程项目中在控制投资、提高效益方面具有重要作用，特别针对招标采购、方案优化、材料选型等方面进行了案例分析。李鹏飞（2014）结合实际案例将合理分配项目投资限额与必要功能相结合，针对项目造价有效把控提出了具体的措施。

杨义云（2015）提出，价值工程应用于工程造价控制中有多个切入点，并在工程方案比选与优化、设计方案选取、材料设备选配以及限额分配等方面进行了应用分析。李怡然（2015）从施工企业角度探索了如何将价值工程与成本控制理论相结合，并为价值工程在建筑项目管理的推广提出了具体的方法和工作流程。

在高校建设工程投资控制研究方面，王勇等（2005）对西方发达国家的高校基建项目管理进行了深入研究，并归纳了西方国家的先进做法，提出高校建设项目前期管理尤为重要。戴维忠（2008）指出，加强项目初步方案、设计方案的评审等环节的过程控制才能有效降低项目造价。许学丹（2009）针对高校基建项目内控中存在的问题，提出加强部门间沟通、强化内控监督和逐步建立归口管理的解决措施。全勇（2010）在对高校基建项目造价全过程管理影响因素分析的基础上，提出了全过程造价管理的具体应用模式和机制。李飞鹏（2011）从全要素、全生命、全团体三个维度对高校基建项目内控体系进行了风险评估，为提高高校基建项目投资管理效率和管理水平提出了具体建议。王广辉（2011）对高校在组织机构、业务流程和人员配置等方面的问题进行了系统梳理，并提出了财务人员在基建工程项目管理中有效参与、加强投资管理的有效措施。庞玉娴、秦学恩（2011）指出，基建项目的可行性研究应通过加强项目前期工作准备以降低控制风险。陈剑（2012）通过分析高校基建项目招投标环节存在的一系列问题，指出高校基建项目管理存在概算脱离实际、可行性研究流于形式的问题。崔伟（2013）提出，高校要建立基建项目会计工作责任制，强化基建财务会计人员的队伍建设及其内控参与度，增强财务对基建项目的监督作用。陈学嘉（2014）提出了构建高校基建项目全过程管理体系的思路，并指出了具体的建议和措施。李静翠（2014）提出，基建项目竣工决算滞后是高校现实存在的问题，基建财务人员有限、项目超算现象普遍，现场工程量签认不及时等问题，使高校面临计划压力。黄喜英（2014）指出，高校基建投资管理应从严格控制变更洽商、预结算审核等环节入手，细化工程概预算的编制，加强对基建项目资金的风险管控。

为便于研究，本研究对我国近年出台的基本建设管理相关政策制度进行了归类梳理，具体见表1。

表1　　高校基本建设投资管理政策制度依据

政策类型	文号/发文时间	相关政策
一、基本建设法律法规	计投资〔1999〕693号	《国家计委关于重申严格执行基本建设程序和审批规定》
	建设部令〔2001〕年第91号	《建筑工程施工许可管理办法》
	国发〔2004〕20号	《国务院关于投资体制改革的决定》
	国办发〔2007〕64号	《国务院办公厅关于加强和规范新开工项目管理的通知》
	主席令〔2011〕第46号	《关于修改〈中华人民共和国建筑法〉的决定（修正）》
	建市〔2016〕93号	《住房和城乡建设部关于进一步推进工程总承包发展的若干意见》
	国办发〔2017〕19号	《国务院办公厅关于促进建筑业持续健康发展的意见》
	主席令〔2017〕第86号	《招投标法》
	国务院令〔2017〕第698号	《招投标法实施条例》
	国务院令〔2019〕第712号	《政府投资条例》
二、建设资金监管制度	财会字〔1995〕45号	《国有建设单位会计制度》
	财会字〔1998〕17号	《财政部关于〈国有建设单位会计制度补充规定〉〈企业基建业务有关会计处理方法〉的通知》
	财基字〔1999〕第50号	《财政部关于加强基础设施建设资金管理与监督的通知》
	财建〔2002〕394号	《财政部基本建设财务管理规定》
	财建〔2003〕724号	《财政部关于解释〈基本建设财务管理规定〉执行中有关问题的通知》
	国务院令〔2004〕427号	《财政违法行为处罚处分条例》
	国发〔2009〕27号	《国务院关于调整固定资产投资项目资本金比例的通知》
	财建〔2015〕707号	《财政部关于基本建设项目结余财政资金收回同级财政的通知》
	教发厅函〔2015〕69号	《教育部办公厅关于进一步加强直属高校基本建设规范化管理的通知》
	财政部令〔2016〕第81号	《基本建设财务规则》
	财建〔2016〕503号	《基本建设项目竣工财务决算管理暂行办法》
	财建〔2016〕504号	《基本建设项目建设成本管理规定》
	教财〔2016〕11号	《教育部关于加强直属高校建设工程管理审计的意见》
	教发〔2017〕7号	《教育部直属高校基本建设管理办法（2017年修订）》
	财建〔2019〕1号	《财政部关于加快做好行政事业单位长期已使用在建工程转固工作的通知》
	建标〔2018〕32号	《住房城乡建设部 国家发展改革委关于批准发布〈普通高等学校建筑面积指标〉的通知》
	教发厅函〔2019〕6号	《教育部办公厅转发财政部关于加快做好行政事业单位长期已使用在建工程转固工作的通知》
	发改投资规〔2019〕515号	《关于推进全过程工程咨询服务发展的指导意见》

续表

政策类型	文号/发文时间	相关政策
三、建设工程内部控制制度	教发〔2010〕2号	《严禁教育系统领导干部违反规定插手干预基本建设工程项目管理的若干规定》
	财会〔2012〕21号	《行政事业单位内部控制规范（试行）》
	教党〔2014〕38号	《中共教育部党组关于深入推进高等学校惩治和预防腐败体系建设的意见》
	财会〔2015〕24号	《关于全面推进行政事业单位内部控制建设的指导意见》
	教发函〔2015〕137号	《教育部直属高校和直属事业单位基本建设廉政风险防控手册》
	教财厅〔2016〕2号	《教育部直属高校经济活动内部控制指南（试行）》

4. 文献研究综述

基于对有关文献的研究，国外在基建工程项目全过程管理和价值投资管控方面形成了较为成熟的管理制度和经验；国内在建筑工程特别是高校基本建设领域在工程项目全过程投资管控方面也取得了一些成果，对工程造价、内部控制、审计等方面均有所涉及，但偏重某一个方面，系统性不强、罗列治理措施多，在管控机制设计研究方面还有待深入。

（四）研究方法和创新

1. 研究方法

（1）文献研究法。本研究围绕全生命周期理论、价值工程理论及基建项目投资控制应用理论，结合国家有关规章制度，形成课题研究的理论基础，提炼有价值的研究成果。同时，紧密围绕有关文件，综合分析高校基建投资管控现状问题和优化措施。

（2）系统分析法。本研究在研究过程中，将高校基本建设项目投资管控优化视为一个系统。这个系统基于全生命周期和价值工程理论，通过深入研究高校内部职能部门和外部服务机构的有机协同，达到探索设计基建项目投资管控优化组织方案的目的。

（3）案例分析法。本研究结合 M 高校建设复杂性较高的科研实验楼项目，对项目全生命周期的价值应用投资管控组织方案进行了推演，根据工程全过程价值投资构成有针对性地分析投资管控具体措施。

2. 研究创新

用系统思维对高校基本建设投资管控机制进行设计，创新性地提出可以将全生命周期理论和价值工程理论融合应用于部属高校基建项目投资控制领域，针对优化高校基本建设项目投资价值管控设计了多维度、交叉式的有机管控组织方案，并结合高校项目实例对管控机制进行了验证和分析，为高校解决和克服普遍存在的基建项目投资“三超”、计划控制弱、决算质量差等问题提供了参考方案。

二、高校基建项目投资管控有关概念和现状问题

（一）高校基建项目投资有关概念释义

1. 高校基建项目投资及控制

（1）高校基建项目投资。高校基建项目投资是指高校建设项目所投入发生的各种耗费总和所支出的全部费用。全部费用是广义的费用。在通常情况下，高校基建投资由工程费用（设备及工器具购置费、建筑安装工程费）、工程建设其他费用（建设管理费、可行性研究费、勘察设计费、环境影响评价费等）、预备费（基本预备费、涨价预备费）和建设期利息组成。本研究所指的高校基建投资不是狭义的“工程造价”，狭义的工程造价仅指工程发包承包价格。

需要说明的是，有关理论文献中的基建项目全生命周期成本（LCC）是建筑物在一段时期内的形成、运行、维护和拆除总的折现后的货币投资成本，包括形成投资和未来投资。鉴于当前高校基建项目管理现状和通行方法，本研究主要研究教育部直属高校基建项目的形成投资，而不包括未来投资。

（2）高校基建项目投资控制。高校基建项目投资控制通常是指高校在遵循国家及地方相关建设法律、法规、制度、规章的框架前提下，依法筹集和使用基本建设资金，在工程项目决策、设计、招投标、实施和竣工验收各阶段采取措施，确保投资管理目标的实现，并取得预期的经济效益和社会效益。项目投资控制不仅控制建设直接费用和间接费用，还应在计划允许的范围内，通过有效手段实现项目功能、形态和质量的优化。项目投资控制具体工作内容包括：项目造价管理、招投标、合同、结算决算和财务核算管理。

2. 高校基建项目投资的特性

当前，教育部直属高校基本建设管理普遍采用甲方项目负责制，即以高校基建处作为学校的甲方代表，对每个基建项目实行单独管理，在第三方监理单位的监督配合下，对工程项目进行全过程管理。在项目管理过程中，高校的基建、财务、监察、审计、资产、后勤、项目使用单位等部门分别承担相应的管理职责。高校基建项目投资具有以下三个特性。

（1）复杂性。根据教育部、住建部2018年9月1日施行的《普通高等学校建筑面积指标》（建标191－2018）的规定，普通高校办学用房包括12种类型，分别是教室、实验实习实训用房及场所、图书馆、室内体育用房、校行政办公用房、院系及教师办公用房、师生活动用房、会堂、学生宿舍（公寓）、食堂、单身教师宿舍（公寓）、后勤及附属用房。

为满足人才培养、科学研究、服务社会和文化传承创新的需要，高校办学所需各类用房的基建项目在规划设计、技术指标、物资供应等方面要求较为复杂，具体体现在种类繁多，规模不一，分布零散，对教学、科研的依赖程度高上。例如，化学实验室的通风排污要求、力学建筑实验室大型设备的特殊安装要求、图书馆的建筑美学要求等都需在投资控制中予以综合考虑。

此外，高校基本建设必须要有完整的校园整体规划，不同类型的项目需要根据学校事业发展规划分阶段、分步骤启动和实施，确保教学科研不受影响。总的来说，高校基建项目投入资金量大、综合复杂，对基建计划管理和资金调配的要求越来越高。

（2）规范性。高校必须严格遵循国家建设方面的法律法规和专门规章制度，同时接受国家财政、教育和建设主管部门的监督。高校基建项目管理从决策论证、勘察设计、工程招标、项目实施，到竣工验收决算都要严格遵守有关规范。

高校基建项目计划的报审和执行有很强的严肃性，特别是中央预算内投资项目，实行严格的国库集中支付制度，要求确保执行进度。高校需要在项目立项报批、招投标、设计概算、工程款支付、项目跟踪审计等环节根据规定落实相关方面的工作，确保基本建设工作在阳光下、制度下规范运行。

（3）社会性。当前，高校基本建设资金来源并不是单一的政府财政拨款，还包括学校自筹资金、社会捐助、校企合作等多种渠道，由于投资来源的多样性，高校基建项目的实施需要兼顾多方面相关者的利益。高校基建项目不同于普通的商业性建设项目，在工程造价、公益性、项目质量上都有更为特殊的要求。

此外，高校基建项目管理涉及多方社会关系，对外需要协调配合好勘察、设计、监理、施工、规划、消防、环保、质监、人防等政府管理和社会服务机构的复杂关系。

（二）高校基建项目投资管理现状及问题

1. 高校基建项目投资管理现状调查

为了更为直观地了解当前高校基建项目投资管理现状和突出问题，笔者查阅了《2017 年全国行政事业单位内部控制建设分析报告》和《教育部直属高校 2018 年基本建设投资情况通报》（教发司〔2019〕118 号）两份报告。后者对教育部直属 75 所高校的基建投资情况进行了较为全面的通报和分析。

根据《2017 年全国行政事业单位内部控制建设分析报告》有关业务层面建设项目内部控制情况的报告，行政事业单位建设项目“超概算”情况较多，制度执行计划基本完成的单位占比为 57.99%，超概算比率达到了 8.42%，如图 1 所示。

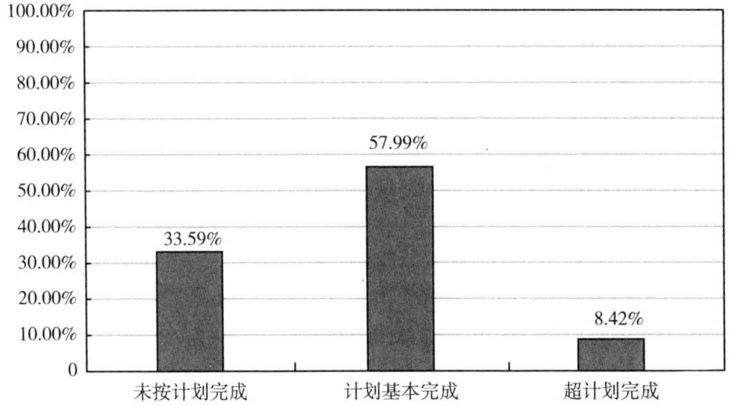

图 1　2017 年全国行政事业单位建设项目“超概算”情况

根据《教育部直属高校 2018 年基本建设投资情况通报》直属高校 2018 年投资计划完成情况报告，2018 年直属高校基本建设投资计划基建项目共 945 个（不含 63 个科技专项及设备购置项目），总建筑面积 2660 万平方米，总投资 1629 亿元。直属高校投资计划总体情况见表 2。

表 2　　2018 年直属高校基本建设投资计划总体情况　单位：万平方米，亿元

类别	项目总体情况			其中：部门自身建设项目（注①）			其中："双一流"建设项目（注②）		
	项目数	建筑面积	总投资	项目数	建筑面积	总投资	项目数	建筑面积	总投资
数量占比	945	2660	1629	297（31%）	938（35%）	464（28%）	45（5%）	169（6%）	110（7%）
学校平均	13	35	22	4	13	6	0. 60	2. 25	1. 47
单体平均	/	2. 81	0. 61	/	3. 16	0. 49	/	3. 76	0. 65

注：①指安排过部门自身建设中央预算内投资的基建项目；
②指安排过教育现代化推进工程中央预算内投资的基建项目。

（1）部门自身建设项目情况。2018 年，部门自身建设项目计划投资 203 亿元，实际完成投资 129 亿元，完成率为 64%，比 2017 年上升 5 个百分点。27 所高校的 37 个项目未能完成中央预算内投资；较 2017 年，学校数增加 3 所，项目数增加 2 个。从中央预算内投资未完成情况来看，有 5 所学校 2017 年中央预算内投资在 2018 年年底仍未完成。从 2018 年中央预算内投资完成率来看，有 10 所学校的完成率小于 60%。

（2）"双一流"项目情况。2018 年，"双一流"项目计划投资 27 亿元，实际完成投资 20 亿元，完成率 74%。有 15 所学校的 17 个项目未能完成中央预算内投资，完成率低于 60% 的有 7 所高校。

（3）竣工项目情况。2018 年，共有竣工交付项目 212 个，建筑面积 504 万平方米，总投资 205 亿元。其中 181 个基建项目完成竣工财务决算，另有 31 个科技专项、征地等项目无须履行竣工财务决算手续。截至 2018 年年底，投资计划 945 个项目累计基建支出 1047 亿元，当年交付资产总额 205 亿元，占比 19. 6%。

以下是教育部直属高校 2019 年年初基本建设投资计划情况。2019 年，年初基本建设投资计划共安排项目 904 个，其中基建项目 843 个（含"双一流"项目 73 个），总建筑面积 2465 万平方米，计划总投资 1630 亿元。新列入项目 83 个（其中"双一流"项目 28 个），建筑面积 273 万平方米，计划总投资

180 亿元。

2019 年，计划投资 218 亿元（含“双一流”项目 35 亿元），其中中央预算内投资 55.6 亿元，占计划投资 26%，学校自筹占 68%，捐赠、地方政府、企业合作等占 6%，有 5 所学校计划投资超过 10 亿元，共 67 亿元，占当年投资总额的 31%。

结合 2018 年基本建设投资计划完成情况和 2019 年年初基本建设投资计划情况来看，近年来高校基建管理水平稳步提高，规范管理意识显著增强，建设项目未批先建、超投资等违规现象得到了有效遏制。从投资完成情况来看，2018 年计划投资完成率进一步提高，但中央预算内投资完成率略有下降。

2. 高校基建项目投资管理存在的问题

综合分析以上现状的调查，反映了当前教育部直属高校基建投资管理存在以下几个方面问题。

（1）投资计划管控不到位。直属高校基建投资计划总体管控执行情况突出问题体现在以下几个方面

第一，中央预算内项目投资完成情况低于预期。2018 年，27 所学校的 37 个项目未能完成中央预算内投资，其中北京地区涉及 9 所学校、13 个项目。

第二，自筹资金项目投资计划执行仍需加强。2018 年，自筹资金投资计划执行率为 63.9%，低于中央预算内投资执行率。

从全国范围来看，行政事业单位建设项目管控不足，最普遍的问题是项目的计划管控、执行效果不佳，直接体现为计划执行与概算差异大、竣工决算与设计概算差异大，计划管理水平不够，相当一部分高校缺乏对基建项目全面、科学的论证与分析，基建年度财务计划的计划性不强，不进行统筹规划，造成项目不能按计划实施，执行混乱。

当前，直属高校中央预算内投资的基建工程项目需要实行国库集中支付。很多高校由于对工程进度把握不准确，出现资金不能按照合同或财政部门要求的进度支付的情况。很多高校在财政资金支付执行进度要求的考核压力下，有时只追求支付效率，而对风险控制有所忽视，个别高校为了避免财政资金被收回，通过不同方式，在工程未完工时提前支付部分或全部的工程款。有些高校在项目全过程未能对基建资金做好计划与控制，计划编制和执行的随意性直接导致了项目“三超”现象严重，甚至存在“超概正常，不超概不正

常”的现象，国有资产的投资效益难以控制，投资效率低，给基建项目投资管理带来了较大的隐患。

（2）项目决策及论证不充分。

第一，轻前期手续。为了满足学校的办学条件，很多高校相对更为重视的是学校校区的总体大院规划，对总体规划内单体项目的报建审批等前期手续重视不够，在实际操作中，有的高校则对前期手续“能办就办，不能办就推后补办”，也不乏“当年开工当年竣工”的抢工期工程，建设前期手续准备不完善。这种“轻前期”的态度打乱了基本建设的程序和规律。有的高校对建设项目不进行科学规划，存在项目论证走过场，盲目决策的问题。

第二，轻前期论证。高校较为普遍的存在对基本建设项目前期科学性论证不够，项目决策、设计阶段有关规划建议、建筑定位、使用功能、可研报告等重要环节往往不能全面协调、清晰定位和尽可能多地兼顾各方利益。

目前，高校普遍存在项目可行性研究报告编制水平不高、经验不足，所规划建设项目的可行性、必要性、充分性论证不够、设计深度不够，导致在设计阶段、施工阶段额外增加工程内容或功能发生变化。个别高校甚至不乏“三边”工程，项目设计和工程量清单漏项、错项多，建设变更事项频繁，增加了建设项目管理的难度，导致项目建设偏离投资预定目标，造成建设资金浪费，增加了廉政控制风险。

（3）竣工决算办理不及时、不规范。

第一，竣工决算办理不及时。根据财政部《基本建设财务管理规定》的有关决算环节要求，建设单位应当在建设工程竣工后 3 个月内完成项目的决算编制，并按规定程序办理固定资产移交手续。但从实际来看，直属高校不同程度存在决算编制滞后的现象。据教育部统计，截至 2018 年年底，基本建设投资计划 945 个基建项目中，竣工 3 个月内尚未批复竣工财务决算的项目 250 个，其中，中央预算内投资项目 83 个，自筹项目 167 个。

第二，竣工决算办理不规范。大量达到预定可使用状态或已投入使用的固定资产仍未从“在建工程”转入“固定资产”，直接导致学校账实不符，不能真实地反映高校固定资产的变动情况，并且容易和项目相关方产生经济纠纷，增加不必要的成本支出，增加学校财务风险。

（4）基建项目过程管理问题突出。

第一，职能部门协同融合不够。随着办学规模的不断扩大，高校基建项目建设规模大、投资额度高、建设工期长，实施过程中往往需要学校有关院系、实验室研究中心、基建处、资产处、后勤处、保卫处、网络中心、监察处、审计处和后勤（总务）处等职能部门的通力协作。目前，高校间普遍存在有关职能部门沟通乏力、混乱的情况，内部控制机制缺乏或效率低，业务协作运行不畅，各部门“自扫门前雪”的问题严重，存在职能部门“不作为、慢作为、乱作为”的现象。

高校基建部门的管理重点为技术，主要在项目推进的协调性工作上投入大量的时间和精力，往往对项目的经济性评估重视不够、成本控制意识不够强，对投资控制、合同管理方面关注不够，往往认为投资控制是财务和审计部门的事情，存在“重建设、轻效益”的问题。

高校财务部门往往更偏重工程资金往来的核算，财务人员往往局限于单纯的会计核算，缺乏相应的合同、造价专业知识，只能被动地根据合同与工程进度支付款项，对于超算、合同变更、工程洽商等现象大多是“后知后觉”。财务部门不能深入融入项目投资管控之中，对基建财务的监督仅仅停留在表面，存在“重核算、轻管理”的问题。

第二，审计监督不足。很多高校基建项目审计工作“重结算，轻过程”，过程审计弱化。当前，高校审计普遍存在“以资料审资料”的现象，造成审计与实际工作“两张皮”的问题出现，审计的参与时间存在不及时、参与方式存在无法全面覆盖全过程的问题，导致审计的审减作用发挥得不够。

另外，审计监督还存在“重大轻小”的现象，限于专业技术能力，许多高校审计部门一般只对大型基建项目进行跟踪审计和项目外审，对小型项目不跟踪或不外审，造成审计监管不到位。

第三，会计核算不准确。新的《政府会计制度》明确提出，“建设单位对基本建设投资要按制度统一进行会计核算，不再单独建账，但应当按项目进行单独核算，并保证项目资料完整。”其在大大简化基建业务会计核算的同时，更有助于提高建设单位会计信息的完整性。

在新旧会计制度转换衔接期间，高校在基建项目会计核算方面普遍存在以下问题：一是建账不规范，特别是辅助账设置不清晰。《基本建设财务管理规定》明确要求：“项目建设单位应当做好基本建设财务管理的基础工作，将工程分项目单独核算”，而很多高校在财务核算中未将工程成本细分入单独项目，直接将成本列入大项目，导致单项工程成本核算不准确。二是会计科目使用不当或列支不准确。《基本建设财务管理规定》明确要求："建设单位应准确地归集工程项目成本"，而有的高校将应在"待摊基建支出"中反映的支出列入"建筑安装工程支出"，有的高校对"待摊基建支出"未按制度规定进行分配甚至不进行分配，直接转入项目成本，项目投资成本列报不真实，造成高校固定资产价值虚增或虚减。

三、高校基建项目投资管控问题原因分析

（一）计划管控方面

根据教育部出台的《教育部直属高校基本建设管理办法（2017年修订）》（教发〔2017〕7号），对于直属高校基本建设项目的审批审核方式做了明确规定，中央预算内投资项目实行教育部审批、单位自筹资金建设项目实行教育部备案。笔者通过分析《教育部直属高校2018年基本建设投资情况通报》得知，按照资金来源分类，直属高校基建项目计划管控不到位的主要原因突出体现在以下几个方面。

1. 中央预算内投资项目

对于中央预算内基建项目，主要有以下三个方面的原因。

（1）前期手续办理迟缓，导致项目无法按时开工；

（2）已开工项目施工实际进度滞后于计划进度；

（3）竣工项目工程决算争议较大，资金难以顺利支付。

2. 自筹资金项目

对于自筹资金项目，主要有以下四个方面的原因。

（1）学校的自筹资金计划编制不够科学合理；

（2）学校对自筹资金计划执行的管理力度和重视程度不够；

（3）地方筹办重大活动对工期造成一定影响；

（4）学校施工进度管理控制不严。

（二）决策论证方面

1. 规划编制及执行不到位

个别高校不能对自身中长期发展战略做科学定位，盲目地追求校区规模，

制定不切合实际的发展目标和规划，缺乏对国家政策、社会形势和自身条件的综合分析。另外，个别高校管理层面的决策失误甚至领导班子的更替，也会对学校规划和建设项目投资计划执行造成重大影响。

2. 建设前端管控意识淡薄

高校基建工程项目决策、设计与预算、招投标与合同签订作为重要的前置环节，存在重大的投资控制风险。在当前国家要求建立项目投资评审制度、实现项目审计全过程覆盖的背景下，将审计重点前移可以规避基建工程项目前期可能存在的风险，从而更有利于高校规范建设工程管理。很多高校不能对项目前期关键阶段的风险进行分析和防控，会使项目后期建设和决算面临较大的潜在隐患。个别高校并没有建立起基建投资管理风险评估机制，没有针对自身特点和实际对前置环节进行把控。

（三）竣工决算方面

通过分析《教育部直属高校 2018 年基本建设投资情况通报》可知，直属高校基建项目竣工但未及时“销号”的情况主要有以下两类。

一是规定期限内完成项目结算、审计及编报财务决算存在困难，此类项目共 204 个，占总数的 82%。

二是部分项目投资超概算较严重，依据直属高校基建管理办法的规定，需要履行相关审批手续后方可办理竣工决算。此类项目 41 个，占总数的 16%。

以上两类情况究其原因，反映高校存在如下问题。

一是决算的主动把控意识不强。一方面，个别高校的领导对基建项目前期的工作相对比较重视，会亲自督办项目的论证、立项和规划的报批以及施工管理和工程验收等环节，而对竣工验收决算不够重视；另一方面，分管部门基建部门的负责人对竣工决算重视程度不够，认为工程竣工决算是财务部门的工作，他们更关注工程按期结算和付款等事项，而分管财务部门对工程项目计划和过程参与度不够导致很多项目竣工决算不能及时办理，未能按要求转固。

另外，高校在配置选聘基建管理人员方面往往不能将专业适合性作为最佳原则，一味地要求学历层次，基建财务岗位的管理人员在专业能力和经验上表现欠缺，无法在最短时间内胜任相关工作，对工程项目投资把控的重要风险点不能有效识别，也会影响后期决算。

二是第三方咨询机构的选取缺乏协调。社会第三方工程造价咨询机构在不同的阶段会分别参与到项目的各种类型估算、概算、清单编制、控制价编制、过程跟踪审计和竣工决算审计当中，为高校基建项目投资控制提供支持。

个别高校对工程造价咨询服务机构的选用和管理缺乏统筹安排。在通常情况下，工程建设各类工程咨询机构选取过程如下。

（1）在决策研究阶段，一般是由基建处根据项目类型选取项目决策阶段工程投资估算和工程设计概算有关咨询机构；

（2）在招标投标阶段，一般是由基建处、资产处、招标与采购中心协调审计处选取项目《工程量清单》和《招标控制价》有关咨询机构；

（3）在实施竣工阶段，根据单位管理运行机制的不同，一般是由基建处选取负责进度款核拨的咨询监理机构，由财务处或审计处选取竣工财务决算的审计咨询机构。

由于第三方工程造价咨询机构在项目不同的阶段分别接受不同职能部门的委托，各部门在选用的标准上不统一，专业水平、技术力量参差不齐，所以造价咨询难以形成合力。特别是在工程审计环节，有的高校不能结合基建工程项目的特点，选用审计机构时偏重于财务审计，聘任的审计人员多为审计师、会计师，多数情况下无法与工程审计人员注册造价师、工程师等对接，导致审计专业性受到影响。

从实际经验可知，如果直属高校不能对整个项目全过程的工程造价咨询进行系统筹划，仅凭工程决算审计是没有办法对基建工程项目的全过程进行有效监督的，更难以保证项目投资管控目标的实现。

（四）过程管控方面

1. 组织结构和内控机制的影响

（1）职能制组织结构影响部门协同。当前，高校普遍实行分管校长领导下的职能部门领导责任制，根据职能分工，高校内部基建处负责工程项目技术管理，财务处负责项目资金往来核算，审计处负责项目跟踪和决算审计，资产处负责项目验收及招投标业务等，以上各环节工作分别由不同分管校领导负责，沿袭多年的过度行政化职能制使各业务部门之间的配合环节多、效率低，业务流程不清晰、业务衔接不顺畅，没有形成协同管理机制，致使项目投资管控面临风险。例如，基建报规、报建审批手续出现新变化、工程项目合同变更、施工企业出现违约现象等情况时，若信息不能及时地传递到财务部门，可能导致学校不能及时统筹安排调配资金计划，不能保证各类工程款项支付，甚至引起法律纠纷。

（2）基建业务层面的内控机制不健全。高校建设项目管理中出现的很多问题源于内部控制机制不健全，或是有制度不执行，或是在执行中出现了偏差。有的高校的基本建设业务层面内控机制设置不合理。有的高校存在基建财务制度、投资管理制度相对滞后、不规范、未细化以及流程不标准等共性问题，个别高校内部控制设计和制订的原则与财政部令〔2016〕第 81 号《基本建设财务规则》中的有关原则相悖。有些高校的财务制度中无基建财务制度，致使项目投资管理缺乏依据。工程项目管理还没有形成一套严密、科学的管控体系，没有建立相应的管理制度和有力的约束机制。例如，对设计公司的管理、对监理公司的管理、对审计咨询机构的管理，仅停留在依据规范样式合同层面，缺乏有效的实施细则。另外，作为内部控制的重点环节，合同集中管理在很多高校落实得还不够好。

2. 跟踪审计和决算审计的缺位

高校基本建设工作是复杂的综合管理过程，有的高校对项目跟踪审计界限定位不清，有的大型基建项目在实施阶段没有做出项目跟踪审计的准备和安排，致使项目竣工决算面临巨大压力。通常所说的背对背编制、面对面审核的“编审两清”制度实施不彻底，无法维护学校利益和保证国有资金的有效使用。有的高校在机构设置上监察和审计为合署办公，在工程造价投资审核环节还存在部门间职责划分不清晰的问题。

当前，部分高校的基建项目审计存在较大的局限性，即便设置了跟踪审计的项目，也存在跟踪审计不到位的情况。众所周知，工程结算时施工方往往会通过各种手段变相抬高工程结算价，要规避和应对此类风险，审计人员要在审计前就要做好各种准备，制订审计实施方案，必须在过程中积累调查取证依据，强化审计流程的监控力度。到了工程决算审计阶段，工程量核对、签证洽商变更、成本核对、款项往来、尾工工程等方面内容很多。在约定的时间范围内，审计机构通常没有足够的精力全面调查核对。

当前直属高校普遍存在基建审计力量不足与工程审计任务繁重的矛盾。基建工程审计方面存在岗位设置不足、人员不足、专业结构不合理、审计方法落后，甚至出现跨专业审计的现象，过程中往往难以抓住工程审计本身的规律和要点，会在很大程度上使审计结果出现偏差，导致投资管控的效果不理想。在基建项目审计人员的配备上，个别高校审计部门在财务审计和工程审计的划分方面做得还不够好，影响了审计专业性。

3. 政策衔接和业务融合影响会计核算

当前，由于基建会计制度相对陈旧，会计制度在新旧衔接期间核算水平还有较大的提升空间。新政府会计制度要求将基建业务直接在大账中反映，很多高校在项目设置、科目设置、成本归集和分摊的会计处理上还需加强，这需要一个必要的稳定过渡。另外，大多数高校基本未建立统一的基建项目信息管理平台，各类工程信息无法与财务系统进行信息交互共享，也影响了工程项目记账、调账以及报表信息的准确性。当前，兴起的、备受瞩目的 BIM 技术涉及规划、设计、施工以及运营维护，是建筑业信息化发展的方向。

需要指出的是，当前较多的直属高校都缺乏复合型的基建财务人员和审计监督人员力量，原因如下。

（1）基建人员欠缺计划思维。基本建设项目管理涉及多方面、多专业人才参与，特别是投资管控离不开财务、造价和法律事务等专业人员。有些高校在基建管理队伍的建设方面，计划管理专业匹配度不高，选聘非专业人员，不具备基建方面相应专业技术和造价管理能力。基建计划财务人员不仅要能紧跟国家和地方市场制度新形势，具备扎实的造价管理功底，还需要具备与之相配套的财经、审计专业技能，才能实现对项目投资管控的有效协调。当前，高校普遍存在基建部门、财务部门、审计部门的专业力量不足的问题，导致无法实现对基建项目计划执行过程中资金调整、追加进行全过程的有效监督。相比设计方、施工方、咨询方等项目参与方，高校普遍缺乏懂施工、懂项目管理、有经验的专业技术人员，学校领导、基建部门负责人很多时候是被动地从参与各方获取管控信息，容易被“牵着鼻子走”。

（2）财务人员欠缺项目参与行为。有些高校存在“惯性思维”，觉得财务人员无须参与基建投资管理，只要按财务规程办理工程款项支付、基建财务核算和报表处理等业务即可。一方面，财务人员由于种种原因不具备项目建设从立项、规划到设计、施工的专业知识，财务人员通常对单位的中长期规划和项目储备情况不了解，在项目建设内容、概算构成、招投标、实施进度等方面的参与度不高。与相关部门沟通、协调不及时，对相关政策、法规的新变化不能及时掌握，还存在“重核算、轻管理、重使用、轻效益”的现象。另一方面，财务人员往往不能跳出传统会计思维模式，只是被动地“记账”“调账”，在基建项目管理中从事的是简单的会计核算工作，项目预算管控流于形式，特别在工程竣工决算审核环节不能对项目实际完成投资的合理性做出职业判断，从而无法全面、及时、准确地评价投资收益。

另外，高校管理干部普遍实行轮岗交流，基建管理部门负责人和相关人员定期会轮岗，基建管理人员流动性大，不利于基建管理工作开展和经验积累。再者，在当前高等教育由规模化扩张阶段转向内涵式发展阶段的大背景下，个别高校的基建规模总量存在不同程度的减少，很多高校的基建任务主要以修缮改造为主，甚至间隔若干年才有新建项目获批，小型修缮项目的不完整特性在某种程度上也影响了学校基建工作的连续和基建队伍的规模和质量建设。

四、高校基建项目投资管控优化组织设计

（一）相关理论的应用

1. 全生命周期理论的应用

根据全生命周期理论，工程建设项目一般由建设和运营两个阶段构成，由“项目节约投资可能性曲线”可知，工程项目投资的节约在较大程度上是受项目初步设计、施工图设计和项目实施建设这几个环节因素影响的，节约可能性曲线和实际费用支出曲线如图2所示。

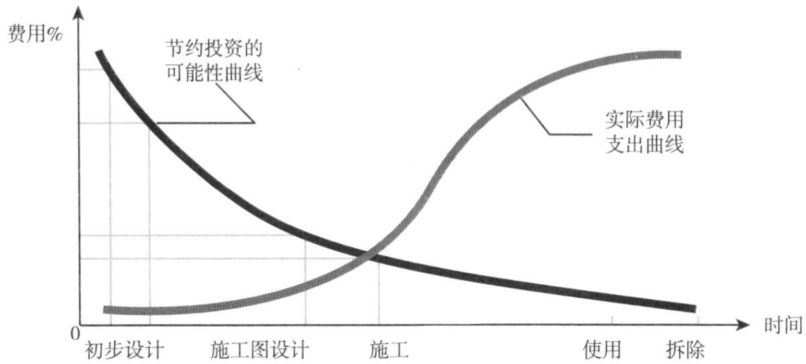

图2　工程项目投资节约可能性曲线和费用支出曲线

相关文献研究指出，一般工程建设项目按照普遍适用的“二八定律”投资影响曲线，如图 3 所示。基建工程项目投资主要由项目规划、项目设计阶段决定。具体来说，工程项目造价控制全过程中前期决策、设计、招标发包阶段对工程投资的影响比重非常大，而项目施工阶段对工程投资的影响相对较小。

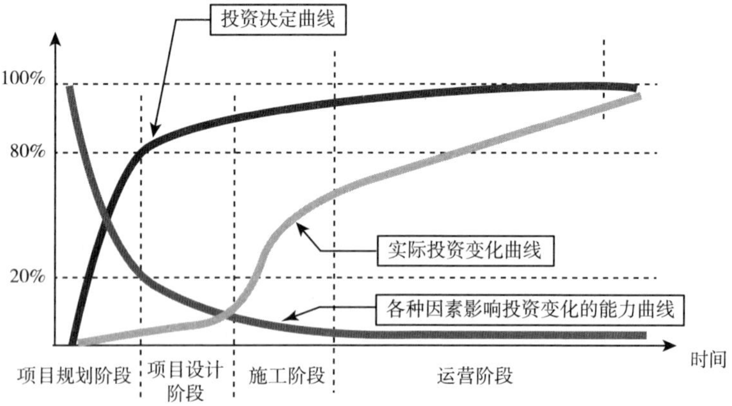

图 3　工程项目“二八定律”投资影响曲线

需要说明的是，根据图 2 和图 3 的投资影响曲线分析，结合当前研究现状和高校基建自身特点，本研究的研究范围主要为建设项目的建设期，主要针对建设期投资控制做研究分析，暂不探讨项目投入运营后的投资费用问题。

大量公开的统计资料表明，建设项目设计费虽然占工程投资的比重一般在 2% ~3%，但对项目整体投资的影响却往往可以达到 75% 左右。换句话说，项目的设计方案和设计质量的高低将对高校基建项目的各方面投入规模和效率产生决定性的影响。工程项目建设期各阶段投资影响分析如图 4 所示，根据图 4 可知，高校在基建项目投资控制过程中，应将项目决策，初步设计，施工图设计和招标、发包作为重点控制环节。

通过以上具体分析，本研究认为，我们可将高校基建项目全生命周期投资管控划分为：（1）项目决策阶段；（2）设计准备阶段；（3）招标发包阶段；（4）项目建设阶段；（5）竣工验收阶段，其中投资估算、设计概算、施工预算、过程结算、竣工决算是重要的投资管控点。高校基建项目全生命周期投资管控阶段如图 5 所示。

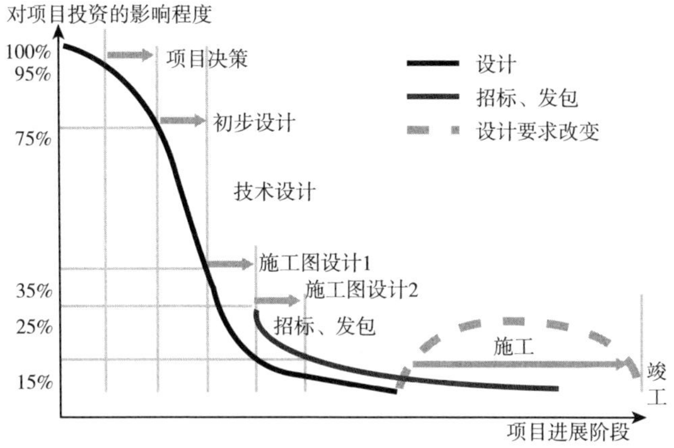

图 4　工程项目建设期各阶段投资影响分析

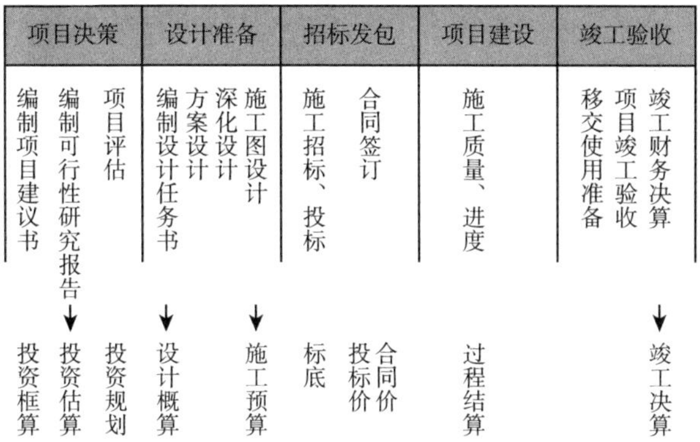

图 5　高校建设项目全生命周期投资管控阶段

2. 价值工程理论的应用

价值工程理论应用中的有关“价值”是一个相对的概念，是研究对象的比较价值，可以反映其与功能、成本的相互关系。我国价值工程国家标准（GB8223－87）对价值的定义是，“对象所具有的功能与获得该功能全部费用之比”，可以用以下公式表示：

$$V = F/C$$

其中：V——研究对象的价值；F——研究对象的功能；C——研究对象的生命周期成本。根据此公式对比关系可知，可以通过下面五种情形和途径来提升工程项目的价值。

一是功能提高，总投资大幅降低；

二是功能提高，总投资额不变；

三是功能提高，总投资小幅增加；

四是功能不变，总投资降低；

五是功能降低，总投资大幅下降。

对于建设单位，从以上五种情形来看，第一种情形是理想化的方式，工程项目功能提高，投资大幅降低是项目追求的极致管控目标。但是，在通常情况下，对于功能复杂性、服务对象多样性的高校基建项目来讲，理想化的价值管控目标实现是有很大难度的；第二种情形在现实情况下，受市场环境和项目组织水平影响，对于高校仍有较大难度，但较第一种情形难度有所降低；第五种情形以牺牲项目功能达到总投资大幅下降的目标，只在特定条件下会适用。综合比较而言，第三种情形和第四种情形是高校基建项目价值投资控制较为客观现实的选择。

《教育部直属高校基本建设管理办法（2017 年修订）》对可行性研究报告和设计概算调整均有明确规定，存在以下情况之一时：（1）逾期未开工建设的；（2）建设地点、主要建设内容等发生重大变化的；（3）总投资超过批复金额 10% 的，应重新报批可行性研究报告。高校基建项目概算调增幅度超过原批复概算 10% 的，学校应当委托审计部门进行审计后报教育部申请调整。

基于以上规定，本研究认为，在基建项目决策和项目建设管理过程中，高校有一定的控制区间可以兼顾建设项目功能和投资额，力求工程实现投资和功能的有机统一。

因此，在高校基建工程项目的价值投资管控，应将功能定位在前，在确保功能不降低和适度提高的情况下，考虑投资造价的节约，在规定允许的范围内适度小幅地增加。

需要说明的是，价值工程管控和单纯投资控制是有区别的。价值工程管控的目的是提高研究对象的价值，功能和成本存在不同的五种组合关系。我们通常说的项目投资控制是单纯追求将项目最终投资严格锁定和控制在某个限额（值）之内。本研究认为，我们既需要关注如何控制高校基建项目投资，也需要关注如何优化项目的功能，既要避免功能不达标，也要避免功能过剩造成的投资失控。

（二）全生命周期与价值工程理论融合应用

高校基建项目的决策立项、设计准备、招标发包、合同签订、审计跟踪、管理制度制定和实施的有效性是高校基本建设管理工作的重点环节，应该运用系统工程的理念、方法对基本建设的全生命周期进行控制和管理。

本研究认为，高校应将价值工程这一现代管理技术应用到基建项目投资控制之中，在项目建设过程中，转变片面的限额控制理念，将功能的优化、提高同投资额控制结合起来，在功能新增和功能舍弃方面找到平衡点，实现项目降本增效、投资优化的目标。

当前，价值工程这种方法介入工程投资管理的时间节点越来越提前，而且已经应用到了基建工程项目投资管理的全过程。本研究尝试将价值工程理论与全生命周期理论融合应用于高校基建项目全过程投资管控，力求为高校取得较好的项目管理和投资效益提供参考。针对高校基建项目投资管控，本研究提出项目全生命周期价值投资管控组织方案，见表3。

表3　　项目全生命周期价值投资管控组织方案

项目阶段	管控核心点	管控措施	校内程序及协同部门
一、项目决策	深化项目前期论证和可行性研究，对建设项目的规划策划、初设方案和投资估算进行科学论证，为项目启动建设提供可靠前置条件	1. 可行性研究报告分析 2. 前期策划方案比选 3. 投资估算分析	党委常委会 基建处 财务处 纪监审 专业委员会
二、设计准备	加强项目的设计组织和管理工作，对设计环节的方案评价、概算审核以及优化调整进行把控，提高项目投资控制的有效性	1. 设计方案比选 2. 设计方案优化 3. 限额设计 4. 设计概预算审核 5. 材料设备选型定位	党委常委会 基建处 后勤处 资产处 财务处 使用单位
三、招标发包	加强项目招投标组织和合同管理，重点做好招标文件、招标控制价、投标方案和项目各类合同审核	1. 招标文件及控制价审核 2. 评价投标方案 3. 合同审核	基建处 审计处 财务处 资产处

续表

项目阶段	管控核心点	管控措施	校内程序及协同部门
四、项目建设	加强项目施工组织技术方案评价和选择，严格项目现场管理，有效管控项目变更，按计划和合同执行项目进度款，实现质量、进度和投资控制的有机统一	1. 优化施工组织技术方案 2. 优化施工平面图布置 3. 财政专项资金支付 4. 变更洽商管理	校长办公会 基建处 后勤处 审计处 财务处 监理部门 网信中心
五、竣工验收	对基建项目投资情况进行全面总结，如实反映项目投资构成，严控非必要支出	1. 合同结算清理 2. 竣工财务决算审核	基建处 财务处 审计处 资产处

（三）项目投资管控关键节点及控制措施

根据以上投资管控组织方案，高校应该在坚持“全生命周期”“全方位协同”和“动态控制”的管控原则下，对基本建设全生命周期五个阶段的关键过程进行协调控制。

1. 项目决策阶段

项目决策阶段应以深化前期论证和可行性研究、对建设项目的规划策划、初设方案和投资估算作为价值管控点，财务处、纪监部门应在此阶段就介入，对项目估算、项目决策监督，自身有建筑学、土木工程等相关专业院系的高校可以组成专业委员会，对项目进行充分论证、比选，为学校决策提供科学依据。项目决策阶段控制流程见图6。具体工作协调内容如下。

（1）学校要科学合理编制中长期建设规划，分期分步骤实施建设项目。要对学校校区整体规划和具体拟建项目进行科学的前期分析，具体包括：首先要对规划和拟建项目功能和目标进行准确定位，分析项目对学校的内涵建设、未来发展的作用；其次要测算项目建设所需的资金计划；最后要分析建设资金的来源。在对项目编制和研究可行性研究报告的同时，应按照学校“三重一大”议事规则进行科学决策，由校内或聘请校外专家组成评审委对项目可行性进行全方位多角度评价，并配合教育部做好投资咨询评估。

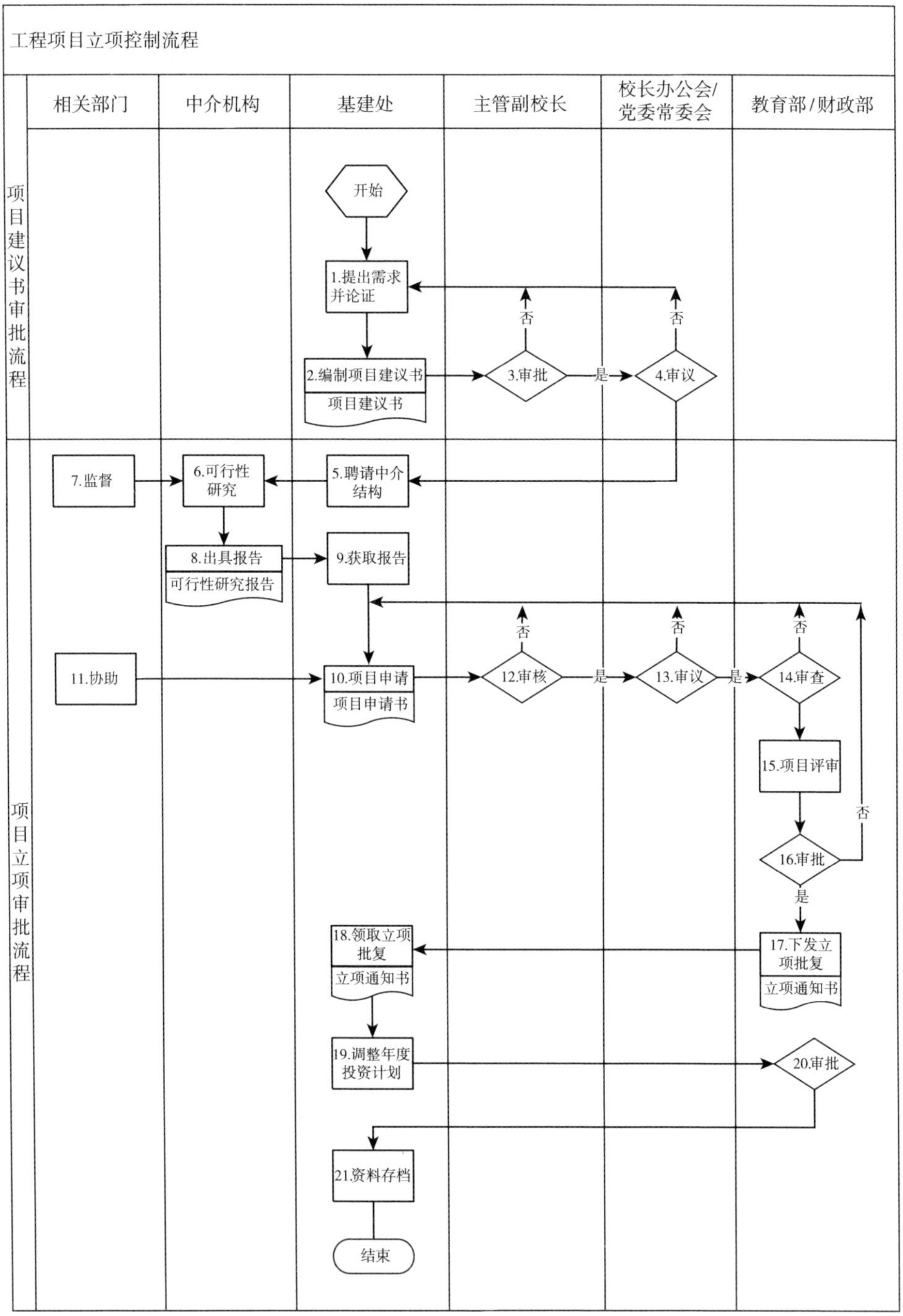

图 6　项目决策阶段控制流程图

（2）基建处应按照学校党委常委会（或校长办公会）决定，根据学校规划和学科特点，组织并会同校内各有关职能部门对建设项目从功能、技术、经济、效益等维度进行详细性论证，同时对项目投资估算要做出专业性复核。财务处在项目财政资金、自筹资金安排上要做出合理安排。纪监部门要根据会议决定对项目决策实施监督。

2. 设计准备阶段

设计准备阶段应以设计方案比选优化、限额设计、设计概算审核、设备主材选型作为价值管控点，高校要形成良好的设计及概算内部沟通协调机制，校内基建处、后勤处、使用单位协同对项目设计方案、初步设计方案进行细化，财务处对设计概算经费进行审核。项目设计准备阶段具体的控制流程见图7。具体工作协调内容包括如下四个方面。

（1）力求设计任务书详尽、切合实际。无论是项目初步设计还是施工图设计，高校基建部门都要根据项目概算和学校自身具体情况，在下达《设计任务书》环节做充足的调研分析和准备。《设计任务书》是建设单位对建设项目所达到功能定位目标提出要求的最原始文件，应力求详尽、务实。《设计任务书》应将工程项目所涉及的各类专业和分部分项工程的材料设备选型、配置方案、工艺流程和施工组织做出具体的要求和安排。

（2）选择设计公司及团队。在设计招标时，应重点考察投标设计公司团队的专业水平及设计业绩，而不能仅考虑其隶属大设计公司的资质，由于国家对有关取费标准已有相应的制度明确规定，因此其投标报价不应作为评标的主要参考因素。

（3）推行“限额设计”。限额设计是设计阶段控制项目投资的重要手段，以“设计统领工程量单”的理念对工程项目投资进行控制，通过对总体和局部分项工程进行统领和切块的形式，协调和处理功能和投入的关系。

高校通常可以按教育部正式批准的项目可行性研究报告批复及项目初步设计概算对工程各组成部分、各专业按分配的投资限额进行设计。为了有效发挥自身设计把控能力，如果高校自身具有建筑学、土木工程相关专业，可以充分利用师资和专业人员着重对施工图设计进行复核审查，组织专家对设计方案进行会审，最大限度地减少图纸变更，提高设计的可操作性，避免投资浪费；如果高校自身不具有相关技术专业，可以引入社会第三方进行设计

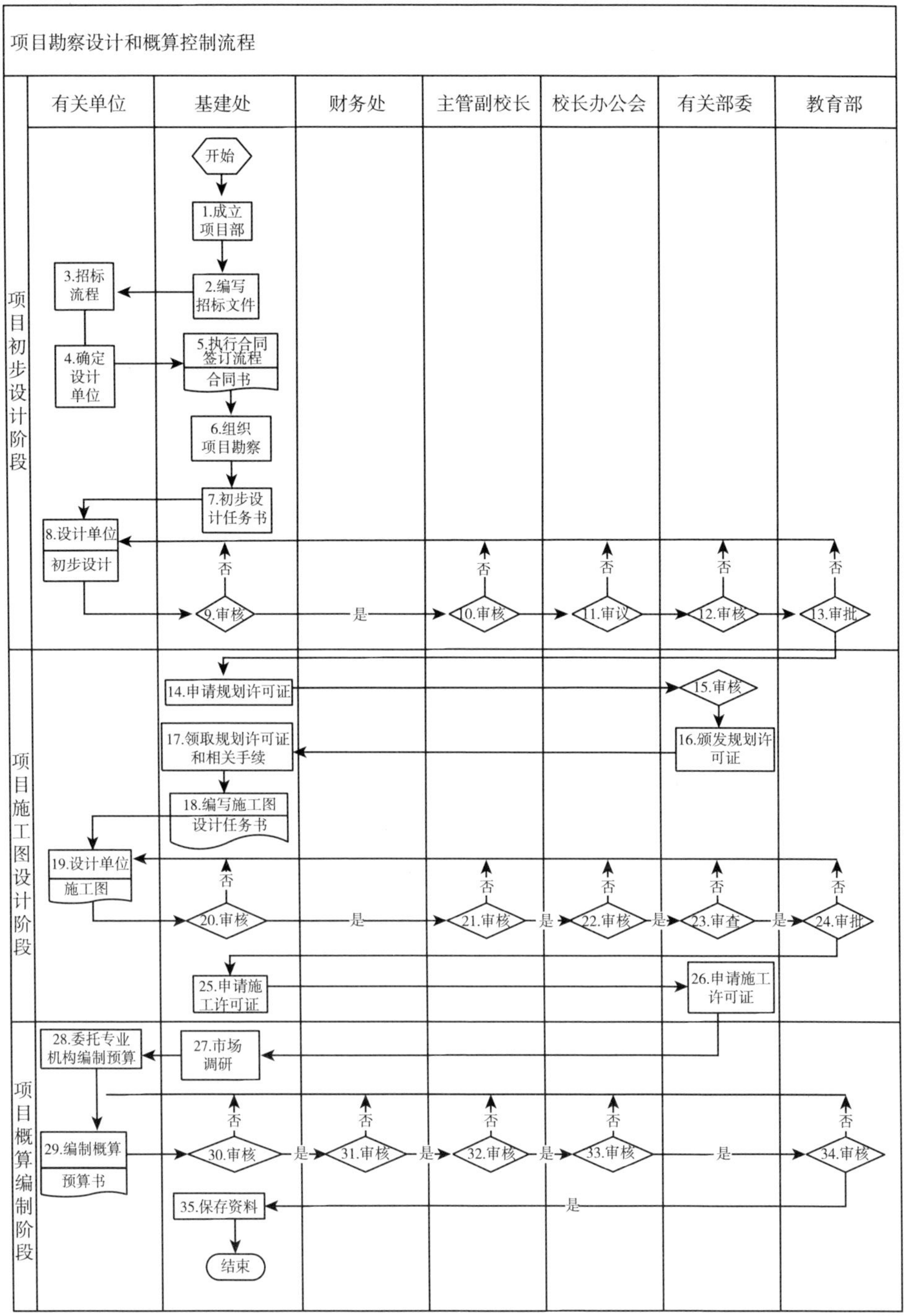

图 7　设计准备阶段控制流程图

监理，用较少的资金投入发挥较大的投资控制作用。

（4）对设计单位有约束。很多设计单位在项目设计时，会坚持“保守”和“通用”的原则，并不会结合学校实际对项目进行适应性、定制化设计，这样势必会导致设计浪费、设计调整等诸多情况的发生。因此，高校要与设计单位签订详尽的、有弹性的设计委托合同。在通常情况下，将设计费与工程投资变动情况挂钩，以此调动设计单位提高设计精度和投资控制意识的主动性。

3. 招标发包阶段

招标发包阶段应将招标文件、招标控制价及合同签订作为价值管控点。基建处和审计处协调做好招标文件和招标控制价的编制审核，财务处协助做好合同签订前的校核，资产处（招标与采购中心）负责按照国家及地方有关规定按程序组织招投标工作，应严格审核和选择资信良好的招标代理机构负责社会公开招标工作，从源头上杜绝腐败。要加强对代理机构的约束和管理，招标代理在招标工作中出现重大失误会导致发生工程重大变更。项目招标发包阶段社会招标和校内招标控制流程见图 8、图 9。具体工作协调内容包括以下三个方面。

（1）细化工程量清单。有条件的单位应实行“清单编制背靠背”。招标前，可以至少委托两家专业水平较高的造价咨询机构各自编制工程量清单，有条件的单位可以实行“三清单制度”，即由基建处、审计处、招标代理单位分别委托进行工程量清单编报；招标公告发布前，由高校组织进行项目三方清单会审，各方从不同角度对工程进行清单纠错复核，会有效地降低工程招标清单漏项、错项等情况的发生。

（2）精编招标文件和招标控制价。2013 年版清单计价规范对招标控制价环节提出了较高的要求。高校应加强《招标控制价》的编审工作，在招标文件编制时应充分考虑价格风险，将人、材、机等主要风险情况进行充分估计使项目投资可控。

（3）严格合同把控。高校基建部门应结合拟建项目的工程特点、建筑市场行情、建筑设计深度等情况合理选择签订合同方式，并对合同人工、材料、机械主要投入风险和专用条款做出精准的界定。通常，完备的合同应该是由基建部门、财务部门、审计部门及法务部门等机构共同参与、通力协作拟定的，其中负责基建计划的财务有关人员要对项目合同进行推敲，基建处应组织

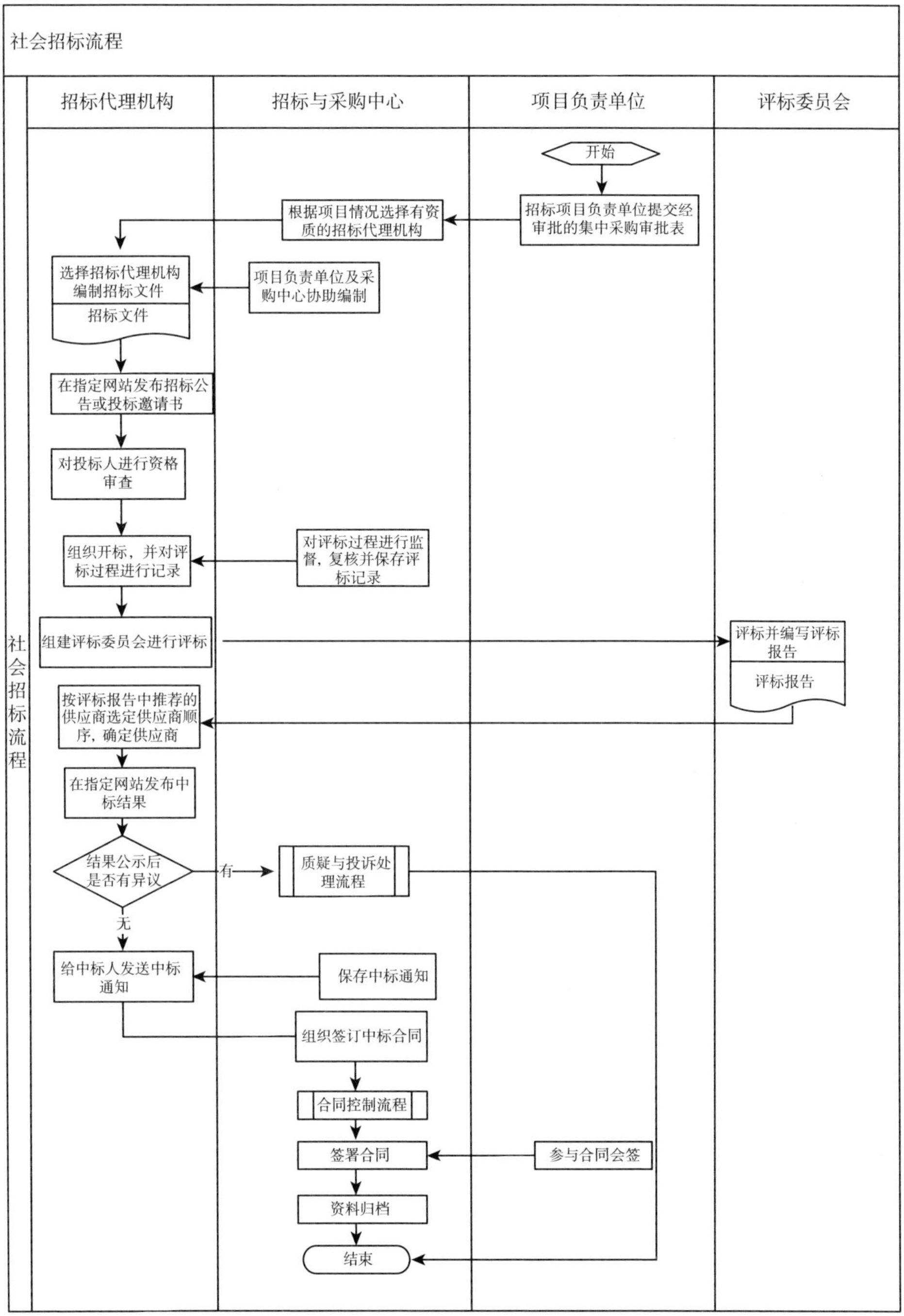

图8　招标发包阶段控制流程图（社会招标）

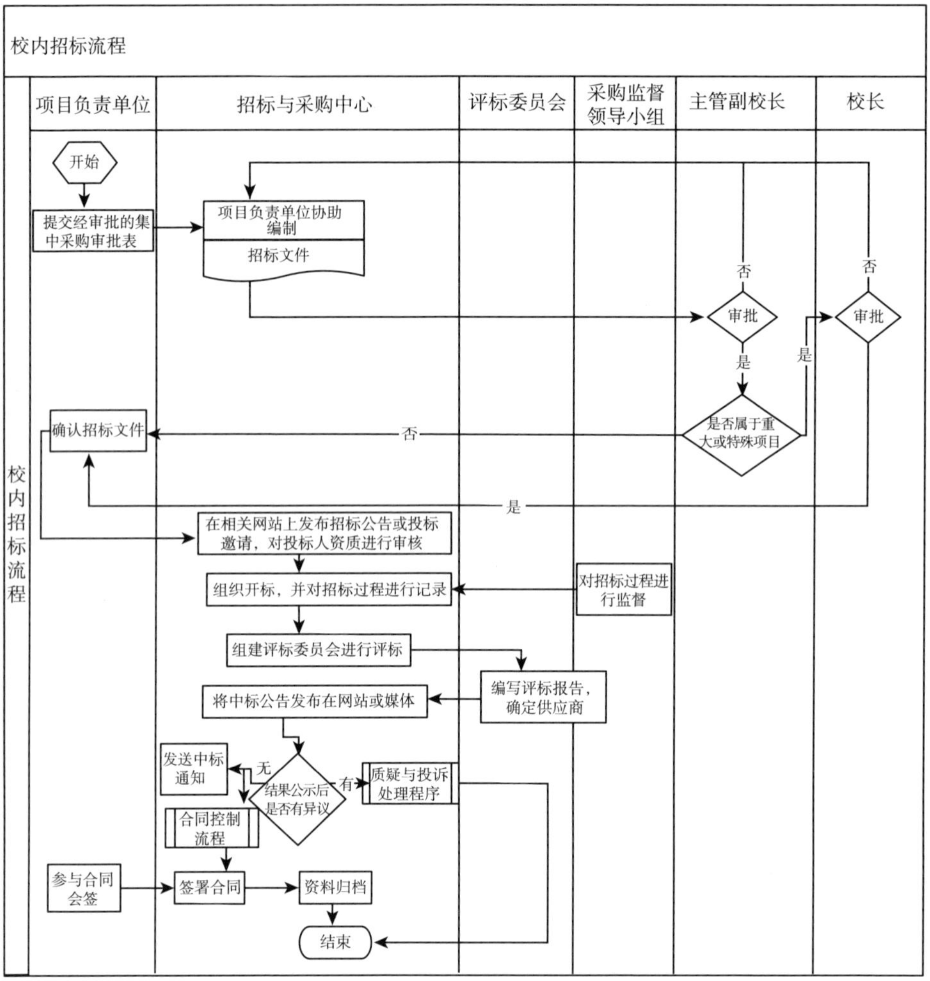

图 9　招标发包阶段控制流程图（校内招标）

本单位计划人员对拟中标的施工单位投标文件进行认真审核，仔细检查其投标的工程量清单内容是否完全响应招标文件，防止投标出现重大错误，避免项目后期产生经济纠纷。

4. 项目建设阶段

项目建设阶段应以优化施工组织技术方案、财政专项资金支付、变更洽商管理为价值管控点，建设期间财务部门主要做好资金支付特别是财政专项资金的调拨，审计部门协同做好跟踪审计的过程，审计部门、监理部门协助基建处、跟踪审计做好项目变更洽商的把关审核。项目建设阶段工程价款支付和工程变更控制流程见图 10、图 11。具体工作协调内容包括以下三个方面。

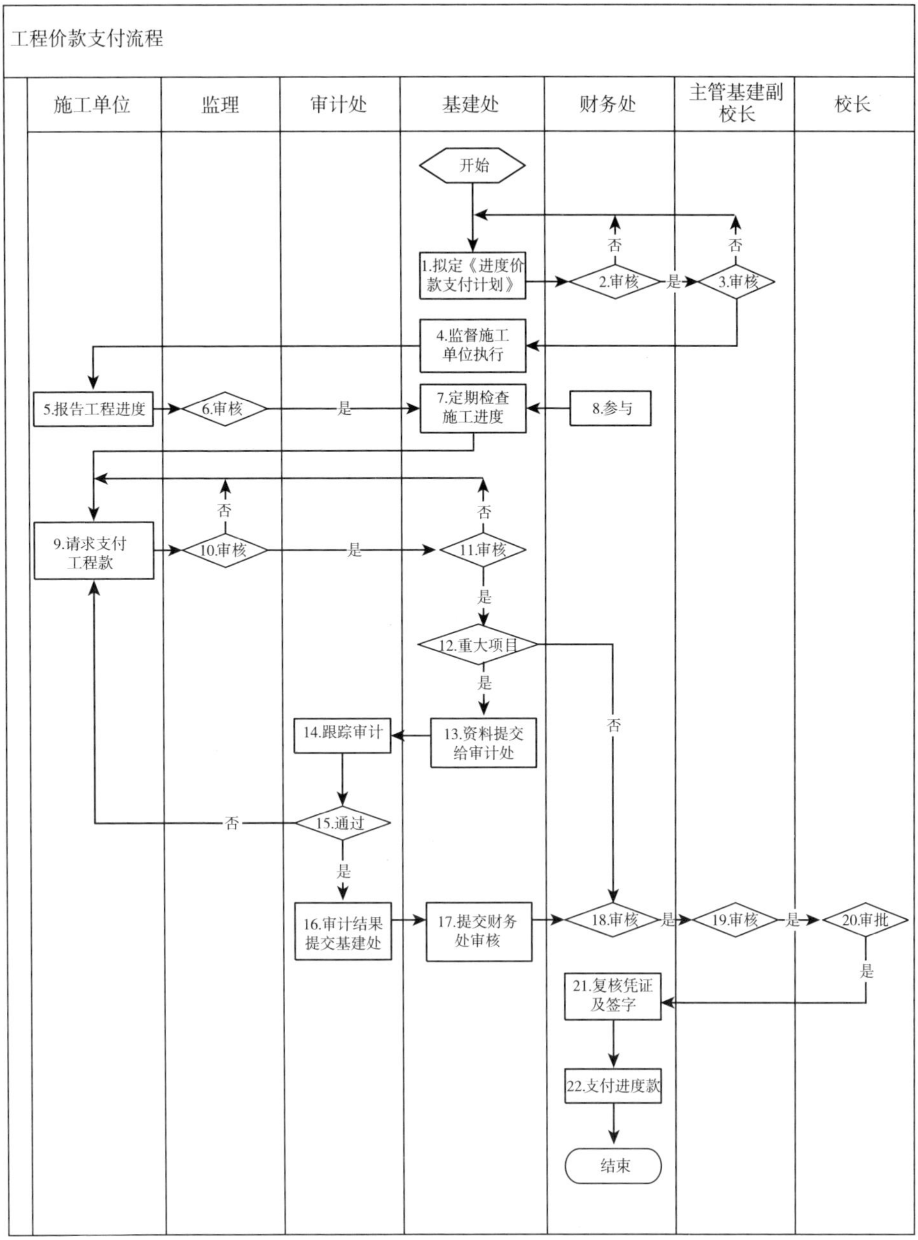

图 10　项目建设阶段控制流程图（工程款支付）

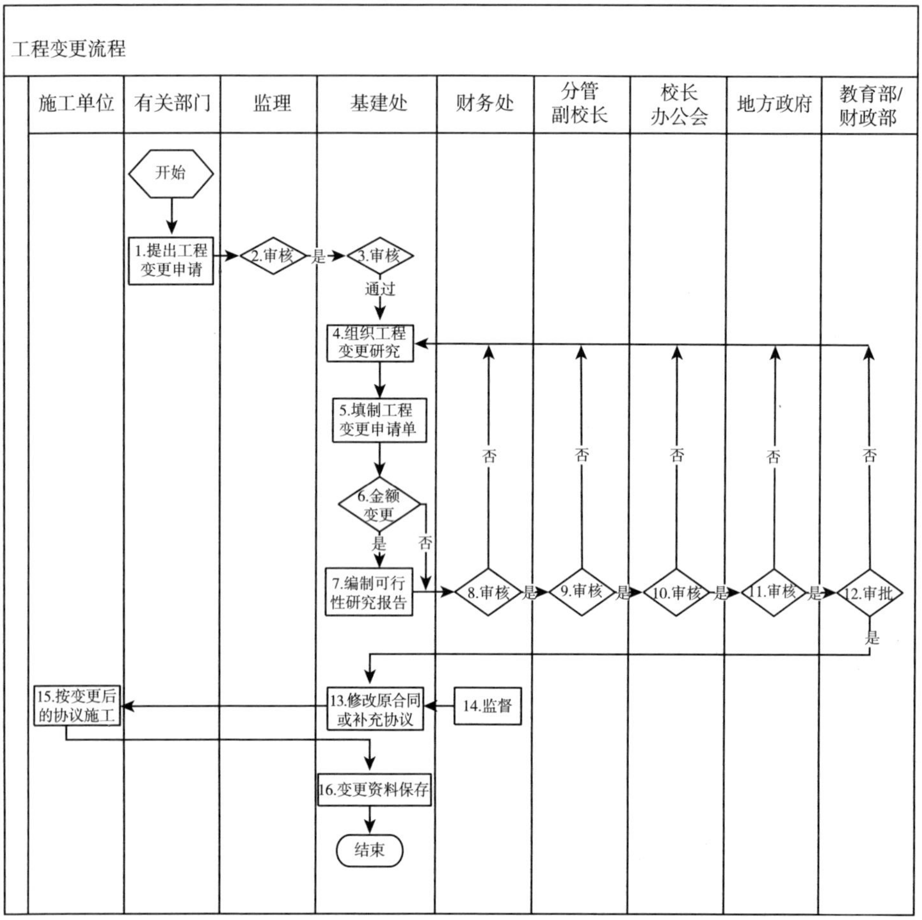

图 11　项目建设阶段控制流程图（工程变更）

（1）规范各类合同进度款审批支付。基建项目通常涉及各类合同的签订执行，其中施工总承包合同是重中之重。高校基建处要善于利用合同对工程相关方进行管理和约束，掌握控制的主动权。对于财政拨款项目，要严格按照国家国库集中支付管理规定以及校内工程款审批制度审核和支付进度款，科学的资金计划管控，良好的预算执行还可以为学校争取中央预算内投资财政绩效奖励。

（2）严控变更洽商和现场签证。高校基建部门管理人员应依据规定严格管理工程变更洽商和现场签证。要通过对关键过程节点监管、监理旁站、跟踪审计监督等多种形式有效减少变更的发生。高校要坚持“权限审批”的原则，严格审核签证内容的真实性与准确性，深入论证变更的必要性与可行性，对工程中出现的问题及时进行跟踪处理，特别是发生的隐蔽工程验收以及变更洽商事项的审批。

（3）充分发挥监理造价管控职能。高校基建管理方应充分发挥监理单位的职能，调动监理控制工程造价的积极性，要求监理方做好项目施工组织设计、专项施工方案、工程变更签证、工程进度款等环节的审查，协助基建管理部门做好造价控制。另外，在应对可能的工程索赔方面，高标基建管理方要同监理单位形成合力，提高对索赔事件的预测及应对能力，尽量避免或降低对高校造成损失。

5. 竣工验收阶段

竣工验收阶段应以合同结算清理和决算审核作为价值管控的关注点。基建处主持项目结算的清理和决算前各类资料的组卷、初审，应最大限度地规避和应对施工方“虚报工程量”“高套定额和取费标准”“虚报材差”“虚设费用”等一系列决算陷阱，财务处协助办理合同款结算，审计处负责项目奖决算审核工作，资产处做好转固。竣工验收阶段控制流程见图12。具体工作协调内容包括以下五个方面。

（1）核准决算工程量。决算工程量是编制决算最基本的内容。高校基建部门要在工程决算审核前进行认真调查和实地勘察，对工程决算报告进行逐项审验。审验的重点应放在容易重复计算或隐蔽工程部分，核准结算内容与实际完成的工程量是否相符，是否存在“多报、虚报”的问题。

（2）审查决算定额应用。高校基建处和审计机构要重点审查施工方决算的定额应用。首先，要重点审查施工方关于“新建”和“改建”的定额套用标准是否合理合法，要严格区分“预算定额”和“修缮定额”，防止错套；其次，要重点审查工程实际部位、内容与定额编号是否匹配，防止错算、重算；最后，要审查决算依据文件是否准确合理，防止依据文件失准。

（3）严控材料价差调整。高校基建部门在对施工方竣工结算中的材料价差进行审核时重点从五个方面把关：一是严格按合同确定计差价的材料，不应调整的不计价差；二是按项目图纸计算材料定额用量或据实核定用量；三是核定材料价差以及应计取的税费；四是核对材料价格是否存在跨期高套；五是对大型设备、特种材料以及大批量采购的项目要进行实地审验。

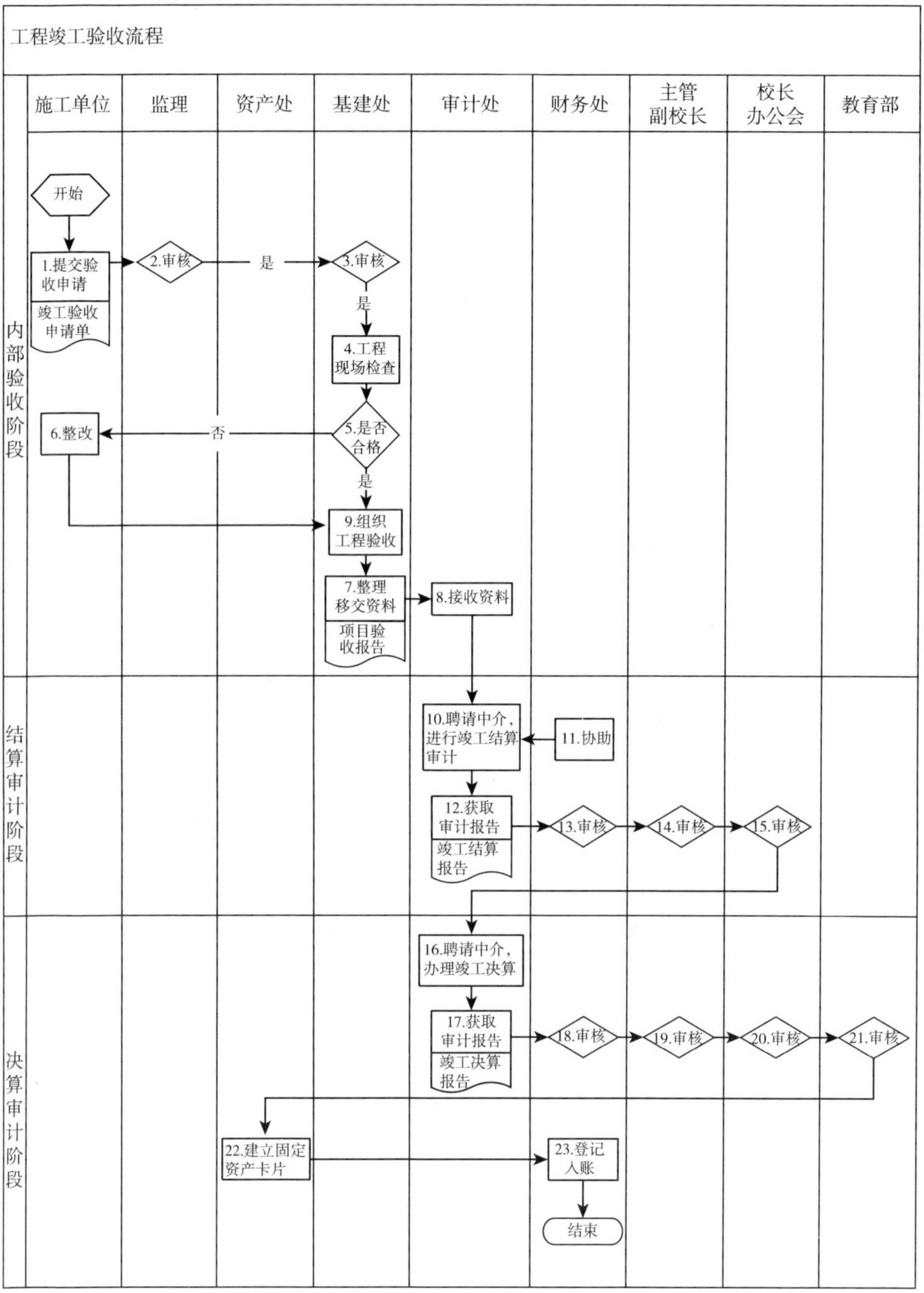

图 12　竣工验收阶段控制流程图

（4）核实工程变更签证和各类原始票证。高校基建部门要会同审计处和社会第三方审计单位认真精确审核变更洽商和现场签证，严控不合理支出，避免增加工程投资。这个环节需要建设单位和审计参与单位密切配合、扎实工作。

（5）严格工程取费。审查工程取费时，高校基建部门和审计单位要重点关注以下三个方面：第一，审核施工方决算取费系数是否与工程类别、施工企业资质相一致；第二，审查施工方是否提高取费档次；第三，审查工程项目的结构类型和特征是否与市场行情相符。

五、M 高校科研实验楼项目投资管控案例分析

根据《教育部直属高校 2018 年基本建设投资情况通报》分析，从建设项目类型来看，随着高校“双一流”建设的推进，直属高校基本建设进一步由“保基本”向“促提升”阶段转型，科研用房和实验室占比逐年增大，2018 年科研用房和实验室的投资占当年总投资的 36%，2019 年该数据为 42%，上升了 6 个百分点。因此，本研究结合工作实际，选取 M 高校科研实验楼进行案例分析。

（一）项目概况及特点

1. 项目概况

M 高校是教育部直属的全国重点高校、国家“211 工程”“985 优势学科创新平台项目”、一流学科建设高校，是全国首批产业技术创新战略联盟高校，同时也是教育部与应急管理部共建高校。

M 高校科研实验楼工程建设用地面积约 8800 平方米，总建筑面积 38000 平方米，地上建筑面积 33000 平方米，地下建筑面积 5000 平方米，其中人防 2224 平方米（地上 17 层，地下 2 层）。借助北京市“中知学”政策，该校与北京市政府签署共建协议，按规定对工程进行加层“扩容优化”报批，加建 4 层共 7700 平方米，工程总投资由 11503 万元调整为 17524 万元。该项目建成后大大缓解了该校教学、科研用房严重短缺的局面。工程荣获北京市“结构长城杯”金奖、中国建筑协会颁发的“国家 AAA 级安全文明标准化工地”称号。

2. 项目特点

M 高校科研实验楼项目情况特殊、建设过程复杂，在先后经历了：可研

重审，调概，设计优化，加层加建规划报批，场地拆迁，复杂基坑地质条件施工，方案变更设计，场地空间狭小，人、材、机价格争议谈判等过程后，顺利竣工验收，实现了预期的投资管控目标。

（1）地质条件复杂。专家分析项目所在地古代是水塘或河道，地下4.5米为淤泥，基坑局部为软塑土层，渗水严重，锚杆固力不足，灌浆凝固拉力不够。基建处组织专家组论证，采取锚杆加长和二次劈裂压降钻进工艺相结合的处理措施，最终解决了特殊土层锚杆预应力不足的施工难题。

（2）基坑土方及CFG桩施工。该校基建处严格对施工单位的管理，多次召集技术会商，采用钢筋混凝土灌注桩、深层搅拌水泥桩、止水帷幕与土层配合等技术手段，顺利完成了降水护坡和1850余根CFG桩的施工作业，按时完成并通过权威部门的检测。

（3）场地狭小分段流水作业。由于施工现场紧邻学校和周边社会小区居民楼，因扰民问题工程不能进行夜间施工。受施工时间局限在早六点至晚十点的影响，通过科学的管理、高效的组织和严格的监督，地面工程实行东西向三段流水作业，提高项目施工效率。

（二）项目投资管控措施及效果

1. 项目投资管控关键环节及措施

按照《教育部直属高校基本建设管理办法（2017年修订）》有关规定，遵循全生命周期和价值工程理论原理，M高校在该项目各阶段针对性地采取了相应的管控协同措施，具体措施见表4。

表4　M高校科研实验楼项目全生命周期价值投资管控措施

项目阶段	管控优化措施	校内程序及协同部门
一、项目决策阶段	1. 可行性研究报告优化调整 （借助北京市“中知学”政策，实现项目规模扩容及追加投资） 2. 前期策划方案比选 （针对加建加层部分建筑布局优化，单式通廊调整为双通廊） 3. 投资估算分析 （聘请学校相关专业专家组成论证小组进行估算分析）	党委常委会 基建处 财务处 纪监审 专业委员会

续表

项目阶段	管控优化措施	校内程序及协同部门
二、设计准备阶段	1. 设计方案比选 （项目建设价值“内生性”组织） 2. 设计方案优化 （结构、通风、强电系统优化） 3. 限额设计 （优化设计内容进行限额设计） 4. 设计概预算审核 （聘请专业咨询机构审核） 5. 关键材料设备选型 （外立面氟碳漆、供暖系统改造）	党委常委会 基建处 后勤处 资产处 财务处 使用单位
三、招标发包阶段	1. 招标文件及控制价审核 （工程量清单、控制价审核） 2. 评价投标方案 （依法依规学校监督） 3. 合同审核 （严格把控工程各类主材风险）	基建处 审计处 财务处 资产处
四、项目建设阶段	1. 优化施工组织技术方案 （软塑土层锚杆预应力处理、基坑支护及 CFG 桩设计优化） 2. 优化施工平面图布置 （场地狭小采取三段流水作业） 3. 全过程跟踪审计 （跟审联席会议、阶段结算审计）	校长办公会 基建处 后勤处 审计处 财务处 监理部门 网信中心
五、竣工验收阶段	1. 合同结算清理 （决算预审及争议谈判） 2. 竣工财务决算审核 （审减率 5% 决算审计约束）	基建处 财务处 审计处 资产处

2. 项目投资管控效果分析

该科研实验楼项目竣工验收后，经过竣工财务决算审计，最终该项目决算投资总支出为 17688 万元，与投资计划相比，投资变动比率为 +0.93%。概算执行情况详见表 5。

表 5　　M 高校科研实验楼投资概算执行情况表　　单位：元

序号	工程和费用名称	概算数	实际数	实际较概算	
				增减额	增减（%）
一	工程费用	152342000.00	162230074.89	9888074.89	6.49%
1	降水打桩及护坡工程	9830000.00	10071928.00	241928.00	2.46%
2	结构工程	65622000.00	68290677.70	2668677.70	4.07%
3	建筑工程	32814000.00	33936195.33	1122195.33	3.42%
4	采暖工程	3690000.00	2001948.00	-1688052.00	-45.75%
5	通风空调工程	11757000.00	9242014.00	-2514986.00	-21.39%
6	给排水工程	4686000.00	4190756.00	-495244.00	-10.57%
7	变电室工程	2471000.00		-2471000.00	-100.00%
8	强电工程	11845000.00	21910421.00	10065421.00	84.98%
9	电梯工程	2775000.00	1855006.65	-919993.35	-33.15%
10	弱电工程	5206000.00	5719681.09	513681.09	9.87%
11	室外工程	1646000.00	3209817.12	1563817.12	95.01%
12	其他工程		1801630.00	1801630.00	
二	工程建设其他费	14557000.00	14650042.88	93042.88	0.64%
1	城市基础设施配套费	3800000.00	3800000.00	0	0
2	建设单位管理费	1548700.00	18695.18	-1530004.82	-98.79%
3	可行性研究费	362000.00	181150.00	-180850.00	-49.96%
4	环评影响评价费	36500.00		-36500.00	-100.00%
5	工程勘察费	133000.00	233480.00	100480.00	75.55%
6	工程设计费	4419000.00	4799000.00	380000.00	8.60%
7	工程监理费	3100900.00	2544000.00	-556900.00	-17.96%
8	招投标代理服务费	406900.00	110426.88	-296473.12	-72.86%
9	招标交易服务费	168000.00	82152.54	-85847.46	-51.10%
10	施工图审查费	76000.00	277770.00	201770.00	265.49%
11	竣工图编制费	354000.00		-354000.00	-100.00%
12	施工人员意外伤害保险费	152000.00		-152000.00	-100.00%
13	标底编制费		294113.00	294113.00	
14	新清单编制费		335280.00	335280.00	
15	沉降监测		225000.00	225000.00	
16	墙体基金、水泥专项资金		340154.00	340154.00	
17	工程全过程跟踪审计费		1021231.28	1021231.28	

续表

序号	工程和费用名称	概算数	实际数	实际较概算	
				增减额	增减（%）
18	竣工财务决算审计费		99000.00	99000.00	
19	±0测量、竣工测量及竣工面积、产权登记测量费		220000.00	220000.00	
20	其他费用		68590.00	68590.00	
三	预备费5%	8345000.00		-8345000.00	
	合　计	175244000.00	176880117.77	1636117.77	0.93%

M高校科研实验楼总投资计划完成情况对照如图13所示。

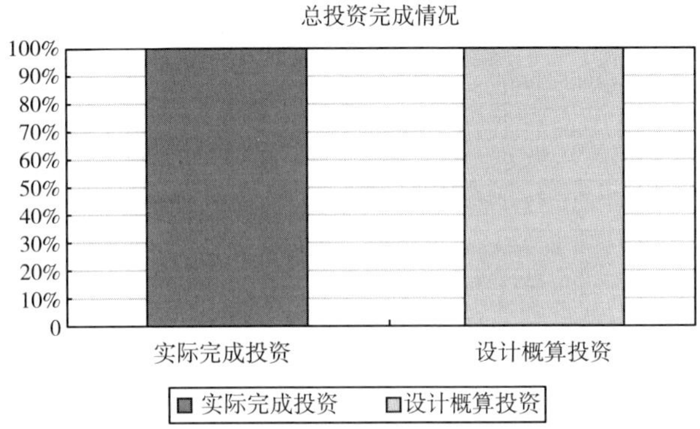

图13　M高校科研实验楼项目总投资完成情况对照

M高校科研实验楼总投资完成情况分析如图14所示。

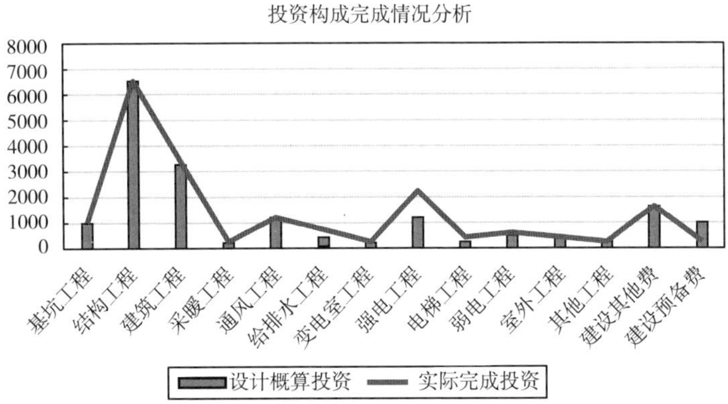

图14　M高校科研实验楼项目投资完成情况分析

该项目最终决算投资控制在了合理范围之内，实际投资与概算投资差异变动为+0.93%。M高校该项目各分部分项工程在价值工程原理应用下，进行了优化，具体功能投资优化见表6。

表6　M高校科研实验楼功能投资优化分析表

项目编号	差异项目	增减额（万元）	变动幅度	价值功能优化内容
1	基坑工程	+24.19	+2.46%	软塑土层锚杆预应力处理及CFG桩
2	结构工程	+266.87	+4.07%	主体结构加层方案调整
3	建筑工程	+112.22	+3.42%	工程流水作业人工费调整
4	采暖工程	-168.81	-45.75%	采暖用散热器、管件、阀门节约
5	通风工程	-21.39	-21.39%	专业分包节约
6	强电工程	+1006.54	+84.98%	满足实验室需求，专用配电箱、母线、桥架及管线设计调整
7	电梯工程	-91.99	-33.15%	专业分包节约
8	弱电工程	+51.37	+9.87	根据实际情况，增加了部分网络布设点位及设备
9	室外工程	+156.38	+95.01%	根据现场实际签订补充协议，对管线改造、道路硬化、紧邻居民楼周边环境翻新整治采取措施
10	建设其他费	+9.30	0.64%	依据规范小幅调整

通过分析表5可知，M高校在科研实验楼项目建设投资管控的过程中，实行事前、事中、事后的全生命周期价值管控，学校各职能部门也形成了良好的互动协调机制。特别是对价值工程重点关注的设计阶段，M高校通过采用价值“内生性”设计方案组织、“限额设计”以及“关键材料选型优化”等方式，通过功能定位对该项目基坑、结构、建筑、采暖、通风、强电、电梯、弱电、室外等9个分部分项工程都采取了相应的价值功能优化措施，使项目功能和投资实现了有机组合，为项目投资控制打下了良好的基础。

M高校狠抓投资计划执行、合同结算和竣工决算工作。为严格工程投资与进度管理，科研实验楼工程实行招标工程量清单、控制价审核和全过程跟踪审计，及时解决了工程结算及现场签证问题。经过实践摸索，创新性地采取“阶段审计”方法，在争取施工进度的同时，提前将合同风险锁定在可控范围内。在竣工决算阶段，基建处与施工总承包单位就基准信息价、费率、材料优惠、措施费土方挖运等问题进行了多轮谈判，并针对施工单位提出的有争议事宜，会同监理单位、校审计处、跟踪审计单位，在较短时间内，经过多次结算工作协调会和谈判，分步骤达成一致意见。特别是工程投资最重要的施工总承包部分，经审计后共核减2970万元，审减率达到17%。同时，经过严格控制工程洽商、设计变更，严格执行合同，最终该工程总决算投资17688万元，项目实际投资与计划总投资变动幅度控制为0.009%，较为出色地完成了项目投资控制目标。

结　论

在当前教育大背景下，高校由规模化发展逐步转向内涵式发展，要求我们不断向管理要效益。基本建设领域不仅是我们重点关注的风险管控地带，也是我们可以深挖潜力、提升效益的重要落脚点。

本研究基于全生命周期和价值工程理论，结合笔者多年的工作经历和经验，对高校基本建设项目投资管控做了深入研究。相比通常工程项目投资“限额控制”的方法，通过优化项目设计、施工组织和内部机构协同，使建设项目功能提高、投资小幅增加或者功能不变，投资降低是当前高校更为现实、合理的选择。本研究得到如下结论。

第一，高校基建项目投资管理要突出“价值”理念，在项目全生命周期运用“内生性”价值组织方案可帮助高校实现建设项目功能性和经济性的有效统一，可有效降低高校财务风险。本研究分析验证的M高校科研实验楼案例，在满足功能提升的前提下，最终决算总投资小幅增加，与原批复概算变动幅度控制在了0.009%的水平，较为科学、精准地完成了项目预期投资管控的目标。

第二，高校基建项目投资管控离不开有机高效的内部协同机制。本研究提出了项目管控关键节点及控制措施。经过实际案例验证，在M高校科研实验楼建设过程中，基建、财务、审计、资产等部门密切配合，特别是通过采用“工程量清单审核”“控制价审计”“阶段审计”和“审减率”等措施手段，使项目施工总承包审减额达到2970万元，审减率达到17%，有力地证明了机构协同合力对基建项目投资管控的有效推动作用。

第三，基建项目投资管控可以有力推动高校的基建、财务复合型人才队伍建设。本研究提出的项目组织方案和关键节点控制流程和措施，在规范了具体基建项目管理流程的同时，也大大促进了学校基建和财务人员队伍的业务融合和素质提升。M高校通过此项目的科学管理，使原先基建财务“重核算、轻管理”、计划管理“被牵着鼻子走”的现象得以有效改善，还在很大程度上拓展了本校相关专业学生的项目参与和研习，达到了多方面培养队伍和人才的效果。

当前，推行工程总承包（EPC）模式、在项目管理中引入BIM技术以及以计算机辅助手段进行基建项目投资控制都是较为先进、前沿的模式和手段，但本研究认为，由于受到现行制度和体制等影响，在高校基建领域全面推广的条件尚不具备。因此，高校要结合自身实际情况，依法依规谋划校园建设，加强对项目的决策与设计论证，从源头上管控项目投资。同时，要强化项目预算资金使用效率，加强项目过程管理，减少低效无效支出，降低学校投资风险。

参考文献

[1] GORDON A. The Economic of The 3L's Concept. Charted Surveyor Buildin and Quantity Surveying Quarterly, 1974 (6): 3-6.

[2] J. KELLY S. MALE. Value Management in Design and Construction: the Economic Management of Projects. E&FN Spon, New York. 1993: 23-29.

[3] PETTS R C, BROOKS J. The World Banks HDM III Whole Life Cost Model and ITS Possible Applications [J]. Planning & Transport Research & Computation, 1986.

[4] DELLASOLA, P. E., S. J. Kirk. Life Cycle Costing For Design Professionsls. NewYork: McGraw-Hill, 1991.

[5] BULL J W. Life cycle costing for construction [M]. Blackie Academic & Professional, 1993.

[6] CARR R I. Integration of Cost and Schedule Control [C] // Preparing for Construction in the 21st Century. ASCE, 2004: 687-692.

[7] DRAGOO R E, LETENDRE R A. Manage costs in real time [J]. Hydrocarbon Processing, 1993, 72 (7): 41-46.

[8] MEDLEY, LARRY G. The Life Cycle PersPeetive: Managing Cost Be-

fore It Oecurs. Cost Engineering. 2002 (10): 15 - 18.

[9] PAVEMENT MANAGEMENT. Development of a Life Cycle Costing Technique. Bureau of Transport and Communication Occasional Paper. Canberra: Australian Government Publishing Serviee. 2004: 3 - 9P.

[10] LIAN SHENG GU, MING HUA HU. Peng Hu. Application of Value Engineering Based on the Comprehensive Weights in Construction Project Bidding [J]. Applied Mechanics and Materials. 2011, 1447 (94).

[11] FATHONI U, ZAKARIA C M, ROHAYU C O. Value engineering awareness study for sustainable construction in Malaysia [J]. IOP Conference Series: Earth and Environmental Science. 2013, 16 (1).

[12] RACHA RACHWAN, IBRAHIM ABOTALEB, MOHAMED ELGAZOULI. The Influence of Value Engineering and Sustainability Considerations on the Project Value [J]. Procedia Environmental Sciences. 2016, 34.

[13] RENATA SCHNEI DEROVA HERALOVA. Possibility of Using Value Engineering in Highway Projects [J]. Procedia Engineering. 2016: 164.

[14] 杨思忠. 中国建设工程造价管理协会第一届理事会报告 [J]. 工程造价管理, 1995.

[15] 路世昌, 王松波, 等. 造价工程师继续教育培训教材 [M]. 天津: 天津人民出版社, 1999: 20 - 50.

[16] 薛由庆. 房地产开发成本控制的对策 [J]. 福建商业高等专科学校学报, 2001 (5): 21 - 23.

[17] 戚安邦, 孙贤伟. 建设项目全过程造价管理理论与方法 [M]. 天津: 天津人民出版社, 2004.

[18] 柴志刚. 工程建设项目设计阶段投资控制研究 [D]. 天津大学, 2007.

[19] 陈蔚. 建设项目设计阶段工程造价的控制研究 [D]. 西安建筑科技大学, 2007.

[20] 韩春民, 等. 价值工程理论在高校工程项目管理中的应用研究 [J]. 河北建筑工程学院学报, 2008, 26 (2).

[21] 张璐. 价值工程在高校基础建设项目中的应用研究 [J]. 华北电力大学 (河北), 2010.

[22] 张树捷．价值工程在建设项目多方案优选中应用的研究［J］．价值工程．2010（7）：75－76.

[23] 任民主．价值工程在工程设计阶段费用控制的应用［J］．山西建筑．2010（1）：262－263.

[24] 徐晨．价值工程在建设项目多方案评价中应用的研究［A］．Wuhan University，Scientific Research Publishing，Engineering）Information Institute：Proceedings of Conference on Web Based Business Management（WBM2011）［C］．2011：4.

[25] 朱田惠．价值工程在上海机场工程建设投资控制中的应用研究［J］．建筑经济，2012（10）：51－53.

[26] 李鹏飞．价值工程在建设项目限额设计中的应用［D］．中国科学院大学（工程管理与信息技术学院）．2014.

[27] 杨义云．价值工程在建筑工程设计阶段造价控制的应用［J］．价值工程，2015（9）：136－137.

[28] 李怡然．基于价值工程的建设项目施工成本控制研究［D］．安徽建筑大学，2015.

[29] 王勇，陈延辉．项目前期管理的一种科学方法——可行性研究工作［J］．项目管理技术，2005，11.

[30] 戴维忠．高校新建校区项目过程控制及管理研究［D］．西安建筑科技大学，2008.

[31] 许学丹．高校内部控制存在的问题及其完善措施［J］．财会通讯，2009（3）：88－89.

[32] 全勇．高校基建项目全过程造价管理模式研究［D］．中南大学，2010.

[33] 李飞鹏．高等学校基建项目评估机制研究［J］．科技和产业，2011（11）：108－113.

[34] 王广辉．高校基建财务管理中的问题与对策研究［J］．教育财会研究，2011，22（2）：40－44.

[35] 庞玉娴，秦学恩．高校新校区建设项目前期可行性研究存在的问题及对策［J］．产业与科技论坛，2011（6）：143－145.

[36] 陈剑．高校工程项目内部控制建设创新［J］．财会通讯，2012

(11)：100－102.

［37］崔伟．对加强工程项目内部会计控制的认识［J］．江苏水利，2013，5（5）：37－39.

［38］陈学嘉．高校建设工程造价控制的研究［D］．南昌大学，2014.

［39］李静翠．高校基建财务竣工决算滞后问题探析［J］．财会通讯，2014（26）：126－127.

［40］黄喜英．浅议高校基建工程造价控制［J］．教育财会研究，2014，25（3）：53－55.

［41］教育部，住建部．普通高等学校建筑面积指标（建标191－2018）.

［42］财政部会计司．东北财经大学《2017年全国行政事业单位内部控制建设分析报告》［Z］.

［43］何国昱．高校基建工程结算审计外包的风险防范［J］．会计之友，2010（1）：88－89.

［44］于平．论高校建设工程管理审计策略［J］．中国总会计师，2017（5）：110－112.

［45］郭卫松，牛瑞文．高校基建管理模式分析与探讨［J］．工程经济，2017，27（8）：53－56.

［46］张明哲．关于基本建设财务管理制度变化及应用思考［J］．财会学习，2017（5）：26－28.

［47］陈少彬．高校基建工程招投标管理的现状及对策探讨［J］．住宅与房地产，2017（9）：60.

［48］李光宇．强化问责机制推进高校工程审计工作［J］．建筑，2017（13）：41－43.

［49］龙奋杰．高校基建管理模式与应用研究［J］．土木工程学报，2013，36（3）：11－16.

［50］欧阳平．基于财务视角的高校基建内控管理研究［D］．西安理工大学，2018.

［51］张业盛．基于价值工程的上海建桥学院新校区项目投资控制研究［D］．华东理工大学，2017.

［52］刘海波．高校基建工程项目招投标过程控制［J］．建筑设计管理，2017，34（2）：41－42.

［53］刘国永．建设工程审计中常见问题分析与解决途径［J］．财会研究，2012（1）：64－66.

［54］陈宇．高校建设工程内部审计与社会审计资源整合模式研究［J］．长春大学学报，2014，24（7）：903－906.

［55］吴明友．高校基本建设项目投资控制研究［J］．安徽工业大学学报，2011（4）.

上市公司财务造假手法实证分析

刘石球

摘　要　近年来，资本市场财务造假案件时有发生，造假手法不断“升级换代”，专业性、隐蔽性越来越强。为尽早发现上市公司的财务造假行为，有必要对造假手法进行系统的归纳和分析，为监管部门、中介机构和投资者识别财务造假提供借鉴。

本研究以监管部门于2011年至2018年发布的行政处罚决定书为基础，筛选85个财务造假案例，对造假手法进行深入研究。本研究首先将造假手法分为滥用会计政策和虚构经济业务两大类，在此基础上，详细阐述了滥用会计政策手法的四种主要情形，揭示了虚构经济业务手法的造假逻辑、三大关键造假环节及该手法的各种演变情形。然后对两类手法的典型特征进行了分析，结合案例探讨了财务造假识别的思路。最后从公司治理结构、中介机构履责情况、违法成本及社会诚信等四个方面探讨了上市公司财务造假的原因，并围绕诚信建设、制度建设和加大违法成本三个方面提出构建不想造假、不能造假和不敢造假的防线。

关键词： 上市公司；财务造假；造假手法

一、绪论

（一）研究背景和意义

近年来，我国资本市场迅速发展。从上市公司情况来看，截至2019年7月9日，我国A股上市公司共计3650家，新三板挂牌公司共计9851家。在A股上市公司中，上海主板1479家，深圳主板472家、中小板934家，创业板765家。从IPO情况看，2017年新股上市436家，筹资2304亿元；2018年新股上市105家，筹资1378亿元；2019年上半年新股上市64家，筹资612亿元。从并购重组情况来看，2017 年监管部门通过并购重组项目 161 单，涉及金额约 5386 亿元；2018 年为 123 家，涉及金额约 5406 亿元；2019 年上半年为 39 家，涉及金额约 1279 亿元。

与此同时，上市公司、新三板挂牌公司、发行人、并购重组交易对手方因财务造假被立案调查、处罚的情况屡见不鲜。根据监管部门发布的执法数据，2018 年共对 56 起信息披露违法违规案件做出了处罚，其中金亚科技、上海普天、圣莱达等上市公司都是因财务造假而被处罚的。2018 年年底，资本市场又相继曝出两个重磅新闻，曾被誉为资本市场“白马股”的康得新和康美药业巨额银行资金离奇消失，涉嫌重大财务造假。频繁爆发的财务造假事件造成了极其恶劣的影响，不仅不利于公司健康长远发展，还严重损害了投资者合法权益，动摇了投资者对我国资本市场的信心，严重破坏资本市场的资源配置功能和运行秩序。

2019 年 7 月 22 日，科创板首批公司上市。科创板实行发行注册制，更加强调以信息披露为中心，弱化了监管部门的审核把关职能，并实施严格的退市制度。因此，注册制下公司披露的财务数据的真实性更依赖于公司的自觉性，也对中介机构和投资者对于虚假财务报表的识别能力提出了更高的要求。本研究拟通过对已处罚财务造假案例的研究分析，揭示上市公司财务造假的手法，查找原因并为防范和控制财务造假行为提供对策建议，为监管部门、中介机构和投资者识别财务造假行为提供借鉴。

（二）文献综述

1. 财务舞弊的概念

根据中国注册会计师协会 1996 年颁布的《独立审计具体准则第 8 号——错误与舞弊》（会协字〔1996〕456 号）可知，舞弊是指导致会计报表产生不实反映的故意行为，主要包括伪造变造记录或凭证、侵占资产、隐瞒或删除交易或事项、记录虚假的交易或事项、蓄意使用不当的会计政策等行为。2006 年颁布的审计准则《中国注册会计师审计准则第 1141 号——财务报表审计中对舞弊的考虑》将舞弊定义为被审计单位的管理层、治理层、员工或第三方使用欺骗手段获取不当或非法利益的故意行为，该故意行为会导致财务报表发生重大错报，包括对财务信息做出虚假报告和侵占资产。该定义与国际会计准则 24 号《审计师在财务报表审计中对舞弊考虑的责任》基本趋同。

Zimbelman 与 Hoffman（1997）认为，财务舞弊是故意地错报财务报告的行为。Lee Ingram 与 Howard（1999）认为，财务舞弊是系统性的操纵或者管理当局故意错报财务报表附注等。Albrecht（2004）认为，财务舞弊是管理层舞弊中最常见的一种类型。黄世忠（1999）认为，财务报告失真是以虚假的方式反映企业的经济业务，财务报告舞弊是财务报告失真中的会计造假。王建新（2007）认为，财务舞弊就是事前周密计划故意制造虚假信息的行为。

从多数文献对财务舞弊的定义来看，财务舞弊是一种故意制造虚假财务信息的欺诈行为，其目的是获取某种非法利益，如实现 IPO、再融资、保壳、完成业绩承诺等，通常会导致企业披露的财务报告存在虚假记载。本研究讨论的“财务造假”等同于“财务舞弊”或“财务欺诈”等术语。由于上市公司的年度财务报告包括财务报表、财务报表附注、其他财务报告（如内控报告）等内容，本研究仅讨论财务报表数据的造假行为。

2. 财务舞弊的手法

Worthy（1984）发现，企业经常通过跨期确认收入费用、不恰当变更会计方法等方式来调节利润。Feroz 等（1991）研究 SEC 的公告发现，50% 以上的财务舞弊跟提前确认收入并高估应收账款有关。COSO 报告（1999）指出，虚构经济业务、高估收入和资产、随意变更存货计价方法和折旧摊销计算方法等手段常被用于财务舞弊。Howard（2002）将上市公司财务舞弊行为归纳了 30 种具体方式。黄世忠和叶丰滢（2003）发现，2000 年以前我国上市公司多采用虚构或虚增销售收入、低估期间费用、虚增资产及利用应收、应付款项调节利润等财务舞弊手法，2000 年之后还通过利用减值准备、关联方交易、资产重组和会计调整等手法实施财务舞弊。黄世忠（2004）指出，收入确认是上市公司经常采用的操纵伎俩。韩文明（2005）认为，上市公司最突出的造假方式是业绩造假，其中尤以虚拟交易为主。连竑彬（2008）同样认为，收入确认问题是我国财务报表舞弊的“重灾区”。岳殿民等（2009）研究了 90 家上市公司舞弊样本，统计分析显示，上市公司财务舞弊偏好虚增利润，主要手段是虚构收入，多数是直接虚增销售收入。刘石球（2016）重点剖析了虚构经济业务型财务造假手法并指出，虚构经济业务型财务造假是一个系统工程，存在三大关键环节，分别是虚构客户和供应商、虚构资金流与虚构经济业务相匹配、如何“消化”虚构毛利占用的资金，并具体分析了在三个环节中造假手法的演变情况。李克亮（2018）认为，上市公司财务造假的手法在随着互联网的发展而“升级换代”。

从以上文献回顾可以看出，上市公司财务造假手法可谓“万变不离其宗”，多年来没有太大变化，但也演变出了一些新情况、新迹象。现有国内关于财务造假手法的研究比较粗线条，大多泛泛而论，缺少针对上市公司财务造假手法深入系统的研究和剖析。结合案例研究时大多流于表面，仅考虑单个科目上的财务造假行为，没有从财务报表科目之间的勾稽关系上去考察分析，未能揭露真正的财务造假手法。例如，在财务造假案例分析中认为上市公司采用了虚增收入、虚增固定资产、虚增银行存款等多种财务造假手法。表面上来看，上述结论是成立的，上市公司确实在固定资产、银行存款和收入科目上都存在虚假记载，但深入分析可发现，这三者之间是有内在联系的，本质都是上市公司虚构经济业务型财务造假手法的结果。因此，本研究将在借鉴国内外现有研究成果的基础上，结合监管部门 2010 年至 2018 年的财务造假处罚案例，对上市公司财务造假手法进行分类并深入研究，揭示主要财务造假手法的逻辑、具体方法和各种演变情形，为识别财务造假提供指导和启示。

3. 财务舞弊的识别

国外对财务舞弊识别的研究比较多，有的从财务舞弊公司特征的角度进行研究。例如，COSO 在 1998 年公布了《舞弊财务报告：美国公司的分析》，通过研究有财务报表舞弊行为的 200 家公司的近 300 例案件，对公司及管理层的舞弊特征进行了辨别。有的建立了造假识别模式，如 Beneish 在《利润操纵的识别》一文中，以 1987 年到 1993 年受 SEC 处罚的 74 家公司为样本，以全部上市公司为参照，选取 8 个指标同造假发生前一年数据对比，利用 Probit 差别方法，建立造假识别模型。

国内对于财务舞弊识别的研究主要有：方军雄（2003）比较了舞弊财务报告的线性概率模型和 Logistic 模型，认为 Logistic 模型的识别效果比较好；陈亮、王炫（2003）用单因素方差分析模型建立了针对营业利润操纵的识别模型；韦琳等（2011）基于三角形理论，构建了舞弊识别模型；叶钦华（2017）提出将财务逻辑和业务逻辑相结合识别IPO财务舞弊；黄世忠（2019）通过对2007年至2018年6月因财务舞弊被监管部门处罚的87家上市公司的研究，对财务舞弊类别、手法和趋势等信息进行了分类统计和分析，提炼了与财务舞弊识别相关的财务特征和非财务特征。从文献回顾来看，多数研究集中于财务舞弊公司特征和整体识别模型的研究，缺少针对某类特定财务舞弊手法下识别方法的研究。本研究将以虚构经济业务型财务造假手法为例，通过案例解析的方式剖析财务造假手法识别的方法。

4. 财务舞弊的原因分析和对策建议

国外关于财务舞弊成因的理论主要有舞弊三角形理论、GONE理论及舞弊风险因子理论。国内对于财务舞弊的原因分析主要有：左爱玲（2017）认为，财务舞弊产生的原因主要是收益大于成本、监管体制不健全以及公司治理不完善；贾鑫（2009）认为，除了上述原因之外，会计理论、方法和准则的不完善给了财务造假较大的空间，经济信用普遍缺失为上市公司营造了造假氛围；裘丽娅（2017）认为，上市公司追求高利润的倾向、审计机构不独立、财务人员道德水平不高、法律法规不完善都是上市公司财务造假的动因。学者们提出的政策建议多与原因分析一一对应。

（三）研究方法和创新

本研究主要采用案例研究的方法，通过对2010年至2018年监管部门处罚的财务造假案例的统计分析，归纳总结上市公司财务造假使用的主要方法及目的，通过典型案例的研究揭示主要财务造假方法背后的逻辑、原理、关键要素、各种演变情形及识别造假的思路，探讨财务造假背后的原因并提出对策建议。

二、上市公司财务造假及手法概述

（一）财务造假概况

上市公司财务造假是资本市场的一大毒瘤。自资本市场产生以来，财务造假屡禁不止，国内外莫不如是。国外比较著名的财务造假案例是安然事件，不仅导致国际五大会计师事务所之一的安达信轰然倒塌，也直接导致404条款的出台。我国比较典型的财务造假案件先有20世纪90年代的琼民源、红光实业和东方锅炉案，后有2000年的郑百文、银广厦、蓝田股份案。2010年以后，更是爆发了多起性质恶劣的欺诈发行案，如绿大地案、万福生科案、欣泰电气案。近年来，财务造假有向重组领域蔓延的趋势，先后爆发了康华农业、九好集团、雅百特等为实现并购重组或完成重组业绩承诺而实施财务造假的典型案例。近期，资本市场又先后爆发了康得新、康美药业等金额巨大的财务造假案。这些案件严重损害了资本市场发行和监管秩序，严重损害了投资者的合法权益，对我国资本市场的健康发展危害很大。

笔者梳理了监管部门2011年至2018年发布的所有行政处罚决定书，将涉及财务报表数据造假的处罚决定书选出，总共得到85个样本进行统计分析，得出如下结论。

1. 涉财务造假上市公司板块分布

从统计数据来看，主板涉财务造假的上市公司家数最多，共有39家，占比达45.88%；其次是中小板和创业板，分别为23家和12家。详见表1。

表1　　财务造假上市公司板块分布情况

板块	数量	占比
主板	39	45.88%
中小板	23	27.06%
创业板	12	14.12%
新三板	10	11.76%
海外上市公司	1	1.18%
总计	85	100.00%

2. 涉财务造假上市公司行业分布

统计数据显示，制造业、涉农企业、建筑业和软件与信息技术服务业涉财务造假上市公司较多，分别有37家、11家、6家、4家，合计占比达68.24%。近年来查处的有影响力的重大财务造假案例中，涉农企业比较突出，如绿大地、万福生科、新大地、振隆特产等。详见表2。

表 2　　财务造假上市公司行业分布情况

行业	数量	占比（%）
制造业	37	43.53
农业	11	12.94
建筑业	6	7.06
软件与信息技术服务业	4	4.71
其他	27	31.76
	85	100.00

3. 财务造假上市公司企业性质情况

统计数据显示，涉财务造假公司中民营企业数量最多，共有 62 家，占比为 72.94%；其次是地方国有企业，共有 18 家，占比 21.18%；央企涉财务造假的相对较少。详见表 3。

表 3　　财务造假上市公司企业性质情况

企业性质	数量	占比（%）
民营	62	72.94
地方国有企业	18	21.18
央企	5	5.88
总计	85	100.00

4. 涉财务造假上市公司历年查处情况

统计数据显示，2011 年以来，监管机构查处的涉财务造假的上市公司数整体呈增长趋势，说明监管机构加大了对上市公司财务造假行为的打击力度。详见图 1。

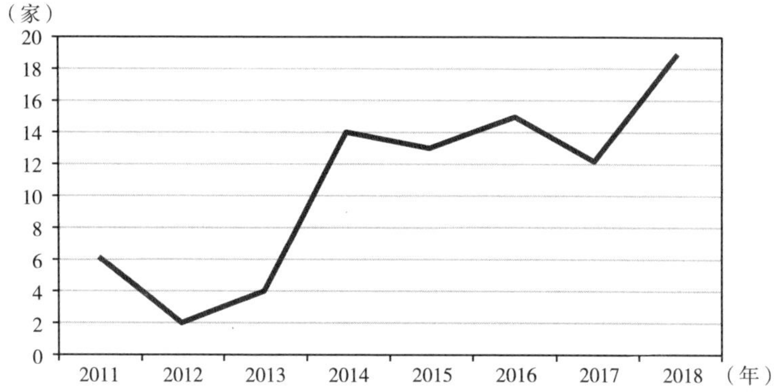

图 1　历年查处的上市公司财务造假情况

（二）财务造假手法分类

笔者对85个样本采取的财务造假手法逐一地进行了研究。总的来看，公司财务造假的的基本逻辑没有变化，造假的基本手法并无实质区别，经过统计分析，笔者将上市公司财务造假的手法分为滥用会计政策型和虚构经济业务型两大类。滥用会计政策型财务造假又主要包括违规确认收入、推迟或少计成本费用、不按准则要求计提减值及其他等四种类型，典型的案例有大智慧、佳电股份等。虚构经济业务型财务造假是当前上市公司财务造假的最主要方法。在85个样本中，笔者观察到：至少54个样本采用了此种方法，占比达63.53%，如绿大地、万福生科、金亚科技等都采用此种手法。详见表4。

表4　　上市公司财务造假手法分类统计

序号	造假手法	案例数	比例（%）
1	虚构经济业务	55	64.70
2	违规确认收入	16	18.82
3	推迟或少计成本费用	16	18.82
4	不按准则要求计提减值准备	8	9.41
5	其他	4	4.71

（三）财务造假目的与手法的选择

从财务造假的目的看，维持业绩是上市公司造假的首要目的，共有42例，占比约49.41%，包括业绩承诺、避免ST、业绩考核等多种情形。第二是为实现融资或并购重组，共有28例，占比约32.94%，包括IPO、再融资、发行债券、并购重组等多种目的，主要是为了IPO及并购重组。第三是为维护股东利益，有11例，占比为12.94%。详见表5。

表5　　上市公司财务造假目的分类统计

序号	造假目的	案例数	比例（%）
1	维持业绩（避免ST、业绩考核、业绩承诺）	42	49.41
2	实现融资及并购（IPO、再融资、发行债券、并购重组）	28	32.94
3	维护股东利益（股东减持、股东占用资金）	11	12.94
4	其他	4	4.71

笔者观察到：不同造假目的下，造假手法的选择略有差异。在维护股东利益或实现融资及并购目的下，上市公司更多地选择虚构经济业务型财务造假手法。在维护股东利益的11个样本中，9个采用虚构经济业务型财务造假，占比为81.82%；在融资及并购的28个样本中，22个样本选择该手法，占比为78.57%，而这一比例在维持业绩目的下仅占54.76%。上市公司在维持业绩目的下，会更多地选择滥用会计政策的手法，主要表现为违规确认收入、推迟或少确认成本费用、不按准则要求计提减值，占比73.8%，这一比例在实现融资及并购重组目的下仅占25%，在维护股东利益目的下没有样本使用这一方法。详见表6。

表6　　上市公司财务造假目的与手法选择统计

序号	造假手法	维持业绩	融资及并购重组	股东利益	其他	合计
1	虚构经济业务	23	22	9		54
2	违规确认收入	13	1		3	17
3	推迟或少确认成本费用	11	4		1	16
4	不按准则要求计提减值	7	2			9
5	其他	1	1	2		4

此外，笔者发现至少11家上市公司在实施财务造假过程中会混合使用多种财务造假手法，其中滥用会计政策下混合手法最为普遍，共有7个样本，而虚构经济业务下仅有4个样本。

（四）财务造假影响的主要报表科目

通过对85份处罚决定书的分析发现，88.23%的财务造假均会影响收入或利润，未影响收入或利润的财务造假一般都是基于股东占用上市公司资金的目的，其造假的动机在于掩盖资金往来的性质。在虚构经济业务型财务造假手法下，在虚增收入或利润的同时，多伴随资产的虚增，或是银行存款，或是存货，或是在建工程和固定资产，或是无形资产等。

三、滥用会计政策型财务造假手法

滥用会计政策型财务造假主要是指造假者为操纵利润或者谋取其他不当

利益，故意不按会计制度、会计准则的规定进行相关会计处理。例如，为了虚增收入，故意将不符合收入确认条件的销售确认为当期收入；或者为了虚增利润，少计、漏计当期应确认的成本和费用；或者在减值测试时故意设定一些不合理的假设，操纵减值测试的结果。滥用会计政策型造假与会计差错的区别在于前者的主观故意性，后者则属于疏忽或者专业能力不足所导致。下面笔者将通过案例来讨论此种类型财务造假的不同手法。

（一）违规确认收入

违规确认收入主要是指将不符合收入确认条件的销售收入确认为收入，包括提前或延迟确认收入、将不符合收入确认政策的销售收入确认为收入、隐瞒关联关系将不公允的关联交易确认为收入等情形。

1. 提前或延迟确认收入

提前确认收入的情形最为普遍，涉及9个案例。以大智慧为例，2012年及2013年的前11个月利润均为负，若2013年全年利润为负，将被实施退市风险警示。为避免出现这种情况，大智慧在12月调整了营销政策，规定“售价在3.8万元以上的软件产品若在2014年3月31日前不满意，可全额退款”。依据该政策，在2014年3月31日前，客户有全额退款的权利，产品风险并没有完全转移，相关收入不能马上确认。大智慧为了2013年实现盈利，将上述营销政策在12月带来的销售收入全部计入了2013年，通过提前确认收入的方法虚增2013年收入约8745万元、利润约6827万元。

2. 将不符合收入确认政策的销售确认为收入

亚太实业在2010年至2013年年度报告中披露房地产销售收入确认政策为“房产完工并验收合格，签订了销售合同，取得了买方付款证明并交付使用时确认销售收入的实现”，但其子公司在执行过程中主要是将“收到全额房款作为判断收入实现的首要条件，并结合实质重于形式和一贯性原则”确认销售收入，导致亚太实业将大量不符合销售收入确认政策的房地产销售确认为当期收入，2010年到2012年累计虚增销售收入6150万元，2013年虚减销售收入974万元。

3. 隐瞒关联关系将不公允的关联交易确认为收入

一是采用股权转让的方式虚增收入和利润，如青鸟华光为了避免暂停上市风险警示，2012 年年底将评估值为 -2202 万元的子公司 100% 股权以 1920 万元的价格出售给另一家公司，该公司表面上与青鸟华光没有关联关系，但实际上与青鸟华光都受北大青鸟间接控制，两者构成关联关系。准则规定，该股权转让收益 4314 万元本应计入所有者权益，但青鸟华光将其全部计入了当期损益，导致其 2012 年度净利润由亏损变为盈利。二是采用向关联方出售资产的方式虚增收入和利润。例如，大元股份在 2012 年将其 2 个采矿权和 4 个探矿权出售给北方矿业公司，实现净利 2314 万元，导致公司由亏损变为盈利。事实上，北方矿业公司是大元股份实际控制人控制的公司，该交易实质上是一笔关联交易。三是采用高价销售货物的方式虚增收入和利润。例如，参仙源营利的主要模式是从独立第三方采购野山参销售给它的关联方，销售价格几乎是采购价格的一倍，明显不公允，参仙源通过类似关联交易虚增 2013 年利润达 7373 万元。

（二）推迟或少计成本费用

推迟或少计成本费用的方式主要有少计期间费用、费用挂账、费用资本化、少结转成本等方式。

1. 少计期间费用

故意少计、漏计或推迟确认管理费用、财务和营业费用。以昆明机床财务造假案为例，2013 年至 2015 年，昆明机床有大量员工内退，按照企业会计准则的规定，公司需要支付大量内退费用。为达到少计费用虚增利润的目的，昆明机床人为调减 2013 年、2014 年和 2015 年内退人数 12 人、102 人和 120 人，少计管理费用 2648.6 万元。

2. 费用挂账

费用挂账即将本应计入期间费用的项目以应收账款、存货等形式挂账。如 ST 烯碳在 2015 年将应付的融资服务费、资金拆借费、利息、员工工资及绩效都计入其他应收款，未计入财务费用和管理费用，导致 ST 烯碳虚增资产 1795.24 万元，少计负债 172.5 万元，虚减费用 1967.74 万元，虚增净利润 1967.74 万元。锐奇股份则将研发费用计入存货和预付账款，虚增利润 233.26 万元。

3. 费用资本化

费用资本化即将本应计入期间费用的项目资本化，计入固定资产、无形资产等科目。例如，康达新材 IPO 期间未将不符合资本化条件的研发支出 78 万余元计入损益。

4. 少结转成本

少结转成本即将应结转的成本留存在原材料、在产品或库存商品中，从而虚增利润。以佳电股份为例，其少结转成本的方式主要有两种，第一种是将成本留在产品中，少结转到完工产品中，虚减产成品的成本，间接实现少结转主营业务成本；第二种是将成本留在库存商品中，直接少结转主营业务成本。佳电股份通过这两种方式，结合延迟处理销售代理费和网点兑现费用的方式，虚增 2013 年和 2014 年利润 1.58 亿元和 0.40 亿元。

（三）不按准则要求计提减值准备

其主要是通过少计坏账准备、存货跌价准备、股权投资减值准备、商誉等来虚增利润。其中少计坏账准备是较多采用的手法，8 个案例中有 5 个都采用了这种手法。少计坏账准备的手法主要有不按坏账准备计提政策计提、将应收款项与应付款项对冲减少基数、调整应收款项账龄等。以五洋建设为例，其在编制公开发行公司债券用的财务报告时，将同一工程项目的应收账款和应付账款“对抵”，减少应收账款，少提坏账准备，2015 年虚增利润金额多达 1.55 亿元。中兵红箭则主要通过人为调整应收款项账龄来减少坏账准备的计提。2014 年至 2016 年，其子公司在确定应收账款账龄时，将实际账龄为 1 至 2 年、2 年以上的应收账款调整为 1 年以内。

（四）其他

部分上市公司对一些经济事项不及时进行账务处理，或采取手工调账方式直接调整报表数据，达到虚增利润的目的。登云股份 2015 年一季度面临亏损，于是将销售商品的单位成本手工调减了一定的百分比，直接调减主营业务成本约 421 万元，使第一季度财务报告由亏转盈。齐星铁塔和博汇纸业对上市公司与实际控制人之间大量的资金往来不及时进行账务处理，掩盖股东占用上市公司资金的事实。

四、虚构经济业务型财务造假手法

会计是对经济活动的反映，因此经济活动真实与否直接决定会计记录的真实与否。虚构经济业务型财务造假就是直接从根基上进行造假，构建虚假的经济交易事项，从而生成虚假的“真实”会计记录。其迷惑性在于，会计记录确实是经济活动的反映，如果不能识别经济活动为假，则无法识别会计记录的虚假。从前面的分析可知，采用此类造假手法的公司数量远多于滥用会计政策造假的公司数量，因此笔者将在本章对此类造假手法做重点探讨。

（一）造假的逻辑

会计上最基本的恒等式就是“资产 = 负债 + 所有者权益”，这是虚构经济业务型财务造假手法也必须遵从的原则。为了清晰地阐述该手法的逻辑，笔者就从该恒等式开始探讨。

为了便于理解，笔者将设定部分假设，对该等式进行简化，减少无关报表科目的干扰。一是假设不考虑负债的影响；二是假设公司业务单一，除主营业务收入外，无其他收入；三是不考虑税金、费用的影响；四是不考虑利润分配，所有者权益科目仅有实收资本和未分配利润两个科目。在做出上述假定后，会计恒等式简化为：“资产 = 实收资本 +（收入 - 成本）”。

“收入 - 成本”即为毛利，在上述假设下也可以认为是利润。从造假者角度来讲，其为了虚增利润，就必须增加毛利；同时为了等式保持平衡，在虚增利润时必须虚增同等金额的资产。虚增资产的方式有多种，可以是虚增货币资金、存货、应收账款、在建工程、固定资产和无形资产等，不同的方式各有利弊，笔者将在下文详细论述。虚增毛利的方式有三种：第一种是保持毛利率不变，同时虚增收入和成本；第二种是想方设法虚减成本；第三种是只虚增收入，或者虚增收入的同时，虚减成本。三种方式中，第一种采用得比较多，如绿大地、万福生科等，其原因在于收入、成本、资产同比例增加，不会改变原有各项财务指标的关系，最大限度保持财务指标的稳健性，可以有效地规避审计师的分析性复核程序的探查。另一个原因就是公司主营业务将变得突出，更加符合发行条件的要求。

在确定造假金额的过程中，造假者使用的倒推法如图 2 所示。即造假者首先会设定年度目标利润金额，据此估算虚增利润的金额，再反算出虚增收入的金额，根据毛利率计算虚增成本的金额，进一步推导出虚假采购的金额。同时，根据虚增毛利的金额，确定虚增资产的金额以及虚增哪类资产。在具体实施时，造假者会将虚增金额按计划分解到每月或每一次虚假交易中，安排各环节人员编制虚假合同，出入库单、开具发票等，根据虚假合同再安排相应的资金划转或编造虚假收付款单据。

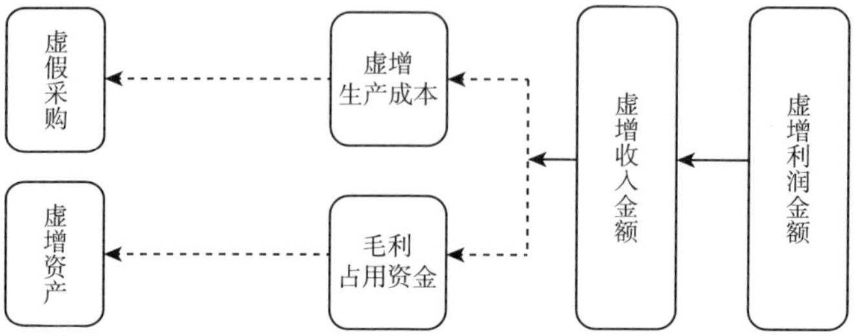

图 2　财务造假的逻辑

（二）造假的关键环节

虚构经济业务型财务造假是上市公司或发行人进行的有组织、有计划的造假行为，是一个系统工程，涉及的环节、人员很多，但关键的环节只有三个：一是寻找配合编造假的客户和供应商；二是虚构资金流，三是选择虚增资产“消化”虚增毛利。多年来，造假者围绕上述三个环节，不断改进造假手法。

1. 寻找配合造假的客户和供应商

（1）利用个人客户和供应商造假。这种造假手法多发生在个人客户较多的企业。如多数农业企业采取“公司 + 农户”的经营模式，农户是企业原材料的主要来源，振隆特产采购的南瓜子多来自农户，参仙源收购的人参多来自参农，该业务特点决定大量的现金支付有合理解释。在现金交易模式下，核实交易真实性的难度很大。单个客户或供应商的交易金额一般比较小，样本不具有代表性，核实意义不大；若是批量核实，审计师没有足够的时间、人员去找个人一一核实。如果企业再声明这些交易都是在集贸市场上一手交钱、一手交货完成的，则审计师完全无法核实交易的真假。随着社会经济发展，现金交易方式的使用率在逐渐减少，利用个人客户和供应商实施造假的行为在逐渐减少。在收集的案例中，仅天丰节能处罚决定书明确指出，公司虚构了 6 个自然人客户的销售业务，金额约 484 万元，占全部虚构销售业务的比重为 5.23%。

（2）利用关联公司进行造假。关联公司有两类，一类是本来就与上市公司或发行人存在关联的公司。例如，在北大荒案中，上市公司全资子公司与其参股公司签订虚假合同，人为提高销售价格，虚增当年利润1600余万元。另一类是为实施财务造假专门成立的空壳公司，表面上无任何关联关系，但由造假者实际控制。例如，在绿大地案中，造假者注册了很多空壳公司，公司股东全部为自然人，注册资金多为现金缴存，表面上与绿大地无任何关联，实际上，这些公司的印章、账簿都掌握在绿大地财务人员手中，需要造假时可随意使用。这些公司除与绿大地发生虚假购销业务外，不存在真实业务。注册空壳公司造假是造假者较为常用的方法，优势在于成本低且可控，但缺点也显而易见。这类公司成立时间一般比较短；没有实际办公场所；业务单一；银行、工商、税务等有关手续往往都是上市公司有关人员代为办理的；为了便于控制，股东多为上市公司员工或员工亲属，其身份与经济实力往往也不匹配；这些都导致其比较容易被识别。

（3）利用真实的客户和供应商造假。由于关联交易本身容易受到审计师的关注，利用关联公司特别是空壳公司实施财务造假，被识别的风险较大，更隐蔽的方法是使用真实的客户和供应商造假。这种造假方式根据客户和供应商是否知情和配合可区分为两种模式。一种是客户和供应商知情、配合造假。如皖江物流案，福鹏系公司同时作为皖江物流子公司淮矿物流的客户和供应商存在，配合淮矿物流签订虚假采购、销售合同，配合淮矿物流构建资金循环。另一种是客户和供应商并不知情。造假者通过正常的业务往来掌握了客户和供应商的基本情况、印章样式、合同文本格式等信息，在与客户和供应商真实交易的基础上，伪造假合同替代真合同，修改合同关键要素，虚增交易数量或价格；或者在真实交易之外，再单独虚构一笔交易。由于真假交织、虚虚实实，人们真假难辨。例如，在万福生科案中，部分客户和供应商与万福生科曾发生真实的购销业务，造假者利用交易中获取的信息，在对方不知情的情况下，伪造合同、虚构与这些客户和供应商的交易，虚增收入和利润。

在客户和供应商不知情情况下的造假存在致命缺陷，就是虚增销售对应资金的回收问题。如果长期挂账应收账款不收回，会引起审计师关注，同时计提的坏账准备会侵蚀利润。如果收回，那么显然不可能通过客户和供应商划入，造假者需要安排第三方划转资金。这种回款单位与销售客户不一致的情况同样容易引起审计师的关注。在实践中有的造假者会伪造一些代收代付协议应付审计师的审计，也有造假者直接伪造银行进出款凭单、银行对账单直接掩盖资金的真实来源。

（4）利用境外客户和供应商造假。从处罚决定书披露的情况来看，越来越多的上市公司开始利用境外业务实施财务造假。早在1999年，银广夏就利用境外客户虚构收入和利润。银广夏宣称其掌握了高深的“萃取技术”，产品主要出口陌生的德国诚信公司（Fidelity Trading GmbH），2001年还公告与其签订连续三年总金额为60亿元的萃取产品订货总协议。实际情况是银广夏伪造了虚假出口销售合同、银行汇款单、销售发票、出口报关单及德国诚信公司支付的货款进账单，2000年共虚构萃取产品出口收入72400万元，虚假净利润41764.64万元。近年来，利用境外客户和供应商造假的有天丰节能案、振隆特产案、雅百特案、尔康制药案等。振隆特产利用真实的客户虚构境外销售收入，天丰节能利用境外供应商虚构境外固定资产采购，雅百特虚构境外工程项目，尔康制药通过境外关联公司进行关联销售虚增收入和利润。

2. 虚构资金流

（1）大量使用现金交易。当造假者虚构的客户或供应商为自然人或个体户时，造假者一般通过伪造现金收款单、付款单来虚构资金流，这种手法简单、易实施、难追查。在蓝田股份案中，2000年公司实现主营业务收入18.4亿元，而应收账款仅857万元。公司解释交易多为个人客户去养殖基地提货，而基地地处偏远乡镇，去银行结算需要绕道70千米外，因此采取“钱货两清”方式结算成为惯例，后来的调查表明，这些现金交易多为虚假交易。近年来查处的案例中，大量使用现金收支虚构资金流的手法已不多见。

（2）伪造银行收付款单据和对账单。为了使虚假的资金收付显得真实可信，造假者开始伪造银行收付款单、银行对账单等第三方证据的方式伪造资金进出轨迹。这种手法成本低，易实施，证明力强，不像现金收、付单据易受质疑，一度为造假者广泛采用，至今依然有不少的造假者在使用。在较早的绿大地案、万福生科案、天丰节能案，最近的九好集团案、金亚科技案、康美药业案中，都发现了此种造假手法。随着银行支付方式的进步，造假者伪造的单据也在升级换代，造假也更加便捷。在绿大地案中，造假者伪造纸质的银行收款单、付款单、对账单，造假者需要预先前往银行领取纸质收付款凭单，再伪造银行印章；在天丰节能案中，造假者声称通过网上银行划转资金，伪造的是网上银行电子交易回单，直接通过计算机制作一张虚假单据即可。

（3）伪造“真实”的资金流，构建资金循环。前面二种虚构资金流手法最大的缺陷在于其资金流是虚假的，通过向交易对手方或第三方银行核实，很容易被发现。为了规避这一点，造假者对其继续加以改进，通过构建资金循环伪造“真实”的资金流，与虚构的经济业务相匹配。这种手法的最大特点就是，所有的资金划转都是真实的，在银行有据可查，但如果沿着资金进出轨迹一直追查下去，就会发现资金是在循环流动（如图 3 所示）。

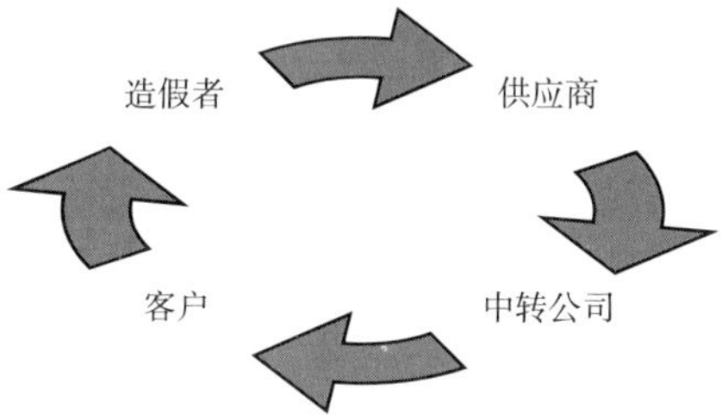

图 3　资金循环示意图

一是通过银行转账构建资金循环。造假者直接通过银行转账的方式构建资金循环是最为常见的手法。这种方式下资金进出轨迹比较清晰，收付款项基本上能一一对应，因此只需沿着资金划转轨迹追查即可。绿大地后期的造假就是通过银行转账实现资金在空壳公司与绿大地之间的流转，构建与虚构业务对应的资金循环。后来，为了掩盖经济业务与资金划转轨迹的对应关系，造假者开始将资金拆散成数笔，或将其混入大量的真实资金划转中，通过多个不同公司或银行账户划转、归集，为追查和认定都带来了困难。

二是通过银行承兑汇票流转构建资金循环。通过银行承兑汇票背书转让构建资金循环的手法，在虚构大宗商品贸易业务中比较常见。在皖江物流案中，其子公司淮矿物流在虚构与福鹏系的采购和销售业务时，开具银行承兑汇票，支付给福鹏系指定的公司，再背书至福鹏系公司，银票在福鹏系内部流转后由福鹏系公司背书给淮矿物流，冲销对福鹏系的应收款项，构建一个完整的资金循环。在一些以占用上市公司资金为目的的财务造假案件中，造假者在虚构大宗商品贸易时会构建两个资金循环。一个资金循环是通过银票流转来构建，在双方伪造合同、出入单时，同时通过银票背书完成资金流转，双方实际已经结清债权债务，但造假者对银票流转并不记账，其账户依然会记录应收、应付账款，然后利用贸易合同前往银行开具银票，付给关联方，关联方收到银票后即通过银行承兑将资金套现。待银票快到期时，关联方再将资金划回冲抵应收款，并归还银行资金。

在实践中，银行承兑汇票还被用作掩盖资金流转轨迹的手段。在天丰节能案中，为了掩盖采购和销售对象是关联方的事实，天丰节能首先虚构与第三方的销售和采购，将关联方采购和销售替换为非关联方采购和销售。在收款时，关联方先将票据背书转让给第三方，再由第三方背书转让给天丰节能；付款时，天丰节能先将票据背书转让给第三方，第三方再背书转让给关联方。在财务记录上，天丰节能在台账中仅登记前一手背书人、出票人和后一手被背书人的情况，留存的原始凭证中只保留票据复印件、最近一次背书转让复印件。因此从其留存的财务资料中无法查看整个背书过程，只能看到向第三方收付款的情况，无法进一步看到第三方与关联方间的背书转让过程，从而掩盖资金真实来源和去向。

三是混合各种手法构建资金循环。单纯的资金划转或银票流转都容易沿着轨迹一步步追查下去，为了掩盖资金流转轨迹，造假者往往会混合多种手法来切断追查路径。如将银行转账、银票、商业汇票等手法混用，加入承兑、质押、放款等环节，容易使资金追查失去方向，也难以保证资金间的对应关系，在构建循环的同时还人为切断了资金轨迹。例如，皖江物流案中，其子公司支付款项时常使用商业汇票，供应商收到商业汇票后，几经背书转让，再质押给银行用于开立银票或获得银行贷款，再经多次划转后流回该子公司。

随着互联网技术的发展，支付宝、Paypal 等国内外新支付平台的出现，为造假者构建资金循环、掩盖资产划转轨迹提供了新的方式。在某财务造假案中，造假者利用海外业务虚增收入时，其资金的划转有的是通过 Paypal 来实现的。笔者认为，这种新的手法需要引起我们的足够重视。

3. 虚增资产“消化”虚增毛利的手法

造假者虚增毛利，必然要有虚增的资金流入，没有资金流入时，须有虚增的资产挂账。这部分虚增的资金在报表上如何消化而不被发觉，是造假时需要考虑的问题。在实际造假过程中，造假者“消化”的方式多种多样，手法也是越来越隐蔽。

（1）虚增银行存款。虚增银行存款是“消化”虚增毛利最简单直接的手法，也是造假者使用较多的手法。例如，绿大地案、万福生科案、天丰节能案、欣泰电气案、康华农业案、九好集团案、金亚科技案都有虚增银行存款。虚增银行存款最简单的方法就是伪造银行收付款凭证和银行对账单，但比较容易被发现。比较复杂的方法是通过资金循环，将账面资金扩大数倍甚至更多。一种具体做法是通过银行大额存单质押，开立银票，通过循环将资金划回，再存为大额存单质押给银行，继续开立银票，如此循环下去，每循环一次，银行存款增加一倍。如果原本账面为1000万元，循环10次，不考虑成本的话，可以创造1亿元账面存款（见图4）。造假行为一旦暴露，银行为了自身利益会用质押的存单弥补银票损失，造假者账面1亿元资金会瞬间消失。

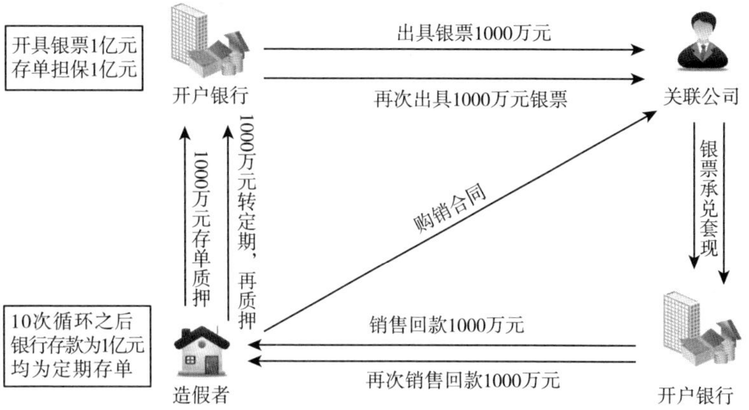

图4　银行资金循环虚增示意图

（2）虚增应收款项。从造假者角度来说，虚增应收款项是比较简便的做法，虚增的毛利部分并没有实际资金流入，因而无须伪造资金进出轨迹，不容易被发现。在振隆特产案中，造假者就是通过虚挂应收账款来消化虚增的毛利的。这种手法面临的问题是应收账款长期挂账会导致计提坏账准备过高，严重侵蚀虚增的利润；另外就是随着造假年限增加，造假金额增大，虚挂的应收账款会越来越多，余额在报表中显得很突出，容易引起审计师质疑。

为了解决这个问题，不同的造假者往往有不同的选择，笔者观测到三种方法。第一种方法在振隆特产案中出现过，造假者在收到某客户真实销售的回款时，并不区分是哪个合同项下的回款，而是按该客户账面应收账款形成的时间顺序冲销。如此一来，虚挂的应收账款被后面的真实销售回款冲销，最后真假应收款项裹在一起、难以区分，而账龄相对比较短。第二种方法就是采用张冠李戴的方式，将收到的 A 客户回款记到 B 客户名下，保证账面不出现长期未收回的款项。第三种方法在皖江物流案中出现过，就是在报告期末利用虚假商业汇票冲抵应收款项，将其转为应收票据，期后再转回，逃避坏账准备的计提。

（3）虚增存货。在一些存货难以计价、难以盘点的行业，利用虚增存货来消化虚增资金是一种比较常见的做法。当存货难以盘点的时候，虚增存货的主要方式是虚增采购数量，且往往是现金采购，让人无法追查资金去向，同时让人无法对既有存货进行盘点。典型的案例就是进行水产养殖的蓝田股份财务造假案。在存货难以计价时，部分造假者主要采用虚增价格的方式。如苗木的价格随树龄、树形、品种不同而有区别，且往往缺乏成熟的市场参考价。在审计师对其价格产生疑虑时，造假者容易找到辩解理由，且理由的合理性难以核实。这种方式的弱点与虚增应收账款类似，随着造假规模越来越大，时间越来越长，存货的余额会越来越大。

（4）虚增固定资产等长期资产。当虚增毛利金额很大时，虚增在建工程、固定资产、无形资产等长期资产是十分有效的方法。一种方式是虚假购置固定资产、在建工程和无形资产。例如，北生药业以支付在建工程预付款的名义，将资金转至关联方，虚构在建工程约 2.5 亿元；天丰节能通过虚构境外固定资产采购的方式虚增固定资产与在建工程 2581 万余元。另一种方式就是虚增资产的采购价格。例如，绿大地案中，在虚增无形资产时，造假者利用林地使用权租赁不存在公开活跃市场、难以取得公允价值的弱点，随意虚增林地租赁价格。在虚增在建工程时，利用当地人工、浇灌苗木的粪水价格不透明，且主要以现金交易为主的特点虚增基地的建造成本。

下面笔者将以某发行人收购林地使用权为例，阐述发行人是如何通过设立空壳公司、构建资金循环，达到虚增收入、虚增资产的目的的。如图 5 所示，发行人第一步是先设立空壳公司 A，专门用于与村民签订林地使用权转让合同；第二步是发行人与村民洽谈好林地使用权转让条件；第三步由空壳公司 A 与村民签订林权转让协议，并按约定支付村民转让款；第四步是空壳公司 A 与发行人签订林权转让协议，发行人按高价支付转让款；第五步是空壳公司 A 将剩余未使用完的林权转让款划转到空壳公司 B；第六步是发行人与空壳公司 B 签订商品销售协议，空壳公司 B 将收到的林权转让款转回至发行人。经过上述过程后，除实际支付村民的林地转让款 P 外，其余资金 19P 从发行人以收购无形资产名义转出后，经空壳公司 A、B，以销售回款的形式又转回发行人，实现了资金的循环，同时发行人账面虚增了 19P 的无形资产和 19P 的营业收入。虚增资产、收入及资金循环示意图详见图 5。

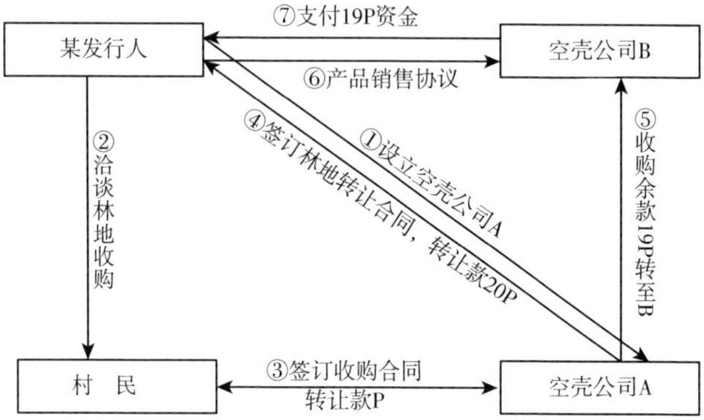

图 5　虚增资产、收入及资金循环示意图

（三）造假的各种演变情形

实践中，多数虚构经济业务型财务造假都是同时虚增收入、成本和资产，但也有部分造假者仅虚构经济业务中的某个环节，如只虚增收入，成本不动，因而也就没有虚假采购；或者只虚减成本，不涉及虚构销售；或者只虚构回款业务，并不会涉及虚构销售、采购。下面笔者将一一展开，进行探讨。

1. 虚构收入的手法

在公布的部分财务造假案中，造假者直接通过虚增销售价格的方式虚增收入和利润。该手法的基础是存在真实合同，造假者根据真实合同伪造一份虚假合同，除了价格不同之外，其他条款与原合同基本没有差异。为了遮人耳目，造假者虚增价格的时候比较小心谨慎，虚增价格幅度不会太大，以免明显偏离市场价格受到质疑。在这种手法下，除了虚增收入之外，为了消化虚增的毛利，造假者一般会虚挂应收账款或者虚构银行存款。以振隆特产为例，其主营业务收入 80% 来自于出口，客户遍布全球，2012 年至 2014 年出口销售收入累计 17.8 亿余元。根据监管部门公布的行政处罚决定书，振隆特产在 2012 年至 2014 年间通过虚增合同销售单价的方式累计虚增出口销售收入 8268.51 万元，虚增幅度在 4.64% 左右。处罚决定书证实，振隆特产在虚增收入的同时虚增应收账款，并通过第三方公司回款或用其他外销客户回款进行冲抵的方式调节应收账款的账龄。

2. 虚减成本的手法

虚减成本的核心是通过虚构成本数据，虚减产成品的单位成本，将本应随着产品销售计入主营业务成本的部分以虚假产成品、原材料的方式挂账在存货科目，达到虚减主营业务成本、虚增利润的目的。从实践来看，虚减产成品单位成本的方法主要有三种：一是通过虚增产品出成率的方式虚增产成品数量，二是通过虚减原材料单价的方式虚减投入成本，三是通过企业关联方承担成本的方式虚减投入成本。

（1）虚增产品出成率。在原材料投入总量一定的情况下，生产出来的产成品数量与产品单位成本成反比关系，即产成品数量越多，产品单位成本越低。产成品数量又与产品出成率成正比关系，即产品出成率越高，生产出来的产成品数量越多。因此，产品出成率与产品单位成本之间成反向变动关系，即产品出成率越高，生产的产成品数量越多，产品单位成本越低。为降低产品单位成本，企业的正常做法是通过技术改造或者加强管理、优化生产流程等方式提高产品出成率。部分企业出于虚增业绩的目的，通过虚构生产数据，人为提高产品出成率，虚增产成品数量，虚减产品单位成本。

举例来说，假设原材料投入为 100 吨，每吨单价为 1 元，总投入为 100 元。在不考虑其他投入情况下，如果产品出成率为 40%，则产成品为 40 吨，单位成本为 2.5 元。如果年末全部实现销售，价格为 3 元，则实现收入 120 元，应结转主营业务成本 100 元，在不考虑其他成本、费用、税金的情况下（以下分析条件相同），实现利润 20 元。现在企业人为将产品出成率提高到 50%，则账面产成品为 50 吨；其中 40 吨为真实产出，10 吨仅存在于账面，没有对应的实物，账面单位成本变为 2 元。同样年末 40 吨均实现销售，收入依然为 120 元，成本只需要结转 80 元，实现利润 40 元。通过这种方式，企业虚增了利润 20 元，同时期末虚挂存货 10 吨，金额 20 元（见表 7）。

表 7　　虚增出成率对企业利润的影响

出成率（%）	产品数量（吨）	账面单位成本（元）	销售价格（元）	销售收入（元）	成本结转（元）	实现利润（元）	虚增利润（元）
40	40	2.5	3	120	100	20	-
50	50	2	3	120	80	40	20

（2）虚减原材料单价。在产品出成率不变的情况下，产成品单位成本与投入原材料的采购单价成正向变动关系，即采购的原材料单价越高，产成品单位成本越高。为虚减产成品单位成本，有的企业通过修改原材料入库单据，人为调增采购数量，调低采购单价。为与付款的原始凭证保持一致，调整前后采购总金额保持不变。

举例来说，假如企业实际采购数量为 100 吨，采购单价为每吨 1 元，则采购总金额为 100 元。企业在入账时，将采购单价人为地调整为每吨 0.8 元，在采购总金额 100 元保持不变的情况下，采购数量调整为 125 吨。如果原材料投入是 100 吨，产品出成率为 40%，则产成品为 40 吨。按实际采购价格计算投入成本为 100 元，产成品单位成本为 2.5 元；但是由于企业人为调整了采购价格，按调整后的单价计算投入成本为 80 元，计算出的产成品单位成本变为了 2 元。同样如果 40 吨产成品全部以 3 元价格销售的话，企业虚增利润为 20 元。同时，在企业账面有虚增的存货 25 吨，金额为 20 元。详见表 8。

表 8　　虚减采购单价对企业利润的影响

项目	真实数据	调整后数据
采购数量（吨）	100	125
采购单价（元）	1	0.8
采购金额（元）	100	100
投入数量（吨）	100	100
投入成本（元）	100	80
产品出成率（%）	40	40
产成品数量（吨）	40	40
产成品单位成本（元）	100 ÷ 40 = 2.5	80 ÷ 40 = 2
销售价格（元）	3	3
实现利润（元）	40 × (3 − 2.5) = 20	40 × (3 − 2) = 40
虚增利润（元）		40 − 20 = 20

（3）关联方承担成本。为了虚增企业的利润，关联方往往会替企业承担部分成本费用，如承担人员成本、期间费用或者替企业承担部分原材料采购成本等。在承担原材料采购成本时，通常的做法有两种：一种是采取阴阳合同形式替企业支付部分采购款，从而降低企业采购单价，其效果类似于上文虚减原材料单价的手法。另一种是关联方出钱采购原材料并投入企业生产中，该投入不在企业账面体现，结果就是在投入未增加的情况下，产出增加，其效果类似于虚增产品出成率。与虚增产品出成率和虚减采购单价的方式相比，由关联方承担成本的方式更为隐蔽，难以发现。

在实践中，企业在实施财务造假过程中，通常不是单独应用上面某一种手法，而是综合应用多种手法，最大化地达到虚增利润的效果。在监管部门公告的振隆特产财务造假案中，振隆特产就采取了本研究所述的虚增产品出成率和虚减原材料单价两种手法。

3. 虚减费用的手法

笔者在讨论造假逻辑的时候设定了一些假设，其中一条就是没有考虑费用的影响，但实际上费用对于利润的影响很大，很多费用实际上与虚构经济业务密切相关，它会对虚构的利润带来负面作用。例如，如果造假者采取虚增应收账款的方式来消化虚增毛利，就会面临计提坏账准备的问题；如果造假者采取虚增固定资产、无形资产的方式来消化虚增毛利，就会面临计提折旧和摊销的问题，而且虚增金额越大，计提的坏账准备、折旧、摊销也越大，对以后年度利润的影响也就越大，长期来看对造假者是十分不利的。如何减少它们的负面影响的做法，在前面分析的时候已经揭示了一些。对于坏账准备而言，另一种比较典型的做法是虚构应收账款回款业务，从而少计坏账准备，虚增利润。

海联讯和欣泰电气是虚构应收账款回款业务的典型案例。海联讯主要是通过股东垫资或向他人借款的方式，在季末、年末转入公司冒充应收账款回款，期后再将应收账款恢复。欣泰电气是通过外部借款、使用自有资金或伪造银行单据的方式虚构应收账款的收回，期后再将收回的应收账款红字冲回。欣泰电气通过这种方法，在2011年年底、2012年年底、2013年6月底分别少提坏账准备659万元、726万元和313万元。

4. 虚构采购、投资业务

出于占用上市公司资金的目的，造假者通过虚构采购业务、虚列预付款的形式，或者以联营合作、股权投资等形式将资金转出上市公司，为实际控制人或大股东所用。为了达到长期占用的目的，在造假过程中，其不断虚构新的采购业务或投资业务，构新还旧。2011 年天目药业的行政处罚决定书揭示了这一造假手法。

2007 年，为解决实际控制人欠天目药业子公司深圳京柏 250 万元的问题，造假者开始了虚构采购、投资业务的系列操作。第一步，寻找第三方中盛担保代实际控制人归还 250 万元。第二步，一个月后，天目药业另一家子公司天目医药以贸易预付款的形式支付中盛担保的关联方耀阳贸易 250 万元，归还第三方代付款项，双方未签订购销协议，亦未开具发票，未交付货物。第三步，一年后，天目药业子公司天目保健品与鑫鑫经营部签订合作经营协议，约定天目保健品提供 230 万元用于合作经营。合同签订后，天目药业转账 230 万元至鑫鑫经营部，该公司应实际控制人的要求，开具 230 万元银票，经顺茹贸易背书给耀阳贸易，再背书给天目医药，冲销之前挂账的预付款。通过二次虚构业务，实际控制人长期占用上市公司 250 万元资金。

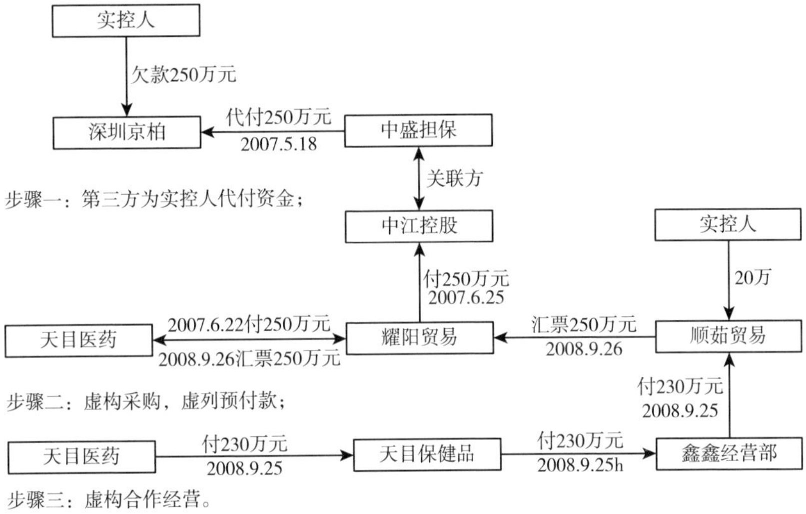

图 6　天目药业虚构业务占用上市公司资金图

5. 虚增评估值的手法

虚构经济业务型财务造假手法在 IPO、并购重组中一般都用于虚增收入和利润，营造公司业绩优良的假象，以提高发行市盈率或公司估值。这种造假手法效果虽好，但时间长、成本高。有的造假者发明了一种更加简单的造假手法，无须伪造出入库单、发票、记账凭证，无须考虑消化虚增毛利带来的烦恼，其做法就是在资产重组中，通过虚构销售协议，利用评估环节直接虚增评估值。

监管部门公布的保千里的行政处罚决定书揭示了这一造假手法。2015 年，保千里借壳中达股份，经评估，保千里股权估值为 28.83 亿元。监管部门调查后发现，保千里为虚增评估值，向评估公司提供了虚假的销售协议或销售协议附件。这些协议都是保千里自行制作的，协议对方并不知悉协议或协议附件内容。这些虚假协议是评估公司采用收益法评估保千里股权价值的重要依据，剔除上述协议后，保千里股权的评估估值明显下降。

五、财务造假手法的特征及识别思路

（一）特征分析

从前面的分析可知，滥用会计政策型财务造假是从会计记录着手，编造虚假会计记录，而虚构经济业务型财务造假则是从经济活动着手，虚构经济交易事项。从手法上分析后者更为复杂和隐蔽，但从最终结果看，两者殊途同归。

1. 主要目标是虚增收入和利润

无论哪种造假手法，其最终目的都十分明确。一是虚增利润。已上市的公司是为了避免退市或完成考核指标而粉饰业绩，如天目药业、北海港、皖江物流等。未上市的公司是为了拿到更优的发行价格，获得更多的募集资金，如天丰节能，公司本身营利能力尚可，造假是为了增厚业绩。要重组的公司是为了获得更高估值，如保千里。已完成重组的公司多是为了实现并购重组中许下的业绩承诺，如雅百特、佳电股份等；二是虚增企业规模，营造企业主营业务增长的假象，以符合发行上市条件或者套取银行信用。例如，万福生科，通过造假实现主营业务在报告期内逐年增长，以符合创业板要求的主营业务突出，收入增长 30% 的要求。此外，部分上市公司虚构交易事项的目的是将上市公司资金转给实际控制人或控股股东使用，如天目药业。

2. 造假过程由管理层缜密策划，精确实施

（1）管理层策划。无论哪种造假手法都是公司管理层经过周密谋划后组

织实施的，很多时候还有专业人士为其出谋划策。绿大地案的刑事判决书显示，财务造假是董事长、财务总监和公司财务顾问三人共同策划组织实施的，三人商议虚增资产和利润的方案和程序、确定虚增资产和销售的金额、调度资金，下达造假的各种指令，指导公司员工伪造各种文件、印章、凭证。

（2）持续时间长。虚构经济业务型财务造假持续时间一般比较长，特别是为了 IPO 和并购重组实施造假时，持续时间多在 3 年以上。绿大地从 2004 年开始造假，至 2010 年东窗事发，造假持续了 6 年；万福生科从 2008 年开始造假，持续到 2012 年共 5 年时间。在 30 个滥用会计政策造假的样本中，中科云网等 16 家公司造假持续 2 年以上，嘉寓股份等 2 家公司持续 5 年以上。

（3）人员分工明确。滥用会计政策型财务造假多数时候可以由策划者指示财务人员独自完成。虚构经济业务型财务造假涉及销售、采购、仓储、运输、生产、收付款等多个业务环节，需要销售部门、采购部门、仓库保管部门、生产加工部门、财务部门等多个部门员工的参与。为了顺利实施财务造假，造假者一方面会选择信得过的人员实施造假；另一方面是分工明确，实施流水线作业，各负责一部分造假环节。在绿大地案的刑事判决书中，财务总监称董事长是总调度，赵某根据董事长确定的金额和指令，编制虚假采购、销售合同，确定空壳公司；潘某根据董事长指令和赵某编制的虚假合同，确定采购、销售苗木清单；生产基地和仓库管理员根据虚假苗木清单数量，匹配生产用工记录；赵某某根据董事长指令，调度资金，构建资金循环，匹配虚假采购和销售合同；最后所有虚假记录汇集到财务部进行账务处理。

（4）精确实施。在周密地策划和组织下，财务造假的金额和实施过程都十分精确，造假需要达到的预期结果也是十分精确的。在绿大地案的刑事判决书中，有财务人员：自 2004 年开始，董事长等要求财务部在年前要有财务预算，预计收入、利润、资产的增幅都要达到 20% 以上。到年终时做出报表给庞某看，如达不到要求就通过虚增调账的方式达到。董事长在自述中，称其在每个月的总经理办公会上下达造假指标，在真实业务的基础上虚增 30% 。

3. 手法专业，具有较强的隐蔽性

上市公司财务造假属于有计划、有组织的系统性造假，手法专业，具有较强的隐蔽性。滥用会计政策造假多选取带有主观判断的事项，如减值准备计提；或者核算比较复杂的事项，如成本的分摊和结转。虚构经济业务时注重保持各项财务指标之间的逻辑关系，注意规避指标的异常波动，如保持毛利率的稳定，使收入、资产、利润之间保持同步增长的态势。造假者还会将虚增的收入分解到每个月，根据业务季节性波动的特点分配不同的虚增金额。以绿大地为例，在2004年至2008年造假期间，绿大地各年毛利率分别为36.81%、36.29%、37.09%、35.22%、36.01%，毛利率围绕36%上下做窄幅波动，十分稳定，当审计师采取分析性复核程序进行波动分析时，很难发现公司销售收入、毛利率有不合理之处。

4. 造假需要支付较高的成本

为了造假，造假者往往需要付出很高的成本，主要包括以下几个方面：一是成立、维持、注销空壳公司的各种费用；二是资金划转过程中的各种成本，包括供应商和客户配合造假的佣金或税点、借用他人账户的成本、资金无法收回造成的损失等；三是给参与出谋划策、造假人员的利益；四是虚假收入和利润产生的各种税费，如增值税、所得税、关税等；五是虚假业绩导致的分红派息。

周红阳、张春金集资诈骗肖震、李花平非法吸收公众存款罪的二审刑事裁定书揭示了造假中的资金成本。2013年监管部门暂停IPO审核，周阳红等为了继续维持业绩高增长的假象，不得不投入更多资金用于财务造假，支付了巨额的造假成本，包括以下几个方面：一是为了筹集造假需要的资金，不惜以月利率1.5%到7%的高息非法集资；二是在造假过程中，支付配合造假的供应商和客户1.5%到7.5%的佣金和税点；三是在2009年5月至2010年4月期间，通过一个名叫“邹平海”的男子做虚假货物交易时，被邹海平骗走了700余万元；四是2010年六七月时，深圳市公安机关发现公司通过“邹平海”开具的进项税发票均是假发票，为此公司补了927万元税款给税务部门。

上市公司圣莱达近期的一则公告揭示了造假者在所得税方面付出的成本。根据该公告，圣莱达在2015年虚构影视版权转让业务，虚增该年度利润1000万元，因虚增利润缴纳了250万元所得税。

由于造假成本较高，随着造假的持续，暴露的风险也越来越大。这一点在虚构经济业务型手法上体现得更加突出。一是为了保证业绩逐年高速增长，造假者每年需要虚增的收入和利润会越来越多，需要的资金也会越来越多，但造假需要付出成本，在资金循环过程中，用于造假的初始资金会不断流失直至枯竭，资金需求与供给之间的差额会越来越大。为了解决这一问题，造假者需要源源不断地补充新的资金。因此，造假者实施虚构经济业务型财务造假，往往会陷入“囚徒困境”，一旦停止财务造假，其业绩会立即暴跌，造假的成本无法挽回；如果继续财务造假，就需要更多的资金维持业绩增长的假象，当资金无以为继时，泡沫就会破裂。二是虚构经济业务造假的时间都比较长，虚假资产的金额会越来越大，积聚到一定程度会使报表科目严重失真，异常醒目，容易暴露。如存货畸高、应收账款过多，收入增长但无现金回流、账上有巨量银行存款却依然需要举债，甚至无法正常还款或兑付债券利息，近期暴露的康得新案、康美药业案就属于此种情形。

5. 造假引致的后果致命

上市公司财务造假的后果是致命的。造假者不仅会受到行政处罚，严重的还会受到刑事制裁，因财务造假引发的民事赔偿案件也越来越多，赔偿金额越来越大，随着退市制度不断完善，造假者面临的退市风险越来越高。

（1）行政处罚。财务造假会导致上市公司、发行人披露的信息存在虚假记载，违反《中华人民共和国证券法》（以下简称《证券法》）的规定，依法会被处以 60 万元以内罚款，参与造假的责任人员会被处以 30 万元以内罚款，虽没有参与造假，但在有关定期报告、招股说明书等材料上签字的董事、监事和高级管理人员都将被追究未勤勉尽责的行政责任。如果构成欺诈发行的，罚款金额将达到募集资金 1% 到 5% 。

（2）刑事处罚。以 IPO 为目的的造假，如果发行成功会构成欺诈发行罪。上市后，虚增的收入、利润、资产等指标达到一定标准，会构成违规披露、不披露重要信息罪。与此同时，造假的过程常常伴随其他犯罪行为，如伪造银行票据可构成伪造、变造金融票证罪；伪造公文、印章的行为可构成伪造公文印章罪；隐匿销毁会计凭证的行为可构成隐匿销毁会计凭证罪；虚开增值税发票可构成虚开增值税发票罪等。在绿大地案中，董事长何学葵以数罪并罚入狱 10 年，财务总监和合谋的财务顾问分别被判罚 6 年、5 年的刑期。近年来，先后有绿大地、万福生科、博元投资、欣泰电气、雅百特、金亚科技等多起财务造假案被移送司法机关。

(3) 民事赔偿。根据《证券法》的规定，如果发行人、上市公司披露的信息存在虚假记载，导致投资者在证券交易中利益受损，发行人、上市公司对此需要承担赔偿责任，“董、监、高”及其他责任人员如不能证明自身不存在过错，需要承担连带责任。近年来，投资者法律意识逐渐增强，向上市公司提出民事索赔的越来越多，民事索赔金额远远高于行政处罚金额。华锐风电在2016年11月公告，共有70名投资者索赔555.58万元。大智慧在2018年年报中公告，截至2019年3月8日，因虚假陈述导致2739例民事索赔，诉讼请求金额合计为52190.82万元，二审判决公司赔偿592名投资者投资差额损失及佣金损失9455.87万元。目前公司已支付赔偿款5970.35万元，并计提了预计负债17084.95万元。

(4) 退市风险。2014年11月16日，《关于改革完善并严格实施上市公司退市制度的若干意见》正式实行。根据该意见，虚构经济业务财务造假导致上市公司构成欺诈发行、重大信息披露违法的将予以强制退市，该意见出台后，就成为悬在造假者头上的一把利剑。迄今为止，85个样本中已有博元投资等15家上市公司退市，其中欣泰电气等系因财务造假被强制退市，ST炎黄等系因财务造假被处罚、业绩又难以为继，触犯退市规定而不得不退出资本市场。

（二）识别思路

在对上市公司财务造假手法及其特征进行分析之后，笔者认为识别可以从以下几个方面进行。

1. 了解公司是否存在造假的动机

首先观察公司是否存在业绩压力，如是否存在上市需求、业绩承诺兑现压力、保壳压力、考核压力等。如果这些都不存在，可考虑是否存在大股东资金紧张等其他情形。

2. 分析公司收入和利润是否存在异常

前文已经分析造假者的主要目的是虚增收入和利润，因此识别造假一是需要分析收入和利润的构成，从业务类别、产品、客户、时间等多维度进行分析，选取对收入或利润增长贡献大的业务、产品、客户、月份做进一步的重点分析。二是做异常性分析，从毛利率、销售价格、销售条件、资金回款等方面做横向和纵向对比，特别关注特殊交易事项、新增客户带来大额销售和利润等异常情形。

以绿大地为例，绿大地有苗木销售和绿化工程施工两大业务，苗木销售业务贡献了全公司约80%的收入和利润，也是公司收入和利润增长的主要来源，因此应以苗木销售业务为重点做进一步分析。笔者进一步分析发现，新增苗木销售收入和利润主要来源于IPO期间新成立的客户，则应以该客户为重点进一步分析毛利率、销售价格、销售条件、回款情况等，与其他客户、与行业平均水平做对比分析。

3. 分析公司的资产是否存在异常

前文已经分析如果造假时间较长，虚增资产累计下来会导致某些报表科目异常臃肿，如存贷双高、应收账款大幅增长或者存在大量长期无法收回的应收账款、存货余额明显超出正常生产备货需要、报告期内大量购置长期资产等。如存在上述异常，对异常科目可进一步结合资金、收入分析做出综合判断。例如，分析应收账款时发现某些客户长期无回款、余额增长较多、通过收入和利润分析发现这些客户还存在其他异常迹象，则需要重点关注该客户销售交易的真实性。再如，如果报告期内固定资产大幅增加，需要关注相关固定资产是否真实存在，购置价格是否合理。

4. 分析资金收付是否异常

构建资金循环是虚构经济业务的重要一环，分析资金是否存在异常是识别造假的重要手段。一是分析银行对账单、银行收付款凭证是否存在异常，如格式是否异常、要素是否齐全、是否有银行签章或签章有无异常等。二是收付款单位与供应商、客户是否一致，是否存在代收代付现象。三是关注记账凭证后附的银行收付款凭单是否异常，如只有支票存根且未注明收款单位、或只有外汇申请书无其他付款凭单或是自行打印的电子凭单等。四是关注银行承兑汇票登记簿上要素是否完备、备书转让过程是否清晰完整。五是关注银行贷款卡信息，是否存在质押等信息。六是结合资产分析、收入和利润分析，对异常客户和供应商的资金收付重点关注。

5. 分析非财务信息透露的信号

在识别财务造假时，非财务信息透露的信号十分重要。如果关键岗位人员更换频繁则可能是财务造假的迹象，如财务总监频繁更换或者财务部门人员流动较快。此外，突然更换审计师也可能构成异常信号。

非财务信息对于理解财务信息具有十分重要的作用，在分析毛利率、收入增长等财务数据时，需要结合公司的经营模式、所处经济环境、政策环境来考量。

（三）案例分析

下面以虚构经济业务型财务造假为例，结合两个案例对识别思路进行分析。

1. 虚构收入和资产手法的识别

某发行人于2012年提交了IPO申请，其母公司拥有钢结构、钢铁贸易、冷弯机械、节能板材、钢结构节能建筑开发等五个业务板块，发行人是其中一个子公司，主营业务为各类建筑用节能板材的生产、销售和施工。财务资料显示，2010年至2012年，发行人的固定资产和在建工程合计从8662万元增长到2.31亿元，复合增长率约63.29%；营业收入从1.10亿元增长到2.71亿元，复合增长率约56.72%；净利润从2445万元增长到5970万元，复合增长率约56.26%；发行人各年毛利率比较稳定，分别为36.17%、36.36%和33.32%。2009年，发行人通过关联方钢结构公司、建设公司实现的销售收入金额达35%，通过关联方贸易公司实现的采购金额达36%；但2010年关联销售金额低于1%，关联采购金额仅5%左右；2011年和2012年，关联销售和采购基本消失。

（1）结合非财务信息分析财务信息的合理性。发行人披露的招股说明书包含财务信息和非财务信息，在分析时不仅需要对相关财务数据之间的关联性、异常性保持关注，更重要的是要从宏观经济环境、行业发展状况、发行人在行业中的地位、发行人总体经营情况等非财务信息出发，分析其业绩和财务数据的合理性。在研究其招股说明书后，疑点主要有两个：一是远高于同业的毛利率，且毛利率异常平稳，收入逐年快速增长，未受经济周期波动的影响；二是关联交易突然急剧下降，但其生产经营环境、条件并未发生大幅变动，不符合其历史生产经营的规律。

①分析收入快速增长和毛利率远高于同业的合理性：招股说明书显示，发行人报告期内收入逐步增长，复合增长率接近57%，每年的毛利率都在

36%左右，极为稳定，远高于行业20%左右的平均水平，其收入和毛利率数据均存在异常，需要进一步从非财务信息角度出发分析其业绩的合理性。

2009年至2012年，我国房地产行业波动较大。发行人为建筑物提供节能板材的公司，其经营情况与房地产行业的景气程度密切相关。经过同业比较发现发行人的产品在技术、品牌、市场等方面并没有显著于同业的优势，公司经营业绩明显有悖于总体经营环境。

②分析关联交易突然急剧下降的合理性。招股说明书显示，2009年发行人曾与关联公司发生较多的关联销售和采购，占全年销售或采购的比例均达到35%。在随后的2010年至2012年，发行人与上述关联方之间的关联销售和采购均突降，占比一般不超过5%。通过对发行人披露的经营模式进行分析，发行人较多业务依托于实际控制人名下从事建筑施工的钢结构公司和建设公司，在业务上天然存在依赖关系。这种业务的依赖性短期内是很难改变的，发行人不可能一夜之间抛弃原有的业务模式，并在业务模式发生重大变化情况下实现收入、利润逆经济周期的增长。

（2）分析关键的财务数据和资料。从收入、资产、利润等有关财务数据和财务指标来看，发行人财务状况和业绩良好，但结合非财务信息分析发现，收入、毛利率和关联交易都有明显异常的地方，符合虚构经济业务型财务造假的特征，因此分析应该从造假的“三大关键环节”入手，重点分析发行人客户和供应商、新增资产和资金进出是否存在异常。

①客户和供应商的分析。对客户和供应商的分析从以下几个方面进行：关注报告期内新增的客户和供应商情况。首先，分析新增客户和供应商是法人还是自然人，如果是法人，应确认其是否是报告期内新成立公司。如是则进一步获取其工商信息，分析其与发行人是否在人员、联系方式、办公地址、资金等方面存在关联。如果是自然人，应关注其与发行人及其关联方的人员是否存在关联。其次，分析客户和供应商的资质和能力与销售量和采购量能否匹配。最后，结合资金进出情况，分析收付款是否存在异常，往来款项是否异常增长。

②新增资产的分析。对于新增资产的分析比较复杂，一是需要判断发行人是采用虚增哪种资产的方式来消化“虚增毛利占用的资金”，财务报表的比较分析是最有效的方法。二是要分析资产增长的合理性，需要结合公司经营战略、业务拓展情况以及技术革新等业务资料分析。本案例通过三年财务报

表的比较分析发现：发行人固定资产和在建工程增长迅速，且明显比其他资产增速快，进一步分析发现：新购建的设备都是从国外订购的，订购周期很长，部分机器设备长达二年尚未实际进口，已入账的机器设备订购周期多在一年半左右。此外，发行人无法提供机器设备进口报关单原件，报关单复印件显示不同年份的报关单存在单号一致的现象，且海关核签人员名字相似，疑似伪造报关单时笔误所致。

③资金进出情况分析。银行资金进出分析主要结合前面对客户和供应商的分析、新增资产的情况来进行。优先分析报告期内新增的有疑问的客户和供应商，以及新增的有疑问的固定资产和在建工程的资金收付情况，发现存在以下疑点：一是购置资产的付款凭证原始单据不全，无法确认是否真实付款；二是发行人普遍采用银行承兑汇票的方式进行结算，银票的背书显示前一手或后一手实际为发行人的关联方，疑似用银票掩盖实际的资金来源和去向。

④其他非财务信息分析。非财务信息的范围比较广，包括发行人人员信息、生产经营信息等。本案例中发行人财务人员更换频繁，在报告期内，半数以上的财务人员被更换，平均财务人员任职时间在一年左右。发行人报告期内突然更换银行基本账户，但并未更换银行，而同城同银行的银行询证函回函在格式上存在差异，银行对账单区别于正常的格式，还有部分银行对账单并无银行签章。以上种种迹象显示，发行人财务信息的可靠性存在疑问。

通过上述分析发现，案例中发行人在资产、资金收付、收入等方面都存在较大的疑点，与虚构经济业务型财务造假的手法十分类似，事后监管部门的处罚决定印证了上述判断。根据监管部门公布的行政处罚决定书，发行人虚构了 74 个并不存在的客户，虚构了与 97 家公司、6 个个人的销售业务，同时虚增了固定资产和银行存款。

2. 虚构成本手法的识别

对于生产制造企业来说，成本核算流程十分复杂，核算方法有多种，而且成本归集、分配的依据多生成于企业内部，因此，通过虚构成本实施财务造假具有很强的隐蔽性和复杂性。通过上文对造假手法的剖析，笔者认为，这种手法虽是公司有计划、有组织的行为，但造假需要公司采购、仓管、生产、财务等多个部门协同配合，知悉人员多、范围广、时间长，比较容易露出破绽，也会留下一些致命的线索，如顺藤摸瓜就可以揪出整个财务造假行为。

（1）关注存货异常。无论是采取虚增产品出成率还是虚构采购数量、虚减采购单价的方式虚减成本，都会导致一个共同的结果，就是虚增存货的数量。不同的是，前一种方法是虚增产成品的数量，后一种方法是虚增原材料的数量。如果企业以 IPO 或并购重组为目标，其造假的时间一般都涉及 3 年以上，由于报告期内企业要保持利润有一定的增长，因此每年虚增利润的金额会越来越大，相应的虚增存货的数量和金额也会越来越大。各年虚增的存货累计下来，像滚雪球一样越滚越大，其结果就是期末存货中虚假存货的占比会越来越大。

以振隆特产为例，监管部门处罚决定书〔2016〕107 号显示，2012 年至 2014 年，振隆特产累计虚增存货数量 3254.13 吨，金额 7631.24 万元。其中，2012 年虚增存货数量 568.57 吨，金额 1962.43 万元；2013 年虚增存货数量 1328.96 吨，金额 2979.23 万元；2014 年虚增存货数量 1356.6 吨，金额 2689.58 万元。虚假存货金额逐年占比从 2012 年的 7.05% 增长到 2013 年的 16.51%，再到 2014 年的 27.42%。

虚假存货占比越高，通过盘点发现问题的可能性就越大。在实践中，注册会计师之所以未能通过盘点发现虚假存货，大多是因为盘点程序出现问题。为应对审计，企业会千方百计掩盖虚增存货的事实，通常的做法是将存货堆成一大垛，外围是真实货物，里层用空箱子替代，或者里层箱子中虽然是真实货物，但货物数量比外层的数量少，或者里层箱子用加工过程中的辅料等其他东西填充。如果注册会计师不能严格执行盘点程序，抽取里层货物从数量、重量、品质等方面进行详细检查，会很容易被企业蒙骗。如监管部门在某会计师事务所的处罚决定书中称“注册会计师在监盘过程中，在存货密集堆放，各垛物品间没预留可查看空间的情况下，只对顶层、侧面以及外围的存货进行抽样检查，未对垛中心存货进行检查”，成为注册会计师存货审计失败的重要原因。

（2）关注关键工序生产能力。通常情况，产品的生产会经过多道工序，其中某些关键工序往往制约着产能，如在瓜子仁的生产中，脱壳、色选程序就是关键程序，我们可以根据企业的脱壳机数量、色选人员数量和效率估算出年最大产能。如果企业虚增的产量太多，可能无法匹配关键工序的最大生产能力。

以某发行人为例，从2011年到2014年，企业产能利用率均在120%至130%之间，进一步分析主要产品南瓜子仁的产能利用率发现，2011年至2014年，产能利用率上升明显，从116%上升至147%，尤其是2013年产能利用率较2012年大幅上升，从120%上升至139%。通过实地观察生产流程，发现脱壳程序是制约产能的关键程序，并且容易量化测算，根据企业脱壳机数量，按24小时不间断生产估算其最大产能，结果发现不足以支持企业的产量。

（3）关注外部原始凭证是否齐全。在采用虚增采购数量、虚减采购单价方式造假时，面临的最大问题就是财务凭证记载的采购数量、单价与合同、收货单等单据间的不一致。为掩盖这一点，企业提供的资料中往往会缺失采购环节有关的重要外部凭证，仅有企业自制的入库单等内部凭证，如没有运输单、没有双方签字认可的交收单等原始单据。对此异常现象，企业通常会解释为对方将货送来后直接过磅入库，现场支付现金或转账，没有单独的货物交接单，只能提供转账记录或者卖方手写的收款收据等。

（4）关注生产制造费用等异常情况。例如，随着产量的增加，同期归集的制造费用不增反减，相关辅料的数量也是不增反减，又没有合理的解释。例如，振隆特产2012年度、2013年度、2014年度南瓜子、南瓜子仁合计生产投料量分别为15755.99吨、22611.47吨、23307.58吨，副料南瓜子皮销售量分别为3300吨、5850吨、171吨。2014年度副料南瓜子皮销量显著减少，与主料投料量无法匹配，企业无法给出合理解释。

六、财务造假原因分析及对策建议

近年来，监管部门对上市公司财务造假进行了严厉打击，取得了一定成效，但财务造假仍是资本市场难以治理的顽症，其原因是多方面的，下面笔者将从公司治理结构、违法成本、审计师勤勉尽责和社会诚信四个方面进行探讨，并提出三点建议。

（一）原因分析

1. 公司法人治理结构不完善

我国上市公司的法人治理结构不完善，大股东一股独大的现象较为突出，小股东几乎没有话语权，董事会实际上成为大股东的代言人，监事会更是形同虚设。统计数据显示，截至2019年9月30日，上市公司共3753家，大股东持股比例在50%以上（含）的有557家，占比为14.84%；持股30%以上（含）的有1968家，占比为52.44%，其中第二大股东持股比例在5%以下的有626家，第二大股东股权比例在5%以上，但与第一大股东相比差距在20%以上的999家。以万福生科为例，刚发行上市时，前十大股东中，实际控制人龚永福、杨荣华夫妇持股比例为59.98%，紧随其后的第三大股东持股比例仅4.78%，第十大股东持股比例仅0.66%，大股东优势地位尽显。详见表9。

表9　上市公司大股东持股比例分布表（截至2019年9月30日）

板块	上市数量（家）	50%以上（含）	30%以上
上海主板	1560	21.67%	62.37%
深圳主板	461	14.10%	48.16%
中小板	942	11.68%	47.56%
创业板	790	5.57%	41.14%

根据有关规定，独立董事的提名权在上市公司董事会、监事会、单独或者合并持有上市公司1%以上的股东手中，同时需要经股东大会批准。在大部分上市公司股权结构现状下，独立董事的提名权实质上掌握在大股东手中，由他们提名的独立董事难以保持真正的独立，甚至成为大股东利益的代表。在整理的85起财务造假案例中，监管部门在处罚直接责任人员的同时，对于独立董事一般会同时做出处罚。监管部门在处罚决定书中对处罚的理由进行阐述，主要的一点就是独立董事未勤勉尽责。这反映出独立董事对大股东、对管理层没有起到应有的监督、制衡的作用。

2. 与利益相比违法成本过低

通过财务造假实现IPO或者重组，能给大股东、实际控制人带来巨大经济利益。以雅百特为例，2014年年底公司净资产仅约3亿元，借壳上市时评估值达35亿元，而以上市当天收盘价计算，实际控制人所持股票市值达43亿元，市值最高时曾接近70亿元。

与巨大利益相比，实施财务造假行为受到的惩罚较低。从行政处罚看，行政罚款金额最多60万元，即便是欺诈发行，也不超过募集金额的5%。从刑事制裁看，欺诈发行罪的最高刑期为5年，违规披露、不披露信息罪的最高刑期为 3 年。从民事赔偿看，近年来股民维权意识增强，向上市公司索赔案例逐渐增多，但也会面临拿不到赔偿的困境。进一步分析发现，行政处罚和民事赔偿的承受主体主要是上市公司，而作为造假的始作俑者，其付出很小的代价。目前，造假者因财务造假受到刑事追责的案例不多，已判决的仅有绿大地、万福生科、博元投资和欣泰电气等少数案件，除绿大地判处刑期较长外，多数在 3 年以下，与财务造假获得的巨大利益相比，威慑力明显不足。

与境外处罚的案例相比，我国财务造假的违法成本较低。以安然事件为例，财务造假行为查实后，安然公司被 SEC 罚款 5 亿美元，股票被交易所停止交易。公司 CEO 被判处 24 年刑罚和 4500 万美元罚金，CFO 被判处 6 年监禁和 2380 万美元罚金，公司创始人因去世被刑罚但被追讨 1200 万美元赔偿。洪良国际案发后，香港证监会即冻结了其 9.97 亿港元资产，2 年后与洪良国际达成和解协议，洪良国际斥资 10.3 亿港元回购中小股东股份，确保投资者不受损失，也就是说，洪良国际将其当初募集的资金全部吐出。

3. 审计师履责不力

从监管部门公布的处罚决定来看，上市公司财务造假的背后都存在审计师履责不力的影子。85 个财务造假样本中至少 27 个样本涉及处罚会计师事务所和注册会计师，其中因未识别虚构经济业务造假而被处罚的事务所有 19 家。数据显示，总共 12 家会计师事务所受到行政处罚，4 家会计师事务所受到 3 次以上行政处罚，最多的被处罚 5 次。究其原因，主要有以下几个方面。

一是在现行审计制度下，承担审计职责的会计师事务所是由上市公司聘请的，两者之间实际是雇用与被雇用的关系，在经济利益的驱动下，部分会计师事务所或者注册会计师背离了独立客观公正的立场，去迎合上市公司的要求，甚至为上市公司财务造假出谋划策，沦落为共犯。

二是会计师事务所在合并过程中过于追求规模，忽视了内部质量控制体系的建设。合并后没有统一的执业标准，没有统一的质量控制体系，没有合理的薪酬分配机制，在会计师事务所内部形成“包工头”现象，为不良注册会计师提供了生存土壤。

三是会计师事务所相互竞争压低审计收费，低廉的审计收费必然会导致投入成本减少，如减少项目组成员或压缩项目时间，这些都会极大地降低审计工作质量。

4. 社会诚信体系缺失

上市公司财务造假涉及环节多，之所以能够顺利实施，公司内外部相关人员和单位的协助必不可少，这些人或屈从于压力之下或为利益所诱，不讲职业道德，不讲诚信，为上市公司造假大开方便之门，成为造假事实上的帮凶。一是公司的财务人员丧失职业操守，或同流合污，或知情不报。在嘉寓股份、昆明机床等案件中，财务经理参与财务造假并被监管部门处罚。二是部分客户和供应商为了自身利益配合上市公司出具虚假往来款函证，协助进行资金划转，事发后又以种种理由推脱不知情，甚至抗拒调查。据报道，在监管部门调查九好集团财务造假过程中，有客户或供应商采用报警、威胁、谩骂等方式驱赶调查人员，甚至出现个别供应商负责人抢夺证据、袭击执法人员的暴力抗法事件。其行为虽然可恶，但很多时候尚不够行政处罚和刑事制裁的标准，在实践中对这种不诚信、不道德的行为缺乏其他评价约束机制，导致他们有恃无恐。

（二）建议

笔者认为，要想减少上市公司财务造假，必须构建三道防线：一是通过诚信体系建设，使上市公司不想造假；二是通过构建有效的监督制衡机制使上市公司不能造假；三是通过加大行政处罚、刑事制裁力度使上市公司不敢造假。

1. 加强诚信体系建设，提高诚信意识

一是强化诚信教育，提高会计从业人员的职业道德水平。财务造假最终要体现为会计记录造假，会计记录造假自然要依靠会计从业人员来完成。要通过诚信教育，让每位会计从业人员牢记“诚信为本、操守为重、遵循准则、不做假账”的道理，树立不做假账的意识，形成不想做假账的氛围。

二是加强诚信体系建设，让协助造假者为不讲诚信的行为付出代价。对参与或配合上市公司财务造假的人员和单位，将其行为记入诚信档案，提高其失信的成本。对财务人员而言，将该记录作为其能否获得会计职业资格的一票否决事项，能否继续从事财会工作的重要依据。对单位而言，将该记录作为其能否从银行获得贷款或者获得政府优惠政策的参考因素，或者限制其参与 IPO、并购重组、发债等与资本市场相关的业务的依据。

2. 加强制度建设，强化监督制衡

（1）健全外部监督机制，完善治理结构。针对目前上市公司一股独大，实际控制人缺乏约束不履行或乱履行职责的问题，完善上市公司治理的重点应当是解决独立董事及外部审计监督失效的问题，推进形成稳定而有效的监督制衡机制。首先需要改进独立董事的提名制度，摆脱由大股东实际提名的现状，让独立董事真正代表中小投资者的利益。其次完善独立董事行使职权的具体程序和保障措施，解决独立董事权利无法落地的问题。最后，在审计师的聘用上，也要解决目前由大股东实际决定的现状，在聘用权安排上注重权力制衡，将推荐、决定的权力交由不同人员。如由独立董事主导的审计委员会制定筛选标准推荐审计师，决定权则交给控股股东以外的其他股东。

（2）推进信息整合共享，加强监管协作。上市公司系统性的财务造假行为，往往超出证券监管的范围，扩展至整个金融领域甚至其他政府部门，涉及工商、税务、银行、海关等多个领域，因此有必要加强部门间的监管协作，建立监管信息共享机制。例如，中国人民银行反洗钱中心可以查询到上市公司大额资金划转的记录，如果实现了信息共享，对于绿大地等伪造银行资金进出凭证的行为就可以尽早地发现并及时监管。海关可以查询到上市公司进出口货物的情况，如果实现了信息共享，就可以及时地发现伪造报关单未实际进出口的行为。

3. 完善法律法规，提高违法成本

（1）加大行政处罚力度。《证券法》是2006年开始实施的，至今已有十几年的历史，在很多方面已经滞后于我国资本市场高速发展的现状，尽快修订、完善《证券法》成为各方的共识。在加大行政处罚力度方面，笔者认为，应秉承以下几个原则：一是体现过罚相当原则，弱化对上市公司本身的处罚，加大对实际控制人、控股股东的追责力度。二是对财务造假的组织者、策划者和主要参与人员的处罚金额要与其获得的利益相匹配，将其因财务造假获得的全部利益予以罚没。三是加强对中介机构的处罚力度，除罚款外，应更多地将不尽责的个人和机构驱逐出资本市场。

（2）加大刑事制裁力度。加大刑事制裁力度主要从以下两个方面着手，一是借鉴美国等发达国家资本市场经验，加大对造假者的刑事制裁力度，大幅度提高造假人员的刑期和罚金，充分发挥刑事制裁的威慑力。二是进一步明确财务造假刑事追责的标准，将更多恶劣的财务造假行为纳入司法程序，加大对财务造假行为的打击力度。

（3）完善民事赔偿制度。完善民事赔偿制度，主要从以下几个方面着手：一是提高社会各界对民事赔偿制度的认识。首先是提高上市公司董监高、中介机构从业人员的认识，让其意识到财务造假给投资者造成损失需要赔偿，赔偿的金额可能远超过行政处罚金额。其次是提高监管部门、司法部门对民事赔偿制度的重视，进一步挖掘该制度在保护投资者权益、提高造假者违法成本、维护资本市场秩序方面的作用。最后是提高投资者的法律意识，让更多的投资者懂得运用法律武器来维护自身利益。二是解决赔偿金额落到实处的问题，避免投资者赢得诉讼后发生上市公司无钱赔偿的情况。一方面应考虑推动《证券法》第二百三十二条切实落地，落实证券民事责任优先原则，将投资者赔偿置于行政罚款缴纳之前。另一方面可以考虑借鉴境外经验，建立“投资者公平基金”用于向投资者发放赔偿。资金来源于各类违法所得。

七、结论

目前国内关于财务造假手法的研究大多泛泛而论，缺少针对上市公司财务造假手法深入系统的研究和剖析。结合案例研究时大多流于表面，仅从单个科目的角度去考虑财务造假行为，没有从财务报表之间的勾稽关系上去研究分析，未能揭露上市公司财务造假手法的实质。

本研究结合监管部门 2011 年至 2018 年的财务造假处罚案例，对上市公司财务造假手法进行系统研究，将财务造假手法分为“滥用会计政策型”和“虚构经济业务型”两大类，指出后者是造假者使用最多的财务造假手法。

滥用会计政策型财务造假主要有违规确认收入、推迟或少计成本费用、不按准则要求计提减值准备及其他等四种类型。虚构经济业务型财务造假手法的基本逻辑是会计恒等式，为保持等式平衡，在虚增收入的同时必然涉及虚增资产环节。该造假手法的三大关键环节是“寻找用于造假的客户和供应商”“构建与虚假销售和采购匹配的资金流”“选择虚增资产消化虚增毛利”。在此基础上，本研究还讨论了仅虚构部分业务环节的情形，如虚构收入、成本、费用或采购业务。

无论哪种手法，其基本特征相似，都是为了虚增收入和利润，都是管理层策划实施、手法专业、造假成本高昂而后果致命。笔者重点以虚构经济业务型财务造假手法为例，通过两个案例阐述如何识别上市公司财务造假。

最后，笔者从公司法人治理结构不完善、违法成本相对较低、审计师履责不力、社会诚信体系缺失四个方面，分析了上市公司财务造假的主要原因，并从加强诚信体系建设，提高诚信意识、加强制度建设，强化监督制衡以及完善法律法规等方面提出了建议。希望通过本研究的论述，为监管部门、中介机构、投资者识别财务造假提供借鉴。

附　录

2011 年至 2018 年财务造假案例列表

序号	处罚决定书编号	上市公司	造假发生年份	造假手法
1	〔2011〕2 号	天目药业	2007—2009	虚构经济业务
2	〔2011〕3 号	北海港	2005—2007	虚构经济业务
3	〔2011〕19 号	银河科技	2004—2005	虚构经济业务
4	〔2011〕38 号	科达股份	2006—2009	违规确认收入
5	〔2011〕39 号	安妮股份	2008	虚构经济业务
6	〔2012〕7 号	宏盛科技	2005—2006	虚构经济业务
7	〔2012〕48 号	炎黄在线	2006	虚构经济业务
8	〔2013〕23 号	绿大地	2004—2009	虚构经济业务
9	〔2013〕47 号	万福生科	2008—2012	虚构经济业务
10	〔2013〕43 号	天能科技	2011	虚构经济业务
11	〔2013〕53 号	新大地	2009—2011	虚构经济业务
12	〔2014〕19 号	天丰节能	2010—2012	虚构经济业务
13	〔2014〕42 号	南航股份	2006—2011	虚构经济业务 推迟或少确认成本费用 不按准则要求计提减值
14	〔2014〕51 号	莲花味精	2006—2009	违规确认收入
15	〔2014〕68 号	新中基	2006—2011	虚构经济业务
16	〔2014〕69 号	宝硕股份	2001—2006	虚构经济业务 推迟或少确认成本费用 人为调整报表
17	〔2014〕82 号	康达新材	2012	推迟或少确认成本费用

续表

序号	处罚决定书编号	上市公司	造假发生年份	造假手法
18	〔2014〕94号	海联讯		虚构经济业务
19	〔2014〕95号	北生药业	2004—2006	虚构经济业务
20	〔2015〕7号	青鸟华光	2012	隐瞒关联交易虚增利润
21	〔2015〕10号	超日股份	2012	虚构经济业务
22	〔2015〕14号	大元股份	2012	隐瞒关联交易虚增利润
23	〔2015〕21号	皖江物流	2012—2013	虚构经济业务
24	〔2015〕32号	赛迪传媒	2012	不按准则要求计提减值
25	〔2015〕66号	华锐风电	2011	虚构经济业务
26	〔2015〕84号	中科云网	2012—2014	违规确认收入
27	〔2016〕12号	亚太实业	2010—2014	违规确认收入 不按准则要求计提减值
28	〔2016〕21号	康华农业	2011—2014	虚构经济业务
29	〔2016〕83号	参仙源	2013	虚构经济业务 隐瞒关联交易虚增利润
30	〔2016〕84号	欣泰电气	2011—2014	虚构经济业务
31	〔2016〕88号	大智慧	2013	违规确认收入 推迟或少确认成本费用
32	〔2016〕93号	福建金森	2012—2014	虚构经济业务
33	〔2016〕102号	北大荒	2011	虚构经济业务
34	〔2016〕107号	振隆特产	2012—2014	虚构经济业务
35	〔2016〕116号	舜天船舶	2013—2014	虚构经济业务
36	〔2016〕118号	现代农装	2013—2014	不按准则要求计提减值
37	〔2017〕35号	鞍重股份	2013—2015	虚构经济业务
38	〔2017〕38号	嘉寓股份	2008—2012	推迟或少确认成本费用
39	〔2017〕60号	登云汽配	2010—2013	违规确认收入 推迟或少确认成本费用 人为调整报表
40	〔2017〕73号	博元投资	2011—2014	虚构经济业务
41	〔2017〕78号	保千里	2014	虚构经济业务
42	〔2017〕87号	山东墨龙	2015—2016	虚构经济业务
43	〔2017〕97号	佳电股份	2013—2015	推迟或少确认成本费用
44	〔2017〕102号	雅百特	2015—2016	虚构经济业务

续表

序号	处罚决定书编号	上市公司	造假发生年份	造假手法
45	〔2017〕105 号	ST 烯碳	2015	推迟或少确认成本费用
46	〔2018〕8 号	华泽钴镍	2013—2015	虚构经济业务
47	〔2018〕9 号	昆明机床	2013—2015	虚构经济业务 违规确认收入 推迟或少确认成本费用
48	〔2018〕10 号	金亚科技	2014	虚构经济业务
49	〔2018〕31 号	恒顺众昇	2014	违规确认收入
50	〔2018〕33 号	圣莱达	2014—2015	虚构经济业务
51	〔2018〕54 号	五洋建设	2012—2014	不按准则要求计提减值
52	〔2018〕116 号	ST 国药	2012—2013	虚构经济业务
53	天津	天津磁卡	2006—2012	不按准则要求计提减值
54	山西 2017（4）	太化股份	2014	虚构经济业务
55	安徽（2017〕4 号	新力金融	2015	不按准则要求计提减值 违规确认收入
56	福建〔2018〕1 号	众和股份	2016—2017	推迟或少确认成本费用
57	江西（2019）2 号	百乐米业	2016—2017	虚构经济业务
58	山东〔2018〕2 号	鑫秋农业	2014—2015	虚构经济业务
59	山东〔2016〕1 号	恒邦股份	2013—2015	虚构经济业务
60	山东〔2015〕1 号	齐星铁塔	2013—2014	未及时账务处理
61	山东〔2014〕1 号	博汇纸业	2013	未及时账务处理
62	河南	神马股份	2014—2015	虚构经济业务
63	河南	风神股份	2011—2012	违规确认收入
64	湖北（2014）1 号	三峡新材	2011—2012	推迟或少确认成本费用
65	湖北（2018）1 号	武汉凡谷	2016	推迟或少确认成本费用
66	湖北（2018）5 号	银都传媒	2014—2015	虚构经济业务
67	湖南〔2018〕2 号	尔康制药	2015—2016	虚构经济业务
68	湖南〔2018〕3 号	中兵红箭	2015—2016	违规确认收入 不按准则要求计提减值
69	海南〔2014〕2 号	康芝药业	2011—2012	违规确认收入 推迟或少确认成本费用
70	青岛〔2018〕2 号	亨达股份	2014—2016	虚构经济业务
71	大连	时空客	2014—2016	虚构经济业务

续表

序号	处罚决定书编号	上市公司	造假发生年份	造假手法
72	贵州〔2015〕1号	国创能源	2012	推迟或少确认成本费用
73	上海〔2018〕26	中毅达	2015	违规确认收入
74	上海〔2018〕4	上海普天	2014	虚构经济业务
75	上海〔2016〕6	锐奇股份	2015	推迟或少确认成本费用
76	上海〔2016〕1	荣丰控股	2012—2013	虚构经济业务
77	浙江〔2015〕3	天目药业	2013	违规确认收入 不按准则要求计提减值
78	浙江〔2015〕1	露笑科技	2012	虚构经济业务
79	广东〔2019〕2	中钰科技	2014—2015	虚构经济业务
80	广东〔2018〕13	温迪数字	2015—2016	虚构经济业务
81	广东〔2018〕7	朗顿教育	2014	推迟或少确认成本费用
82	广东〔2017〕14	超华科技	2014	虚构经济业务
83	深圳〔2014〕9	迪威视讯	2010—2012	虚构经济业务
84	深圳〔2015〕1	键桥通讯	2009—2012	虚构经济业务
85	深圳〔2018〕7	联建光电	2014—2016	虚构经济业务

参考文献

[1] 陈爽．我国上市公司财务造假案例研究［D］．北京：对外经济贸易大学，2006.

[2] 陈仕清．IPO财务舞弊常见手段及典型案例剖析［J］．财会通讯，2018（16）：99－102.

[3] 丁友刚，郝玉芹．财务报告舞弊动因分析与警戒信号识别［J］．财会通讯（学术版），2004（12）：52－54.

[4] 韩文明．中国上市公司会计造假行为的统计特征分析［J］．审计与经济研究，2005（5）：56－60.

[5] 黄世忠．收入操纵的九大陷阱及其防范对策［J］．中国注册会计师，2004（1）：28－33.

[6] 黄世忠，叶钦华，徐珊．上市公司财务舞弊特征分析——基于2007年至2018年6月期间的财务舞弊样本［J］．财务与会计，2019（10）：24－28.

［7］贾鑫．我国上市公司财务造假问题探究［J］．管理观察，2009（2）：6－8.

［8］李克亮．论九好集团的财务造假新手法与审计新策略［J］．会计之友，2018（9）：102－105.

［9］李旭娟．皖江物流舞弊案例研究［D］．西安：西安工业大学，2018.

［10］刘斌．上市公司财务舞弊手段及识别研究［D］．北京．财政部财政科学研究所，2013.

［11］连竑彬．中国上市公司财务报表舞弊现状分析及甄别模型研究［D］．厦门：厦门大学，2008.

［12］娄权．我国上市公司财务报告舞弊行为之经验研究［J］．证券市场导报，2003（10）：8－12.

［13］潘威．上市公司财务舞弊行为国内外研究综述［J］．山东纺织经济，2018（12）：16－17.

［14］裘丽娅，刘若晨．基于博弈视角的上市公司财务舞弊动机、手段与防范研究［J］．长春理工大学学报（社会科学版），2015，30（4）：83－86.

［15］阮锦勤．我国上市公司财务报告舞弊识别研究［D］．浙江：浙江大学，2003.

［16］韦琳，徐立文，刘佳．上市公司财务报告舞弊的识别——基于三角形理论的实证研究［J］．审计研究，2011（2）：98－106.

［17］肖兰．上市公司财务造假动机及手法研究［J］．中国市场，2016（3）：94－95.

［18］阎达五，王建英．上市公司利润操纵行为的财务指标特征研究［J］．财务与会计，2001（10）：21－25.

［19］叶钦华．关于IPO财务舞弊识别的一些思考［J］．财务与会计，2017（14）：71－72.

［20］岳殿民，等．中国上市公司会计舞弊方式实证研究［J］．审计研究，2009（5）：82－89.

［21］左爱玲，沈飞．我国上市企业财务舞弊行为探析［J］．广东经济，2017（6）：24.

新时代财政科研资金治理模式研究

李宝智

摘　要　党的十八大提出“创新驱动发展战略”。近年来，在财政科技投入的引领下，全社会科技投入不断增长，对加快实施创新驱动发展战略发挥了重要物质保障作用。对比新时代科技创新面临的紧迫形势，财政科技投入仍是非常稀缺的战略资源。不断提高财政科研资金管理效率与使用效果，成为科技界乃至全社会关注的焦点。为此，近年来科技部会同有关部门不断深化科研资金管理改革，使新政取得一定成效，但还存在科研人员“获得感”不强、改革举措“落地难”等问题。啃下科研资金管理“硬骨头”，对建设创新型国家意义重大。

本研究以财政资助的自然科学研究项目的资金管理为研究对象，采用理论分析、文献研究、专家访谈等研究方法，以利益相关者视角审视委托代理关系，围绕构建适应新时代要求的科研资金治理模式开展研究。本研究的创新点主要有如下四个：一是提出了解决我国科研资金管理困境的全新思路是构建全新治理模式；二是提出了构建全新治理模式的关键是将管理思维转为治理思维；三是提出了“放管服”改革背景下，急需为科研资金使用划定“红线”；四是提出了实施治理模式的保障手段是信息公开和构建科研信用体系，重要支撑是搭建打通跨管理部门和科研单位的信息平台。

科研信用体系的建设是一项系统复杂的工程，与科研资金相关信用如何体现，未来需要全面深入研究。

关键词：科研资金；治理；利益相关者

一、绪论

（一）研究背景

1. 宏观背景

党的十八大强调：我国要坚持走中国特色自主创新道路，实施创新驱动发展战略，必须将科技创新摆在国家发展全局的核心位置。2016 年，党中央、国务院印发《国家创新驱动发展战略纲要》，对创新驱动发展进行顶层设计和系统谋划，旨在加快实施创新驱动发展战略，明确了未来几十年创新驱动发展的目标、方向和重点任务，设立了到 2050 年建成世界科技创新强国的目标，并规划了“三步走”的战略：第一步，到 2020 年进入创新型国家行列，其重要标志为 R&D 经费支出强度①达到 2.5%；第二步，到 2030 年跻身创新型国家前列，其重要标志为 R&D 经费支出强度达到 2.8%；第三步，到 2050 年建成世界科技创新强国。建设创新型国家、跻身创新型国家前列和未来建设成为科技强国均需要全社会巨量的研发投入作为物质保障，同时也离不开必要的财政科技投入发挥支撑、引领作用。

为不断提高我国科技创新能力、加快推进建设创新型国家的进程，我国不断加大财政科技投入并多措并举引导全社会加大研发投入。2019 年 9 月国家统计局、科学技术部、财政部联合发布的《2018 年全国科技经费投入统计公报》② 数据显示，2018 年，全国共投入 R&D 经费 19677.9 亿元，比去年增加 2071.8 亿元，增长 11.8%。2018 年，全社会 R&D 经费投入总量位列世界第二，投入总量仅次于美国。R&D 经费投入强度为 2.19%，继续攀升，R&D 经费投入强度已超过欧盟 15 国的平均水平，正在不断接近经济合作与发展组织国家平均水平。2018 年，全国财政科技支出 9518.2 亿元，比上一年度增加 1134.6 亿元，增长 11.5%；财政科技支出占 2018 年国家财政支出的比重为 4.31%，比上一年度提高 0.18 个百分点。其中，中央财政科技支出 3738.5 亿元，占财政科学技术支出的比重为 39.3%；地方财政科技支出 5779.7 亿元，占比为 60.7%。当前我国处于经济转型期，经济增速放缓，财政科技投入增速放缓，从 2018 年我国 R&D 经费投入强度实际结果（2.19%）来看，到 2020 年实现规划中第一步走投入强度的目标（2.5%）面临严峻的形势。

在建设创新型国家的进程中，社会各界不仅关注科技事业发展，更加关注科学研究效率和科研资金使用效率。2019 年 7 月 24 日，世界知识产权组织

---

① R&D 经费支出强度 = R&D 经费支出总量/GDP，是表征一个国家（地区）经费投入水平的重要指标。

② http://www.stats.gov.cn/tjsj/zxfb/201810/t20181009_1626716.html。

发布了2019年“全球创新指数报告”（GII），其中中国全球创新指数的排名为十四位，排名连续四年上升[①]。随着投入总量的增加，全社会对科技创新的期望越来越高，对科研资金使用效率的关注度空前高涨，媒体也会发出“万亿科研经费去哪儿了?”之问；每年全国“两会”科研资金管理使用也经常成为热议话题。看到科技进步成绩的同时，也应正视科研效率[②]偏低的现状，经济总量排名第二位与全球创新指数排名第十四位不够相衬，到2030年建设成为科技强国任重道远。

2. 微观背景

党中央高度关注科研资金使用效率。习近平总书记明确指出“要保持财政对科技的投入力度，并全面提高科技资金使用效率，投入加大了，但不能浪费了、挥霍了，或者以各种形式进入个人腰包了，那就打水漂了”[③]。在财政科技投入持续增长，全社会科研资金投入总量距离建设创新型国家需求仍有差距的背景下，确保有限投入的财政科研资金安全、规范、有效地使用，是我国各级政府科技管理部门和科技界亟需解决的一项重要课题。

党和国家领导人多次强调要实现科研资金管理体制变革。2016年5月30日，习近平总书记在全国科技创新大会、两院院士大会上指出“要着力改革和创新科研经费使用和管理方式，让经费为人的创造性活动服务，而不能让人的创造性活动为经费服务”。2018年5月28日，习近平总书记在两院院士大会上再次强调“继续坚决推进，把人的创造性活动从不合理的经费管理、人才评价等体制中解放出来”。2018年7月4日，李克强总理在国务院常务会议上提出进一步要求，“充分相信科研人员，尊重人才，赋予他们更大经费使用自主权”。

近年来，为激发科技创新热情，有关部门按照党中央要求和科技领域推进“放管服”的总体改革思路，不断深化科研资金管理改革，改进科研资金

---

① http：//www. stdaily. com/index/kejixinwen/2019 - 07/25/content_778510. shtml。

② 关注科研效率提高是具有积极意义的，但也不应该过于苛责科研效率，科技创新是一个厚积薄发的过程，科研工作不能急功近利，尤其是对待从0到1产出的基础研究，更需要有耐心。即使从投入产出角度看科研，也不能以目前的投入总量与美国的投入总量简单比较，美国在20世纪50年代R&D占GDP比重就已经突破2%，而我国达到同等投入强度是在2013年，虽然最近5年我国R&D投入总量上升较快，但是从投入总量历史累积来看，我国研发投入与科技发达国家仍有较大差距。

③ 习近平总书记在中央财经领导小组第七次会议上的讲话（2014年8月18日）。

管理的政策文件纷至沓来，动作之频繁、力度之大、层次之高，史无前例。2014 年，国务院出台《关于改进加强中央财政科研项目和资金管理的若干意见》，针对科技资源重复分散、管理过严过细、结余资金有待改进、间接费用和绩效支出政策落实不到位等突出问题，建立健全统筹协调与决策机制，完善项目预算和支出管理，强化资金使用监管。2016 年，中共中央办公厅、国务院办公厅联合印发《关于进一步完善中央财政科研项目资金管理等政策的若干意见》，坚持以人为本，进一步简政放权、优化服务，提出了一系列“松绑 + 激励”的政策措施，对科研单位下放大部分科研经费管理权限，对科研活动发生的差旅费、会议费不再执行财政资金管理的统一规定，可以由单位结合实际自行制定管理办法，取消绩效支出比例限制，提出设立科研财务助理举措，以进一步减轻科研人员负担。2018 年 7 月，国务院出台《关于优化科研管理提升科研绩效若干措施的通知》，针对科研人员负担重、创新活力不足、绩效意识不强等问题，优化科研项目和资金管理，强化科研项目绩效评价，建立以创新质量和贡献为导向的绩效评价体系。纵观改革历程，努力处理好财政资金管理要求与科研活动规律之间的关系，减轻科研人员负担，释放创新活力，是贯穿改革的一条主线。

政府、科研单位和科研人员等各方都比较认可的政策，一定程度上却陷入“落地难”。2018 年，相关调查显示，93% 的科研人员认为，资金管理改革更加符合科研规律，但部分科研人员认为国家在放松科研资金管理，单位管理反而更严了；35% 的科研人员表示，未体会到绩效激励力度增大；49% 的科研人员认为，未享受到科研助理的专业服务。科研人员未充分享受到政策红利，获得感不够强。

综上所述，科研资金管理改革还存在已有管理举措“落地难”的问题，从长远看，还存在深层次问题未解决，提高科研资金使用效率任重道远。攻克科研资金管理的“顽疾”，激发科研人员的创新热情，提升科研工作效率，意义重大且势在必行。

（二）研究目的及意义

1. 研究目的

本研究以我国财政资助的自然科学研究项目的资金管理为研究对象，以利益相关者视角审视委托代理关系，围绕构建适应新时代要求的科研资金治理模式开展研究。本研究的目的是：以利益相关者视角审视科研资金管理中的委托代理关系，理顺权责关系，转原有管理思维为治理思维，构建符合新时代要求的科研资金治理模式，划定科研资金使用“红线”，以提高科研资金使用效率，助力我国科技创新。

2. 研究意义

(1) 理论意义。第一，有利于丰富我国财政科研资金管理的研究视角。过往对规范财政科研资金管理的研究更多是从委托代理理论或加强单位内部控制角度出发，对某一具体单位加强科研资金管理开展研究，鲜有研究者综合利益相关者理论和公共治理理论，从国家层面审视科研资金管理的困境问题。

第二，有助于构建符合新时代要求的财政科研资金治理模式。现有完善科研资金管理的相关研究，更多的是从某一方面或局部进行研究，加强和改进科研资金管理是一项系统工程，牵一发而动全身，需要从历史视角、全局视域审视，鲜有研究者对现有的财政科研资金管理模式从理论层面加以总结概括，本研究有利于引导从全局视域思考科研资金管理模式并构建了运转高效的财政科研资金治理模式。

(2) 实践意义。习近平总书记指出，科技创新要取得突破，不仅需要基础设施等“硬件”支撑，更需要制度等“软件”保障。近年来，我国科技“硬件”条件得到很大改善，而“软件”环境则相对滞后[①]。科研资金管理是科技创新“软件”环境的重要组成部分，也应与时俱进，不断改善。

第一，符合新时代科研资金管理转型需要。目前，科研资金管理“放管服”改革，取得了一定成效，总体受到科研单位和科研人员的欢迎。进入新时代，无论从国际竞争格局看，还是从科技创新在促进经济高质量发展的内需看，均面临前所未有的紧迫形势，机遇与挑战并存。习近平总书记提出：“把人的创造性活动从不合理的经费管理中解放出来”“不能让无穷无尽的报表把科学家的精力耽误了”等，目前的科研资金管理与党中央要求的还有差距，进入新时代科研资金管理改革转型迫在眉睫，并且非简单修补能够解决。

第二，有利于提高财政科研资金的使用效益。新时代随着从严治党、企

---

① 习近平总书记在十八届中央政治局第九次集体学习时的讲话（2013 年 9 月 30 日）。

事业单位内部控制的完善、发票验真手段、资金支付方式及个人所得税法的改进和完善，过往采用虚假发票、虚构劳务费、虚假业务套取科研资金的乱象大为减少，但并未杜绝，手段变得更为隐蔽，如通过委托业务转移资金、提高测试化验加工价格转移资金等。理顺科研资金管理机制，“开前门、堵后门”，有效地解决科研人员要钱难、花钱难等切身困难，有利于营造公开、公平、公正的科研环境，有利于调动广大科研人员创新积极性，有利于从根本上提高科研资金的使用效益。

第三，有利于为财政科研项目绩效评价奠定基础。2018 年 7 月，国务院出台《关于优化科研管理提升科研绩效若干措施的通知》，直指科研资金管理绩效意识不强等问题，提出强化科研项目绩效评价，建立以创新质量和贡献为导向的绩效评价体系。规范使用资金是开展科研项目资金使用绩效评价的前提，如果由于管理机制未理顺，各类科研项目之间支出边界不清、科研项目的实际支出未能真正体现科研活动需要，那么绩效评价将缺少坚实基础，评价工作也很难有效地开展，评价效果也无法保证。

（三）研究方法与创新

在建设创新型国家的大背景下，开展科研资金治理模式研究是很具有现实意义的管理探索，影响科研资金管理使用的因素较多且相互交织，研究难度较大。本研究综合采用了调研法、文献研究法、数据查取法和专家访谈法。研究的可能创新之处在于开创性地提出了适应新时代要求的、适合我国国情的科研资金治理模式。

1. 研究方法

一是调研法。本研究为客观揭示国家科研资金管理中存在的相关问题，查取了国家科技计划结题审计报告等内部资料，并通过对数据的挖掘和对比分析，揭示了问题现状和变化趋势。这些调研资料并非公开发布的文件，不作为参考文献列示。

二是文献研究法。本研究在分析新时代对科研资金管理提出的新要求以及我国科研资金管理现状的基础上，采用了文献研究法，用于分析研究现状，文献来源有图书、期刊数据库和国家科研资金管理制度。需要说明的是，由于我国国情和发展阶段与科技发达国家有显著差异，科技发达国家的科研资金管理已经逾越“规范化”的使用阶段，国际经验比较的相关研究更多地聚焦在“研发投入总量及方式”“科研诚信”“绩效评价”等方面。因此，在构建适应我国国情的科研资金治理模式研究方面主要依赖国内文献。

三是数据查取法。本研究在分析管理现状过程中，通过国家统计局等公开信息渠道查取了科技统计年鉴中科技投入、产出等数据，并进行了趋势分析。

四是专家访谈法。本研究通过对业内知名财务专家、管理专家访谈，对国家科研资金管理现状获得更全面的视角和更准确、更深入的认知；通过对学术声誉良好的知名科研人员访谈，对国家科研资金使用现状及“痛点”有了更为准确的把握。

2. 可能的创新

本研究的创新之处在于，较为系统地构建了我国科研资金治理的模式。具体而言，包括以下五个方面：一是提出了解决我国科研资金管理困境的全新思路是转管理思维为治理思维；二是重构利益相关者关系、厘清主要利益相关者的职责、调动各方参与积极性，这是实现治理的关键所在；三是运用底线思维和法治思维在科研资金管理改革领域提出了“放管服”改革背景下，急需为科研资金使用划定“红线”，并应提高规定的位阶，由部门规章上升为法律；四是提出了有效实施科研资金治理的保障手段，即充分做好信息公开和加快构建包含科研资金使用在内的科研信用体系；五是提出搭建打通管理部门和科研单位的信息平台是实施治理模式的重要支撑。

（四）研究内容框架

本研究共分为六个部分，总体研究思路按照提出问题、分析问题、解决问题展开。

第一部分为绪论。本部分介绍了研究的宏观背景和微观背景、研究的目的及意义，说明了研究采用的方法和创新之处，介绍了本研究的结构。

第二部分为相关理论和文献综述。本部分对研究涉及的委托代理理论、利益相关者理论和公共治理理论进行了阐述，分单位层面和国家层面对加强科研资金管理的文献按主要观点进行了梳理，并对研究现状进行了述评，为分析问题做好理论铺垫。

第三部分为我国财政科研资金管理现状分析。本部分总结了财政资助科研投入及主要成就，回顾了“十一五”时期以来的财政科研资金管理改革情况，总结了改革思路，阐述了改革成效，分析了新时代财政科研资金管理面临的新形势，提出了财政科研资金管理存在的主要问题。

第四部分为问题根源剖析。本部分应用相关理论，从科研资金管理委托代理关系链条长且职责不明确、利益相关者多且利益关系不协调以及改革动作频繁但缺少顶层设计三个方面深入剖析了问题产生的原因。

第五部分为新时代科研资金治理模式构建。本部分提出以转管理思维为治理思维为理念，在梳理重构利益相关者关系基础上，以重塑宽严相济的科研资金管理法律体系为制度保障，以加大科研资金使用公开力度为手段，以搭建打通管理主体的信息平台为支撑，全方位构建符合新时代要求的科研资金治理模式，直观展示了治理模式的逻辑框架，阐释了治理模式区别目前管理模式的特征。

第六部分为结论。当前我国财政科研资金改革仍需深化，构建科研资金治理模式是必要的，也是可行的，是解决管理困境的治本之策。可以大大改善科研资金管理的“软环境”，且预期实施将对建设创新型国家发挥较好的推动作用。

二、相关理论和文献综述

（一）相关理论

1. 委托—代理理论

委托—代理理论（principal - agent theory）是制度经济学契约理论的主要内容之一。该理论起源于 20 世纪 30 年代，由美国经济学家伯利（Berle）和米恩斯（Means）在洞察企业所有者兼具经营者的做法存在较大弊端后率先提出，并积极倡导所有权和经营权适度分离。委托—代理理论源于社会分工的不断专业化，所有者受自身的时间、精力、能力、知识等多方面因素制约，其经营资产的效率会受到影响，综合权衡他人代为经营的情况，若能产生更多的收益，委托方则根据一种或明示或隐含的契约，自愿将资产委托他人进行管理，同时给予受托者一定的经营决策权，在评价受托者所提供服务的数量和质量后，对其给付一定报酬；代理方在付出个人才智代为经营的过程中获取个人收益，委托—代理关系从而形成。委托代理在社会中普遍存在，随着实践发展，委托—代理理论的应用由企业经营扩展到经济乃至社会、政治等领域。

代理人除了和委托人有一致的目标外，还追求代理收益和闲暇最大化，且代理人具有信息优势，在缺少有效制度安排下，其行为可能有损委托方利益。主要体现为：一是逆淘汰风险，委托人未能有效识别代理人实力较差的情况，被骗取信任取得代理机会，将有实力的代理人挤出竞争关系，形成逆向淘汰的后果；二是道德风险，即代理人工作目的不是委托人利益最大化，而是谋求自身利益最大化，此情况需靠代理人自我道德约束方可避免。委托人需采取适当的措施以激励约束代理人的行为，防止损害委托人利益的行为特别是“道德风险”，进而最大可能地维护代理人利益。较为常见的激励措施是物质激励法，即按照代理人的绩效多少给予提成、股权或期权等，但仅依靠物质激励是远远不够的。相关研究表明，规避风险一般有三种方法——限制法、激励法和劝诫法，限制法通过制度安排实现负向约束，激励法通过经济手段实现正向激励，而劝诫法则依靠道德手段实现正向激励和负向软约束。

综上所述，该理论的核心是将在信息不对称条件下的委托代理关系作为研究对象，探讨委托人在设计制度时如何以最小的制度成本激励代理人敬业工作，从而最大限度增加委托人效用。

2. 利益相关者理论

利益相关者理论萌芽于 20 世纪 60 年代，最早由美国斯坦福研究院于 1963 年首次提出，应用于公司治理范畴。1984 年，美国学者爱德华·弗里曼（R. Edward Freeman）撰写了《战略管理：利益相关者方法》，成为利益相关者理论的奠基之作。该书不仅从理论上界定了利益相关者，还丰富了利益相关者的内涵，将其广义地定义为“任何影响组织目标实现或受组织目标实现影响的个人或群体”，全面系统阐释了利益相关者与公司战略的作用关系。同期，利益相关者理论的影响不断扩大。20 世纪 90 年代初期，利益相关者的研究不断深化，其应用的出发点实现了从“参与观”向“共治观”的转变。20 世纪 90 年代以后，利益相关者理论逐步被应用到政府管理、社会治理以及城市管理、旅游管理等领域。平等合作是利益相关者共同治理的逻辑，倡导各利益相关者在谋求、维系共同利益的前提下，主动融入协同治理体系，以打造更多的共赢情境，呼吁共同建立一个治理模式来实现创造更多社会价值的目标。19 世纪末 20 世纪初，利益相关者理论运用拓展到社会科学等领域，从而也为本研究从利益相关者视角分析科研资金治理模式提供了理论支撑。

3. 公共治理理论

全球治理委员会关于治理的定义最为各界接受，全球治理委员会认为，治理是一种持续过程，其内容是各种公私机构管理其共同事务的众多方式总和，旨在调和相互冲突或不协调的利益关系并采取一致行动。它既包括人人不得不遵守的正式制度安排，也包括人们自愿遵守的非正式的制度安排。① 它具有四个特征：治理是一个过程，不单是一整套规则，也不单是一种活动；治理的基础是协调，而不是控制；治理既涉及公共部门，又包括私人部门；治理的核心在于权力重新配置。公共治理理论对政府垄断行动的合法性与合理性进行反思，对传统政府至上的管理提出挑战。

公共治理理论具有以下主张。一是，在主体上，政府不应天然垄断公共事物的管理权，公共管理的行动者是多元的，应广泛吸收政府之外的机构和个人。事实上，在某些领域，政府并不比非政府组织和个人拥有更大的优势。二是，在实践上，众多机构和个人以自己的方式参与了公共管理，相关主体形成了多层次的、错落有致的网络式治理结构，政府已不是公共管理的单一中心。三是，在主体边界上，公与私、政府与社会、政府与市场的界限实际上相当模糊。现实中公共责任从政府转移到非政府组织和个人的趋势越来越明显，顺势而为，也应当将那些由法律和体制所规定的部分政府责任交由非政府组织或个人。四是，在主体关系上，政府与社会组织、个人之间存在着权力依赖和互动关系。政府在治理中的主要责任是制定与其他社会单元合作的规则并执行规则，与社会组织和个人之间构筑长久的伙伴关系，不再是直接生产和提供公共物品和服务。五是，在权力分配上，政府要实行分权化改革，将权力充分授予管理对象、非政府组织乃至企业、个人，以充分发挥相关主体参与治理的积极性。

① THE COMMISSION ON GLOBAL GOVERNANCE. Our Global Neighborhood: The report of Commission on Global Governance [R]. Oxford University Press, 1995.

在 Adrian Leftwich 看来，好的政府治理首先应该能够提供高效的公共服务，政府负责任地管理公共财政，立法机构高度负责，合约在独立的司法体系和法律框架保证下顺利执行。Mimicopoulos 认为可以从效率、透明度和参与度三个维度去衡量治理：效率是指政府建立有效制度和维护政策环境的能力；透明度是指公众能够获取有关政府行为的清晰和足够的信息的便捷性；参与度是公民社会参与治理的广泛性。

（二）文献综述

通过文献查阅，笔者发现国内相关研究侧重于高校或科研院所内部如何加强科研资金管理，或从某一方面研究如何加强国家科研资金的管理，对科研资金管理模式进行研究的文献较少。考虑到我国科研资金管理改革的进程，在开展本研究过程中，笔者重点梳理了最近五年的相关文献，特别是近三年的相关文献。与过往单纯基于财务视角，从实践角度探讨加强和改进科研资金管理相比，近年来相关研究开始注重借鉴经济、管理等其他学科研究成果或研究方法，交叉学科视角的研究逐渐丰富。[①] 现将相关文献综述如下。

1. 单位层面加强科研资金管理的相关研究

基于委托代理理论的相关研究。黄宁清（2009）研究发现，我国的财政科研项目委托代理关系复杂、层级过多，委托代理关系至少有以下六层：全体人民—人民代表大会—政府—财政管理部门—科技管理部门—科研院所。[②] 张清（2012）认为，基于委托代理理论，高校科研资金管理中存在道德风险，高校有意放松监管，监管的形式大于实质，项目管理与财务管理脱节；项目负责人存在资金使用的随意性。[③] 李枫等（2016）认为，基于委托代理理论，项目委托单位、高校及项目负责人彼此对待科研项目及其资金使用的目标不一致，以及掌握的信息不对称，是造成科研资金各种使用乱象的原因，并根据委托代理理论有针对性地从限制、激励和劝诫这三个角度为改进高校科研

① 逐渐丰富是和过去相比较而言的。从研究现状来看，从实践角度探讨某一单位或某一类型单位加强科研资金管理的研究仍是主流，本部分从本研究需要出发，重点归纳了交叉学科视角的研究观点。

② 黄宁清．基于委托代理关系下基础研究科研单位科研项目管理问题及对策［J］．科技管理研究，2009（9）．

③ 张清．委托代理视角下高校科研经费管理中的道德风险及其防范［J］．中国内部审计，2012（7）．

资金管理提出相关建议。[①]

基于协同理论或流程再造视角的相关研究。何小汝等（2015）运用矩阵式管理模式，提出构建资金管理和项目管理有机结合的新型管理体系，为解决高校科研资金管理体制不顺、预算不合理、缺乏过程控制等问题探索一条新的途径。[②] 李春阳（2018）提出，从协同理论视角去看，高校科研资金管理存在项目管理与资金管理相互离散、预算管理环节存在制度盲区、决算环节拖延滞后、审计监督不到位以及信息系统缺乏实时对接等问题，并从协同管理角度提出制定完善的科研资金管理政策、改进预算管理模式、建立绩效考评机制和建立协同化的审计监督机制等建议。[③] 吴丹舟（2019）针对高校科研资金多、种类繁、要求高、审计严的共性问题，以协同管理模式，提出高校科研资金管理应以跨部门协同管理为指导，通过完善管理体制，推进科研资金管理的相关性、合理性及规范性提高高校科研资金的使用效率及管理水平。[④] 姚俊生和袁仁淼（2019）基于管理流程优化视角，从科研项目立项、科研项目报销结算和科研项目结题三个方面，探索性地提出科研资金优化管理的实施路径，理顺科研资金管理各方关系，为加强高校科研资金管理奠定基础。[⑤]

基于内部审计、内部控制等视角的相关研究。曹国强（2018）从内控视角分析了我国科研资金管理存在的问题，提出了加强管理的相关建议。[⑥] 徐捷（2018）分析认为，科研资金信息公开是加强高校科研资金管理的重要手段，但从科研资金信息公开的首个规范性文件的出台至今已有 8 年时间，各高校科研资金信息公开情况不理想，甚至没有高校按管理要求实现科研资金信息的完全公开。[⑦] 于聪聪（2019）论述了开展科研资金全过程跟踪审计所使用的方法以及开展科研资金全过程跟踪审计的重点以及要求，从内部审计视角

---

① 李枫，吕廷杰，吕嘉，陈霞．高校科研经费管理模式的反思及矩阵式经费管理模式的提出［J］．技术与市场，2016（10）．

② 何小汝，罗莹，苏柘僮，朱根华，黄小英．基于委托代理理论的高校科研经费管理问题研究［J］．北京邮电大学学报，2015（6）．

③ 李春阳．协同理论视角下的高校科研经费管理［J］．教育财会研究，2018（6）．

④ 吴丹舟．高校科研经费跨部门协同管理模式探讨［J］．中国管理信息化，2019（1）．

⑤ 姚俊生，袁仁淼．“放管服”背景下高校科研经费管理流程优化研究［J］．会计之友，2019（8）．

⑥ 曹国强．以内控视角谈谈如何加强科研经费管理［J］．中国国际财经，2018（6）．

⑦ 徐捷．高校科研经费信息公开现状及对策研究［J］．会计之友，2018（9）．

对完善高校科研资金管理提出了建议。[①]

2. 国家层面加强科研资金管理的相关研究

从研究内容来看，针对特定类型单位的科研资金管理研究较多，从宏观层面对国家加强科研资金管理的研究较少。

聂常虹（2014）提出，我国科研资金管理中存在各科技行政管理部门缺乏全面有效的统筹协调、科学共同体受到行政干预较多、重过程轻目标管理、科研人员薪酬制度僵化等问题，并从市场机制在科研资金管理中如何发挥作用、探索在国家层面建立科研资金统筹机制，在科研资金管理和使用中充分发挥科学共同体的作用、明确科研资金管理中的主体责任、完善科研人员收入分配制度、提高科研资金管理和使用的透明度等方面提出改进建议。[②]

孙淑娅等（2017）分析认为，我国科研资金管理乱象的重要原因是“业财脱节”，提出业财融合是新形势下科研资金管理的趋势，并从预算管理、支出管理、结题管理全流程提出了业财融合视角下科研资金管理体系的构建思路与框架。[③]

张鑫等（2016）认为，我国应借鉴国外成功的科研诚信管理经验，逐步建立具有中国特色的科研信用体系，并形成由政府主导、多方协调的信用体系，制定和完善相关法律，建立健全科研诚信的运作与监督制度，借以营造良好的科研道德氛围，建立以诚信为手段的科研管理方式，释放科研创新活力，带动社会和经济发展。[④]

蒋悟真和郭创拓（2018）认为，当前进行的科研资金管理改革遵循的是“权力导向”下的管制思维，应从管制向服务转变，建立激励导向的科研资金管理机制，我国科研资金管理急需由管理思维向法治思维转变，由政策性文件主导向更高位阶的专门性立法转变，坚持以保障科研权力、激发创新活力、维护良性科研资金管理秩序为指导，重塑治理模式。[⑤]

---

① 于聪聪．高校科研经费管理的全过程跟踪审计研究［J］．现代经济信息，2019（3）．

② 聂常虹．对我国科研经费管理问题的思考［J］．农业科研经济管理，2014（1）．

③ 孙淑娅，国长青，王亚群，钟彩霞．基于业财融合的科研经费管理模式创新研究［J］．齐鲁论坛，2017（10）．

④ 张鑫，刘敏颖，江海．通过构建以科研诚信为手段的科研管理方式释放科研活力［J］．广东科技，2016（8）．

⑤ 蒋悟真，郭创拓．迈向科研自由的科研经费治理入法问题探讨［J］．政法论丛，2018（4）．

王守军（2019）全面回顾了我国近20年来的科研资金管理政策变化，指出国家提出了简化预算程序、优化预算调整等一系列管理举措，并在政府采购、监督评审、资金报销等方面提出了新要求，但是广大科研人员“获得感”不足，感觉在科研资金使用中仍存在程序多、手续繁、难度大、时间长等问题，事务性工作占用大量精力，改革效果未全部彰显，是因为原有管理思路与管理政策尚存在问题，如不进行顶层设计，仍沿用“打补丁”方式完善政策，就始终无法走出科研人员报账难的困境。他提出，应当确立对科研人员的基本信任，改变管理观念和管理措施，建立一种“简约过程控制＋严肃违规处理”管理思路。①

（三）研究述评

对科研资金管理研究相关文献梳理发现，在科研资金推进“放管服”管理改革的大背景下，科研资金管理问题逐渐成为研究热点，研究主题和研究方法也渐趋多样，对问题的认识越来越深刻，部分研究对于改进国家层面科研资金管理具有一定的参考价值。进一步分析发现，相关研究呈现“三多三少”的特征。

一是从研究主体来看，来自实务界的探讨多，来自理论界的研究少。由于财政科研资金仅是财政资金中的一个较小分支，加之若对国家科技计划组织管理和自然科学研究的规律、特点了解不够，相关研究也难以进行，造成科研资金管理研究的人员实务界从事科研资金管理的会计、审计人员多，理论界对此的研究少，进而导致相关研究理论性不足、系统性较差。

二是从研究客体看，对单位层面管理研究多，国家层面管理研究少。一方面，因为研究主体多来自实务界，导致研究客体多为某一类型单位或某一具体单位，如高校类单位、农业科研单位、企业类单位、某高校、某科研单位等；另一方面，从国家层面开展相关研究，涉及的管理主体更多、更复杂，需要的站位高度、视野广度、认识深度等要更高，综合来看，比对具体单位的管理研究难度大。

三是从研究内容看，基于既定政策框架与管理模式的改进式研究多，提出新的政策理念与管理模式的研究少。梳理文献发现，相关研究多为特定历

① 王守军．从“放管服”改革看我国科研经费管理政策变化［J］．中国高校科技，2019（5）．

史时期、特定政策环境下，科研资金管理如何进行局部改进，触及管理深层次问题、对已有管理模式提出质疑和挑战的少。例如，关于防范科研资金使用中的道德风险，学者们大多从代理方角度提出相关建议，对委托方制度不合理指摘较少。诸如此类，研究多为认可已有管理模式的科学性和可行性，对科研资金管理模式系统地开展研究的较少，这也影响了对于该问题的深入思辨与讨论。

三、我国财政科研资金管理现状

（一）财政资助科研投入及主要成就

改革开放以来，我国通过科技计划支持了大量科研项目，对培养和聚集科研队伍发挥了重要作用，取得了一大批重大科研成果。特别是“党的十八大”以来，科技对推动我国经济结构调整、提高综合竞争力发挥了越来越重要的支撑作用，实现了从跟跑到并跑和领跑并存的历史性跨越。

1. 财政科技投入连年增长

随着我国经济的发展和综合国力的提升，我国财政科技投入逐年增长，在其带动下全社会研发投入也在逐年增加。其中，2012 年我国 R&D 经费总量突破万亿元大关，2013 年 R&D 经费投入强度首次突破 2%，这些是我国科技投入史上具有里程碑式意义的事件。

表 1　　近年我国 R&D 经费及国家财政科技支出情况

	2011 年	2012 年	2013 年	2014 年	2015 年	2016 年	2017 年	2018 年
R&D 经费投入（亿元）	8687.0	10298.4	11846.6	13015.6	14169.9	15676.7	17606.1	19677.9
R&D 经费投入强度（%）	1.84	1.98	2.08	2.05	2.07	2.11	2.15	2.19
财政科技支出（亿元）	4902.6	5600.1	6184.9	6454.5	7005.8	7760.7	8383.6	9518.2
占当年国家财政支出的比重（%）	4.58	4.49	4.45	4.41	3.98	4.13	4.13	4.31

数据来源：国家统计局 2011—2018 年全国科研经费投入统计公报。

从表1看出，财政科技支出在经历了“十二五”时期较快增长后，在“十三五”期间增速略有下降，相对需求而言财政科技投入仍具有较高的资源稀缺性，提高使用效率意义重大。

2. 科研项目产出成果丰硕

近年来，我国科技创新综合实力和国际影响力显著提高，科技事业进入历史发展的新机遇期，科技创新进入“三跑并存”的新阶段，领跑、并跑的比重越来越大、内容越来越丰富，正处于从量的积累向质的飞跃的重要时期。2018年，世界前1%的高影响论文数量，我国接近于欧洲和美国，但顶尖的研究较少。在量子反常霍尔效应、中微子震荡、铁基超导等基础研究领域取得一大批重大原创成果。我国科学家首次获得诺贝尔生理学奖或医学奖。在航空航天、超级计算、卫星导航、深海探测等战略高技术领域进入全面突破的新阶段。在人工智能、物联网、自动驾驶、量子通信和量子计算、3D打印等前沿领域已经进入先进行列。建成世界最大单口径500米球面射电望远镜、中国散裂中子源等一大批国际领先的大科学装置。科技创新成为推动产业转型升级的新引擎，科技成果向现实生产力转化的通道更加畅通，科技创新不断培育发展新动能。

（二）“十一五”以来财政科研资金管理沿革

1. “十一五”时期的科研资金管理

2006年，《国家中长期科学和技术发展规划纲要（2006—2020年）》发布，提出“把科技投资作为战略性投资，大幅增加科技投入”“建立和完善适应科学研究规律和科技工作特点的科技资金管理制度，按照国家预算管理的规定，提高财政资金使用的规范性、安全性和有效性”。同年，为落实规划纲要的有关要求，国务院办公厅转发财政部、科技部制定的《关于改进和加强中央财政科技经费管理的若干意见》（国办发〔2006〕56号，以下简称“56号文”），56号文较为系统地勾画了我国科研资金管理的框架，奠定了近年来科研资金管理的基本格局，在我国财政科研资金管理史上具有里程碑意义。

从2006年开始，在56号文精神指引下，国家重点基础研究发展计划、国家科技支撑计划、国家高技术研究发展计划等科技计划和专项分别制定了各自资金管理办法。2007年，国家科技部发布《国家科技计划和专项经费监督管理暂行办法》，第一次统一地对国家科技计划专项经费监督管理做出明确规范。同时，该办法强调了对违规违纪行为追究责任的要求。

“十一五”时期基本统一了各科技计划资金的开支范围、开支标准、预算科目，对预算编报、预算评审、预算调整和审计监督等管理环节进行了规范。

2. “十二五”时期的科研资金管理

“十二五”时期按照科研领域推进“放管服”的要求，为激发科研人员创新活力，在科研资金管理上适应科研活动规律，启动科研资金管理改革。管理理念与管理机制与56号文精神一脉相承，改革内容多为技术性调整，管理理念未发生根本变化。2011年，为适应科研活动的规律，财政部联合科技部发布了《关于调整国家科技计划和公益性行业科研专项经费管理办法若干规定的通知》，强化了预算评估评审，调整和规范了课题资金开支范围，增加了人员激励性费用支出，简化了预算调整程序，增加了预算弹性的同时，进一步强调了单位的法人责任和加强监督检查的有关要求。2012年，国家科技部出台《关于进一步加强国家科技计划项目（课题）承担单位法人责任的若干意见》，明确了承担单位在课题执行中的监督管理责任主体地位。2014年，国务院发布了《关于改进加强中央财政科研项目和资金管理的若干意见》，进一步强调要加强科研项目和资金监管，并对规范科研项目资金使用行为、完善科研信用管理、加大对违规行为的惩处力度等做出规定。

改革的总体指导思想是尊重科研规律，创造相对宽松的资金使用环境，同时加强对违规问题的监管。管理机制上的改进内容主要包括：建立资金年初预拨机制，解决“等米下锅”的问题；建立课题间接成本补偿机制，提高对单位的间接成本补偿水平，为激发科研人员创新积极性，增设了绩效支出；不断下放预算调剂权限，适应科研活动不可预见性强的特点；结余资金可留用，解决突击花钱问题。

3. “十三五”以来的科研资金管理

“十三五”时期科技创新面临的形势愈发紧迫，相应的科研资金管理改革力度不断加大。2016年，中共中央办公厅、国务院办公厅印发了《关于进一步完善中央财政科研项目资金管理的若干意见》（以下简称《若干意见》），标志着科研资金管理改革再上新台阶，完善中央级高校院所科研管理，形成充满活力的科技管理和运行机制，同时要求加强对出台政策落实情况的督查指导。2018年，为贯彻落实党中央、国务院关于推进科技领域“放管服”改革的要求，建立完善以信任为前提的科研管理机制，激励科研人员潜心研究、释放科研活力，国务院发布《关于优化科研管理提升科研绩效若干措施的通知》，标志着科研资金管理由合规导向向绩效导向转型。

改革的总体指导思想是：充分信任科研人员，创造更为宽松的资金使用环境，进一步激发科研人员创新活力，改进内容主要包括：进一步下放预算调剂权限，简化预算编制工作；推行科研财务助理制度，解放科研人员；提高了科研智力劳动补偿，提高绩效支出比例，大幅提高专家咨询费标准；完善中央高校、科研院所差旅、会议管理，改进政府采购管理；强调单位应规范管理，改进服务；“强化科研项目绩效评价”，绩效管理理念在管理部门和科技界深入人心，财政科研项目绩效管理新篇章由此开启，结题阶段的一次性综合绩效评价成为“规定动作”。

4. 政策变化与管理思路分析

在2016年《若干意见》出台之前，科研资金管理更多体现的是过程控制的理念，将科研资金管理视作一个严密、完整的过程，立项阶段采取预算总量及分项管理；实施过程中履行严格的预算调整手续，物资采购上实施政府采购，资金结算上采用公务卡或银行支付；结题阶段审计和验收全覆盖。

2016年《若干意见》出台之后，贯彻“放管服”改革精神，更加关注了利益相关者，强调了“以人为本”，注重项目承担单位作用的发挥。从实践角度看，项目承担单位更了解项目科研活动的情况，更靠近科研活动发生的现场，更熟悉本领域科研活动的规律，教育、规范、激励和惩戒科研人员更能结合单位实际。

2018年《若干措施》出台之后，在管理思路上，强调对科研人员的信任，体现了管理思路由过程管控导向到结果导向的转变，强化科研项目绩效。

（三）财政科研资金管理改革成效

1. “简政放权”，创造了宽松的创新环境

近年来，在科研资金管理方面按照“放管服”改革的总体要求，改革一直在持续深化。尊重科研活动规律，着力解决科研资金“刚性有余、灵活不足”“科研资金管理行政化”等问题。建立资金年初预拨机制，避免了立项

后，科研人员“等米下锅”，保障了科研任务顺利实施。简化预算编制，将直接费用预算科目从原来的11个合并为三大类，差旅、会议、国际合作交流费预算不超过直接费用10%的不用提供测算依据，提供详细测算依据的大额支出标准从5万元提高到10万元，简化预算表格，减轻科研人员负担。适应科研活动不可预见性强的特点，大幅下放预算调剂权限，将直接费用中绝大部分支出科目的预算调剂权限下放到项目承担单位。改进中央高校、科研院所差旅、会议管理，避免行政化管理科研资金。从管理部门将大部分科目的预算调剂权限下放给项目承担单位。落实25号文精神，进一步简化预算编制，对遴选的管理基础较好的63家“绿色通道”试点单位开展简化预算编制和“包干制”试点。通过减表行动，各类报表的整合精简基本完成。以重点研发计划为例，项目层面的表格由过去的36张精简整合为6张，课题层面的表格由过去的21张精简整合为5张。通过检查“瘦身”，初步建立了多部门联合科研项目监督检查年度计划机制，将科研项目现场检查的比例严格控制在5%以内。

2. “以人为本”，增强了科研人员获得感

科研活动智力成本补偿不足是近年来科技管理中的一大突出问题，涉及因素较多，也是改革的难题。中央财政科技计划资金管理改革，切实体现“以人为本”，激发了科研人员积极性。扩大劳务费开支范围，强调劳务费不设比例限制，根据年度统计公告为劳务费建立动态调整机制。据统计，国家科技计划中劳务费预算占比从“十二五”时期的8.8%，上升到2018年的15.02%。提高科研项目间接费用占比，取消其中绩效支出比例限制，并针对智力密集型和纯理论型科研项目进一步提高间接费用比例，激发科研人员创新积极性。大幅提高专家咨询费发放标准，高级专业技术职称人员咨询费从原来的500～800元/天大幅提高到1500～2400元/天，彰显了对高级智力劳动的尊重。

3. “优化服务”，改善了资金使用软环境

各项目承担单位强化了服务意识，科研资金使用软环境逐步改善。一是优化了报销流程，简化报销手续。不少高校探索推进“互联网+报销”模式，推行网上审批方式，减少对科研人员非科研时间的占用，提高审批效率。二是推行科研财务助理制度，协助科研人员开展预算编制、预算调剂和验收等工作，让大批科研骨干从事务性工作中解脱出来，集中力量于多出成果、出

好成果，得到科研人员的广泛赞誉。三是管理部门加强了政策宣传、解答、咨询的力度，不少单位借助公众号、微信群等新媒体方式，为科研人员提供方便、快捷的政策查询和指导。四是科研单位落实《若干意见》精神，针对野外科考等科研活动中难以取得票据的行为，结合单位实际，制定切合单位实际的管理办法，在确保相关业务真实性前提下，解决无票据报销问题。

（四）新时代财政科研资金管理面临新形势

1. 加快建设创新型国家对科研资金管理提出高要求

科研资金管理机制是建设创新型国家和提升财政科研资金使用效率的重要保障，是调动科研人员积极性的重要手段。创新驱动发展战略是党的十八大确定的重要发展战略之一，将科技创新作为提高社会生产力和综合国力的战略支撑，须摆在国家发展全局的核心位置。2016 年全国科技创新大会提出建设世界科技强国三步走的目标。党的十九大提出加快建设创新型国家和世界科技强国的要求。当前，国际政治经济格局发生深刻变革，新一轮科技革命和产业变革加速演进，全球科技创新进入空前密集活跃期，科学研究、技术创新和产业范式正在发生重大变革。国际贸易摩擦与科技竞争相互交织、不断升级，演进成科技、人才、创新能力的博弈。目前科研资金“放管服”改革，取得了一定成效，总体受到科研单位和科研人员的欢迎，但与紧迫形势的要求还存在一定差距。纵观“十二五”“十三五”科研资金管理改革，多为对已有的管理机制进行的技术性调整，政策的优化或是放松管理权限或是在不同层级上对管理权限进行重置，非革故鼎新之举，不能完全满足加快建设创新型国家和建设科技强国的要求。

2. 全面预算绩效管理对科研资金管理提出新要求

学术界通常认为，预算绩效管理源自新公共管理运动，是公共预算适应国家治理需要、功能不断演进、交织发展到特定阶段的产物。传统预算强调控制功能，绩效预算承担起包括控制、管理、政治、问责等综合职能。衡量绩效一般采用“3E”标准，即经济（Economy）、效率（Efficiency）和有效（Effectiveness）。投入是决定绩效的因素，无投入不必问绩效，有投入就应当问绩效。实施预算绩效管理需要协同推进机制，其中确保财政支出资金真实、合规是衡量投入的重要前提。2018 年 9 月 ，中共中央、国务院发布了《关于全面实施预算绩效管理的意见》，在工作目标上提出了“构建全方位预算绩效管理格局”，在实施对象上将政府、部门和单位都需纳入预算绩效管理，在实施范围上明确了“将政策和项目全面纳入绩效管理”。《国务院关于优化科研管理提升科研绩效若干措施的通知》提出“强化科研项目绩效评价”。当下科研领域信用建设仍不够完善，实施预算绩效管理急需理顺科研资金管理机制，攻克“合规性”顽疾，如此方能为顺利实施绩效导向的管理评价打下基础。

（五）财政科研资金管理存在的主要问题

1. 已出台改革举措未有效落地

新政策在执行环节遭遇“落地难”问题。相关部门、地区和单位总体在积极贯彻落实国家科研资金管理改革精神，不少地方在遵循中央政策框架下，结合地方实际开展了有益探索，对政策的部分内容结合地区实际进行了创新，不少单位在服务科研人员方面，推出网上一站式审批、统筹管理科研财务助理等创新举措，但新政策在落地环节也遭遇“最后一公里”问题，科研院所和高等院校在承接下放的资金管理权限、改进对科研人员支撑服务等方面仍存在不足之处。例如，2019 年国务院在第六次大督查时发现，海南高校科研机构在支撑科研活动方面，特别是项目采购报销方面，仍然负担较重，增加了报销时间成本，牵扯了科研人员精力，挤占了科研时间。科研财务助理制度落实不到位，科研财务助理的工资待遇低，且其明确职业晋升通道缺乏，很难聘请到专业化人才。单位承接下放的资金管理权限心存顾虑，担心被“秋后算账”，存在被审计、纪检等工作人员找麻烦的现象，不得不按“严”口径管理科研资金。单位在利用专业化科研财务助理、智能化信息化平台等手段支撑科研服务方面与政策要求有差距。

科研人员认为简化资金管理仍不到位。科研资金管理改革总体得到科研人员的认可，但科研人员认为在简化采购手续、优化报销流程等方面与其期望仍有差距。在要钱上，部分科研人员由于对预算编制政策和评估方法不了解，主观臆测若在预算说明中未对开支内容进行翔实说明，资金便会被审减，因此在对预算详细说明上仍花大量精力。在花钱上，科研人员认为存在“报销难”问题，用款申请、负责人审核、财务初核、相关部门审核、领导审批等冗长的审批流程和提供申请单、合同、发票在内的各类自证材料占用了大量宝贵的科研时间，除此以外，还存在业财不融合、多部门交叉重复管理的问题。在交账上，部分科研人员错误地认为要把花掉的每一笔钱，与要钱时的预算“对表”，如果合不上，就要开动脑筋、想方设法“对齐”，否则就不能交账，资金报销事务劳神费心。科研人员的呼声，反映了科研资金管理政策仍有优化空间，也反映了已有政策未有效落地。

2. 以信任为前提的管理机制尚未建立

进入新时代在继续加大科研资金投入的同时，需要提高科研工作效率，还需要不断提高科研资金使用效率。因此，国务院提出要建立以信任为前提的管理方式，建立以信任为前提的管理方式不是以信任代替监督，更重要的是在管理理念上做出改变。

（1）现行预算管理仍有改进空间。预算编制仍可以简化。目前科研资金管理办法已将除设备费外的其他直接费用相关科目预算调剂权限下放给承担单位，在预算执行中，尊重科研活动规律，允许科研人员进行自行调整，如此也就意味着承认科研活动难以预测，科研活动预算是事前不可估计的，或变化的可能性很大，或至少在目前的管理水平或管理手段下如此。如此推论，在预算编报环节也应大幅简化，免去科研人员“拍脑袋”式的“编”预算的工作量，提出预算需求的金额量级即可，对于实施周期较长、资金需要量大的项目，可结合任务实施情况实行“里程碑”拨款。

流于形式的预算调剂可以取消。在预算执行中，应引导单位将管理重点放在支出真实性、相关性的审核上。目前，单位在预算支出管理上，报销的审查重点是预算额度有无、科目预算有无超支，不够则调剂，这一套检查后才转到对业务真实性、相关性的审核上，到最后最有效管理环节投入精力有限。如此这般，还不如免去形式大于实质的预算调剂，引导单位将管理重点放在支出真实性、相关性的审核上。况且，在实际执行中，很多项目的预算调剂也是“先上车，后补票”，尚未真正起到事先控制的作用。

决算时，工作量大大减轻。相应改革后，在决算时，科研单位、科研人员或审计人员均无须按照预算进行“对表”，只需要按资金实际使用情况反映支出即可。

（2）现行管理中“堵漏”方式需要改进。“一人生病，全家吃药”式堵漏，不符合建立以信任为前提的管理理念。现实中的确有个别科研人员钻制度漏洞，套取转移资金，因此造成科研资金管理的一个重要目标是防舞弊。问题在于该工作目标的假设前提是否科学，即舞弊的可能性会有多大；由此带来的管理成本是否过高；如果仅有个别人做假是否有必要所有人都遵守严苛、烦琐的工作程序，这是不是对大部分遵规守纪人的变相惩罚。“一人生病，全家吃药”式堵漏，必然带来管理过程的机械、烦琐，对资金使用违规的处罚非常重要，让绝大多数科研人员心存敬畏、让极少数主观故意违规的人付出相应的代价，是管理运转高效的重要保障。在对违规行为处理上，党纪、政纪、法律、征信等体系要协同发挥作用，联合惩戒，高悬“达摩克利斯之剑”。

（3）“规定动作”的结题审计有改进空间。从“十一五”时期开始，项目结题审计和财务验收成为规定动作，从建立以信任为前提的管理机制来看，“规定动作”的结题审计也有改进空间。通过对预算安排在单位间的分布分析发现，占单位数量 20% 的单位经常承担项目，其获得资金约占资金总量的 80%。结题审计重在反映资金收支情况和揭示资金使用中存在的问题，开展结题审计需要被审计单位准备审计资料、审计人员到现场开展审计，占用科研人员或科研财务助理不少的精力，消耗不少的公共管理成本。例如，国务院关于 2018 年度中央预算执行和其他财政收支的审计工作报告中披露，审计署所调查了 139 所科研院校 3 年来共接收财政、教育、科技等部门开展的财务检查、结题验收等各类检查 3385 次①。

结合项目承担单位分布情况，结题审计可以考虑分层实施。对于经常承担项目且管理基础好的单位可以通过决算及决算说明代替结题审计，对于经常承担项目且管理基础较好的单位可以通过内部审计代替，对于经常承担项目且管理基础不好或不经常承担项目的单位由第三方中介机构开展结题审计。对经常承担项目单位的整体管理水平评价，可通过定期对单位科研资金管理的整体审计去实现，借此机制也可以推动单位自我约束，自我完善管理。

四、问题根源分析

（一）科研资金管理委托代理关系链条长且职责不够清晰

1. 科研资金管理中的委托代理关系

科研资金管理中委托代理关系复杂、链条长，存在信息不对称问题，也

① 国务院关于 2018 年度中央预算执行和其他财政收支的审计工作报告。

存在“道德风险”问题。分析科研资金管理中的委托代理关系，离不开项目管理模式和资金管理模式。下面以重点研发计划①为例进行分析（见图1）。

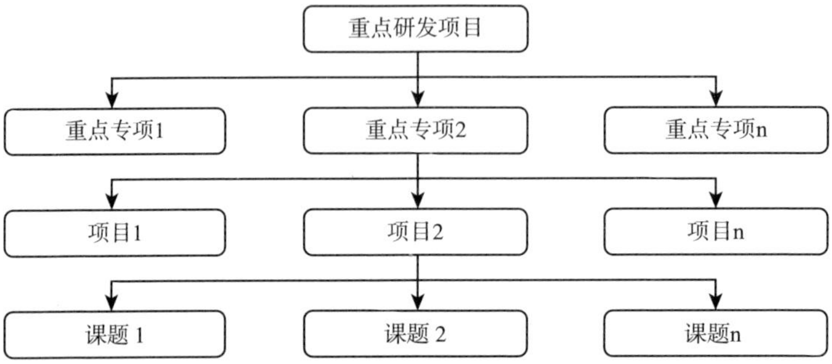

图1　重点研发计划项目管理模式

从图1中可以看出，重点研发计划项目管理模式为重点研发计划下设若干专项，专项由专业机构负责管理；专项下设若干项目，每个项目设立一个牵头组织单位；项目下设若干课题，每个课题有一个牵头承担单位和若干参与单位（见图2）。

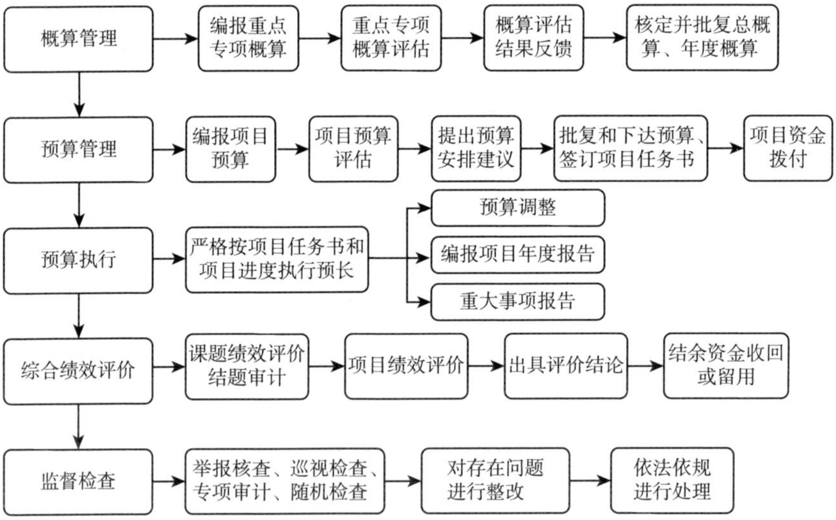

图2　重点研发计划资金管理流程

① 其他研发类科技计划国家科技重大专项和自然科学基金资金管理模式与此类似。

对图2重点研发计划资金管理流程结合我国财政管理体制说明如下：财政部门负责重点研发计划资金管理办法制定和重点专项概算评估和概算下达等概算管理工作；科技管理部门负责会同财政部门制定重点研发计划资金管理办法、项目（课题）的重大预算调整、项目实施过程中或实施后的监督检查以及专项实施效果的绩效评估；专业机构负责对科研单位提出的项目预算进行评估、批复和下达预算、项目资金拨付、课题重要预算调整等预算管理工作以及项目实施效果绩效评价；项目牵头组织单位负责项目下设课题的资金拨付、日常组织管理以及实施课题效果绩效评价；课题承担单位负责课题合作单位的资金拨付、除设备费外的直接费用预算调剂、课题的日常组织管理以及对参与单位的资金使用监督；课题参与单位是预算执行主体，负责各自任务实施和预算执行。

综合以上分析，可以发现，重点研发计划中科研资金管理委托代理关系为：纳税人→财政部门→科技管理部门→专业机构→项目牵头单位→课题承担单位→（课题参与单位）→课题组，从项目组织和资金管理上存在以上八层委托代理关系，是财政资金管理中少有的长链条、复杂的关系。除此之外，在实际工作中，按部门预算管理权限单位主管部门也参与对所属单位的科研资金使用的指导、管理和监督。

2. 执行中相关主体职责边界不够清晰

科研资金管理实行分级管理、分级负责的模式，从制度层面上对相关主体职责进行了界定，由于委托代理链条上的众多角色都是“经济人”，在执行上都有各自考量，造成执行环节还存在权责不够清晰的情况。一是管理部门之间管理权限和管理边界存在模糊地带。例如，重大专项的资金管理由财政部负责，项目管理由科技部和牵头组织单位负责，看似明确的权责划分，在执行中存在中间地带，或缺位，或越位。二是科研主管部门与单位行业主管部门之间权责划分不明确。例如，高校承担的科研项目资金，从项目角度接受科技管理部门指导，从单位角度又要接受教育部管理，同一事项在各部门之间的管理边界和权限缺乏明确界定。三是科技管理部门和专业机构管理权限存在交叉。例如，重点研发计划专业机构负责项目和资金管理，科技管理部门也会开展资金使用抽查，相关监督衔接不够，各自边界不够清晰。四是项目管理部门与承担单位之间权责不够清晰且存在交叉，一方面是管理部门管得太细，另一方面是下放给单位的权限，单位“不敢接”或“接不住”。五是承担单位与课题组之间边界不够清晰。承担单位的职责重在完善制度，加强内部控制建设；课题组职责重在按规定使用资金。内部控制不是万能的，当个别科研人员违规钻制度漏洞时，按现行制度规定单位需要“背锅”，负有连带责任。部分科研人员反映，国家下放管理权限后，单位管得更严了，单位负有无限连带责任是这一现象的重要原因。

（二）科研资金管理中主要利益相关者不够协调

1. 科研资金管理中的主要利益相关者

政府部门、专业机构①、科研单位和科研人员是科研资金管理中最主要的利益相关者。除极个别动机不纯的科研人员，存在借科研之名套取资金的行径外，在管好、用好科研资金上，科研人员、科研单位、专业机构和政府部门这四者有着相同的目标。政府部门是资源供给者和政策制定者，目的在于通过提供资源长期供给和优化制度激励，在有效均衡权益激励和责任惩罚的基础上，充分调动科研人员积极性，营造良好创新氛围。科研项目管理专业机构负责项目指南发布、项目征集、遴选和过程管理，希望通过提高管理水平，加快推动科研任务的实施，规范资金管理。科研单位是科研任务组织实施的主体，通过协调单位内部资源，落实国家相关政策，提高管理服务水平，提高单位在相关领域的科研实力。科研人员是科研工作的实施者，利用财政资助的科研资金在相关领域开展科技攻关，同时享受政策红利，体现科技报国情怀，为建设创新型国家贡献力量。

2. 科研资金管理中的利益相关者关系不协调

相关政策在执行环节存在“落地难”问题，部分为科研单位的主观问题。例如，有的科研单位担当不够，主动性不强，还存在“等靠要”的想法；有的单位落实政策时，应付差事，照搬照抄国家规定，未结合单位实际；有的单位在落实政策时存在畏难情绪，不愿触碰已有利益格局；有的单位以信任代替监督。不容忽视的是，利益相关者利益不协调甚至冲突是问题产生的深层次原因。

① 国家科技计划管理改革后，政府部门不再直接管理项目是改革的内容之一，政府部门侧重政策、规划、战略和监督，由组建的专业机构负责科研项目的日常管理。

政府部门、专业机构、科研单位和科研人员作为科研资金管理使用中最主要的利益相关者，分别承担管理政策和科研资金供给、科研资金管理和科研资金使用的职责，四者在维护科技界的良好声誉、提升科研资金使用效率、推动创新型国家建设上，终极目标是一致的；但四者在科研资金管理使用上也存在利益冲突或不协调之处，随着“放管服”改革推进，从政策落地角度来看，不协调之处更多地体现在科研单位和科研人员身上。

从科研单位开展资金管理角度看，利益冲突或不协调主要体现为四个方面内容。一是单位依赖科研人员尽可能多的获取科研资金，以彰显科研实力，与严管资金使用的冲突；二是承接科研资金管理的“放权”、简化管理流程与承担连带管理责任和健全内部控制之间的冲突；三是科研单位提高对科研人员服务水平与资源投入不足的冲突；四是科研人员智力劳动补偿与科研单位弥补管理成本的冲突以及事业单位收入分配政策的不协调。

从科研人员使用资金角度看，利益纠结主要体现为：一是在申报预算时，平衡可供其直接支配的直接费用与供单位统筹使用的间接费用；二是在资金使用时，认为自身科研智力劳动未得到补偿，转而利用信息不对称优势，隐瞒资金真实用途，钻单位制度的空子，满足私欲；三是在结题验收后，不按规定用途使用结余资金。①

当利益相关者利益不协调时，相关主体更多地从本位主义出发考虑问题，难以顾及全局利益，也难以实现“放管服”改革的目标。

（三）科研资金管理改革动作频频但缺少顶层设计

本轮科研资金管理改革发端于 2014 年，其改革基础是 2006 年 56 号文奠定的资金管理基本框架。在 2006 年制定 56 号文时，科研资金使用环境乱象丛生，转移套取科研资金、不按规定用途使用科研资金屡见报端，重疴需用猛药，彼时制定政策的出发点是加强管控，堵塞管理漏洞，“不准”“严禁”等成为管理制度中的高频词。近年来，随着全面从严治党推向深入、单位内部控制的完善、单位资金支付结算方式的改进以及个人所得税税法改革，科研资金使用的外部环境发生了较大改变。纵观已实施的改革，总体思路是贯彻“放管服”精神，改革举措多为已有管理机制的技术性调整，或是对管理

---

① 按相关的资金管理办法，课题结题后两年内结余资金用于科研活动的直接支出。

权限在不同管理层级上的重置，为“打补丁”式改革，缺少顶层设计，改革理念模糊，在一定程度上也导致了科研单位落实政策的观望情绪。

1. “补丁”过勤，不利于科研单位落实

近年来推行的改革举措，出现了就某一问题“挤牙膏”式的频繁改进，从2011年出台的434号文件，到2014年出台的11号文件，再到2016年出台的《若干意见》，甚至到2018年出台的《若干举措》，改革对结余资金的处理、间接费比例的调整、劳务费的改进等，多个文件均有涉及。不断出现新政策对原政策“打补丁”式改进，对同一政策点不断提出新的要求与标准，希望能够更加贴近科研活动需要，其出发点是好的，但也容易使科研单位在政策落实过程中产生的政策也许会随时变化的担心和疑虑，导致他们在政策执行中持观望态度，踟蹰不前。《若干意见》落实督查时，曾有单位明确表示，也许很快又会出台新政策，先等等再说。

2. “补丁”过密，不利于科研人员理解

就同一内容频繁改革，加上有些政策在发布时，对以前政策的适用范围规定的不够明确，不利于科研单位和科研人员清晰理解。例如，近年出台的相关政策中，434号文件和154号文件对执行日期和落实方式做出了较为明确的规定，但更多的政策文件对执行日期等操作性情况的规定不够具体，容易引起科研人员的混淆和误解。

3. “补丁”过粗，不利于科研单位操作

“打补丁”式政策由于缺少顶层设计和系统性筹划，有些规定仍不够细致，在实际工作中缺乏可操作性。例如，《若干意见》规定，社会保险补助可纳入劳务费的开支范围，但对住房公积金是否可以纳入其中并未予以明确，这令单位和科研人员感到困惑。又如，多个文件要求单位公开课题资金使用情况，却未对公开范围、公开方式、公开时限等提出明确要求。

4. 政策“拉抽屉”，科研单位难以适应

在结余资金管理上，政策出现来回“拉抽屉”，科研单位难以适应的情况。例如，2014年出台的11号文件规定，项目验收通过且单位无不良信用记录的，结余资金可以一定期限内留归单位使用；2016年出台的《若干意见》将一定期限明确为2年，将开支范围明确为科研活动直接费用，其中均未对预算执行率提出刚性考核标准；2018年出台的《国家重点研发计划项目综合绩效评价工作规范（试行）》，却又对预算执行率提出刚性考核标准，明确验收时预算执行率低于85%的，财务评价将会不合格。

五、新时代科研资金治理模式构建

（一）转管理思维为治理思维

在近些年的科研资金管理改革中，“管制”思维仍沿袭主导地位，不断适应科研活动的规律是改革的方向，但改革的方式多为技术性调整，而非体制革新，未能充分体现“治理”思维，科研单位的作用发挥得不尽如人意，在政府部门、专业机构、科研单位和科研人员等主要利益相关者之间未能构建“服务伙伴”关系。

1. 科研资金管理

“权力导向”的管制思维是科研资金管理的指导思想，是在既定的治理结构下进行的科研资金管理的具体活动。科研资金管理以规范资金使用为基本出发点。管理路径以管理主体，即委托代理关系中委托方的视角规范受托方的行为，受托方被动参与，强调过程控制，强调对科研经济活动的规制。管理依据为行政主导的政策性文件，管理手段侧重资金使用微观层面的操作与控制，更关注具体行为的处理、对违规行为的处罚。通常通过监督和问责的方式实现管理目标。

2. 科研资金治理

“伙伴关系”的共治思维是科研资金治理的指导思想，是科研资金治理中利益相关者。科研资金治理以提高资金治理效能和治理能力为基本出发点。治理路径依赖利益相关者的共同治理，强调利益相关者主动参与、持续互动，而不仅是被动参与，强调结果导向。治理手段侧重宏观层面的财权配置，强调相关主体之间的契约与信任。治理依据为法制导向的法律法规。通常激励与约束并重，在明确相关方权责基础上，更多通过激励与引导方式实现治理目标。

综上，科研资金管理与科研资金治理的终极目标都是规范资金使用行为、提高资金使用效率、为科研活动提供物质保障，但二者的具体目标和实现手段又有所不同。同时，科研单位良好的财务管理基础有助于科研资金治理目标的实现。本研究在第三部分“‘十一五’以来财政科研资金管理沿革”中分析了政策及管理思路的变化，发现2016年以后出台的科研资金管理政策越来越多体现了“治理”思维，但仍不够全面、不够彻底。

（二）梳理重构利益相关者关系

重构利益相关者关系是构建科研资金治理模式的重要基础，传统的“政府至上”的“单边治理”理念需要改变，政府部门、科研单位、专业机构和科研人员等“利益相关者”统一树立“共治思维”，寻求利益相关者的共同利益最大化。

1. 政府部门重塑角色

在重构利益相关者关系时，最需要做出改变的就是政府部门。可喜的是，科技管理部门正在努力改变的过程中，自2016年开始科学技术部就提出“从研发管理向创新服务”转变的工作理念，2019年又将如何更好地实现“从研发管理向创新服务”转变作为“不忘初心、牢记使命”主题教育的重要内容。

作为资源和政策的供给方，政府部门通过加大财政投入适应加快建设创新型国家的需要，不断优化科技资源的配置，出台科研资金管理政策，引导科研单位优化管理，为科研人员提供良好支撑和贴心服务，通过提高对科研人员智力劳动补偿、加大科技成果转化激励力度，减少对科研人员不必要的干扰，营造良好的科研氛围，激发科研人员创新热情，推动科研人员积极作为，更好地支撑经济社会的全面发展。构建科研资金治理模式时，应加大对基础研究等市场不能有效配置资源领域的投入，将政策性文件从行政主导向更高阶的专门立法转变，在其中明晰利益相关者各方权利和责任，并明确资金使用的法律“高压线”，增强法律的普适性和严肃性。各类科技计划据此并结合自身特点制订具体资金管理办法，在科研绩效上注重结果和质量考核，最大限度地减轻对科研单位和科研人员的不必要的打扰，充分体现基于信任的管理理念，注重绩效导向的结果考核。

2. 专业机构准确定位

专业机构作为联系政府部门和科研单位、科研人员的桥梁和纽带，是利益相关者间构建“伙伴关系”的重要一环，在开展项目立项、过程管理和结题评价等工作时，应充分树立服务意识。在工作理念上，从实现管项目向服务科研转变，在项目管理过程中将服务科研工作和科研人员作为出发点和落脚点，履行好“协调者、服务者、监督者”的责任和义务。在立项过程中，承担好协调者的角色，充分发挥科技共同体的作用，严格按照管理规定去征集、遴选、评审项目，在预算评审环节，充分听取科研人员的意见反馈；在过程管理中，承担好服务者的角色，以协商合作面貌为导向，主动服务科研，主动解决科研任务实施中的困难，发现政府部门制定的科研资金管理政策在科研单位执行中的难点“堵点”，主动建言献策，发挥好互动、对话的联结作用；在结题评价环节，发挥好监督者作用，客观评价科研资金资助的绩效，并要求做好科研资金使用情况的公开工作。

3. 科研单位主动作为

科研单位是科研项目的组织管理单位，希望从政府争取到更多的科技资源，以提升本单位在相关领域的核心竞争力，同时为建设创新型国家贡献更大的力量。构建新型科研资金治理模式时，科研单位应结合新要求完善单位内部控制，积极实现内部控制合规导向到效率导向①的转变，发挥好更为了解科研项目活动实际的优势，在专业机构服务基础上，不断提高精准服务水平为科研人员心无旁骛地开展科研工作提供支撑服务。同时，如果单位内部控制体系是健全的、合理的，应免除因个别科研人员违规使用资金，单位在资金管理上的无限连带责任。

4. 科研人员自觉自律

科研人员作为科研项目实施者，是资金使用的直接责任主体，在资金使用上存在便捷化使用资金的诉求，通过承担更多的科研项目，借助政府财政资金支持，提高在专业领域的影响力，与此同时，科研智力劳动得到充分补偿。接受政府财政资金资助的科研人员可以自主决策其研究方法、技术路线，但他们需要在财务、法律和科研伦理上对公众负责。② 构建新型科研资金治理模式时，应廉洁自律，坚守科研资金使用“红线”，努力做到不逾矩、不越界，在集中精力做好研究工作、便捷使用资金的同时，按要求主动报告科研

---

① 效率导向并非忽视合规性，而是强调梳理流程，减少不必要的控制环节，借助信息化等手段提高内部控制效率。

② ［美］戴维·雷斯尼克．政治与科学的博弈：科学独立性与政府监督之间的平衡［M］．陈光，白太成，译．上海：上海交通大学出版社，2015.

资金使用情况，主动公开科研资金使用结果。

（三）重塑科研资金管理使用法律法规体系

1. 开展科研资金管理使用专门立法

运用好委托代理理论中的限制法，架好科研资金管理使用的“高压线”。过往对科研人员严重违规使用科研资金的处理，主要依据《财政违法行为处罚处分条例》《中华人民共和国预算法》和科研资金管理办法。然而，《预算法》所要实现的是“规范政府收支行为，强化预算约束”，强调的是严格控制，这与科研资金管理的出发点明显不同。由于科研活动是创新性的智力劳动，科研过程具有较大的不确定性，科研结果具有不可预测性；客观上为了适应科研活动的特点，科研资金的管理应更具“柔性”，依据较为“刚性”的预算管理规定对科研人员违规行为的追究有不妥之处。这也决定了《财政违法行为处罚处分条例》和《中华人民共和国预算法》在促进科研资金规范管理和有效使用上心有余而力不足，无法胜任限制法的作用。建议提升财政科研资金管理使用政策的位阶，推动开展针对财政科研资金管理使用基本行为的专门立法，架好资金管理使用的“高压线”，为构建新时代科研资金治理模式提供有效的法律保障。

2. 构建以信任为前提的科研资金管理办法

运用委托代理理论的激励法，完善以信任为前提的管理机制。党和国家领导人多次强调要实现科研资金管理模式的变革，建立以信任为前提的管理机制，目前的资金管理办法尚未充分体现这一理念，有了以法律为保障的管理使用的“高压线”，在资金管理办法层面应充分体现信任这一理念。

一是简化预算编制，由过去的分科目测算改为预算金额量级的测算；二是简化预算评审，由过去的分科目评审改为由业内专家组成的专家组与课题负责人协商制；三是取消过程预算调剂，引导单位将支出管理重点放在真实性、合规性和相关性的审核上；四是大幅压缩结题审计比例，对于经常承担项目且管理基础好的单位可以通过决算及决算说明代替，对于经常承担项目且管理基础较好的单位可以通过内部审计代替，对于经常承担项目且管理基础不好或不经常承担项目的单位由第三方中介机构开展结题审计。

（四）加快科研资金管理使用信用体系建设

用好委托代理理论的劝诫法，加快科研资金管理使用信用体系建设。绝大多数科研人员具有良好的教育背景和严谨的工作态度，通常也具有较好的自律性，成为一名有影响力的科研人员至少经历“廿年寒窗苦”，科研人员理应格外珍惜声誉。虽然套取转移资金等严重违规使用科研资金的行为发生在个别科研人员身上，但如果失信成本过低，没有科研资金使用信用体系做“底线”保障，容易形成科研资金使用上的“破窗效应”。

党中央、国务院高度重视社会信用体系建设，构建科研资金治理模式，同样也离不开科研资金管理信用体系的保障作用，具体为：一是尽快形成科技领域“黑名单”管理机制；二是涉科部门“黑名单”共用，使其“一处失信，处处难行”；三是与其他领域严重失信名单共享、共用。唯有高悬“达摩克利斯之剑”，使科研人员对违法、违规使用科研资金心存戒惧，方能节约公共管理成本。

（五）加大科研资金使用结果公开力度

“阳光是最好的防腐剂，公开是最好的监督”，同样在科研资金治理中公开科研资金使用结果，充分发挥外部监督作用，也是实现治理模式良好运转的高效、低成本的保障措施。

公开科研资金使用结果对营造公平竞争、净化资金使用环境发挥重要作用，有利于实现外部监督。目前，信息公开的相关要求早已在科研资金管理办法中予以明确，但有关调查发现，个别单位未进行任何信息公开，尚不足一成的单位能够完全按照政策要求进行科研资金公开，大部分单位仅公开立项等简单信息。科研资金使用信息公开相关要求提出已有八年，停滞不前，缺少实体规范，未对信息公开的内容、范围、时间、责任主体和奖惩机制提出明确要求是重要原因。构建科研资金治理模式，以契约为纽带连接治理相关方，应减少对科研单位和科研人员的不必要干扰，建议在国家科技管理信息系统中开辟科研项目资金使用结果公开栏目，细化公开要求，切实推动实现科研资金使用结果的有效公开，并充分发挥同领域专家的监督作用，推动科技界形成廉洁自律的良好氛围。

（六）搭建打通相关管理主体的信息平台

科研人员抱怨“频繁检查”“多头检查”“报表多”等，与尚未建立打通科技管理部门和科研单位之间的信息化平台有很大关系。建立以信任为前提的管理机制，并不是要以信任代替监督、代替必要的管理，而是应转变理念，充分运用信息化手段提升管理效率。

目前，科技管理部门正在大力推进国家科技管理信息平台建设，广大科研单位为强化对科研工作和科研人员的支撑服务，在信息化建设方面也取得了长足进展，但跨管理部门和科研单位之间的信息化平台尚未“打通”，各有关部门信息壁垒比较严重，导致形成“信息孤岛”、信息无法互动。搭建打通管理部门和科研单位的信息化平台，使科研项目全生命周期资金管理、项目管理相关信息在同一平台运行，是确保科研资金治理模式高效运转的重要保障手段。唯有此，方能从源头上共享信息，从源头上避免“多头检查”“重复填表”，真正做到让信息多跑路、让科研人员少跑腿。在这方面，日本建成的竞争性科研资金跨部门研发管理系统提供了经验借鉴。日本文部科学省牵头，与内阁府、文部科学省、总务省、厚生劳动省、经济产业省、农林水产省等多部门沟通协作、信息共享的跨部门研发管理系统，服务对象包括财政部门、政策制定部门、科研单位、科研人员及管理人员在内的使用者，该平台实现了信息共用，便于统筹制定全国科研政策，便于效益最大化地配置科研资金，大大减少了科研资金的重复、低效配置，减少了信息不对称，避免了“暗箱”操作[①]。

（七）新时代科研资金治理模式及其特征

1. 新时代科研资金治理模式框架

体现新时代科技创新形势需要，体现新时代科研资金管理要求，政府部门、专业机构、科研单位和科研人员等主要利益相关者平等、协商、共治，以“公共利益最大化”为治理目标，以科研资金管理使用的法律法规为原则，以科研资金管理使用信息公开和信用体系为保障手段，以打通相关管理主体的信息平台为技术支撑的科研资金治理模式框架结构如图 3 所示。

① 李田震．日美科研经费管理经验对我国创新科研管理的启示［J］．财务与会计，2019（5）．

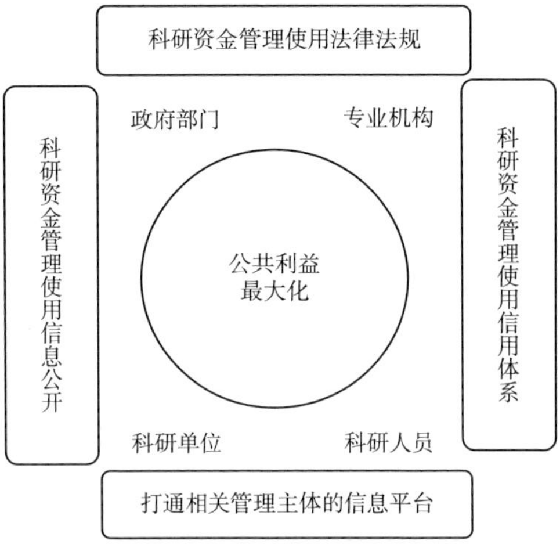

图3　新时代科研资金治理模式框架

2. 新时代科研资金治理模式特征

与传统科研资金管理模式相比，新时代科研资金治理模式具有以下六大特征。

一是公共利益导向的治理目标。新时代新形势要求不断提升科研资金管理效率，与传统“权力导向”“管制思维”下管理模式的最大区别就是治理使命不同，科研资金治理模式从全局出发，以追求公共管理效率为治理使命，以追求公共利益最大化为终极目标。

二是充分信任导向的治理机制。政府部门、专业机构和科研单位以服务好科研工作和科研人员为出发点和落脚点，政府部门、专业机构、科研单位和科研人员之间充分信任，但信任不能代替监督，科研人员以严守信用换取资金使用的“自由”。

三是伙伴关系导向的治理结构。新时代科研资金治理模式重视利益相关者，寻求利益相关者“公共利益”最大化，在梳理、协调的基础上，重构利益相关者关系，建立政府部门、专业机构、科研单位和科研人员之间的“伙伴关系”。“伙伴关系”是实现价值追求的手段，不是治理的终极价值追求。

四是公开透明导向的治理手段。在科研资金使用上，以科研人员高度自律为前提，科研人员通过严守信用换取资金使用的相对“自由”，以科研资金使用信息公开提升外部监督作用，换取资金管理的适度“简化”，以科研信用体系为环境卫士，在科技界形成“守信者受益，失信者寸步难行”的文化氛围，以实现“越自律，越自由”的治理效果。

五是依法行事导向的治理思维。在治理模式下，财政科研资金管理政策层级得以提升，通过专门立法架设资金管理使用带电的“高压线”。在此之下，全面修订科技计划资金管理办法，以充分体现基于信任的治理机制。

六是信息共享导向的治理工具。通过打通管理部门和科研单位的信息化平台，建立信息共享机制，为科研资金治理提供高效治理工具，从源头上共享信息，从源头上避免“多头检查”“重复填表”，真正做到让信息多跑路，让科研人员少跑腿。

六、结论

本研究综合运用委托代理理论、利益相关者理论和公共治理理论，对我国财政科研资金管理现状以及存在的问题进行了深入分析。通过调研法、文献研究法和专家访谈法等研究方法，对构建符合新时代特征的科研资金治理模式进行系统思考和研究，提出体现新时代新形势需要的，以“公共价值最大化”为终极目标的科研资金治理模式。

第一，科研资金管理改革仍需深化。当前，建设创新型国家任务紧迫，为构筑好科研资金管理的制度“软环境”，科研资金管理改革一直持续推进，迄今本轮改革已进行五年有余，取得了一定进展，尚有深层次问题、关键问题未解决。

第二，提出面向新时代的科研资金治理模式。解决我国科研资金管理困境的全新思路是转管理思维为治理思维，应重构利益相关者关系，协调政府部门、专业机构、科研单位和科研人员等主要利益相关者关系，重构“合作伙伴”关系。本研究构建的符合新时代要求的科研资金治理模式为下一步我国继续深化科研资金管理改革提供了思路借鉴和实践方案。

第三，以信任为前提的管理机制应完善建立。本研究运用底线思维和法治思维在科研资金管理改革领域，提出了“放管服”改革背景下，急需为科研资金使用划定“红线”，并应提高规定的位阶，由部门规章上升为法律，现行管理中“堵漏”方式需要改进，体现充分信任的科研项目资金管理办法有待修订，“规定动作”的结题审计有改进空间。

第四，科研资金治理模式实施需要配套措施。提出了有效实施科研资金治理的保障手段，做好信息公开和构建包含科研资金使用的科研信用体系；提出了保障治理模式有效实施的治理工具，即建立打通跨管理部门和科研单位的信息平台，做到科研项目资金全生命周期统一、共享管理，有效地为科研人员减负。

由于笔者理论知识和管理视野的局限，本研究内容存在不足之处在所难免。笔者将在今后的学习工作中继续对符合我国国情特点的财政科研资金治理模式进行深入思考和研究，为加快推进创新型国家贡献绵薄之力。

七、结束语

时光荏苒，岁月如梭，转眼第三期中央国家机关会计领军人才培训班齐聚北京国家会计学院已有近三年的时间。三年来，在学院老师和专家的教导下，我们砥砺前行、收获颇丰。本人也有幸选入全国高端会计人才培养工程。我的结业论文既是我近年来一直思索的问题，也是我近三年学习的一项重要成果。在这里，我要衷心感谢教授们：张庆龙教授在百忙中挤出宝贵时间来审查、修改我的论文；张庆龙教授学识渊博、治学严谨、指导有方，本研究涉及面广、系统复杂，他就论文的谋篇布局、论证方法、创新观点都给与了悉心指导。值此论文完成之际，谨向张庆龙教授致以最诚挚的谢意！

感谢本研究过程中，各位管理专家、财务专家和有着科技报国情怀、认真负责的科学家给与的指导和帮助，他们的名字恕不一一提及，在此一并感谢。

感谢国家机关事务管理局、北京国家会计学院，为我们搭建了一个学习交流的平台，使得我们在工作多年之后还能继续提升能力。在今后的工作中，我会更加努力，将所思、所想、所学与实际工作紧密结合，不断提高我国科研资金管理水平，为建设科技强国贡献会计人的一份力量。

参考文献

[1] 白华. 科研经费管理的新范式 [J]. 科学研究，2018，36 (1)：93 - 100.

[2] 曹国强．以内控视角谈谈如何加强科研经费管理［J］．中国国际财经，2018（6）：84－85.

[3] 蒋悟真，郭创拓．迈向科研自由的科研经费治理入法问题探讨［J］．政法论丛，2018（4）：72－81.

[4] 何小汝，罗莹，苏柘僮，等．基于委托代理理论的高校科研经费管理问题研究［J］．北京邮电大学学报，2015（6）：100－101.

[5] 韩兆柱，翟文康．西方公共治理理论体系的构建及对我国的启示［J］．河北大学学报（哲学社会科学版），2016（6）：96－104.

[6] 黄宁清．基于委托代理关系下基础研究科研单位科研项目管理问题及对策［J］．科技管理研究，2009（9）：216－218.

[7] 李宝智．科研经费管理的困境与出路［J］．中国注册会计师，2019（2）：103－105.

[8] 李春阳．协同理论视角下的高校科研经费管理［J］．教育财会研究，2018（6）：57.

[9] 李枫，吕廷杰，吕嘉，等．高校科研经费管理模式的反思及矩阵式经费管理模式的提出［J］．技术与市场，2016（10）：106－110.

[10] 李晓莉，李郁芳．西方学者公共治理理论研究综述［J］．江苏商论，2011（10）：153－156.

[11] 李心合．利益相关者会计论．会计研究，2003（10）：10－15.

[12] 马国贤，等．政府绩效管理与绩效指标研究［M］．北京：经济科学出版社，2017：7.

[13] 聂常虹．对我国科研经费管理问题的思考［J］．农业科研经济管理，2014（1）：65－73.

[14] 孙淑娅，国长青，王亚群，等．基于业财融合的科研经费管理模式创新研究［J］．齐鲁论坛，2017（5）：8－11.

[15] 申书海，李连清．试论公司财务治理和财务管理的关系与对接［J］．会计研究．2006（10）：50－55.

[16] 谭旭红，王璐．煤炭矿区复合生态系统利益相关者的演化博弈分析［J］．江资源开发与市场，2019（6）：776－785.

[17] 王德庄，姜鑫．科学数据开放政策与个人数据保护政策的政策协同研究［J］．江情报资料工作，2019（5）：39－45.

［18］王守军. 从“放管服”改革看我国科研经费管理政策变化［J］. 中国高校科技, 2019（5）: 10－13.

［19］吴丹舟. 高校科研经费跨部门协同管理模式探讨［J］. 中国管理信息化, 2019（1）: 35－36.

［20］徐捷. 高校科研经费信息公开现状及对策研究［J］. 会计之友, 2018（9）: 98－101.

［21］姚俊生, 袁仁森. “放管服”背景下高校科研经费管理流程优化研究［J］. 会计之友, 2019（8）: 139－146.

［22］于聪聪. 高校科研经费管理的全过程跟踪审计研究［J］. 现代经济信息, 2019（3）: 228.

［23］张清. 委托代理视角下高校科研经费管理中的道德风险及其防范［J］. 中国内部审计, 2012（7）: 52－54.

［24］张鑫, 刘敏颖, 江海. 通过构建以科研诚信为手段的科研管理方式释放科研活力［J］. 广东科技, 2016（8）: 69－71.

［25］［美］尼古拉斯·亨利. 公共行政与公共事务［M］. 北京: 北京大学出版社, 2006: 48－49.

高校科研财务助理机制研究

邹轶君

摘　要　党中央高度重视科技创新活动，自2014年中央50号文件出台，特别是党的十九大以来，陆续进行一系列的科技管理体制机制改革，其中包括要求在科研承担单位建立科研财务助理制度。其目的在于将科研人员从烦琐的事务中解放出来，让专业的人干专业的事情，让科研人员专心做科研，实现真正意义上的松绑。作为国家创新发展的重要组成部分，高校推进科研财务助理制度意义重大。虽然高校科研人员对财务助理制度需求迫切，但不少高校在落实政策中没有根据新情况调整管理模式，与政策初衷有差距，服务效果不甚理想，财务助理队伍不稳定，科研财务助理未能有效发挥作用。

本研究在充分调研基础上，基于供需理论分析科研财务助理制度落实困难的原因，梳理高校、科研人员、科研财务助理三者之间的关系，建立起全面系统的科研财务助理服务内容体系。首先分析科研人员的需求和高校的供给能力，并匹配两者的供需关系；其次分析科研人员对财务助理的需求，以及科研财务助理的供给能力；最后从用工形式、薪酬、培训等方面分析高校与科研财务助理之间的管理关系。本研究的核心内容是依据多边关系的相关理论构建科研财务助理体系下的高校、科研人员、财务助理三边关系，并针对科研财务助理制度的推进落实，提出"填充式"科研经费服务机制，将科研财务助理服务作为高校基本财务服务的延伸；提出集中管理和自主管理结合的双重机制，符合高校实际的科研财务助理的用工机制；提出直接管理和购买服务的双重机制，从购买专业服务的角度，构建起在此领域引入专门机构配合高校直接管理的模式。通过此服务机制，强化科研财务助理在高校科研经费事项中的有效服务，满足科研经费管理精细化、专业化的客观要求，解放科研人员，促进高校科研事业发展。本研究在最后提出了此机制落实中可能在高校自身管理模式和时间运行中存在的各种风险，并提出高校未来应关注和研究的方向。

关键词：科研财务助理；供需关系；三边关系；双重管理

一、研究背景与意义

（一）高校科研财务助理制度的宏观政策

科学技术部、教育部等五部委在2009年2月出台《关于鼓励科研项目单位吸纳和稳定高校毕业生就业的若干意见》（以下简称《意见》）。《意见》第一次比较明确的提出，积极吸引优秀毕业生担任科研助理参与学校科研工作。鼓励高校和科研院所，探索建立符合科研发展规律和要求的科研体制和用人机制，在实践中逐步建立一支规模适当、结构合理、能进能出、稳定与流动相结合的专职科研队伍。2010年12月，教育部出台《高等学校科研助理管理办法（暂行）》，促进高校专职科研队伍建设，指导高校科研助理的管理。

经过一段时间科研事业的发展，科研经费管理出现了一些矛盾和问题，受到中央关注。党中央和国务院在2014年陆续出台《中共中央 国务院关于深化体制机制改革加快实施创新驱动发展战略的若干意见》和《关于改进加强中央财政科研项目和资金管理的若干意见》，贯彻落实深化改革创新、形成充满活力的科技管理和运行机制的要求。此后在2016年7月，出台了具有标志性意义的《关于进一步完善中央财政科研项目资金管理等政策的若干意见》（以下简称“50号文”）。50号文提出，科研项目单位要建立健全科研财务助理制度，为科研人员在项目预算编制和调剂、经费支出、财务决算和验收等方面提供专业化服务。科研财务助理制度被提出是具有创造性的制度革新，意图把科研人员从琐碎的财务报账中解放出来，实现了“让专业的人做专业的事，让科研人员专心做科研”。经过一段时间的实践，国务院在2018年7月又出台《关于优化科研管理提升科研绩效若干措施的通知》，推进加快建立健全学术助理和财务助理制度，允许通过购买财会等专业服务，把科研人员从报表、报销等具体事务中解脱出来。

（二）高校推进科研财务助理制度的重要性

1. 高校是国家创新发展的重要组成部分

高校是国家创新体系的重要组成部分。高校为国家创新体系提供人力支撑和保障，是国家科技知识和技术生产的重要主体，是基础研究主力军，是技术创新生力军。党的十八大做出实施创新驱动发展战略的决策部署，科技创新全面启动，国家对科技的投入不断加大，高校、科研院所取得的科研项目和科研经费出现了快速增长的态势。我国科技经费投入力度不断加大，研究与试验发展经费投入保持较快的增长，高校掌握的科研经费数量在总量上和增速上也呈现高水平。2013 年，我国的研究与试验发展经费总量便已超过日本，并一直稳居世界第二。《2018 年全国科技经费投入统计公报》显示，2018 年我国研究与试验发展总投入 19677.9 亿元，比 2017 年增长 11.8%，连续三年保持两位数增速。2018 年高等学校研究与试验发展经费支出 1457.9 亿元，较 2017 年增长 15.2%，支出占比 7.4%。

2. 用科研财务助理制度防范违规与腐败

伴随高校科研事业的发展以及所掌握科研经费的增长，在科研经费使用上，高校存在违规违纪的各种问题。根据 2016 年科技部关于 6 家单位违反科研经费管理规定的通报，相关高校存在以虚假票据列支费用、违规开支测试化验加工费、超范围开支经费、经费使用不规范、违规分包科研任务等问题。2017 年 2 月启动的中央第十二轮巡视对 29 所中管高校党委开展了专项巡视。中纪委官网公布的巡视反馈情况显示，哈尔滨工业大学、山东大学、重庆大学等 8 所高校在科研经费的监管方面存在廉洁风险。这些违规问题与高校在国家基础研究、创新研究中的地位与社会形象不相适应。背后既有内控制度不健全、科研管理和财务管理不规范、监管不到位的原因，同时也有管理机制上缺少科学思考和手段的原因。落实好科研财务助理制度，为科研人员在项目预算编制和调剂、经费支出、财务决算和验收等方面提供专业化服务，把科研人员从报表、报销等具体事务中解脱出来，作为高校治理现代化的一个方面，对于防范违规、腐败风险是有重要意义的。

国家一方面加大科研经费的投入力度，一方面持续全方位的改革，如财政、金融、资产、预算等。改革创新无论对项目依托单位的财务管理部门，还是对项目组自身的经费管理，均提出了更新、更高的要求。按照中央 50 号文的要求，科研财务助理需要在科研项目的预算编制、科研项目的执行，以及科研项目的财务决算和验收等各个环节中全过程地参与，从而在整个经费管理机制上实现从事后核算为主的传统财务到事前规划、事中监督、事后核算相结合的管理财务转化。这是财务工作由核算型向管理型转化趋势在科研项目经费管理中的重要体现，因此，实施科研财务助理制度不仅是科研经费规范管理、严格管理要求不断提高的新形势下的必然要求，也是科研经费管理模式由核算型向管理型转化趋势下的必然需要。

3. 满足高校科研人员的迫切需要

科研人员是科技创新的主力军，而科研人员在承担着紧迫、明确科研任务的同时，还要在科研项目申请、实施和验收的整个过程中面对如科研经费预算、编制、报销、决算等很多的“杂事”“烦心事”，没有科研财务助理，科研人员只能“多肩挑”。这些科研人员并不擅长的非专业性、困扰着他们的繁杂事物处理起来费财费力，占用了他们用于科研的时间。科研经费报销手续繁杂、程序多、时间长，很多科研人员不能专心从事科研活动。此外，科研经费的日益增长带来了科研项目预算执行、经费审计、财务结题等一系列新增的工作，科研人员更是难以应付。此外，一系列指导和规范经费使用的科研经费管理政策和内控制度相继出台，但通常科研人员并不具备经费管理的知识背景，也缺少主动学习经费知识的愿望。因此，这就迫使科研人员学习和熟悉各类财经政策，正确、合理使用科研经费，规范预算执行，确保财务顺利结题验收难见效果。

总之，在当前形势下，科研人员缺乏精力和能力“多肩挑”。尽快地真正实施科研财务助理制度、切实地发挥科研财务助理的作用、将科研人员从烦琐的财务事务中解放出来、着力破解把科研人员逼成会计的尴尬局面、解决科研人员在经费管理中的知识盲区、让专业的人做专业的事，成为科研人员的迫切需要。

4. 国内相关研究现状

自中央50号文提出财务助理制度后，众多高校财务管理人员已开展相应的研究。但当前针对高校科研财务助理的研究主要侧重在分析财务助理制度实施意义、科研财务助理制度存在问题、科研财务助理的岗位职责、财务助理人选、财务助理薪酬、针对科研财务助理的考评机制及培养等方面，以及在此基础上提出相应管理建议。总体上，针对科研财务助理机制的研究层次不高，缺少对科研财务助理机制落实存在问题的深入分析，研究普遍以仅立足财务视角，缺少宏观整体观念，缺少系统性，缺乏从科研经费管理中各参与主客体的关系分析，不能充分地剖析科研财务助理制度落实存在问题的原因。当前的研究现状对实践的指导意义不足。

二、政策落实现状及存在问题

（一）高校落实政策状况不佳

1. 落实情况与政策制定初衷不符

绝大多数高校均已按政策要求制定了科研财务助理的管理办法。但不少高校并没有真正地落实，空有制度，存在以制度落实制度的应付现象。有些高校为原来担任科研助理角色的科研秘书、在校学生或青年教师贴上科研财务助理的标签，而并未根据当前新形势对科研财务助理提出新要求，也没有根据新情况调整管理模式。部分高校存在观望心态，期待上级相关部门出台实施细则或者指导意见，没有动力、没有愿望、没有勇气轻易打破原有管理模式。还有些高校在落实中央政策中形式重于实质，实际仍未设置专门的科研财务助理岗位。也有部分高校存在科研项目任务较少，没有足够的经费渠道去专门聘请科研财务助理的问题。此外，在大多数高校中，科研人员主客观均比较强势，通常习惯安排“自己人”处理财务事宜，学校指派的科研财务助理参与科研项目存在一定阻力。

2. 报销烦琐的情况仍普遍存在

科研财务助理制度的推出，让专业的人干专业事，提高效率，旨在为高校的科研人员大量减负。但是高校在科研管理与政策间的摇摆不定以及在监管风险与“放管服”精神之间不断博弈，导致了科研财务助理相关机制体制和管理模式的悬而未决。同时结合相关高校还不敢落实国家政策、自行“加码”、层层设限，在内部控制、管理流程、经费使用、岗位设置等方面存在的问题，报销程序不够简化、报销管理机制不够健全，信息化手段不够强大，实际上科研财务助理的作用在各高校都未充分发挥出来，在部分执行落实比较好的高校也只能做到部分发挥，报销烦琐的情况依然在高校中较大范围的存在。

3. 科研财务助理定位模糊

高校科研财务助理应当是学校统一组织聘用，专门为学校科研项目服务，以科研经费的使用和管理为主要服务内容的一种辅助性财务管理岗位，应当按照“按需设岗、规范管理”的原则设置岗位。设置了科研财务助理的高校整体呈现对财务助理定位模糊的情况。科研财务助理的服务对象（即科研人员）对其的理解差别较大。有些科研人员认为，科研财务助理只需要为其处理简单的报销事宜；有些科研人员则认为，科研财务助理应当替其解决更多的财务事宜，甚至包括非财务事宜；但仍然有科研人员认为，科研财务助理并不需要出现在科研活动中。科研人员对科研财务助理认识上的差别，导致科研财务助理的功能、作用并未在科研人员中达到统一。

（二）科研财务助理服务效果不佳

1. 科研财务助理参与性不够

高校科研财务助理的工作内容涵盖科研项目的全生命周期，包括预算编制、经费使用、物资采购、经费报销、财务验收等。笔者对科研财务助理进行了调查，以期更好地了解科研财务助理在相关环节的参与程度。结果显示，科研财务助理只在部分环节参与程度相对较高。参与程度最高的环节是经费报销和财务验收审计，在预算编制环节的参与程度相对较低，涉及更高技术含量的工作较少。目前，科研财务助理发挥的作用十分有限，大部分限于报销、跑腿、签字等简单事务性任务，对于为科研人员提供综合、高质量的财务服务差距明显。总体来说，由于自身能力所限，科研财务助理并没有完全满足当前科研发展形势的需要，也发挥不出期待中的作用，其服务供给能力也限制了科研人员的需求提出，使科研人员并没有完全摆脱烦琐的财务事务而全心投入科研任务，科研财务助理为科研团队提供服务的水平有待进一步提高。

2. 科研财务助理配备覆盖范围不大

由于科研人员对配备科研财务助理的理解不同，主观上的倾向不同以及客观上一些因素的影响，高校的科研助理配备的范围还不是很大，在调研的范围内只有约 50% 的科研人员或科研团队配备了科研财务助理。同时，这其中还有些助理人员并非真正意义上的科研财务助理，他们与科研人员属于亲属关系，与国家政策层面对财务助理的定义有所差别，故不能算作高校科研财务助理人员的范畴。

（三）科研财务助理队伍不稳定

通过对若干在京高校以电子调研问卷的方式进行调查统计可知，目前科研财务助理队伍建设存在的主要问题是：科研财务助理的流动性较大，在人员用工形式、薪酬、考核管理、晋升等方面缺乏配套的管理制度。

1. 科研财务助理缺乏归属感

由于高校编制普遍紧缺，无法为科研财务助理解决正式编制问题，在105名接受问卷调查的科研财务助理中，虽然有90%以上都是全职工作，但在用工形式上55%以上是劳务派遣合同工，这种用工形式在管理上缺乏主动权。这些合同制员工的档案、组织关系等均不在高校，他们无法正常享受高校组织的活动和福利。此外，仍有一定比例的校外人员担任科研财务助理，在人员管理、信息安全等方面存在较大隐患。由于大部分科研财务助理采用合同聘用制，一般聘期为2～3年，而科研项目的研究期限通常为4～5年甚至更长，科研项目结束后很有可能会结束聘任。如何保证在项目研究周期内为团队配备高效、稳定的科研财务助理是保障科研工作有序进行的关键。

2. 科研财务助理薪酬水平低

科研财务助理工资的主要经费来源为纵向科研项目中的劳务费、横向经费和学校经费支付，在调研中分别占34.29%、25.71%和24.76%。另外，也有少数科研财务助理的工资由科研团队和学校共同承担，以科研绩效、二级学院经费和自筹资金作为来源。科研财务助理的工薪水平相对当地平均工资水平偏低。按照50号文的精神，科研项目聘用人员的工资水平可参照同地区科学研究和技术服务业的平均水平。《中国统计年鉴(2015)》的数据显示，在全国范围内，这一产业的年工资水平为9.66万元，约每月8053元。而在调研中，科研财务助理的薪水主要集中在5000元以下这个档次。相比较而言，科研财务助理的工资处于平均薪金水平以下。

通常情况下，科研财务助理承担了科研经费管理和使用相关的大量事务性工作，如预算编制、日常支出报账、预算调整、日常检查、结题验收、经费审计等。然而，调研发现，科研财务助理无论是由科研项目自主聘用，还是由单位层面统一安排，其工资待遇普遍较低，优秀人员难以留任，这一点在北京、上海、广州、深圳等经济发达地区表现得更为显著。

3. 科研财务助理职业发展前景差

在考核方面，绝大多数科研财务助理的工作情况由科研团队直接考核或由科研团队与财务、人事等职能部门共同考核，科研部门、人事部门和财务部门单独负责考核的比例较低。在调查中，近半数被调查者反映职称晋升障碍也是一个突出问题。在高校等企事业单位，职称晋升对于个人职业发展至关重要，影响着个人成长、晋升以及收入的增加，与个人利益密切相关。科研财务助理目前属于新兴职业，从岗位安排上讲，尚没有进入主流高校管理与服务的主流体系，更没有直接对应的职称晋升路径。因此，无法有效地调动起科研财务助理的服务积极性，使其全面参与并投入到项目工作中，充分发挥其在项目中的作用。

三、原因分析

（一）高校与科研人员间的供需不平衡

1. 科研人员对高校的需求分析

现阶段高校科研人员对科研财务助理的服务需求有三个特点。一是多层次。科研人员因其掌握科研经费的多少以及团队规模、职称水平、年龄等因素的影响，对科研经费服务的需求呈现不同的层次需求。在调研中发现，职称较高的、有团队标识的、40～50 岁这个年龄段的科研人员对科研财务助理的需求比较多。二是全周期。高校科研人员对科研财务助理的需求包括项目预算申报、项目预算调整、经费入账、经费使用、经费开支范围、经费报销指南、验收材料准备、决算数据编制等多个方面，贯穿科研项目执行的整个周期。有 50% 以上的被访对象认为在项目经费入账、经费使用规范、经费开支范围、经费报销指南方面的需求无法得到满足。三是高质效。高校科研人员对于科研经费服务提出了更高标准的质量要求和效果要求；在调研中发现，科研人员希望在多个方面获得科研经费相关服务，包括提供科研服务的形式、经费的支持、提升科研助理能力等方面；虽然 85% 的被访对象认为所在高校的财务部门能够满足目前的需求，但依然有不少科研人员希望有稳定的服务人员提供更为有效的业务服务，63% 的被访科研人员愿意为获得额外的或者更优质的经费服务付出更多的费用。客观上，目前的政策环境已相当宽松，对科研财务助理支付酬劳，无论使用科研项目的直接经费还是间接经费都已经没有障碍。

2. 高校的供给情况分析

高校是科研项目的承担单位，是科研项目实施和科研经费管理使用的责任主体，需要按照政策和权责一致的要求，强化约束与规范，制定包括科研财务助理制度在内的各种内部管理办法，并要贯彻落实好，如在科研经费领域要落实项目预算调剂、间接费用统筹、劳务费分配、结余资金使用等。加强预算审核，规范财务支出，完善内部风险防控机制，强化资金使用绩效评价，保障资金使用规范安全有效等。

高校主要在三个方面向科研人员提供服务、满足需求。首先，高校可以提供相应服务的人员供给，如今包括财务部门的员工和科研财务助理。其次，高校能够保证相对稳定的基本业务供给，提供项目预算申报、项目预算调整、经费入账、经费使用、经费开支指南、经费报销、验收材料准备、决算数据编制等方面服务。最后，高校可以提供一定程度的经费财力支持，包括减少管理费的收取、直接为科研人员聘用财务助理服务科研人员等。近年来，高校的财务管理部门在其职能范围内纷纷提高自身的服务范围和服务能力，积极尝试优化管理流程，大幅度提升信息化实现手段，通过宣讲、座谈、传单等多种形式加强与科研人员的沟通，利用新的技术手段推出网上报销、网上办事等创新服务模式。然而，高校和科研人员之间存在的不可消失的管理关系，使包括财务处、人事处等在内的职能部门在向科研人员提供服务方面存在“天花板”，即所提供的服务从范围和程度上无法无限趋向于科研人员的需求。这样便形成了供需差动，即需求与供给之间产生差距。由此，科研人员产生动力或动机寻求供给满足额外的需求。也就是说，在没有科研财务助理的情况下，经费服务主要由高校的财务部门提供，但由于财务部门只能提供有限的服务，科研人员只得另找渠道解决问题，包括自己解决、咨询其他科研人员、咨询其他财务人士。这是客观存在、不会消除的因素。

3. 供需关系描述

总体而言，科研人员在科研经费使用中的服务需求随着时代的发展和我国社会主要矛盾的变化在逐步提高，但目前高校在科研经费服务上的供给并不能完全满足科研人员的需求，高校和科研人员存在经费服务上的供需不均衡。科研人员度过了一段“多肩挑”的过程后，越发感到精力分散在非科研活动环节上，对开展科研活动造成的突出影响，同时由于其在所在科研单位的通常是业务角色，在制度制定和机制运行方面的参与度有限，从而大范围地提出了给科研人员减轻旁枝末节上的负担的请求。而高校作为科研项目的承担单位，不仅是服务者，还是要承担管理的功能。其主要职能部门代表高校履行职能，在管理上以建立机制和贯彻落实上级政策为主，服务方面则只能客观上提供有限的供给，更高级的、更个性化的需求只能另寻渠道解决。这就造成高校和科研人员在一定程度上形成供需差动。

中央提出实施科研财务助理制度后，明确了专业人员干专业事情的态度，意图把科研人员从烦琐的财务专业事项中解放出来，这也同时可以将高校财务部门在提供给高效服务与严肃财经纪律的平衡中解放出来。从长远看，高校应当考虑将管理与服务实现更大程度的剥离。例如，在经费服务上，财务部门只负责搭建服务的环境和提供最基本的服务以满足管理的需要，无论科研人员主观上是否有愿望，针对其科研经费的服务应多由科研财务助理提供。

（二）科研人员与科研财务助理间的供需不平衡

1. 科研人员对科研财务助理的需求分析

通过近两年对部分聘用科研财务助理的科研人员跟踪观察，有两个现象值得关注。一是并非所有的科研人员都认为有必要配备科研财务助理。这些科研人员呈现经费规模比较小、年龄较小、职称级别较低等特点。二是科研人员对科研财务助理的需求与其科研发展趋势和预期科研成果成正向关系。发展态势较好的科研人员或者科研团队一般都聘用了科研财务助理。

由于在掌握经费数量、团队情况、年龄、性别、职称、人才称号的基本属性，以及个性特征、社交情况等方面存在差异，科研人员对科研财务助理的服务需求存在一定差异。年轻且处于事业初期的科研人员，虽然具有研究能力，但科研经费有限，主观上希望但客观上较少聘用科研财务助理。在科研团队中的高级别研究人员，更愿意享受科研财务助理提供的服务，有的甚至聘用多名财务助理，其对财务助理的工作范围、工作要求也有较高需求，也愿意为此进行更多的资金上的投入。总之，科研人员所处的发展阶段影响其对科研财务助理的需求，导致其呈现不同的层次。

基于理论视角，高校科研人员在科研经费上需求应当不受供给侧的影响，存在一贯性。也就是说，无论由谁来提供服务，科研人员的需求多集中于围绕着科研项目完整生命周期的预算申报、项目立项、经费支出、经费报销、结题验收等方面，与是由高校职能部门完成还是由其财务助理来完成之间不存在必然的关系。但实际上，考虑到前文所述的高校职能部门管理的“天花板”问题和科研人员的“灰色需求”问题，科研人员的需求会受供给方种类的影响而呈现一定的层次性和特殊性。基于这方面考虑，在满足灰色需求的基础上再补充别的职能，成为一个科研财务助理的完整职责。

基于上述影响因素的分析，我们试图将科研人员的需求分为高、中、低三个层次。分层的逻辑应综合考虑以下几个方面，一是科研人员的基本情况，即经费数量、团队情况、年龄、性别、职称、人才称号等客观条件；二是科研人员对财务助理提供服务的主观期许。低层次财务助理服务需求包括科研经费额度报销、跑腿等最基本的代办性服务需求；中层次财务助理服务需求应该覆盖科研项目的全生命周期，涉及科研经费的各主要阶段以及较高的质量标准。高层次财务助理服务需求还应该在中层次财务助程服务需求的基础上补充“灰色需求”部分，甚至超过“经费”服务以外的事项，如项目成果管理、学生管理等。低层次财务助理服务需求应该在中层次财务助理服务需求的基础上减少部分事项，降低质量标准。

2. 科研财务助理的服务供给分析

在宏观政策背景和科研发展实际下，科研财务助理的出现具有必然性。在没有财务助理的时候，高校财务部门主要负责为科研人员提供服务，或者由非正式、不在体系的人员（包括亲属、学生、朋友、自己所办公司员工）提供一些简单的经费服务或参与经费服务的一些环节。当科研财务助理以正式的形式出现后，科研经费服务上自然增加一个供给源头，从而形成三个主要供给侧。

第一，科研财务助理起到了补充供给的功能。科研财务助理增加了科研经费服务的宽度，能够有效解决“天花板”现象，作为高校财务部门的延伸，实现更广泛的经费服务。第二，科研财务助理起到了专业服务的功能。由于社会分工的细化，财务和科研专业性的分别强化形成更大的间隙、形成不同语言体系，科研财务助理能够填补此“间隙”，并增强高校经费服务的深度。第三，在此基础上，科研财务助理应当具备能力逐步取代另两个原始来源在科研经费服务上的功能，即科研财务助理理论上应当成为唯一的主要供给源，这是科研经费服务供给侧改革的方向。但由于目前科研财务助理体制机制还不完善，科研财务助理人员能力水平参差不齐以及高校和科研人员的沟通信任机制欠缺等原因，实际上还不能达到这一状态。在调研中发现，有些科研人员除学校提供的官方科研财务助理外（由学校管理），还在自行雇佣体系外的助理人员，完成其他超额任务。

通过调研，科研财务助理存在几个方面的层次差异。一是专业背景差异，主要分为财务背景、学术背景和行政秘书背景三大类，三种背景来源的科研财务助理在提供的服务层次和水平上存在一定长短优劣差别，具有财务背景的科研财务助理熟悉财务的规定，具有财务的思维方式，但对科研事务的了解很有限，而具有学术背景的科研财务助理则更容易与科研人员交流对话，但对财务的相关知识与相关规定相对陌生。二是基本素质差异，主要包括科研财务助理在学历、专业、年龄、学习能力等方面存在的差异，这类差异将影响科研财务助理提供服务的能力和质量。例如，一些退休返聘的人员在承担科研财务助理的工作时，由于不具备相应的能力，无法完成预算编制、结题验收、税务筹划等任务。三是身份特征差异，主要指科研财务助理的身份归属，主要包括职能部门管理、二级学院管理、科研人员直接管理三种类型，这类差异影响科研财务助理的角色定位，从而影响科研财务助理的参与度和服务水平，如科研人员并不会让学校直接委派的科研财务助理承担其所有的需求任务。

基于上述影响因素，我们根据科研财务助理作为供给方呈现的层次性，试图将科研财务助理分为高、中、低三个层次。高层次的科研财务助理综合服务能力较强，可以满足各层次的需求；中层次的科研财务助理具备可以胜任必要科研经费服务的能力；低层次的科研财务助理只能胜任部分任务，服务的范围较狭窄。根据调研，从当前科研财务助理人员的薪酬水平以及科研人员愿意支付的酬劳可以看出，目前在高校中工作的科研财务助理主要处于比较低端的水平上，属于低层次的科研财务助理。

3. 供需关系描述

高校的科研人员是高校承担科研任务的直接主体，作为项目负责人的科研人员要对科研项目研究和科研经费使用负直接责任。高校对其科研人员的管理一般采用“摊位”“团队”制的模式，结合近年来国家“放管服”的要求，科研人员在科研经费的管理和使用上具有较高的自主权和话语权。实际上，高校在支付、采购、验收等环节让渡了一定的管理权力给科研人员，分权取代集中管理。科研人员在获得自由和自主权的同时，付出相匹配的时间成本和管理成本，便在一定程度上导致了前述“多肩挑”的情况。假如在高校的管理机制中大量采用集中、集权管理，又会大大影响科研人员在开展科学研究中的自主权和自由，这又是其不愿面对的情况。

在一定自由的基础上，高校科研人员的需求存在有与高校管理制度不完全吻合的部分，存在超越高校基本管理界面的部分，存在与高校基本管理流程不完全相符的部分，这些我们统一起来可称为“灰色需求”。这些“灰色需求”附着在基本的经费服务需求之外，与基本需求一起成为科研人员的需求总和。在只有高校职能部门与科研人员的生态中，“灰色需求”一般都由科研人员自己解决，高校财务等职能部门无法完成或者科研人员认为高校不能胜任。当科研人员无法抽身完成包括“灰色需求”在内的琐碎任务时，助理人员的出现便成为必然。而满足“灰色需求”任务，又必然决定了科研财务助理的角色定位应当更贴近于科研人员，“更像是自己人”，才能完成灰色需求任务。“灰色需求”实际是影响高校科研经费供需关系的最重要因素，直接影响科研财务助理机制的构建。

假设科研财务助理存在，形成高校、科研人员、科研财务助理的三方关系，将科研财务助理视作不同于高校职能部门工作人员的独立角色，即由非高校财务部门的工作人员承担科研财务助理的相关职责。重点在于分析和解决两个服务供给方如何在一定的机制下划清服务界限和内容的问题。此外，由于科研财务助理尚为新生事物，还应分析解决如何提高科研财务助理的供给能力问题。

（三）高校对科研财务助理管理不充分

1. 用工管理问题的原因分析

高校和科研财务助理之间存在用工管理关系。科研财务助理在高校中以多种用工形式存在。调研显示，科研财务助理以包括事业编制员工、合同制员工、退休员工，学生、亲属、朋友、科研人员自办公司职工等多种身份参与高校的科研经费服务。总的说来，其可以分为三种类型，一是学校聘用的正式员工，二是学校内部其他人员，三是校外人员。这三种类型的人员在人事管理、专业背景、工作经历等方面存在一定的差异，从而引发了一定的管理问题。

科研财务助理的能力素质参差不齐。部分高校虽然设有科研财务助理专门岗位，但实际其专业性不足，很难满足高层次的需求。在 105 名被访助理中，51.43% 的人不具备任何会计、统计、审计等相关职称，拥有高级会计职称的人员仅占 7.62% 。从工作年限来看，尽管从业年限长于 5 年及以上时间的科研财务助理人数最多，但绝大多数都不具有会计职称。进一步分析发现，约 60% 的科研财务助理在从事这一工作之前均未接触过与财务相关的工作。在专业背景方面，与财务直接相关的专业占 20.95% ，企业管理占 5.71% ，经济学占 9.52% ，其他经济管理专业占 17.14% 。理想的科研财务助理应同时具备财务知识和科研知识。现有的科研财务助理对科研工作的了解程度不够，仅限于所在团队的研究方向或个别术语的熟悉，同时，其财务专业技能也有限，多数都不具备会计职称，无法有效地将科研工作和财务工作融会贯通，与真正实现把科研人员从繁重的报销工作中解放出来还有一定的距离。

此外，由于各高校针对科研财务助理的机制制度建立缺乏实践经验，真正建立起清晰、有效用人机制的高校并不多。而且，大多数高校在用工管理上比较僵硬，实行“一刀切”，不灵活，要么全部以合同制的形式聘用，要么完全由科研人员自行解决。总之，高校作为管理者在科研财务助理制度的定方向、定策略方面做得不够，用工管理问题较为突出。

2. 人事管理问题的原因分析

高校和科研财务助理之间存在人事管理关系，主要包括招聘、考核、薪酬等几个方面。在调研中发现，目前高校在对科研财务助理的人事管理方面差别比较大，通常都基于过去阶段在实际运行状况的惯性延续，未打破平衡。

在招聘管理方面，主要存在两个问题。一是科研人员起主导作用。我们在调研中发现，多数高校均按照“谁使用，谁负责”的原则进行招聘管理。

由于科研人员实际对科研财务助理进行日常管理，科研财务助理直接为科研人员提供服务这一本质特点，尽管多数高校举办包括财务处在内的相关部门参加的招聘程序，但实际科研财务助理的人选多由科研人员自行预先物色，招聘程序仅仅是进行潜在的否定考察。换言之，科研财务助理的聘任基本上由科研人员一方主导决定。这种欠缺统一集中管理的状况，实质上决定了科研财务助理不可能由高校的职能部门统一管理，导致科研财务助理的用工形式、岗位任务会处于一种“绝对自由”的状态。那些采用由财务部门管理科研财务助理模式的高校，才由人事部门和财务部门共同组织招聘。二是岗位任务的确定。由于前述选人主导权的原因，高校科研财务助理的岗位任务虽然会在相关制度中有所描述，但实际上都会由科研人员另行明确。招聘与实际存在着两张皮的现象，这对后续科研财务助理的实际管理造成不确定性。

在日常考核方面，主要存在科研财务助理人员的日常管理和考核问题。调研发现，高校对其科研财务助理普遍缺乏统一规范管理，大多数高校对科研财务助理的管理以科研人员或科研人员所在团队自治为主。无论在工作范畴、劳动纪律，还是薪酬待遇等方面，高校的相关职能部门均较少参与日常管理，科研人员需承担最主要的管理职责。在此前提下，很多高校也没有通过其职能部门制定针对科研财务助理在各方面的统一标准，或者即使存在标准，也缺乏严格的对照标准执行。岗位职责、任务要求等方面对科研财务助理缺乏统一的标准，后续也必然影响科研财务助理的薪酬。

在薪酬管理方面，主要问题集中在薪酬来源和标准方面。一是薪酬缺乏稳定的资金来源。绝大多数高校都是由科研人员自行承担科研财务助理的薪酬，这可能导致当经费总量不足时科研人员无法雇佣助理的窘境。为应对这一问题，越来越多的高校提出针对一定符合条件的科研人员群体（如经费达到一定规模）可由学校承担科研财务助理的部分或全部薪酬，也有部分高校提出了科研人员共同出资“拼盘”聘用从而共同使用科研财务助理的设想。二是薪酬标准缺乏统一管理。调研发现，90%以上的高校均由项目组自主安排科研财务助理薪酬的多少，没有统一标准。上述两个问题造成了同在一个高校同类科研财务助理收入水平却不相同的混乱状况。科研财务助理的收入水平呈现“无规矩”状态，完全依靠科研人员掌握经费的多少和其对科研财务助理应得收入的主观判断来决定。

3. 日常管理问题的原因分析

科研财务助理是科研人员在科研经费业务方面的代言人，其一般直接代表科研人员对接高校的职能部门。高校及其职能部门与科研财务助理之间是一种管理与被管理关系。鉴于科研财务助理用工形式的不同，高校及其职能部门能够展开的日常管理在尺度和内容方面则不尽相同。

对于学校聘用的正式员工，如财务部门直接管理或者以劳务派遣聘用形式的财务助理，高校具备管理的基础，可在岗位要求、业务培训等方面提出具体的要求，并实施具体的措施。对于学校内部其他人员，如退休人员、研究生等，由于实质的劳动和劳务关系的缺乏，高校对其加强管理缺乏必要的基础条件，需要额外的机制体制来辅助完成管理。对于科研人员亲属、自办企业员工等校外人员，高校与其之间不存在任何学源、工源关系以及劳动劳务关系，也就决定高校无法对其进行有效的管理活动。在调研中发现，不少科研人员通过劳务费的形式，雇佣自己的亲属替自己办理采购、报销、结题等事宜，存在一定的风险。

调研结果表明，由于管理方式和手段面临诸多限制，特别是对于校内其他人员和校外人员，现阶段大多数高校均未建立系统的科研财务助理的培训提升体系，普遍缺乏面向科研财务助理的业务方面指导，以科研财务助理的“初始化”能力为基础，由其“自发成长”。

（四）小结

综上所述，高校在科研财务助理管理方面存在三个方面的问题：一是高校与科研人员之间的需求失衡，二是科研人员与科研财务助理之间的需求制衡，三是高校对科研财务助理的管理缺乏规范的机制。总体而言，高校普遍尚未真正建立针对科研财务助理的规范管理机制。尽管各高校均已制定关于科研财务助理的管理办法，但在调研中发现，一些高校的制度本身考虑不够全面、设计不够合理，一些高校虽然制度合理但实际尚不完全具备执行落地的主客观环境。高校作为科研项目的承担单位，其职能部门在履行用工管理职能时尚相对分散，履行其他管理职能偏弱，对科研财务助理的管理尚未真正建立起统一规范的机制体系，目前多数以科研人员和团队自治为主，从而在一定程度上导致科研财务助理的预期作用没有得到充分发挥，科研财务助理的作用没有达到预期的效果。

四、构建高校财务助理服务机制

（一）高校科研财务助理服务机制的总体定位

1. 总体体系结构

当科研财务助理尚未实质性出现之时，科研经费管理的体系中仅存在学校和科研人员的双边关系。在此体系下。高校及其相关的职能部门既承担管理的职能，又向科研人员提供一定的服务，科研人员在开展科研活动的同时，根据自身需求和所在高校财务管理基本功能的情况，一定程度参与到科研经费管理的相关环节中。在这种关系之下，高校及其代表职能部门既是管理者又是服务供应者，无法把握管理与服务之间的平衡。

高校科研项目的非集约型管理模式使得科研人员在获得了科研经费使用的较大自主权和灵活度的同时，也逐渐形成各自自由性较大的差异化需求，这直接导致高校职能部门无法高度集中的实施管理及提供服务。在广大科研人员自由性形成的需求差异前提下，集中统一尺度的管理和服务势必引起双方的矛盾。

当高校集中统一管理的要求与科研人员乏力于自身完成科研经费相关的事项时，科研财务助理参与科研活动的情况顺势出现。根据前述供需分析，发现高校、科研人员、科研财务助理之间围绕高校科研经费使用形成了典型的三边关系。三边关系的出现打破了原先高校与科研人员之间的简单双边关系。在科研财务助理角色出现之前，在科研经费服务供需领域是简单的双边关系，一方是高校，另一方是科研人员，高校及其职能部门既是管理者又是服务供应者，较难平衡。当科研财务助理进入科研经费的生态系统后，形成三边关系，高校科研财务助理服务机制建立在上述三边关系基础上。高校和科研人员是管理与服务共存的关系，高校与科研财务助理是纯粹的管理关系，科研人员与科研财务助理是典型的服务供需关系，三者各有其角色特征与功能，通过互动协调最终达到稳定的三边关系。具体来说，科研财务助理一方面为科研人员提供服务，另一方面接受高校的管理；科研人员一方面提出科研经费使用的需求，另一方面遵守所在高校制定的规则和政策；高校发挥的是纯粹的管理和支撑功能，为整体服务机制建立基础平台。将此三边关系定义为，基于高校实施管理平台的科研人员与财务助理的供需体系。一个理想的三边关系应该是整体功能大于部分之和。三对双边关系共同影响三边关系的稳定发展，但这也是三边关系的结构性弱点。尤其是其中具有决定性意义的双边关系，其是否稳定更是直接影响三边关系能否持续。在此三边关系中，高校与科研财务助理的双边关系最为关键。详见图 1。

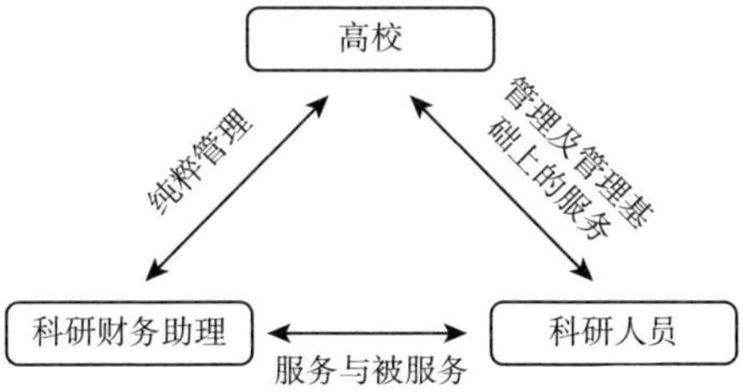

图 1　高校、科研人员、科研财务助理三边关系图

科研财务助理的三边关系的建立和有效运行基于以下三个基本原则。

一是科研财务助理存在必然性。放眼未来，高校的科研经费体量随着国家科技投入的增加必然会日益庞大，科研经费的统一集中管理也逐渐成为一种必然，项目预算、立项、经费使用、经费报销等方面也逐渐呈现更高的要求。同时，科研人员理应将更多的精力投入科研活动本身，而非经费使用等辅助性活动，这也是中央精神中所引导的发展方向。上述两个因素相互作用将会造成高校与科研人员之间的一定矛盾。由此，科研财务助理等辅助性人员应运而生，成为科研经费管理三边体系内的不可或缺组成部分。

二是供给侧改革是此结构取得效果的关键。三边关系的建立改变了原有高校供给和科研人员自给自足的两方供给的局面，将科研财务助理作为第三方纳入供给体系，从而形成新的供需结构。新供给的出现打破原有的供需平衡，调整好新结构下的三个供给端的关系，实现三个供给端的服务供给能力和供给范围的相互平衡是科研财务助理机制有效运行的关键因素。

三是高校为三边结构提供核心动能。高校既是三边结构中的一分子，同时又实际承担了三边结构的建立、调整和维护功能。一方面，高校应当建立制度，约束三边结构中各自的角色定位和功能，明确职责；另一方面，高校也需审时度势，根据宏观、微观环境的变化灵活调整，实行动态管理，保证三边关系的高效运转，引导科研财务助理在科研经费相关环节中发挥更好的辅助作用。

2. 高校在三边关系中的角色与功能

高校是供需关系的关键。高校在三边结构中实际以其体系内几个相关职能形态出现，如财务部门、人事部门、科研管理部门等职能部门，还包括二级学院。

财务、科研、资产、审计管理部门等各司其职，在一些科研经费的业务环节负责相应的管理职能。财务部门负责科研经费的财务管理和会计核算，指导项目负责人编制项目经费预决算，审查项目决算并配合审计部门做好相关审计等管理工作。科研管理部门负责科研项目管理，指导、协助项目负责人进行科研经费预决算的编制与审核，组织办理涉及科研经费使用问题的信访举报。审计部门负责科研经费审计监督，根据学校赋予的职责对科研经费使用和管理进行审计。人事部门负责使用科研经费发放人员费的监督和管理以及相关人事管理工作。采购部门负责使用科研经费购置或试制仪器设备等固定资产的排他性和倾向性论证、招标、采购过程管理。资产管理部门负责科研经费购置国有资产使用、调拨、报废的相关管理。正是基于这些管理职能，高校的职能部门无法提供完全的服务，反而更应当在条件具备的时候把服务功能尽量剥离。

二级学院是科研活动的基层管理单位，应对科研经费使用承担监管责任。二级学院应根据学科特点和项目实际需要，督促科研经费负责人合理、合规使用科研经费，协助高校相关职能部门审核项目申请书、经费预算等。二级学院基本上起到辅助管理的作用。由于科研人员日常由二级部门管理，科研财务助理与科研人员接触密切，因此二级学院在科研财务助理的日常管理中负责其人事、考核等事宜较之完全由财务部门负责，或者完全由科研人员负责更为合适。

在科研财务助理管理方面，财务部门的职责是确定专职科研财务助理任职条件及岗位要求，对科研财务助理进行业务指导、培训。人事部门负责科研财务助理的招聘、考核、薪酬发放的事宜。科研管理部门作为高校科研活动的主管部门，虽然在科研经费管理上没有直接管理职责，但由于科研经费的进出实际上是科研活动本身的另外一种体现，因此间接的科研管理部门需要起到总揽科研活动的作用，并协调好科研人员、科研财务助理与其他职能部门的关系。

3. 科研人员在三边关系中的角色与功能

科研人员是供需体系中唯一的需求源头和服务对象。科研人员不仅指具体的科研项目负责人，从广泛的意义上，还包括高校中的科研团队、科研实验室等实体或虚拟的组织。

科研人员应当以遵守法律法规、财经纪律和师德师风的相关规定为根本前提，严格执行高校以及相关单位制定的规定规范，自觉负责编制经费预算和决算等各类财务报表，按规定执行经费预算，及时办理科研项目结题及结账手续，自觉接受有关部门的监督和检查，对科研经费使用的合法性、真实性、有效性承担经济与法律责任。科研人员须恪守学术道德和科研行为规范，遵守相关规定，加强安全保密意识，不在科研经费中列支科研活动不相关支出；不通过协作科研等方式挪用科研经费；不以随意修改记账凭证、以表代账等方式弄虚作假。

科研人员更重要的功能是提出合理需求，以便于高校和科研财务助理提供适宜的供给，同时科研人员需要理解科研财务助理的存在，理解高校构建的科研财务助理的相应机制，以积极的态度接受科研财务助理提供的服务。对于达到一定标准的科研人员，大团队、大项目应当主动申请雇佣科研财务助理，其他科研团队或项目如具备条件，也应考虑雇佣科研财务助理。就科研财务助理机制的落实而言，科研人员是最终的需求提供者，不排除其需求可能超越政策允许的范围。保证其需求的合规、合法性也是科研人员应当做的。

4. 科研财务助理在三边关系中的角色与功能

科研财务助理是专门为学校科研项目服务的辅助性人员，以科研经费的使用和管理作为主要服务内容。科研财务助理的出现，从根本上是要成为在科研经费管理服务体系中的主要供给源，以充分发挥专业人员的作用，在科研经费使用和管理的供需关系中实现效益最大。

科研财务助理是供需体系的核心，决定了服务体系的效果。因此，科研财务助理应当有基本的任职条件，具体包括：遵守国家法律法规，严格执行财经纪律，具有较强的服务意识；具有符合岗位要求的政策水平和职业道德水准，能够坚持原则、依规办事、廉洁奉公；具有一定的财务专业、经济专业知识背景，具有较好的专业能力和较强的学习能力；科研财务助理应当了解科研项目经费管理的全过程，有的放矢地开展工作；具有相关专业的一定学历；具有相关专业技术资格。

在此前提下，科研财务助理应当履行如下的基本职责，具体包括：为项目组提供精细化、科学化、专业化服务；根据目标相关性、政策相符性、经济合理性原则协助科研项目负责人编制科研项目经费；负责科研项目的财务报销事宜；负责编制科研项目财务决算报表，协助负责人接受检查、审计等监督管理工作；完成项目负责人交办的其他工作等。在此基础上，考虑到需求的层次性，科研财务助理的具体工作内容与科研活动的全过程保持一致。具体来说，针对各项目提供全过程指导咨询服务。即在预算申报时，科研财务助理开始介入，对项目预算编写提供专业咨询、审核服务；在经费下达后，做好预算执行过程控制，定期汇总经费执行情况，对经费执行进度保持全程关注，及时发现问题，提出合理化改进和变更建议；在各类检查前，提供“一对一”的咨询服务，帮助项目组对标找差；在项目执行期到期后，协助项目组及验收审计单位做好财务资料整理工作；在项目验收通过后，科研财务助理对有结余经费的项目，持续关注其结余经费使用情况，督促项目组成员及时、正确使用结余经费，力求科研效益最大化。

科研财务助理应当有良好的责任意识、服务意识与团队合作意识。因为其职责贯穿整个项目的运行全过程，其应当能在项目成员、项目组与财务部门之间架起沟通的桥梁。科研财务助理应当了解熟悉科研项目情况，以便有的放矢，更有效率和更有质量地开展工作。科研财务助理应当具备一定的文化基础和学习能力，掌握科研项目情况，掌握财务知识，具备再学习的能力，以更好地履行职责。

（二）构建“填充式”科研经费服务机制

1. 关于空隙的情况

“填充”相对于“空隙”而言。空隙，也就是前文所指的科研经费服务需求与供给的不匹配，需要被填充。空隙的形成之前已有详细的阐述。这种需求与供给的不匹配所形成的空隙具有两个方面的特点，一是空隙具有一定的弹性，会随着环境的变化而变化；二是不同科研人员的需求所导致的空隙具有差异性。以时间作为切入点来看，这些空隙从过去到现在一直存在，同时由于需求的发展，在未来也将长期存在，并将在深度上加深，在宽度上变宽，从而其“体积”变大。由于“空隙”的存在与发展，在科研经费服务上的供需得不到满足，而需要放入具有适应性的“填充物”，此“填充物”可以理解为一种“填充式”的供给机制。

在前文分析的基础上，我们将“空隙”分为两个层次。一是“灰色需求”层，即那些实质上超越既定规则的需求；二是“白色需求”层，即那些来自科研人员的基本、增量和超量需求。从另一个角度来说，供给侧的数量和程度的增加在一定程度上无法阻止因为客观环境变化引起的“空隙”变大。因此，在了解需求基础上的供给侧改革设计是解决未来问题的金钥匙。有人指出，“灰色需求”并不是制度下应当存在的合理需求，所以不应当考虑。但就现实而言，“灰色需求”是必然存在的部分，不应当从总体需求中忽略不计。一方面如不考虑“灰色需求”，科研经费服务需求便不完整；另一方面“灰色需求”不仅存在，而且在整个科研经费的供需体系运转中起到了非常关键的作用。因此，在“填充”过程中，我们应当单独考虑“灰色需求”的层次。详见图2。

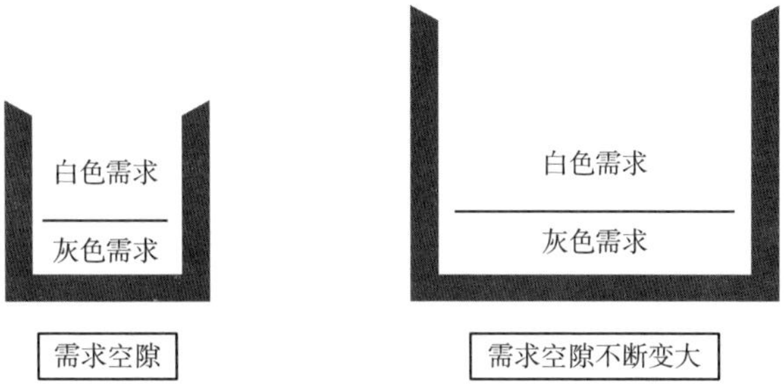

图2　科研经费管理体系的需求空隙

2. 关于填充的情况

填充体为了填充空隙而存在，应当迎合“空隙”的特点。根据前述分析，较为理想的填充状态应该遵循如下原则：一是与需求相匹配，二是填充体应当具有一定的弹性，三是填充体之间和填充体内部需要形成一定的层次。总体来说，填补科研经费管理体系空隙的填充体应为多来源、分层次的填充体。

现有体系之中存在三个“填充体”：科研人员自身、科研财务助理、高校及其职能部门。在各高校中三者目前呈现的状态是较为平均的、不稳定的、规则不清晰的、部分缺失的。在调研中，我们发现，有些高校实际没有科研财务助理、有些高校科研财务助理发挥的作用非常有限、有些高校基本由其职能部门服务科研人员但效果和质量难以跟上需求的快速发展。

作为填充体之一，高校应当从服务供给体系中逐步退出。高校及其职能部门不再供需体系中提供所谓的服务，而应更聚焦于发挥其平台和支撑功能。考虑到高校从根源上在科研经费的相关业务中的第一任务是管理，其所谓的服务应当都是建立在管理基础上的，最终是以达到管理目标为导向的管理性质的服务。对于科研人员来说，这些服务本质上来讲就是管理。在这种前提下，高校提供所谓服务的能力必然是有限的，从长远看，无法完全满足科研人员在科研经费服务上的需求，也就是前文提到的，存在服务“天花板”。在此种情况下，如果继续强调由高校及其职能部门提供服务，必然将导致管理和服务的矛盾，从而既影响管理的效果也影响服务的效果。

因此，我们试图建立理想的“填充”模式。第一，由科研人员自己作为一个填充来源，直接对应“灰色需求”空隙。第二，高校及其职能部门应逐步从纯粹的服务中退出，更侧重于管理供给。第三，由科研财务助理完成除了“灰色需求”以外的所有需求供应，即对应完整的“白色需求”部分。这符合科研财务助理机制建立的意义，让科研财务助理这个专业的群体履行与科研经费相关的业务活动。详见图3。

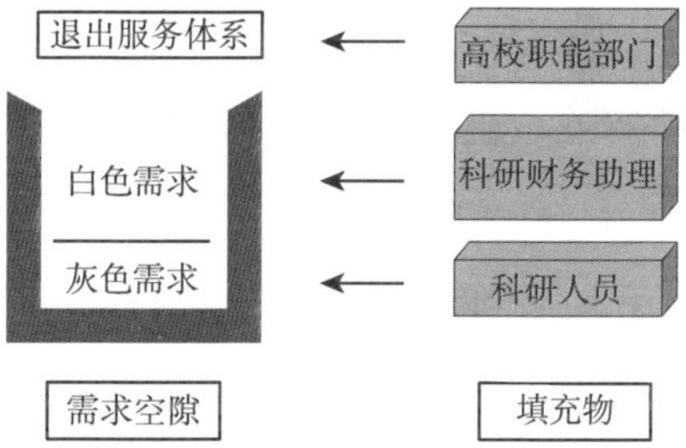

图3　科研经费服务体系的需求与填充关系

3. 分层式的填充模式

科研经费服务体系的填充应避免直接和统一的“一股脑式”的填充，而应按照需求特点分层次填充需求空隙。

第一，宏观上的两个层次匹配填充，即科研人员自己供给“灰色需求”，科研财务助理供给“白色需求”，这在上一节中已有阐述。这部分的关键在于从服务供需体系中抽身的高校。高校在此体系中的功能转变，主要目标在于为科研财务处理和科研人员之间的服务供需搭建平台，建立供需匹配机制。在通常情况下，高校应当确定匹配的原则和规则，以使常规的“白色需求”部分在不同层次中得到对应的不同层次的供给。这其中需要把握的最基本的匹配原则主要包括三个：一是需求必须是合理的、合法的、合规的；二是提供服务的科研财务助理必须具备满足最低需求的能力；三是优先满足高水平、有潜力科研人员或团队，以及符合面向国家战略需求、面向世界科学前沿的科研项目的需要。

第二，注意白色需求部分微观层面供给的差异性。高校的科研经费需求“空隙”由所有的科研人员的需求集合而成。每个科研人员或者科研团队的“空隙”又因为前述所呈现的主客观条件的不同而有差别，因此高校需要建立一支能满足多层次、不同需求的科研财务助理队伍。

“空隙”不仅是个平面，更是一个多因素构成的立体。根据前述需求分析部分，科研人员对科研经费的需求受到主观愿望、客观条件、服务需求宽度、服务需求深度等几个维度的影响，如图 4 所示。其中，主观愿望主要是指对使用科研财务助理的意愿程度，受到个性特征、社交情况等因素的影响。客观条件包括掌握经费数量、团队情况、年龄、性别、职称、人才称号等具体要素。服务需求宽度是指在科研项目生命周期内，在全部的科研经费服务事项和相关的配套服务事项中，需要科研经费服务的内容数量。服务需求深度主要指对服务质量的需求程度偏好。

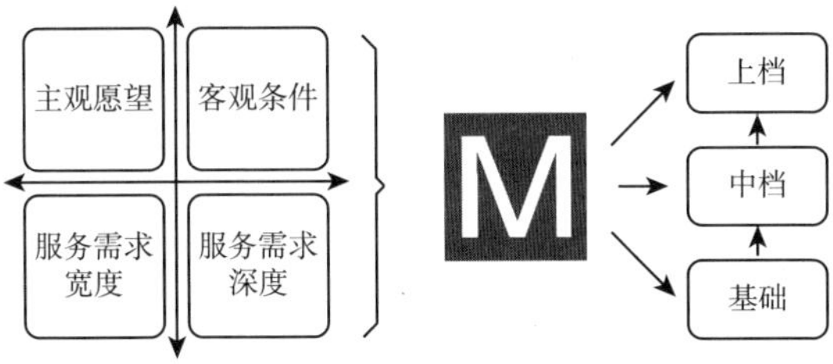

图 4　科研经费服务的需求分层与要素分析

上述关系通过公式具体表述为：需求数值(M)＝f(主观愿望、客观条件、服务需求宽度、服务需求深度)

根据数值的不同，科研人员的需求可以划分为上档、中档和基础三个不同层次。上档需求是指科研人员对各种维度影响因素的要求较高，主观上十分愿意接受服务，客观上具备条件且不得不通过替代性专业力量提供服务，同时在科研项目经费相关的各个环节均需要较高质量的科研经费服务。中档需求是指科研人员主观上不反对接受额外的科研经费服务，客观上具备一定的基础和条件，但需求并不迫切，同时在科研项目的部分环节需要相应经费服务，对于相应服务的质量要求不苛刻。基础需求是指科研人员主观上对于接受额外的科研经费服务表现出较低的认可度，客观上条件不完全具备，原生需求缺乏急迫性，同时最多需要少量环节的服务，且对服务的质量要求不高。

针对不同层次的需求提供针对性的“填充”是分层填充的关键。科研财务助理作为单个的填充体具备不同的专业能力、沟通能力、服务意识、知识背景及发展潜力，同样表现出与需求侧类似的层次性，他们的集合形成了科研财务助理队伍的“填充集合”。其中，专业能力主要是指科研财务助理的业务专业水平、学历、职称、学术背景等要素。沟通能力主要是科研财务助理与科研人员或团队、高校相关职能部门，以及其他相关人士采用有效且适当的方法进行信息沟通的本领。服务意识主要是指科研财务助理在与接受服务的科研人员或团队的交往中所体现的为其提供热情、周到、主动服务的愿望、观念与意识。知识背景主要是指科研财务助理过去的工作、学习、生活经历与所提供服务的匹配程度。发展潜力主要是指科研财务助理因各种主观要素、客观要素造成的尚未展现出来的在提供科研经费相关服务方面的能力。

上述关系通过公式可以表述为：

供给数值(N) = f(专业能力、沟通能力、服务意识、知识背景、发展潜力)

根据供给数值的不同，科研财务助理的供给可分为高级、一般和基础三个层次。

高级供给是指科研财务助理在专业能力、沟通能力、服务意识、知识背景、发展潜力方面都有较高的水准，具备较为全面的能力高水平的综合服务能力。一般供给是指科研财务助理在各影响因素上具备相应的能力和水平，但在部分方面与高水准尚存在差距，还不具备高水平综合服务的能力，但可以提供基础需求以上的供给服务。基础供给是指科研财务助理在各影响因素上都只具备基础的能力和水平，服务意识、发展潜力都尚未开化，只能提供基础的服务，满足基础的需求。详见图5。

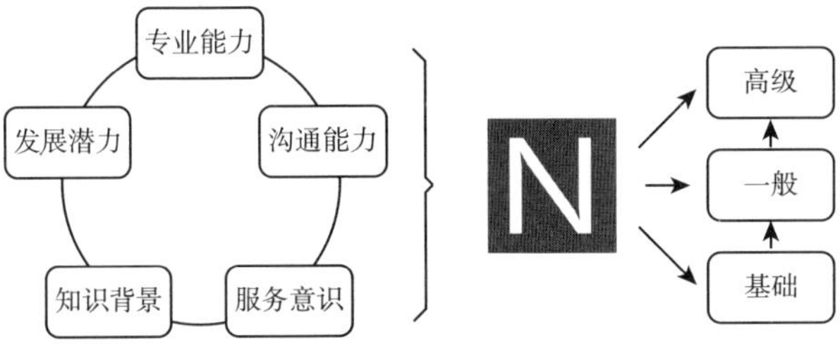

图 5　科研经费服务体系的供给层级与要素分析

基于上述分析，我们将需求层次和供给层次之间建立模式实现对接匹配。上述匹配主要在高校的科研经费服务供需匹配平台中实现，如图 6 所示。

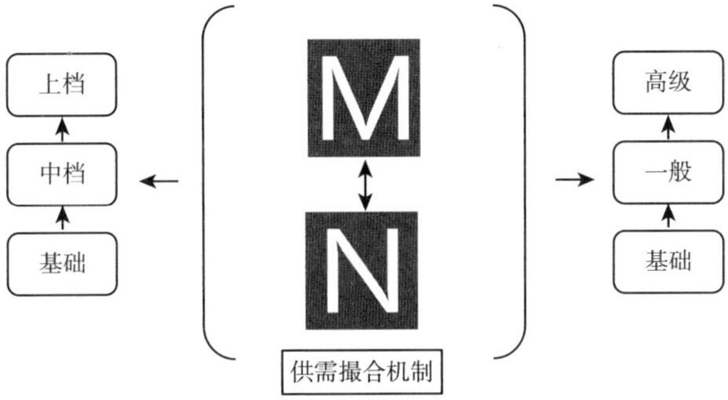

图 6　科研经费服务体系的供需匹配机制

（三）构建基于界面的双重管理机制

1. 科研财务助理的集中管理和自主管理双重机制

高校和科研财务助理的双边关系在科研经费服务体系中十分重要，他们是纯粹的管理与被管理关系。但根据之前的分析，实际上科研财务助理又不能完全由高校管理，因为科研人员的“灰色需求”部分不可能由高校的衍生来满足。因此，由高校自身或其职能部门集体聘任、集中培训、按需分配的委派制模式在目前高校中是不可行的，主要原因在于当前我国高校运行模式的影响。科研财务助理的身份定位明确说明其是科研人员或科研团队的衍生。但从另一方面考虑，如科研财务助理由科研人员或科研团队完全自行管理，高校将无法建立科研财务助理的体系，缺少统一管理的切入点，从而无法促使科研财务助理发挥更大、更广泛的作用。详见图 7。

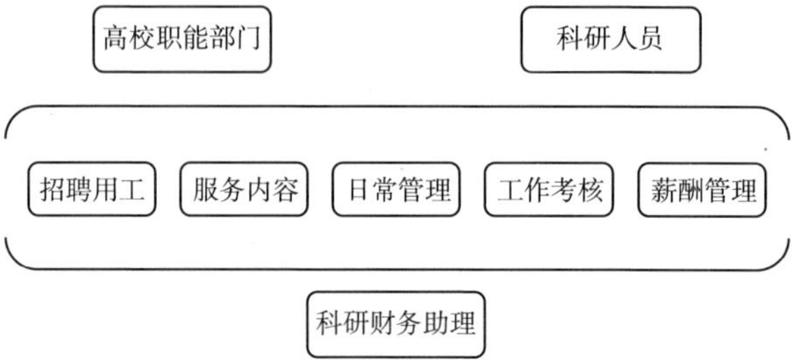

图 7 科研财务助理的集中与自主管理双重关系

基于上述分析，我们可以明确科研财务助理应当同时接受高校和科研人员的管理，是一种双重管理的模式。两个源头各管一部分，重点是解决好管理界面关系，保持良好的界面环境，使三方的交流、协调、合作能够有效进行，以实现共同的目标。第一，明确双重管理的基本模式；第二，谋划清晰的管理界面，明确哪些管理事项由高校及其职能部门负责，哪些由科研人员或科研团队负责；第三，明确科研财务助理是科研人员（团队）的衍生这一基本原则。具体来说，科研财务助理的管理环节通常包括如下几个方面，对科研财务助理的管理体现在以下环节。

第一，招聘与用人。科研财务助理的招聘环节应当保持高校的集中统一管理与权威，由人事部门代表学校制定统一的应聘条件和岗位职责，按照正式员工的招聘模式组织科研财务助理的选聘。此举的目的在于防止高校主体在科研财务助理招聘过程中的失位，而实质让位科研人员进行主导，这将十分不利于后续管理的开展。

第二，服务内容和标准。科研财务助理的服务内容标准应由高校财务、科研等相关职能部门，在充分调研科研人员的基础上，针对不同层次的需求，制定出分层次的服务内容清单和标准。科研人员及科研团队在此方面可充分表达需求，但最终须由职能部门代表学校与之协商确定。

第三，日常管理。科研人员及团队负责科研财务助理的日常管理事项。科研财务助理应接受所服务科研人员的安排开展工作，并及时反馈、报告工作情况。高校及其职能部门一般不需要介入此环节。

第四，绩效考核。科研财务助理的日常工作表现应当由其所服务的科研人员或团队负责，人事部门须在科研人员和团队考核结果的基础上，征求财务部门、科研部门、资产部门等直接相关的业务部门的意见，负责考核结果的最终核定。

第五，薪酬管理。一方面，高校人事部门应为已经建立的科研财务助理机制建立完善的薪酬体系，具体可以由人事部门协商财务部门和科研团队确定，而不能由科研人员自行安排。另一方面，根据现有的科研经费管理政策，科研财务助理薪酬可以从其所服务的科研项目中列支，但高校应以鼓励的态度为一些特殊的科研人员群体提供一定的额外资金支持。

第六，培训和技能发展。科研财务助理全方位的发展需求以及双重管理模式共同决定对科研财务助理的培训应当同时由高校和科研人员共同开展。双方应各有侧重，高校应为科研财务助理制订培训和发展计划，参考编制内人员的培训方案，以政策规定、基础本领、学历学位、专业技能等方面为主，加强科研财务助理队伍的建设。科研人员应借助自身、所在团队及所在二级学院的力量，重点培养科研财务助理的素质和意识。

上述双重管理机制的有效运行应以科研财务助理与学校建立劳动或者劳务关系为前提。非劳动关系、劳务关系存在的科研财务助理将造成各方面的运转风险。科研财务助理机制从根本上是岗位和用人问题，应由高校人事部门主要牵头负责。然而，调研结果表明，不少高校由财务部门全权负责科研财务助理事宜，这样导致劳动或劳务关系前提无从得到保证。高校应完善机制，保证科研财务助理人员的稳定。搞好科研项目是高校发展的需要，科研财务助理人员的稳定促进了事业的健康发展。了解项目进展情况，熟悉和掌握业务需要一定的时间，如果科研财务助理人员不稳定，则将不利于科研项目的开展。

2. 直接服务和购买服务的双重机制

高校应当加强对科研财务助理的管理，避免仍然由科研人员或者科研团队完全管理科研财务助理的情况。在此基础上，高校才能考虑并设计科研财务助理的来源和实际供给。

随着高校科研事业的不断发展，科研人员对科研经费的专业化服务需求呈现明显的增长趋势，如何及时、有效地满足这些需求成为关注的核心问题。正如前文所言，科研财务助理的出现在一定程度上填充了上述“空隙”。究其本质，科研财务助理是高校为科研人员提供的内部直接服务。这种直接服务要求高校在短时间内组建一支具备多层次服务能力的科研财务助理队伍，并且还需要通过科学管理保持并增强这支队伍的服务供给能力。此种服务模式之下，高校须在招聘、用工、业务、考核、评价、晋升、培训等多个方面都进行系统性的设计并确保其有效运行，管理成本巨大。根据调研的情况，一个专职的科研财务助理能够服务的经费量在500万~1000万元，那么对于一个拥有10亿元在研科研经费的高校而言（中档中央高校水平），至少需要100个科研财务助理。这个数量对于高校而言需要很大的管理成本。

相较于内部直接服务，以第三方外包形式出现的购买服务逐渐引起了高校的关注。在中央政策的总体要求下，部分省市、部委已经尝试以第三方外包的形式，聘用科研财务助理为科研项目实施提供经费管理和使用服务。目前，已有会计师事务所、专业财务公司、人才派遣公司等市场主体开始为高校提供专业化的科研经费服务；已有部分高校尝试使用第三方机构的科研财务助理为科研人员提供服务。这种购买服务的方式可以作为学校内部直接服务的重要补充，在避免大幅度提高管理成本的前提下满足科研人员的需求。购买第三方科研财务助理服务是专业化的操作，具有多方面的优点。首先，降低高校的管理成本。购买第三方服务的方式能够降低高校在人力上的投入，高校无须组织招聘、管理人事等，同时也减少劳动争议所带来的麻烦。其次，实现人员的灵活管理，能降低突发性用人的风险以及避免人员臃肿、运转不灵的情况。最后，发挥专业机构的特定优势，以专业的视角和能力为科研人员提供全过程、零距离、高效率、优质、合规的专业化服务。总体来说，以第三方的形式出现的具有市场专业化特点的科研财务助理未来具有较大的发展空间，其专业化水平和管理的优势将会日益显现。

内部直接服务和购买服务两套服务体系共同运行，构成满足科研人员需求的双重供给方。高校在将以购买科研财务助理服务作为补充供给来源，应关注协调两方有机互动与平衡，具体包括：一是保证内部直接服务和购买服务的管理标准保持一致。作为内部人员的科研财务助理和第三方机构提供的服务人员，均应当在统一的管理标准下开展工作。工作内容、考核方式和标准、服务质量标准等方面明确具体的政策和执行标准，与合同方商定其薪酬标准，保持与校内人员同档次的水平。二是应当与合作单位明确约定具体人员的进入和退出机制，以及合作单位的权力义务。三是合作方所提供的科研财务助理应当纳入高校的多层次体系，与内部直接服务人员协调配合，按照既定的层次供给规则提供相应服务。

五、风险应对与展望

（一）源自于管理模式的风险

1. 旧有管理模式的束缚

在管理学理论中，旧有观念通常成为新生事物的发展阻力。当今世界，科技创新已经成为提高综合国力的关键支撑，成为社会生产方式和生活方式变革进步的强大引领。在推动科技创新的过程中，中央认识清晰，决策部署到位，提出了诸如科研财务助理这样的管理制度的创新意见。科技创新和制度创新协同发挥作用，“两个轮子一起转”。

管理创新最重要的是在组织高管层面有完善的计划与实施步骤以及对可能出现的障碍与阻力有清醒认识。科研财务助理工作作为高校科研经费管理领域的新生事物，尚未得到高校管理层的理解和重视。不少高校的管理层尚未深入分析科研经费管理与服务中的问题与矛盾，对客观环境、发展趋势以及科研人员的内生需求缺乏透彻的理解，仍以惯性思维判断科研经费的相关问题，导致了对局面理解不准确，无法设计出准确的机制，对中央提出的科研财务助理制度难以真正地有效落实。除此之外，科研人员对于使用科研财务助理来替代其完成一些专业化工作也未能充分解放思想，有包袱和顾虑，缺乏用发展的眼光看待这一问题。现有在岗以及潜在的科研财务助理中也有较大比例的人员缺乏准确角色定位，仍停留在简单财务服务上。

习惯势力和主观偏见一定程度上约束着科研财务助理制度的实施。观念创新是一个否定自我的过程，要超越固有的思维模式，打破旧的分配格局。为此，高校的管理层、科研人员以及潜在的科研财务助理，均须解放思想，打破习惯势力和主观偏见的束缚，把主观世界的思维意识与变化的客观实际结合起来，克服不符合实际的习惯思维和主观偏见，用发展变化的观点创造性地落实中央所提出的科研财务助理制度。

2. 高校自身角色定位不清晰

在前述机制所提到的三边关系中，高校作为重要的一边在整个体系中起到至关重要的作用。在理想的科研经费服务体系中，高校应当集中于管理角色，为科研财务助理和科研人员的双边匹配工作搭建良好的平台，同时强化对科研人员和科研财务助理的管理。在实际情况中，一些高校存在以服务代替管理，或者放松管理偏重服务的情况。在这种指导思想下，一方面，高校的部分职能部门忽视管理体系和管理规则的建立，使科研财务助理制度难以健全、科学、有效及更新；另一方面，高校的职能部门无法从服务中脱身，囿于管理“天花板”的存在而无法真正地做好服务，始终满足不了科研人员的需求。总之，高校对自身在科研财务助理体系中的定位不准确是较大的管理风险。

（二）运行中存在的风险

1. 双重机制带来的界面不清

本研究提出了两个双重界面机制，一个是集中管理和自主管理结合的双重管理模式，另一个是直接服务和购买服务相结合的双重管理模式。

第一个双重管理模式侧重在服务内容的分解。服务内容在分解过程中，容易产生管理界面不清的风险，即由谁来承担对科研财务助理的管理职责缺乏清晰决策的问题。因“灰色需求”存在，高校由科研人员或团队负责科研财务助理的日常管理和业绩考核等，以保持两者之间更贴近的距离感。例如，由高校职能部门介入，甚至完全由其管理，则科研人员将产生较大的距离感。而“灰色需求”实际上只会变少不会消失，将在实质上影响机制运行的效果。

第二个双重管理模式侧重在服务提供来源的分解。这种双重管理机制下的界面不清，主要可能表现在：购买的第三方机构提供的服务人员由于在制度设计上的问题使其所承担的服务业务与高校自有服务人员在同一层面或者切面上产生差异，从而导致服务人员本身以及被服务的科研人员感受到不平衡，从而存在进一步演化进而影响服务质量的风险。例如，高校自有人员与第三方人员具备不同层次的服务供给能力但却服务同一层次人群，或者两类人员具备相当的服务能力也服务同类层次人员，在同一场所工作但待遇和晋升空间差别较大。

2. 掌握科研人员的需求不准

科研人员或科研团队在机制体系中是接受科研经费服务的对象，按照供需的基本原理，对其需求了解的完整程度直接影响服务的质量与效果。在实际操作过程中，管理者可能囿于主观和客观原因而无法充分获取科研人员需求。即使掌握来自科研人员的充分需求，仍然可能由于缺乏汇总、分散需求的科学手段导致高校及其职能部门无法完成需求的有效转化。此外，由于“放管服”精神的广泛落实，科研人员要求提供服务的声音远远超过了管理的声音，而高校作为管理者可能存在管理缺失，不加分辨地将科研人员所提出的需求都视为合理需求，忽视其中有若干存在偏离制度约束和科学研究初衷的可能。以上三个方面都表示为对掌握科研人员需求的不准确，而以错误导向影响科研财务助理提供有效的科研经费服务。

3. 不同供给来源形成服务差异

高校作为管理科研财务助理的一方，应当着力建立一支有效的服务队伍。在科研财务助理制度运行的初期，若高校的管理层尚未足够重视队伍的建设，则可能未形成标准化的服务体系，可能未建立科研财务助理人员库。在这种情况下，可能会产生因供给不足导致服务质量存在差异的风险。此外，科研财务助理自身的能力、学历、专业背景、主观意愿以及受激励程度都将影响其水平和能力的发挥。在规范的体系和标准缺失的情况下，服务人员的来源和构成多样，都将导致针对同规模、同类型科研人员或团队的服务质量和效果差异较大的风险。

（三）展望

高校科研经费是高校科学研究功能的重要支撑，一方面紧密联系科学研究的规律和实际，另一方面遵照财务管理的要求。高校科研经费的管理涉及制度、规范、标准、执行，涉及预算、合同、支付、资产、采购等方面，贯穿科研活动的全过程。本研究重点从供需的角度分析科研财务助理制度在高校的落实。科研财务助理制度的建立是进一步深化科研经费管理改革、支持国家创新发展战略的重要内容，是落实中央“简政放权、放管结合、深化服务”精神的重要手段，但同时科研财务助理工作没有成熟经验可直接借鉴，需要在实践中不断创新，在创新中发展。有效的科研财务助理服务机制建立起来后，将有助于高校科研人员按照中央精神从烦琐的科研经费财务事务中解脱出来，集中精力以更好地从事科技研发、科研创新，为国家的科技创新服务。此外，这样还有利于高校科技经费规范管理、公开透明，有利于对科技经费全过程监督，有利于防范廉政风险、推进廉政建设，是极具现实意义和理论意义的议题。

科学技术的发展必然要推进社会的全面进步。在这个过程中，我们都期待广大的科研人员可以在科学研究领域不断产生新的发现与突破，他们需要宽松的环境。只有在宽松的环境下，才能够专心致志、毫无干扰地投身科学研究。科研财务助理制度理论上是促成这种状态形成的有效手段。但这一套机制的建立与有效运行需要施之以科学的管理，除了本研究上述的相关阐述外，高校作为科研项目的承担单位还应当关注以下几个方面。

一是加大对科研财务助理相关政策的宣传，以多样形式、多样方式，结合实例介绍科研财务助理的实际效用，强化科研财务助理制度在科研人员、科研团队中的现实意义，鼓励和指导科研人员和科研团队聘用财务助理，重视财务专业服务的作用。同时，从需求充分的角度，刺激学校管理层重视科研财务助理机制以及机制在高校内的实际推进。

二是建立科研财务助理队伍的评价体系。科研财务助理提供科研经费服务是关键环节。为了让科研财务助理提供的各阶段、各层次服务达到更好的效果以更贴近建立此制度和机制的初衷，应从更宏观的角度构建科研财务助理的服务评价体系，依照标准和评价程序，运用科学评价方法，按照评价的内容和标准对科研财务助理的能力、业绩进行定期和不定期的考核和评价，并以此作为其承担服务工作的基础。

三是建立科研财务助理的常态化培训机制。大力推进对科研财务助理的专业培训，提高科研财务助理的专业素质、积累经验，更好地服务于科研工作。业务培训和学习交流是加强科研财务助理专业培养的根本。高校应当安排确定专门部门和专门人员，建立培训体系，组织培训和交流活动，以调研、授课、交流、实践等形式对科研财务助理进行经费管理、会计知识、经费审计等业务培训，以及了解熟悉服务对象的科研项目，提高科研财务助理的专业素质。

四是完善科研财务助理的聘用机制。强化高校作为统一主体的聘用模式，摒弃学院、科研人员自行聘用的方式，降低科研财务助理的流动性。培养合格专业的科研财务助理必须多管齐下，既要加强内因培养、提高科研财务助理自身素质，又要完善外因环境、健全内控制度。高校要将科研人员薪酬纳入学校统一管理，结合科研财务助理工作的特点、特性建立合理的薪酬体系。

五是建立科研项目财务信息系统。不断发展提升的财务信息化管理是加强科研财务助理高效工作的基础。高校应结合科研系统、财务系统，整合科研项目的信息，建立科研项目财务信息管理系统，或对接财务系统与财务系统疏通流程、信息直连，对科研项目的预算、支出等进行实时更新和动态管理。

在科研财务助理机制建立并运转的过程中，存在一个不容忽视的趋势。随着高校内部控制建设工作的深入推进，高校科研经费管理的流程将进一步得到优化，结合新的技术手段和工具的出现，在流程实现上将更加便捷，促使原先的业务环节被优化掉不复存在，这将导致科研经费服务的内容、宽广度发生本质的变化。这个趋势的发展速度和状态将在一定程度上影响科研财务助理制度的运行和调整。科研人员眼中的“应由所在高校承担的服务”，其实质侧重在高校的财务管理流程上。随着技术的发展以及观念的改变，许多流程被优化的趋势明显，这将从另一个角度让科研人员感觉到“服务需求”得到满足。从整个科研经费管理和服务的角度而言，高校在加强管理的同时也是在侧面提供优质服务。例如，在采购环节实现集中采购，减少科研人员自行寻找供货商、询价、支付的环节，而只需要提出对商品与服务的具体需求。

科研财务助理在高校中属于新生的群体、新生的机制，无论从高校的管理运行特质，还是从科研财务助理机制的特质来说，都还有较多的研究空间，而目前对其的研究还比较粗浅。本研究虽然在较为充分的分析基础上提出了两个关于高校科研财务助理的服务机制，但还不够深入。针对此主题，还有关于高校面向科研经费服务供需撮合机制的有效建立、高校科研财务助理服务评价体系设计、高校科研财务助理服务效果组合优化问题研究，以及科研人员主观动机对科研财务助理机制影响等多个方面可以继续深入研究。

参考文献

［1］中共中央办公厅，国务院办公厅．关于进一步完善中央财政科研项目资金管理等政策的若干意见［S］．2016.7.31.

［2］李娇，邹轶君．高校科研财务助理队伍建设现状及完善建议［J］．财务与会计，2018（17）：71－72.

[3] 乔久华. 会计师事务所创新科研财务助理服务高校的探索与实践[J]. 中国注册会计师，2019 (4)：105－107.

[4] 王乃焜. 高等学校科研财务助理队伍建设和管理体系探究 [J]. 财会研究，2017 (6)：68－70.

[5] 郭艺渊. 设立科研财务助理："让专业的人做专业的事" [N]. 中国会计报，2016.

[6] 张丽洁. 浅析科研财务助理制度 [J]. 经营管理者，2017 (2)：310.

[7] 崔惠绒，徐亮，鲍洋，等. 加强科研机构科研财务助理培养工作的思考Ⅱ [J]. 管理观察，2017 (2)：65－66.

[8] 王力. 科研财务助理效用评估研究 [J]. 会计之友，2019 (2)：122－125.

[9] 付瑶丹. 科研财务助理制度执行中的几点建议 [J]. 商业会计，2017 (14)：92－93.

[10] 蒋莉平. 高校科研财务助理管理模式初探 [J]. 会计之友，2017 (17)：118－120.

[11] 林丹凤. 高校科研财务助理管理模式及其创新 [J]. 企业改革与管理，2017 (7)：152.

[12] 刘宁. 我国科研财务助理制度实施的现状与完善建议 [J]. 中国注册会计师，2018 (6)：100－102.

[13] 梁勇，干胜道. 论高校科研财务助理的设置 [J]. 会计之友，2018 (12)：125－127.

[14] 王瑜. 承担单位设置科研财务助理的三点建议 [N]. 中国会计报，2017 (6).

[15] 杨朝晖，孙思惟，黄怡. 高校财务报销实行学生兼职财务预审制度的探讨 [J]. 福建农林大学学报（哲学社会科学版），2012，15 (5)：56－59.

[16] 戴海燕. 新形势下，如何加强农业科研单位财务助理制度建设[J]. 财经界，2017 (8)：100－101.

第二部分

企 业 篇

跨国并购财务风险的评估及管控研究

石继广

摘　要　跨国并购是企业购买已存在的境外企业的份额得到占有控制权，是企业进行市场和资本国际扩张的必然途径。在当前贸易保护主义抬头、经济全球化竞争日趋激烈的外部环境下，我国企业跨国并购虽势头强劲但失败率较高。由于跨国并购的境内外法律限制多、支付金额庞大且时间集中、融资约束多、估值不当、后续整合不力等问题较之境内并购更为严重，跨国并购过程中的财务风险管理问题尤为突出。

本研究在介绍研究背景和意义、国内外研究现状后，论述了跨国并购的概念、动因、现状和财务风险的内容，通过分层识别法和德尔菲法来识别跨国并购财务风险，再通过模糊综合评价法建立跨国并购财务风险因素集，确定跨国并购财务风险因素权重，利用跨国并购财务风险因素的模糊评价矩阵，对跨国并购财务风险进行评估和分析，同时引入期权思想进行跨国并购财务风险控制。

本研究主要使用模糊综合评价法与期权思想，尝试构建我国跨国并购财务风险评估和管控新型体系，达到更好评估和管控跨国并购财务风险的目的，以期对我国跨国并购理论和实践有所贡献。

关键词：跨国并购；财务风险；模糊综合评价法；期权思想

一、绪论

跨国并购（Cross - border Mergers Acquisitions）主要是一个国家的企业针对于另一个国家的企业进行股份或者资产控制，即通过一定的支付手段和支付方式，对别国企业进行资产并购，实现了企业的控制行为。

（一）研究背景

在当前贸易保护主义抬头、经济全球化竞争日趋激烈的外部环境下，跨国并购作为企业面对国际市场寻求资本扩张的必然途径，较之以往更加容易引起各方面的关注。与其他投资模式相比，跨国并购不需要比较长的建设期且能够绕过贸易壁垒，因此成为许多想要迅速进入境外目标市场的企业的首选方式。另外，跨国并购可以实现获得目标企业的在境外的各种无形的优势，如研究与开发能力、技术、管理、销售渠道、商标、商誉等，并且可以通过一定的境外跨界并购来实现业务类型的优化。我国当前对内正处于深化供给侧结构性改革阶段，对外面临以中美贸易战为代表的贸易摩擦，在习近平总书记2013年提出的“一带一路”倡议下，对于跨国并购的要求会越来越高。所以我们对于跨国并购的相关内容需要进行研究，对于提高并购成功率有巨大的意义。

（二）研究意义

跨国并购的过程十分复杂，导致风险很高。麦肯锡的一项调查报告揭示，在1990年到2010年，全球跨国并购达到并购前方案预期目的的比例不到50%，而我国也有大量跨国并购失败的案例。从首钢收购秘鲁铁矿公司的不合理报价带来的债务负担，到中铝收购英国力拓集团小额股份后力拓股价大跌产生的巨额亏损，从华菱集团收购澳大利亚FMG公司17.34%的股权但却未能实现业务协同和获得分红，到紫金矿业收购刚果金铜钴矿控制权被刚果金政府宣布无效……很多盲目跨国并购已给我国很多企业带来严重的财务风险。

由于跨国并购金额巨大、支付时间要求严格、融资困难、信息不对称且经常变化、估值困难、后续整合矛盾多等相较于境内并购问题更为严重，跨国并购过程中的财务风险尤其突出。实践表明，许多企业并没有足够重视评估及管控跨国并购中的财务风险，导致支付过高对价、融资不成功、偿债压力大等原因造成资金周转紧张，没有能力完成跨国并购，这就导致了并购失败甚至影响企业的可持续发展。

所以，本文通过对于跨国并购这一方面的财务风险评估及管控研究对我国企业具有较大的意义。

一是，有利于我国跨国并购相关理论和方法的完善。目前还没有利用模糊综合评价法和期权思想来综合研究跨国并购财务风险的评估及管控的论著，本文的研究对于我国跨国并购理论和方法有完善的作用。

二是，有利于我国企业跨国并购达到预期的目标。本研究重点选取分层识别法和德尔菲法、模糊综合评价法和期权思想，从跨国并购财务风险的识别、评估、控制等几个方面研究其评估及管控，以期促进我国企业提高跨国并购的成功率。

（三）国内外研究现状

1. 跨国并购的动因研究

邓欢英论述了我国跨国并购动因主要包括以下几个，分别是国际市场的开拓、自然资源的寻求、国外技术的获取、规避贸易壁垒、增加融资途径、间接进入国际资本市场等。

姜军根据国际生产折衷理论分析认为，我国跨国并购动因在于快速控制目标公司的经营管理、通过协同效应变国际市场为内部市场、避开贸易壁垒促成产品和资金顺利跨境流动等。

Stephen Hymer 提出垄断优势论。他认为，市场经济条件下的竞争主要是不完全竞争，且产生了相当数量的行业垄断，垄断带来的利润在促进企业发展的同时又进一步增强了垄断。跨国并购是追求垄断造成的，在不完全竞争市场中有必然性。

Peter. j. Buckley 和 Mark. Casson 提出内部化论。他们认为，导致跨国并购发生的原因不仅在于 Stephen Hymer 的垄断优势论，而且包含并非直接面对消费者的中间产品市场的垄断，认为企业通过国际市场内部化以相对较低成本在内部共享这种垄断优势的能力是跨国并购的真正动因和优势所在。

John. Dunning 提出国际生产折衷理论，他把跨国经营的决定因素概括为三类优势：所有权优势、区位优势和内部化优势，企业的这三类优势的情况决定了企业是否需要进行跨国并购以及以何种方式进行，该理论从企业的角度概括了企业进行跨国并购的相关动因。

2. 跨国并购目标企业价值估值方法研究

李常青认为，应该慎重合理选择目标企业价值评估方法，根据并购协同效应来确定估值中的溢价水平、充分利用中介力量以提高价格谈判水平等途径，以期降低不必要的并购支付，提高我国企业跨国并购成功率。

付强、万文娇、韩君提出，实践表明实物期权的定价理论重点考虑了并购目标公司的未来收益。

邱明峰承认传统的实物在进行评估的时候，对其价值的评估要求非常精确，但是随着时代发展，价格变动太大；所以对资产进行价值评估得到的精确值很难真正的反映其价值。

3. 跨国并购风险研究

帅晓林指出，跨国并购准备阶段主要风险是评估确定目标企业的合理并购价格；实施阶段主要风险是融资所带来的相关渠道、结构、比例等风险；整合阶段主要风险是并购后对目标企业进行改造是否成功的风险。

陈丽旭阐明，我国企业跨国并购风险包含政策法律风险、偿债风险、支付风险和整合风险等。

隋敏提出，我国的企业进行跨国并购的时候需要承担两类风险，主要是外部的风险和企业内部的风险。外部风险主要包括了对于所并购企业的目的地拥有的政治和市场风险，甚至是在我国都存在的政治和市场风险，而企业的内部风险主要包括了融资风险和对并购企业的评估风险等。

4. 跨国并购整合研究

徐朝霞认为，并购后整合包括财务整合、文化整合、战略整合、人力资源整合。

陈志军提出，要使并购获得成功，并购整合应该实现三个方面的协同性：财务协同性、经营协同性和组织协同性。这三个协同性都是企业并购的核心问题，在并购的管理中，也具有存在的重大意义。

梁燕君针对国内的企业进行跨国并购的现象，针对两国之间的文化差异整合的方式提出了以下几点：并购前收集信息、预测冲突及风险、制订有效的整合计划、善待被并购方的管理者，吸收目标企业先进文化、制度过渡政策和注重跨文化培训。

黄艺农、江云云为了对企业在并购之前和并购之后的财务变化进行对比，采用了会计指标法对其进行分析，将企业并购以后的财务和绩效都进行了整合处理。

Valerie Smeets、Kathryn Ierulli、Michael Gibbs 以实证的方式说明并购后组织整合可以通过保留原组织的最重要资源和结构得以实现。

Jing Huang、Joshua R. Pierce、Sergey Tsyplakov 采用一个动态模型说明并购后的整合持续时间与新并购企业在并购完成时和整合期间的市场杠杆率呈负相关关系。此外，当整合持续时间可能很长时，收购方管理者更有可能使用股权为并购融资。

（四）研究方法和创新

本研究利用模糊综合评价法和期权思想来综合研究跨国并购财务风险的评估及管控，按照风险识别、评估、控制的顺序分析我国跨国并购财务风险，构建了一种新的跨国并购财务风险研究体系。

同时，本研究在分析中理论联系实际，从 2009—2018 年我国（不含港澳台地区）主要跨国并购案例中提取影响我国跨国并购财务风险因素进行定性分析后，运用模糊综合评价法对其进行定量分析。

本研究的创新主要表现在以下几个方面。

第一，从财务风险角度研究我国跨国并购，对相关风险因素进行了深入全面分析，构造一种新的跨国并购财务风险研究体系；

第二，采用模糊综合评价法评估我国跨国并购财务风险；

第三，在研究跨国并购财务风险控制中引入了期权思想。

二、跨国并购财务风险理论

（一）跨国并购相关理论和实践

1. 跨国并购的概念

跨国并购的基本含义：并购企业为了能够获得市场资源，通常会采取相应的手段，将目标企业的资产净值或者股份购买下来，这样就实现了对于目标企业的控制行为。跨国并购步骤一般包括分析与论证可行性、提出并购方案、编制报价并购文件、甄选目标企业、报价目标企业并进行谈判、确定交易方式、签订意向书、完成尽职调查、制定并购协议、支付款项达成交易、资产转移法律确认等。跨国并购的分类如图 1 所示。

2. 跨国并购动因分析

全球化市场竞争促使我国供给侧结构性改革，包括化解过剩产能、降低

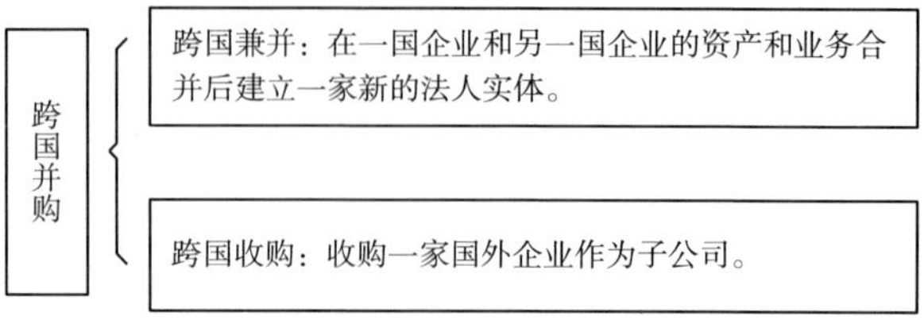

图 1　跨国并购的分类

经营成本、减轻库存压力、防范金融风险等，要求我国企业进行跨国并购，使经营活动在世界范围内展开。同时，跨国并购是突破另一国贸易保护主义的需要，自我国加入 WTO 以来，我国企业出口额逐年增加，但也遭到越来越多反倾销调查与制裁、征收附加关税以及目标国的法律限制，使我国企业的产品在国际市场中的竞争力下降。这种情况在近期的中美贸易争端中尤为明显。跨国并购可以变国内生产经营为境外生产经营，有效规避贸易壁垒。我国企业进行跨国并购主要是基于以下动因。

（1）促进所需的境外资源保持价格稳定。随着经济发展，我国人口众多，所需的大部分资源依赖进口，且进口量呈上升趋势。但单纯的进口方式容易受制于资源供给方，尤其在价格方面有明显体现：多年来我国都需要大量从巴西的淡水河谷、澳大利亚的力拓和必和必拓这三大铁矿石生产和出口商进口铁矿石，我国铁矿石需求对外依赖度高达 75%，境外矿主便坐地起价，根据智研咨询网提供的数据，国际市场铁矿石 2017 年平均价格每吨为 76 美元，较之 2016 年每吨上涨约 15 美元，仅一年我国就要为此多付出 500 亿美元。我国企业进行跨国并购能够合理地配置资源和更好地利用境外资源。

（2）获得先进技术等软实力。由于技术壁垒和出口管制，为了获取国外先进的生产工艺和技术、新产品设计和先进的管理知识需要进行跨国并购。例如，潍柴动力收购了当时全球第二大工业叉车德国凯傲集团 25% 的股份和旗下林德液压公司 70% 的股份、中信资本控股有限公司主导的财团收购了领先的数字成像处理方案开发商英国豪威科技股份有限公司（Omni Vision Technologies）、楚天投资和澎湃投资联合并购德国 Romaco 制药集团 75.1% 的股权等均得到了知识产权、研发成果与设备以及最为关键的研发人员，直接提升了软实力。

(3) 顺利进入国际市场。在“一带一路”倡议和相关政策下，通过跨国并购，我国企业可以利用目标企业在当地的品牌影响和分销渠道，迅速进入目标企业的国家和市场，同时也能规避境外关税壁垒和反倾销，降低经营成本和风险。2014年福耀通过新设成立福耀美国伊利诺伊有限公司来收购世界汽车玻璃巨头匹兹堡平板玻璃厂（PPG）公司下属的芒山（Mt. Zion）工厂，节约了大量的关税、运输等成本，福耀集团官网披露该子公司2019年上半年实现主营业务收入折合人民币19.11亿元，净利润折合人民币1.48亿元。

3. 我国跨国并购主要的三种方式和近况

(1) 借壳上市：主要是对上市公司的并购，借壳上市是指企业通过购入已挂牌上市的公司股份来取得上市权利，然后通过“反向收购”的方式注入该企业有关业务及资产的一种并购方式。其优势在于：上市所需时间较短，上市成本较低，虽需支付额外的壳收购成本，但可以节省昂贵的上市费用和佣金，上市条件灵活，无须符合某些特殊上市要求。

(2) 协议收购：并购企业以协商方式与目标企业的股东签订股份或资产转让协议，达到并购目的。这种并购方式既可以用作对上市公司的收购，也可以用作对非上市公司的收购，适用范围最广，在数量上最多。

(3) 法庭竞标：其并购过程由法院控制，一般来说，目标企业的债权方拥有交易决策权，目标企业没有决定权，主要用于对处于破产程序中的目标企业进行并购。

2019年7月16日中华人民共和国商务部公布我国上半年跨国并购交易总额为169.5亿美元，而2018年上半年为220亿美元，2017年上半年为567亿美元，2016年上半年为1187亿美元，近几年总体呈下降趋势。

我国企业跨国并购交易金额的减少是由多种因素造成的，包括人民币（主要是对美元）贬值、中美贸易争端、主要西方国家市场限制吸收中国投资（尤其是关键的高科技领域）、我国政府对境外投资的内容和金额管控越来越严等。

跨国并购的发展分为三个阶段。在第一阶段，跨国并购主要是为了获得境外自然资源和市场。第二阶段，主要是为了引进优势品牌、先进技术等，进而提升并购企业在国内市场的地位。我国企业的跨国并购目前已处于第三阶段，即在计划展开跨国并购时，通常旨在帮助自身实现提升国内竞争力和开拓境外市场的双重目标，在保持和提高企业国内竞争地位的同时，积极参与全球扩张，特别是在其他发展中国家。

（二）跨国并购财务风险的相关理论

1. 财务风险的定义和基本类型

财务风险主要是表现在各项财务活动中都有风险发生的因素；在没有财务风险预期之前，这些因素都是无法控制的因素；在无法控制的情况之下，其让企业经营活动和预期目标发生了偏离，造成了企业的经济损失。经济损失一般包含财务成果（利润）的损失和财务状况（偿债、周转、营利能力）的恶化。

财务风险根据资本运动的过程划分为以下六个。

（1）筹资风险。企业可以通过债务筹资获得资金，但未来存在着资金流紧张导致的没有偿债能力的风险。利用债务筹资可以降低资本成本，对盈利企业来说还可以节约税负，但过度使用债务筹资必然会使企业承担未来资金流难以承受的利息支出，进而无法偿还本金，出现偿债危机。

（2）投资风险。理论上，企业当前的资本成本如果小于短期的投资项目的报酬率，则可以投资，但如果是投资到一些未来报酬率难以预测的长期项目上或者在未来企业资本成本有可能提高，则有可能导致长期的投资项目的报酬率小于资本成本，从而产生投资风险。

（3）资金回收风险。在我国采用的权责发生制的会计核算原则下，应收账款回收的不确定性导致良好的会计利润并不代表对等的现金流流入。另外，各种金融工具的广泛应用也加大了企业资金回收风险。大量应收账款的长期挂账会产生账面上的资产减值损失，一旦确定无法收回进则会产生财务风险。

（4）流动性风险。流动性风险是指企业变现能力差导致资金不足，进而影响支付能力和偿债能力。企业的流动资产比例应当保持在一个合理的比例范围内，如果企业存在大量的短期内不可变现资产，则会导致资金周转速度慢，进而对投资、采购、生产和销售以及日常运营活动产生不利影响。

（5）汇率风险。汇率风险包括交易风险、折算风险和经济风险。其中，交易风险是一种流量风险，是指运用外币进行结算收付的业务中，企业因外汇汇率变动而产生本位币结算变动进而导致收付损失的可能性；折算风险是一种存量风险，是指对资产负债表中外币计价资产负债转换为本位币计价资产负债的过程中，因汇率变动而引起外币计价的资产和负债价值的变化而产生的净资产折算损失的风险；经济风险是指未来难以预料的汇率波动引起企业未来某段时间的利润或资产产生损失的一种潜在风险。

（6）收益分配风险。收益分配风险是指企业制定了不合理的收益分配方案给后续经营带来的不利影响。高留存收益可用于扩大企业经营规模，但低分配股息会影响企业股票价值和再融资，两者相互矛盾。因而，要制定合理的股利分配政策使二者保持平衡，利用合理的收益分配方案促进企业健康可持续发展。

2. 跨国并购财务风险定义

本研究定义跨国并购财务风险为：企业在进行跨国并购时由于筹资困难、过度支付、债务利息过高、整合成本高等原因导致企业的跨国并购结果和方案发生偏离而形成的经济损失的可能性。

（三）跨国并购财务风险评估和管控的理论

1. 资本结构理论

资本结构理论是研究企业筹资方式及结构与企业市场价值关系的理论，其核心为 MM 理论。MM 理论：在完善和有效率的金融市场上，企业价值与资本结构和股利政策无关。

2. 现代资产组合理论与资本资产定价模型

现代资产组合理论是关于最佳投资组合的理论：只要不同资产之间的收益变化不完全正相关，就可以通过资产组合方式来降低投资风险。资本资产定价模型是研究风险与收益关系的理论：单项资产的风险收益率取决于无风险收益率、市场组合的风险收益率和该风险资产的风险。

3. 期权定价理论

期权定价理论是有关期权（股票期权、外汇期权、股票指数期权、可转换债券、可转换优先股、认股权证等）的价值确定的理论。应用最广的是二叉树模型和斯科尔斯模型。

4. 有效市场假说

有效市场假说是研究资本市场上证券价格对信息反映程度的理论。若资本市场在证券价格中充分反映了全部相关信息，则称资本市场为有效率的。在这种市场上，证券交易不可能取得经济利益。

5. 代理理论

代理理论是研究不同筹资方式和不同资本结构下代理成本的高低，以及如何降低代理成本提高企业价值的理论。

6. 信息不对称理论

信息不对称理论是指企业内外部人员对公司实际经营状况了解的程度不同，即在企业有关人员中存在着信息不对称。这种信息不对称会造成对企业价值的不同判断。

三、跨国并购财务风险识别

（一）跨国并购财务风险识别方法

跨国并购财务风险不确定性、复杂性的特点使得其识别难度较高，需要运用专门的识别方法，才能正确完整地找到其来源，分析其性质和特征。

1. 分层识别法

按照跨国并购一般流程，结合过程中可能影响财务风险的各种因素，可以将跨国并购财务风险分拆为不同层次的风险因素考虑，不同层次的风险因素对于财务风险产生的影响程度也不相同。对于跨国并购财务风险的这种特征，分层识别法非常适合，即采取分层识别的步骤和措施查找跨国并购财务风险因素的方法。相关思路如图 2 所示。

2. 德尔菲识别法

德尔菲识别法主要是通过调查研究，能够从研究的结果当中集中意见和想法，再根据专家的判断能力最终达成一致，减少风险的发生，由于需要数次收集、反馈、修改、公布意见的循环，德尔菲识别法适用于允许有较长的调研时间，尤其是竞争并不十分激烈的企业并购，以免由于使用该方法导致贻误战机、丧失并购机会。在分层识别的基础上，用德尔菲识别法将各个风险因素拆分为更低层次的风险因素，其基本步骤如图 3 所示。

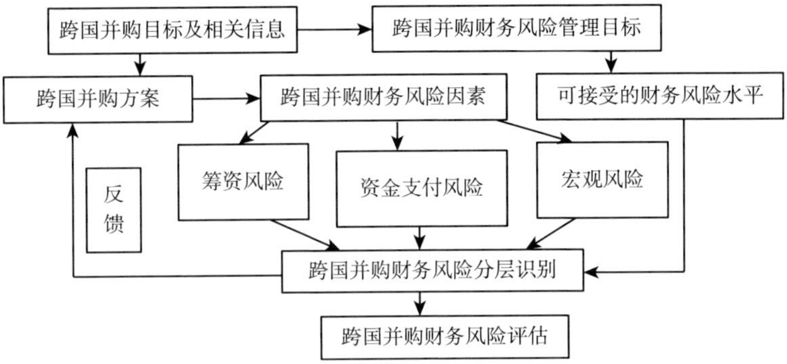

图 2　跨国并购财务风险分层识别

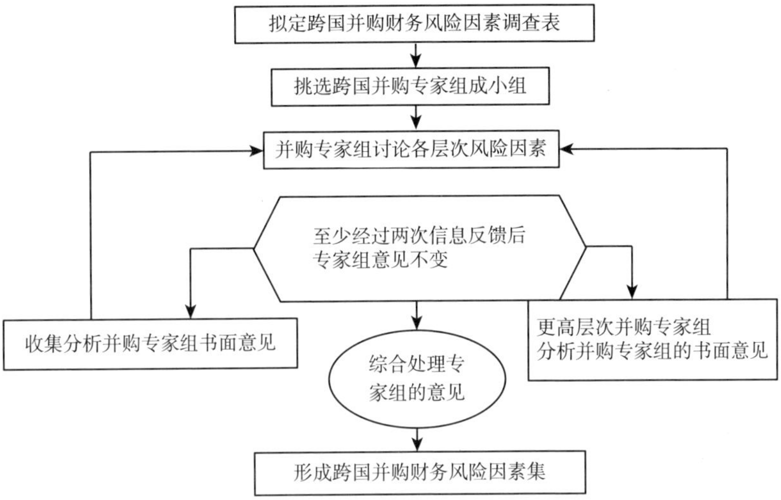

图 3　跨国并购财务风险德尔菲识别法

通过综合交叉运用上述方法，组织企业内外部相关专家对跨国并购财务风险进行识别，根据附录中的 2009—2018 年我国（不含港澳台地区）主要跨国并购案例，归纳总结出我国跨国并购财务风险各级因素，构成模糊评价因素集，如图 4 所示。

（二）跨国并购财务风险因素分析

1. 筹资风险因素分析

并购资金筹集是以获得并购完成和完成后目标公司的整合支付及持续经营所需资金为目的的筹资行为。其中，企业能否及时地获得充足的资金支持

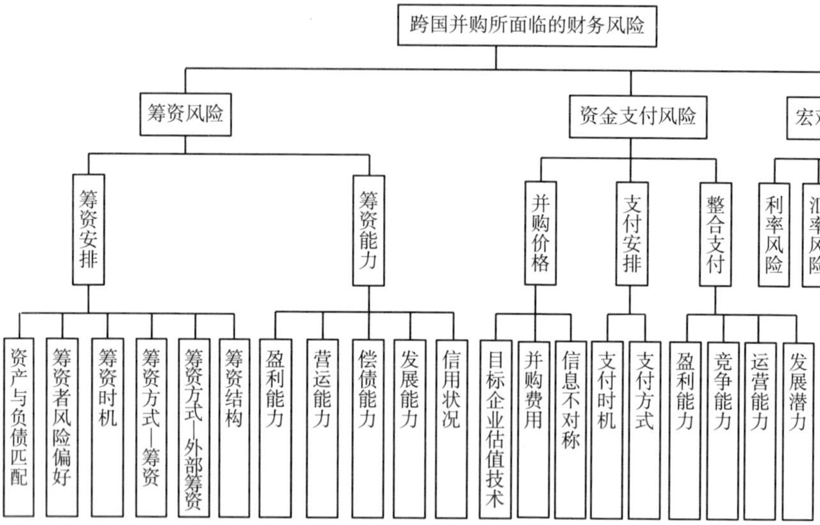

图 4　跨国并购所面临的财务风险因素图

并购实施最重要，它将决定企业是否能够按并购协议约定完成支付、是否能够在并购完成后的整合中有足够的资金来保障目标企业的良好持续经营。由于筹资困难引起的跨国并购财务风险叫做“跨国并购筹资风险”，它主要取决于筹资安排和筹资能力。

（1）筹资安排因素。筹资安排是并购企业通过组织筹集并购完成及完成后整合资金以保证实现跨国并购目标的行为。下一级风险因素包括资产与负债匹配、筹资者风险偏好、筹资时机、筹资结构等。

一是资产与负债匹配。这里的匹配主要是指资产与负债期限的匹配，即长期资产匹配长期负债、短期资产匹配短期负债，以促进在同一时间内资产变现产生的现金流入能够涵盖负债支付产生的现金流出。资产与负债匹配程度越高，财务风险越小。

二是筹资者风险偏好。筹资者风险偏好可以分为厌恶型、中性型、喜爱型，对应不同的偏好，所采取的筹资策略可以分为稳健型、配合型、激进型。稳健型筹资策略是指不但长期性资产使用长期负债筹资，而且对于部分流动性资产也使用长期负债筹资，成本高但财务风险低。配合型筹资策略是指流动性资产使用短期负债筹资，长期性资产使用长期负债筹资，达到成本与风险的均衡，但实际操作难度很高。激进型筹资策略是指短期负债筹资不但满足流动性资产的资金需要，还解决部分长期性资产的资金需要，成本低但是财务风险高。

三是筹资时机。筹资时机的掌握在跨国并购过程中十分重要，筹资超前会造成利息损失和机会成本，筹资滞后则会导致无法按并购协议支付以及整合所需支付，造成并购和整合失败。这里的筹资时机还要充分考虑从提出申请、获得审批、资金到账所需要的支付时间。

四是筹资方式—内部筹资。内部筹资是指企业从内部寻找资金来源筹措所需资金。以自有资金进行并购虽然能够减少偿债风险，但存在较高的机会成本，特别是如果抽调企业日常经营资金用于并购，极容易导致企业日常周转陷入困境。企业可以通过自有资金数量、购置资产所需金额、有固定用途的专项资金金额、需支付的应付税金金额、需支付的利息金额等方面来衡量判断企业自由资金数量，用于评价企业财务风险大小。通过内部筹资的优点有筹资难度较低、速度较快、保密性较好、节省外部筹资相关费用，也保持了企业外部筹资能力；缺点有受企业流动性及相关法律法规限制，一般来说可筹资数量较少。内部资金越充足，财务风险越小。

五是筹资方式—外部筹资。跨国并购外部筹资方式可以分为债务类、权益类和混合类，如表 1 所示。

表 1　　　　跨国并购外部筹资渠道

<table>
<tr><td rowspan="9">债务类</td><td rowspan="3">贷款</td><td>定期贷款</td><td rowspan="9">商业银行、投资银行、保险公司、信托基金、财务公司、并购基金、风险投资公司及供应商（延期付款或直接提供资金）</td></tr>
<tr><td>过桥贷款</td></tr>
<tr><td>公私债</td></tr>
<tr><td rowspan="3">证券</td><td>商业票据</td></tr>
<tr><td>优先债权</td></tr>
<tr><td>次级债券</td></tr>
<tr><td rowspan="3">以资产为基础的融资</td><td>售后回租</td></tr>
<tr><td>资产证券化</td></tr>
<tr><td>资产拍卖</td></tr>
<tr><td rowspan="5">权益类</td><td>证券</td><td>普通股</td><td rowspan="5">私募、公募、非公开方式募集的特殊基金（退休基金、捐赠基金、家庭信托基金等）、天使投资等</td></tr>
<tr><td>换股收购</td><td>普通股、优先股</td></tr>
<tr><td rowspan="3">以权益为基础的融资</td><td>反向收购</td></tr>
<tr><td>股权划出</td></tr>
<tr><td>员工持股计划</td></tr>
</table>

续表

混合类（兼具债务和权益两者特征的外部筹资工具）	杠杆并购	并购企业以目标企业的资产作为抵押，向资金提供者借款来对目标企业进行收购，待收购成功后再以目标企业的收益或资产来偿付
	可转换债券	债券持有人可以根据债券在发行时就已经约定的价格转化成普通的企业股票债券，同时也允许持有人不想转换债券的性质在偿还期满的时候归还本金和利息以后，或在市场进行出售或者变现
	优先股	优先股是并购企业发行的在分配红利和剩余财产时比普通股具有优先权的股份，是一种没有期限的权利凭证。这种凭证主要有以下几个特点：拥有优先股的股东不能参与公司的红利分配，并且在公司的经营管理中，不具有表决权和管理权；优先股具有固定的股息，股息与公司的业绩无关，都可以领取股息；而当公司破产之后，优先股的股东也可以对公司的剩余财产有优先于普通股东的权利
	认股权证	认股权证是一种约定该证券的持有人（资金提供者）可以在规定的某段期间内，有权利（而非义务）按约定价格向发行人（并购企业）购买标的股票的权利凭证
	信托融资并购	在企业并购的委托人将财产出售给信托机构之后，投资者可以通过筹集资金的方式在信托机构向委托人购买信托财产，从而完成对于目标企业的收购

不同的筹资方式对应的财务风险不同。采取债务类筹资方式，假如并购后目标企业的经营陷入困境，很可能会导致并购企业难以按期付息还本，财务风险较大。采用权益类筹资方式，相对来说，财务风险较小，但企业如果利润增长比例小于股份增长比例，这样会使每股利润下降，影响企业的业绩披露情况；对于上市公司来说，披露每股利润下降很有可能导致股价下跌，一方面会使股东利益受损，另一方面会使企业融资难度提高。采用混合类筹资方式，选用合适的筹资工具可以使得财务风险最小，但选择筹资工具不合适可能适得其反。

六是筹资结构。企业在进行跨国并购的时候需要巨额资金，由于资金数额庞大，所以很难通过单一的方式进行融资，由于单一的方式融资并不能够达到所需数额，所以就需要从多个方面进行融资，但不同筹资方式的比例不合理也会产生财务风险：也就是说，当债务资本和股权资本两者之间的比例不协调和内部、外部的筹资方式不合理等都会带来一定的财务风险。一般来说，内部筹资方式、股权类筹资方式及长期筹资方式所占比例越大，财务风险越小。

（2）筹资能力因素。筹资能力是衡量企业筹资数额及速度的指标，筹资能力的指标主要如表 2 所示。

表 2　筹资能力参考指标

筹资能力因素	参考指标	计算公式	说明
偿债能力	流动比率	流动资产总额/流动负债总额	流动比率、速动比例、已获利息倍数的比率越高，就代表企业的筹资能力越强，偿债能力更高
	速动比例	速动资产总额/流动负债总额	
	已获利息倍数	息税前利润总额/利息支出总额	
	资产负债率	负债总额/资产总额	比率越低，企业偿债能力越好，筹资能力越强
	产权比率	负债总额/所有者权益总额	
	或有负债比率	或有负债总额/所有者权益总额	
	带息负债比率	带息负债总额/负债总额	
营运能力	应收账款周转率	营业收入总额/平均应收账款余额	比率越高，企业营运能力越高，筹资能力越强
	存货周转率	营业成本总额/平均存货余额	
	流动资产周转率	营业收入总额/平均流动资产总额	
	固定资产周转率	营业收入总额/平均固定资产净值	
	总资产周转率	营业收入总额/平均资产总额	
营利能力	营业利润率	营业利润总额/营业收入总额	比率越高，企业营利能力越高，筹资能力越强
	成本费用率	利润总额/成本费用总额	
	盈余现金保障倍数	经营现金净流量总额/净利润总额	
	总资产报酬率	息税前利润总额/平均资产总额	
	净资产收益率	净利润总额/平均净资产总额	
	资本收益率	净利润总额/平均资本总额	
	基本每股收益	归属于普通股股东的当期净利润总额/当期发行在外普通股加权平均数	
	每股股利	普通股股利总额/年末普通股股数	
	市盈率	普通股每股市价/普通股每股收益	
	每股净资产	年末股东权益总额/年末普通股总数	

续表

筹资能力因素	参考指标	计算公式	说明
发展能力	营业收入增长率	本年营业收入增长额/上年营业收入总额	比率越高，企业发展能力越好，筹资能力越强
	资本保值增值率	扣除客观因素后的年末所有者权益总额/年初所有者权益总额	
	资本积累率	本年所有者权益增长额/年初所有者权益	
	总资产增长率	本年总资产增长额/年初资产总额	
	营业利润增长率	本年营业利润增长额/上年营业利润总额	
	技术投入比率	本年科技支出总额/本年营业收入净额	
	营业收入三年平均增长率	（本年营业收入总额/三年前营业收入总额）几何平均数－1	

另外，还有企业信用状况，包括银行信用等级、行政处罚信息、法院信息、动产抵押、股权出质与冻结、纳税情况等也会影响企业的筹资能力。信用记录越好，企业筹资能力越强，财务风险越小。

2. 资金支付风险因素分析

资金支付风险因素包括并购价格、支付安排、后续用以维持目标企业持续发展进行的整合支付金额等。

（1）并购价格因素。影响并购价格的风险因素分为以下三个。

第一，目标企业估值技术。目标企业估值技术是企业并购定价的基础，现在通用的估值技术包括现金流量贴现法、超额收益法、期权估价法、市场比较法等，各种方法有各自的优缺点和适用条件。

现金流量贴现法是先预测目标企业在并购后在不同时间内可产生的净现金流，再选取体现时间和风险因素的折现率将现金流折现成现值的方法。该方法对折现率和终值的合理估计难度较大。

超额收益法是用目标企业超过行业平均利润的差额来评估商誉，包含：

超额收益资本化法，即将预期企业每年超额收益以当前市场无风险利率折现，适用于对经营状况好，收入稳定的永续性企业并购价值进行评估；超额收益折现法，即当企业的超额收益只能维持有限年度时，将企业在这有限年度的预期超额收益按照体现时间和风险因素的折现率折现后求和。

市场比较法的前提假设是价格已充分反映所有已公开的有关企业营运前景的信息，即证券市场为半强式效率市场，通常有三种模式：以上市的同类型同规模企业股价作为参考、以同类型同规模企业最近一期的并购价格为参考、如果目标企业是公开发行股票的可以以首次公开发行股票价格为参考。市场比较法不需要做复杂的预测和计算，较之现金流量贴现法和超额收益法简单易用，但利用市场对企业价格的估计往往偏高。

期权估价法就是运用期权价值模型，如运用二叉树模型和布莱克斯科尔斯模型来计算目标企业价值。和传统的方法相比较，期权估价法拓宽了估价的思路，能够在计算企业在并购以后可能存在的价值，这类价值就包括了未来可能存在的投资机会或其他价值，从这几个方面进行评估，能够让企业在评估中确定的价值更为合理。但在实际应用过程中需要考虑未来选择权的合理估计。

总之，跨国并购通常需要巨额资金，对目标企业的当前市场价值、获利能力和未来价值进行合理科学的评估从而确定合适的支付金额，有助于避免过度支出，降低跨国并购财务风险，并为并购后财务风险的可控提供保证。

第二，并购费用。企业在进行并购交易的时候，涉及所需要支付的费用，如所涉及的中间费用和交易费用，都可以统称为并购费用。在并购费用中产生的中介费用，主要是用于支付给参与到并购中来的中介机构，如律师费、投行发行费、产权交易费、资产评估费、审计和会计咨询费等。并购交易费用包括并购方案制订费用，并购方案制订费用是指并购的企业在现在所处的经营环境下，在对于企业进行收集的信息和调查分析的过程中所发生的费用，除此以外，再进行信息加工和制订方案的员工薪酬，也属于并购方案制订费用。简而言之，就是在制订方案的过程中，凡是涉及调查与分析和对信息进行加工，在过程中所产生的费用，都属于并购方案制订费用。

第三，信息不对称。我国跨国并购大多数案例集中在 21 世纪，通过对于目标企业的调查和研究较浅显，市场的发展情况也不同，正是这些企业文化的差异让国内的企业很难了解到目标企业真实的经营状况，所以企业并没有办法直接对于目标企业进行价值估算，由此造成财务风险。

（2）支付安排因素

第一，支付时机。支付时机是指在制订跨国并购方案的时候，在此方案中约定的资金到账时间。在支付时间内支付，可以在确定时间之后一次性完成，也可以在完成前后进行资金的分次支付，支付要求越宽松，财务风险越小。

第二，支付方式。现金支付方式对并购双方来说公开透明，便于操作，易于被接受，但受并购企业资金及融资能力的限制。对于大额并购来说，现金收购常常需要债务融资。并购企业一旦无法支付并购资金，就会导致并购失败，严重的还会导致并购企业陷入经营危机甚至破产。在决定跨国并购是否采用现金支付方式时，应全面考虑并购企业的融资能力、资本结构、资产流动性、外汇管制等情况。现金收购要求并购企业在一定的日期内支付一定数量和种类的货币，因此能否按时筹集到足够数量和种类的资金是并购企业首先要考虑的因素。

股权支付的主要优点是较少受到付现能力的限制。股权支付交易金额相对较大，一般无须另行筹资来支付并购，从而不会使企业大量现金在短期内流出，从而降低了企业由于债务融资困难和流动性不足而陷入困境的风险，相对来说财务风险较小。

采用综合证券并购难度较高，但由于它能在一定程度上避免现金支付和股权支付的劣势，所以使用的频率越来越高。当然，这种支付方式如果证券搭配不当，可能适得其反、费时费力且还不如现金支付和股权支付。

（3）整合支付因素。这里的整合支付是指并购企业为维持或发展并购后目标企业所进行的后续支付。由于并购时已经支付巨额资金，并购企业自有的流动资金容易短缺并产生大额负债。如果并购后不能及时收获足额现金，甚至被迫继续追加资金，这样的情况就很有可能导致在进行企业并购的时候发生资金残缺，也就是资金链断裂，进而造成并购企业资金周转非常困难，要承担很大的财务风险。所以对于目标企业进行整个经营状况的整合分析是影响支付的重要因素，可参考表3指标进行衡量。

表 3　　整合支付财务风险因素

风险因素	参考指标	说明
营利能力	主营业务利润率 = 主营业务利润总额 ÷ 主营业务收入净额	比例越高，目标企业盈利能力越强，财务风险越小
	盈利现金保障倍数 = 经营现金净流量总额 ÷ 净利润总额	
竞争能力	市场占有率 = 某项业务收入（销量）总额 ÷ 市场上同类经营业务收入（销量）总额	比例越高，目标企业竞争能力越强，财务风险越小
周转能力	存货周转率 = 主营业务成本总额 ÷ 存货平均余额	比例越高，目标企业周转能力越强，财务风险越小
	应收账款周转率 = 主营业务收入净额 ÷ 应收账款平均余额	
发展能力	主营业务利润增长率 = 本年主营业务利润增长额 ÷ 上年主要业务利润额	比例越高，目标企业发展能力越强，财务风险越小
	新产品产值率 = 新产品产值 ÷ 全部产品产值	

3. 宏观风险因素分析

宏观风险因素是指在进行跨国并购中，由于各种不确定因素导致目标企业和并购企业所在国利率、汇率、金融市场以及政策等方面发生变动而对并购企业财务风险影响的因素。

（1）利率风险因素。利率风险是指跨国并购由于预期利率和实际利率的差异而造成的对于价值评估折现率的影响、支付成本不确定性、股票价格波动导致的企业实际支付和筹资的不确定性等方面引起的财务风险。

计量利率风险比较复杂，涉及的数据多且经常变化。

第一，缺口分析。缺口指的是敏感性资产和利率敏感性负债的差额，当利率敏感性资产大于利率敏感性负债的时候，企业是处于正缺口的情况。反之，如果利率敏感性资产小于利率敏感性负债，就是处于负缺口。对于企业来说，无论是正缺口还是负缺口，只要是存在都说明资产和负债之间不平衡，所以在短期内造成的收益价值就会受到利率波动的影响，从而面临着风险的威胁。

通过分析资产与负债的缺口的绝对数与变动量可以得到当前目标企业的净资产的变动量，而这个变动量的出现代表了对于目标企业价值产生的影响。

第二，利率差幅。利率差幅是指目标企业的资产收益与目标企业的资金成本的差额。它会随着利率水平的变动而变动，因而也被用于衡量目标企业所面临的利率风险。

第三，持续期。期限不同的资金的利率敏感性也存在差异，所以还要考虑持续期的影响。持续期是指从一种金融工具收回全部现金流的加权平均时间，其计算公式为：

$$D = \sum_{t=1}^{n} \frac{G_t \times t}{(1+r)^t} \Big/ \sum_{t=1}^{n} \frac{G_t}{(1+r)^t}$$

其中，D 为持续期；n 为到期前的时间；t 为收到现金流的时间（$t=1, \cdots, n$）；C_t 为在时间 t 的现金流（包括本金与利息）；r 为到期收益率；$C_t/(1+r)^t$ 为按债券到期收益率贴现的某时期现金流的现值；$\sum_{t=1}^{n} /(1+r)^t$ 为债券现金流的总现值。

由此可知，持续期指的是一个加权平均时间在未来凡是涉及现金流的现值占到总现值的比重，都会影响加权平均时间的变动。持续期越长的债券，其价格受到利率变动的影响越大，因而利率风险越大。

利率管理方法是多种多样的，现在管理利率风险的主要方法是利用衍生金融工具，主要包括远期利率协定、利率期权、利率互换和利率上下限等。

（2）汇率风险因素。汇率风险是因汇率的波动而导致跨国并购时实际发生的收支与预期相比发生变化而引起财务风险的可能性，如由于汇率的频繁变动影响对目标企业的估值、由于并购预期日与实际支付日的时滞增加实际支付外币金额的波动性、外币债权债务清偿结算的波动等。

汇率风险是由于企业在经营过程中其外币资产与外币负债不匹配导致的，风险头寸在外汇持有额中表现出来的是超过了买卖的部分，所以也称为“overboard”或者“oversold”。汇率风险因素的形成需要三个必要条件：风险头寸、货币兑换、期间。汇率风险根据性质特点和外在形式，可以划分为交易风险、会计风险、经济风险三类，下面分别进行说明。

第一，交易风险。外汇交易风险主要出现在目标企业中，具体指的是因为外币计算的时候存在着汇率变动之后再进行结算支付，容易带来债权债务和汇率变动的风险。

计算交易风险一要确定各外币的净现金流量，它等于现金流入量减去现金流出量；二要预测汇率在一定时期（一般是一年）的变化范围来预期净现金流量的波动范围，从而计量出各外币的交易风险。

第二，会计风险。会计风险是汇率波动导致并购企业合并目标企业财务报表时产生的折算风险。决定会计风险大小的三个因素：一是目标企业在并购企业业务收入中所占的比重，比重越大，其外币计价的债权债务项目的会计风险也就越大；二是目标企业所在地的货币情况，当地货币的波动方向、幅度和周期，这会影响会计风险的程度；三是合并财务报表数据时折算所用的会计方法和制度，这将极大地影响会计风险，但要依据实际情况全面而准确地分析。

第三，经济风险。汇率带来的经济风险是指汇率波动影响宏观经济，从而影响目标企业未来现金流量。经济风险影响分析如表 4 所示。

表 4　　经济风险影响分析表

	本币升值对交易量的影响	本币贬值对交易量的影响
影响本币流入量的交易		
本国销售收入（与在本国市场上的外国竞争者相比）	减少	增加
以本币标价的出口	减少	增加
以外币标价的出口	减少	增加
对外投资利息收入	减少	增加
影响本币流出量的交易		
以本币标价的进口	不变	不变
以外币标价的进口	增加	减少
应付外债的利息	减少	增加

计量经济风险可以将现金流量标注在利润表的不同项目里。参照历史汇率变化情况，除非经常发生剧烈变动，可以按照当前汇率作为基准汇率预测值，并确定与此汇率对应的利润表每个项目的数值，再假设汇率发生变化的方向、幅度和周期，确定几个可能的未来汇率值（一般是高值、现值、低值），按照这些可能的汇率值修改利润表中每个项目的预测值。通过比较之前由当前汇率确定的利润额如何随汇率变化而改变，并购企业就可以确定目标企业当地货币币值变动对其利润及现金流量的影响。对于上市的目标公司则

更加关心汇率对其股票价格的影响，汇率变动造成的经济风险将直接反映为其股票价格的涨落，可以用目标企业的股票价格总额作为目标企业的价值，分析股价如何随汇率的变化而变化，再采用回归分析法来计量目标企业的经济风险，即对目标企业现金流量的汇率敏感度分析模型中的现金流量变动率以股价变动率来代替。如果将股票回报率作为因变量，目标企业当地货币汇率波动率作为解释变量，回归分析得到的系数，就能够表明目标企业价值对汇率波动的敏感度。

汇率风险的管理手段可以分为三类：一是风险控制手段，主要是以降低风险发生概率和减轻风险损失程度来减少风险可能的机会成本，包括减少外汇风险业务、控制外汇业务规模等；二是风险融资手段，是指预留基金用来补偿外汇风险损失的手段，包括自留、购买保险合同、利用外汇金融工具套期保值和对冲等；三是风险内控手段，即通过加强内部管理来减轻汇率风险影响的各种手段，包括提高信息化水平，加强内部外汇管理、分散化外汇投资等。

现行对目标企业的汇率风险管理方法主要有资产负债“配对”管理、建立多层次的限额管理机制和套期保值。

（3）金融市场风险因素。金融市场风险是影响市场上所有资产的且无法消除的风险，那些影响全部市场的风险因素导致该风险的产生，包括世界经济形势的变化、并购企业和目标企业所在国政治法律的变动和经济财政税务政策的改变等。多种宏观因素的影响和变化导致市场上所有投资者风险增大，从而给全体投资者带来损失的可能性。造成金融市场系统性风险的原因在企业外部，企业作为市场参与者只能对该风险产生有限的作用，无法完全控制它，所以其带来的风险影响很大，有时也表现出一定的周期性。它的主要特征有以下几方面。

第一，金融市场风险是由宏观因素引起的。经济方面的，如利率、汇率、通货膨胀、财政政策与货币政策、经济规划、市场周期等；政治方面的，如政治体制、政党主张、国际冲突、环保政策等；社会方面的，如治安状况、宗教信仰、人口结构、消费观念、贫富差距等。

第二，对市场上所有的企业都有影响，只不过影响方向和程度不同。例如，货币升值对从事出口的各个行业产生系统性风险，利率上升对于持续需要金融负债的融资租赁行业有极大的不利影响。

第三，无法彻底消除。由于金融市场风险是社会、经济、政治等宏观因素所造成的，是个别企业或行业所不能控制的，在跨国并购中尤为明显，所以并购企业无论如何选择目标企业和并购方式都不能完全规避该风险。

（4）政策风险因素。政策风险主要包括国内和国外两个方面。

第一，国内的跨国并购审批制度不健全。目前我国企业跨国并购审批制度依据主要来自2009年商务部颁发的《中华人民共和国境外投资管理办法》和2004年国家发展和改革委员会发布的《境外投资项目核准暂行管理办法》。主管跨国并购审批的部门是商务部和国家发展和改革委员会。商务部主要负责对境外建设项目的核准，主要是针对并购合同、公司章程等进行核准；国家发展和改革委员会主要负责境外投资项目的核准，主要是对资本项目管理、维护经济安全、保障国家利益等方面核准。境外投资审批制度作为一种对跨国并购行为的事前监管手段是有必要的，但是随着我国跨国并购活动的不断发展，出现了很多新情况、新问题，而僵化的审批制度限制了跨国并购的发展。

我国实行的是以企业类型和投资金额多少为划分标准的分级审批体制和多元管理体制，商务部、国家发展和改革委员会和国家外汇管理局在不同方面对企业跨国并购都具有管理权，多元审批、分级管理的审核体制导致了审批程序烦琐、效率低下。一项跨国并购从递交计划报告到全部批准至少需要一个月的时间，而且这还是在审批顺利的情况下所用的时间，如果在审批中有一个层次的环节出现问题或各部门意见不一致，耗费的时间更长，甚至最终导致并购审批未通过。

第二，目标企业所在国法律风险。我国参与的跨国并购的企业多为大型资源性国有企业，且以横向并购为主，目标企业所在国往往利用反垄断法和特许审核阻止跨国并购。目标企业所在国政府启动反垄断审查程序后，往往会耗费并购企业大量的人力、物力、财力，增加了并购企业的收购成本，加大了收购难度。还有一些国家采取事后申报审查制度，如果出现禁止并购的结果，给并购企业造成的损害更大。目标企业所在国政府由于并购企业的跨国并购行为可能危及国家安全、本国利益等政治因素而援引和临时制定特别法律对其进行管制。这种政治化的阻碍并购行为的法律规范往往是并购企业不能预测、控制的。

四、跨国并购财务风险评估

（一）跨国并购财务风险评估理论

在跨国并购的时候，并购企业希望会对目标企业进行风险评估，但是在企业当中，风险本来没有具体的形象，并且引发风险的因素和条件有很多，所以不能够确切地给出是否会发生风险或者发生风险的可能性。所以在更多时候我们都是通过直观的感觉和定性分析，对目标企业进行风险鉴别。针对跨国并购财务风险的这种模糊性的特点，需要采用模糊综合评价法。

模糊综合评价法是利用模糊数学的原理，对受多种复杂因素影响的事物做出适当评价的一种十分有效的决策方法，它的评价结果不是单一的是否结论，而用一个模糊集合来表示。该方法首先对各因素进行主观上的定性确认，再将其进行客观的定量计算，将定性描述和定量分析紧密结合。

根据跨国并购财务风险与其产生因素之间的关系特点，财务风险和财务风险形成的因素都具有不确定性和模糊性，所以我们根据它的特性可以构建综合评价，将不确定的模糊因素通过构建的原理加以量化，将这些因素合理地分配到每个模型当中，就能够明确地反映财务风险发生的概率，并且能够通过模型进行整合和分析，让每一个不确定的因素，在定量评价的基础之上能够得到确定且有可行性的数据。所以，针对跨国并购财务风险的分析，我们可以知道，财务风险是具有不确定性的，通过构建模型、利用综合评价法进行定量定性的分析，才能够对跨国并购的财务风险进行准确的评估。

（二）跨国并购财务风险评估应用举例

1. 背景资料

L是一家上市知名矿业公司，由于经营需要拟并购境外B公司所持境外T矿山权益，首先L对该项并购所面临的风险进行了识别，其次综合利用风险评估机构评价。通过近10年的我国跨国并购数据得出各层次风险权重集，如表5所示。

表 5　　影响财务风险的各层次风险权重集

目标	一级因素	权重	二/三级因素	权重
财务风险 U	筹资风险 U_1	0.4	资产与负债匹配程度	0.1
			筹资者风险偏好	0.05
			筹资时机	0.05
			筹资方式—内部筹资	0.05
			筹资方式—外部筹资	0.05
			筹资结构	0.1
			盈利能力	0.1
			营运能力	0.1
			偿债能力	0.2
			发展能力	0.1
			信用状况	0.1
	资金支付风险 U_2	0.4	目标企业估值技术	0.1
			并购费用	0.2
			信息不对称	0.1
			支付时机	0.1
			支付方式	0.1
			盈利能力	0.1
			竞争能力	0.1
			运营能力	0.1
			发展潜力	0.1
	宏观风险 U_3	0.2	利率风险	0.2
			汇率风险	0.3
			金融市场风险	0.2
			政策风险	0.3

最后，20 名专家对风险因素进行评价，结果统计如表 6 所示。

表 6　　专家评分表

评价因素	评价因子	评价等级				
		很高	高	一般	较低	低
筹资风险	资产与负债匹配	3	6	8	3	0
	筹资者风险偏好	2	5	8	3	2
	筹资时机	1	6	7	5	1
	筹资方式—内部筹资	5	8	6	1	0
	筹资方式—外部筹资	4	6	7	3	0
	筹资结构	4	5	5	6	0
	盈利能力	5	7	7	1	0
	营运能力	5	6	6	3	0
	偿债能力	2	7	5	6	0
	发展能力	4	6	7	2	1
	信用状况	2	5	8	4	1
资金支付风险	目标企业估值技术	3	4	6	5	2
	并购费用	2	5	7	5	1
	信息不对称	4	6	8	2	0
	支付时机	3	5	7	4	1
	支付方式	2	5	5	6	2
	盈利能力	3	5	6	4	2
	竞争能力	4	4	5	5	2
	运营能力	4	5	5	6	0
	发展潜力	4	5	5	6	0
宏观风险	利率风险	6	6	5	3	0
	汇率风险	4	6	8	2	0
	金融市场风险	3	6	6	5	0
	政策风险	3	5	5	7	0

2. 计算过程

依据表5、表6得到风险因素的模糊评价矩阵为：

$$R_1=\begin{pmatrix}0.15 & 0.3 & 0.4 & 0.15 & 0\\ 0.1 & 0.25 & 0.4 & 0.15 & 0.1\\ 0.05 & 0.3 & 0.35 & 0.25 & 0.05\\ 0.25 & 0.4 & 0.3 & 0.05 & 0\\ 0.2 & 0.3 & 0.35 & 0.15 & 0\\ 0.2 & 0.25 & 0.25 & 0.3 & 0\\ 0.25 & 0.35 & 0.35 & 0.05 & 0\\ 0.25 & 0.3 & 0.3 & 0.15 & 0\\ 0.1 & 0.35 & 0.25 & 0.3 & 0\\ 0.2 & 0.3 & 0.35 & 0.1 & 0.05\\ 0.1 & 0.25 & 0.4 & 0.2 & 0.05\end{pmatrix}$$

$$R_2=\begin{pmatrix}0.15 & 0.2 & 0.3 & 0.25 & 0.1\\ 0.1 & 0.25 & 0.35 & 0.25 & 0.05\\ 0.2 & 0.3 & 0.4 & 0.1 & 0\\ 0.15 & 0.25 & 0.35 & 0.2 & 0.05\\ 0.1 & 0.25 & 0.25 & 0.3 & 0.1\\ 0.15 & 0.25 & 0.3 & 0.2 & 0.1\\ 0.2 & 0.2 & 0.25 & 0.25 & 0.1\\ 0.2 & 0.25 & 0.25 & 0.3 & 0\\ 0.2 & 0.25 & 0.25 & 0.3 & 0\end{pmatrix}$$

$$R_3=\begin{pmatrix}0.3 & 0.3 & 0.25 & 0.15 & 0\\ 0.2 & 0.3 & 0.4 & 0.1 & 0\\ 0.15 & 0.3 & 0.3 & 0.25 & 0\\ 0.15 & 0.25 & 0.25 & 0.35 & 0\end{pmatrix}$$

公式中，R_i为各评价因素的重要程度系数组成的模糊向量：

$V_1=(0.1,\ 0.05,\ 0.05,\ 0.05,\ 0.05,\ 0.1,\ 0.1,\ 0.1,\ 0.2,\ 0.1,\ 0.1)$

$V_2=(0.1,\ 0.2,\ 0.1,\ 0.1,\ 0.1,\ 0.1,\ 0.1,\ 0.1,\ 0.1)$

$V_3=(0.2,\ 0.3,\ 0.2,\ 0.3)$

第一级评价的计算公式为：

$$U_i^{(1)} = V_i^{(1)} \times R_i^{(1)} \quad i = 1, 2, 3, \cdots$$

各个因素风险的综合评价为：

对于筹资风险来说：

$$U_1 = V_1 \times R_1 = (0.1,\ 0.05,\ 0.05,\ 0.05,\ 0.05,\ 0.1,\ 0.1,\ 0.1,\ 0.2,\ 0.1,\ 0.1) \times \begin{pmatrix} 0.15 & 0.3 & 0.4 & 0.15 & 0 \\ 0.1 & 0.25 & 0.4 & 0.15 & 0.1 \\ 0.05 & 0.3 & 0.35 & 0.25 & 0.05 \\ 0.25 & 0.4 & 0.3 & 0.05 & 0 \\ 0.2 & 0.3 & 0.35 & 0.15 & 0 \\ 0.2 & 0.25 & 0.25 & 0.3 & 0 \\ 0.25 & 0.35 & 0.35 & 0.05 & 0 \\ 0.25 & 0.3 & 0.3 & 0.15 & 0 \\ 0.1 & 0.35 & 0.25 & 0.3 & 0 \\ 0.2 & 0.3 & 0.35 & 0.1 & 0.05 \\ 0.1 & 0.25 & 0.4 & 0.2 & 0.05 \end{pmatrix}$$

$$= (0.165,\ 0.3075,\ 0.325,\ 0.185,\ 0.0175)$$

同理，对于资金支付风险来说：

$$U_2 = V_2 \times R_2 = (0.155,\ 0.245,\ 0.305,\ 0.24,\ 0.055)$$

对于宏观风险来说：

$$U_3 = V_3 \times R_3 = (0.195,\ 0.285,\ 0.305,\ 0.215,\ 0)$$

第二级评价的计算公式为：

$$U^{(2)} = V^{(2)} \times R^{(2)}$$

用公式计算，我们得出对于跨国并购财务风险的综合评价为：

$$U = V \times R = (0.4,\ 0.4,\ 0.2) \times \begin{pmatrix} 0.16 & 0.3075 & 0.325 & 0.185 & 0.0175 \\ 0.155 & 0.245 & 0.305 & 0.24 & 0.055 \\ 0.195 & 0.285 & 0.305 & 0.215 & 0 \end{pmatrix}$$

$$= (0.167,\ 0.278,\ 0.313,\ 0.213,\ 0.029)$$

经过计算在该例子中评价等级“很高”对应的数字是0.167，“高”对应的数字是0.278，“一般”对应的数字是0.313，“较低”对应的数字是0.213，“低”对应的数字是0.029，5个数字合计为1。评价等级“一般”对应的数字0.313在五个数字中最大，根据模糊综合评价法的最大隶属度原则，可以得出财务风险等级为“一般”。需要指出的是，该方法具有较大的可选择性，可以在这个基础之上对相关指标进行调整和分化，并且需要将分层进行多级评价。例如，可以增加三级和四级等多级评价，为了能够确保风险的结论能够真实反映准确的数据、能够将数据提供给企业，让企业能够在信息的基础上进行加工，提高整体的信实度。

五、跨国并购财务风险控制

（一）常用风险对策选择

一般情况下风险对策主要是指在企业当中可能会发生的风险以及发生比较严重的风险时，企业通常会采取各种各样的应对措施和处理对策，对策当中就包括了风险规避、控制、转移和承受等。

风险规避是指考虑到某项活动产生严重损失的可能性较大时，采取主动放弃该项活动，以避免与该项活动相关的策略。一般来说，这种对于风险的控制方法是比较消极的，并且能够适用的范围很小，在跨国并购的企业当中，可能通过放弃部分并购的项目，能够实现项目的风险规避，但放弃所有并购项目意味着并购失败。

控制是风险的管理者采取多种措施和方法之后，能够从一定程度上减少风险发生，并且能够将风险带来的损失降到最低的行为，大多数风险是与收益相伴且无法完全消除的，所以风险控制是最广泛使用的风险对策。风险控制优点是在很大程度上降低了发生最大损失的可能性，但是在这种可能性的前提下，也没有失去获得巨大利益的机会，缺点是风险控制措施的合理选择十分困难。并购企业可以通过采取股份支付的方式或预留专项并购基金，以提高企业在跨国并购中的抗风险能力，同时减轻资金大量减少对日常经营造成的不利影响等。

风险转移是指付出一定的成本，通过与其他主体签订协议，在风险发生之后，能够将带来的损失转移到其他的主体之上，这样就减轻了风险给企业带来的损失，但是，这种方法不能从根本上控制风险的发生，也不能减轻风险带来的损失，只是将蒙受的损失转移给其他主体。并购企业可以与专业的保险公司、资产管理公司等签订协议，将有关跨国并购及并购后重组在这个过程中涉及的风险和带来的损失都由对方承担，这样就将风险转移给了专业的保险公司、资产管理公司等。但需综合考虑风险成本和概率，注意签订协议付出的成本一定要低于风险损失在概率下的平均值，而且对协议中的条款也需仔细斟酌，确保风险一旦发生对方确实会接受损失。

风险承受指企业选择承担不可避免的风险及其造成的损失的行为，以其内部资源来弥补损失。使用这种风险对策需要建立在对该风险发生的可能性和影响合理估计的基础上，一般建议采取保守估计，即高估风险发生的可能性和影响，以免因为风险承受准备不足给企业带来严重后果。并购企业在面临发生可能性较低且发生后造成的经济损失较小的风险因素时，如果在自身的承受能力之内不会导致并购失败，则可以主动承担。

综上所述，企业的风险管理者在制定风险的应对措施时主要是从如下四个方面出发：风险的转移、缓解、接受和规避。

（二）跨国并购财务风险控制——期权思想

跨国并购财务风险控制是其识别和评估的最终目的，即并购企业为了实现并购目标，对于跨国并购的情况进行财务风险的评估，采集数据，从多个方面来认识企业可能会面临的风险，采用适当的风险控制方法，对其所面临的风险因素进行处理，最终成功地完成企业跨国并购和整合。基于跨国并购财务风险的复杂性和不确定性，我们可以引入期权的思想进行跨国并购财务风险控制。

1. 期权基本原理

期权是持有者付出一定的成本获得的一种选择权，它给予持有者权利而不要求持有者承担义务，使持有者拥有在规定的时间内按预定的条件实施某种行为的权利。期权主要有三个特点，第一个特点就是对未来的收入进行预期的估计，得到了估计的数值之后，能够让参与者购买期权或者出售期权，都能从中获利；第二个特点是不会产生预期外的损失：期权的持有者对于损失是只有权利的，所以在期权的价格之内、发生了变化的时候，如果让价格往不利的方向发展，并且容易导致损失，则期权的持有者所带来的损失是可以控制的。第三个特点是获利与否、获利多少仍然存在不确定性：持有者购买期权能否获利取决于行权时资产价格的变化幅度是否超过购买期权的成本，如果不行权则会产生损失，即购买期权的成本。

2. 期权思想在跨国并购财务风险控制中的运用

目标企业在并购整合后产生的净现金流不确定，进而导致目标企业估值难以准确合理，并购企业可以在举行谈判到签订并购协议期间，通过与目标企业持有者签订附加条款，约定从收购完成后到整合期结束，若目标企业市场价格发生较大波动，由目标企业持有者补足协议购买价格与市场价格之间的差额，通过这一方式能够将一个并购企业的风险控制在小范围之内：在并购目标企业的时候，许多并购企业需要巨额资金，对目标企业整合来说，该方式能减轻相关的财务风险。

二叉树模型是期权模型中相对较为易用的模型。在上述分析中，目标企业的市场价格有上涨和下跌两个方向，所以可以使用二叉树模型：对于并购的企业来说，在签订并购协议时，增加附加条款，从实质上来说，它是针对目标企业在市场上的价格变动的选择权，所以在协议当中标出的价格是市场价格。但是在二叉树模型假设之下，对目标企业进行并购的时候，需要考虑目标企业的风险和利润并且需要将目标企业的历史利率波动进行记录，所以在同一个时期内资产价格只有上升和下降两种可能。这时候就可以利用期权对市场价格进行管控。从当前值 S 以概率 p 上升到 S_u，以概率 $1-p$ 下降到 S_d，参数 u、d、p 必须预先合理地确定，目前普遍采用的二叉树参数模型为：

$$u=e^{\sigma\Delta t},d=1/u,p=(e^{r\Delta t}-d)/(u-d)$$

在极限情况下，$\Delta t\to 0$，这种目标企业市场价格波动的二叉树模型成为期权定价中最常用到的几何布朗运动模型。设当前时刻为 $t=0$，则 Δt 时刻目标企业市场价格有 S_u 和 S_d 两种可能；$\Delta t2$ 时刻，目标企业市场价格有 S_u^2、S_u^d 和 S_d^2 三种可能。以此类推，$k\Delta t$ 时刻，目标企业市场价格有 $k+1$ 种可能：

$$s_{ki}=s_u^i\cdot d^{k-i},i=0,1,2,\cdots,k=1,2,\cdots,N$$

这样就得到了目标企业市场价格二叉树树形图，如图 5 所示。

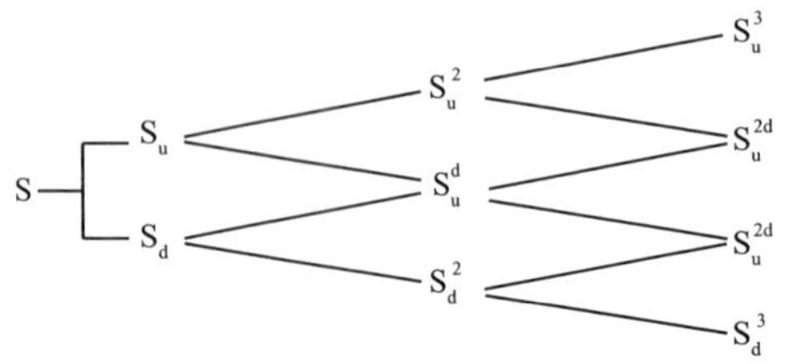

图5 二叉树树形图

记 F_k，i（$i=0$，1，2，…，k）为 $K\Delta t$ 时刻树形图节点（k，i）处的期权值。在假设期末 $T=N\Delta t$ 时刻，期权价值为：

$$F_{N,i}=\max(E_T-S_{N,i},0),i=0,1,2,\cdots,N$$

其中，$S_{N,i}=S_u^i d^{N-i}$为假设期末的目标企业市场价格；E_T 为期权执行价。然后可以采用倒推计算法计算任一节（k，i）处的期权价值。二叉树树形图倒推计算的方法是：在使用无风险利率条件下，$k\Delta t$ 时刻树形图节点（k，i）处的期权价值可用$(k+1)\Delta t$ 时刻节点（$k+1$，$i+1$）和（$k+1$，i）处的期权价值在 Δt 时间里用无风险利率贴现得到，即：

$$F_{k,i}=e^{-r\Delta t}[pF_{k+1,i+1}+(1-p)F_{k+1,i}],i=0,1,2,\cdots,k;k=1,2,\cdots,N-1$$

当 $k=i=1$ 时，F_{00}为假设期初的期权价值。

（三）期权思想在跨国并购财务风险控制中的应用举例

1. 背景资料

2019 年 1 月 1 日，我国 A 公司与境外 B 公司签署并购协议，约定 2019 年 6 月 1 日 A 公司以 20% 的溢价率收购 B 公司，在 B 公司被收购的时候，当时 B 公司拥有股份共 1000 万股，每一只股票的价格都定价为 10.8 元，在协议中的收购价为 12.96 元每股，所以协议收购的总价为 12960 万元。为了控制财务风险，2019 年 1 月 1 日，A 公司在并购协议外的附加条款中与 B 公司约定：2019 年 6 月 1 日 B 公司的股票价格是不低于 11.88 元的，也就是说，B 公司被收购的同时，当时的 B 公司股价至少要比之前上涨 10%，如果没有上涨 10%，B 公司必须补足 2019 年 6 月 1 日其每股价格与 11.88 元之间的价格差额，2019 年 1 月 1 日，无风险利率 r 等于 6%，且按照收益波动的公式，可以根据前几年的数据计算出来，也就是 $\delta=13\%$。

2. 计算过程

B 公司资产收益波动率为 $\delta = 13\%$，以月为单位，则无风险月利率为 $r = 0.5\%$，$\Delta t = 1$ 根据背景资料中的数据，得到：

$$u = e^{\delta\Delta t} = 1.14, d = 1 \div u = 0.88, p = (e^{r\Delta t} - d) \div (\mathrm{u} - \mathrm{d}) = 0.48$$

期权执行价 $ET = 11.88 \times 1000 = 11880$（万元）。在 2019 年 6 月 1 日，B 公司股票价格变动情况采用倒推计算法，得出该项期权价值为 489 万元，则 A 公司的实际收购总价格 = 12960 − 489 = 12471（万元），收购单价为 12.47 元/股，实际收购溢价率为 15%。

3. 结果分析

在协议签订的同时，必须要增加附加条款，利用附加条款才能够控制在并购之日的支付金额，可以降低支付风险，从而达到控制跨国并购财务风险的目的。在背景资料中，由于签订了期权附加条款，收购溢价由 20% 降至 15%，减少了支付金额，在 A 公司对 B 公司进行并购之后，降低了 A 公司的成本，与此同时，签订附加条款，也能够降低 B 公司股价下跌的可能性，促进股票的价格处于上升的状态，规避了支付风险中的发展潜力风险。

跨国并购的财务风险很复杂，为了能够推进合理的管理，期权理论是一种非常好的方法。期权理论的出现针对于非常多不确定的因素，能够通过理论的灵活应用给企业进行跨国并购提供更多的选择权。在并购之后的支付环节和后续的整合环节中，期权理论的监督能够有效地减少资金投入的不确定性，减少因为企业经营的波动造成的风险，所以期权理论在财务风险管控当中，显得尤为重要。

六、结论

（一）跨国并购财务风险具有普遍性

由于跨国并购的复杂性，跨国并购企业通常面临不同程度的财务风险，所以由于财务风险带来的损失，已经造成了非常多的问题，再回首我国近几年进行的跨国并购，目标企业所在国家法律法规限制、并购所需资金庞大、融资难度大、目标企业估值不当、并购后整合不力等问题较之境内并购更为突出，跨国并购过程中的财务风险问题尤为显著，财务风险能否被合理识别和控制决定了并购和整合能否成功完成，甚至决定了并购企业是否能存续。

（二）跨国并购财务风险因素复杂

本研究在有关跨国并购的基础理论之上，将国内进行跨国并购的主要案例和近几年所发生的财务风险进行整合，发现了财务风险的特点，运用分层识别法和德尔菲识别法对可能造成跨国并购财务风险的因素进行了识别，构建了跨国并购财务风险因素集。但是在实际使用中，依据跨国并购的实际情况和企业考核等要求，构建跨国并购财务风险因素集的级别和数量都可以调整。但跨国并购一般来说时间非常紧张，机会稍纵即逝，尤其是在有竞争者的时候，所以在选择和确定因素集时需注意考虑时间成本（失去机会的风险）、经济成本和评估效果的均衡。一般来说，应该参考近期类似跨国并购的案例来选择跨国并购财务风险因素集，而且级别和数量均不宜过多。

（三）模糊综合评价法适用于跨国并购财务风险评估

在跨国并购的时候，财务风险所具有的相关风险和因素都非常模糊，即具有不确定性，所以可以在风险评估中引入模糊综合评价法，解决跨国并购带来的风险评估不准确的问题，再通过专家进行数据的分析之后，可以在数据整合中得到每个可能带来风险的因素的重要性，从而能够预见风险的发生可能性，本研究就是通过利用模糊综合评价法对跨国并购可能存在的风险进行评估，同时也说明了该方法的可操作性和先进性。

（四）引入期权思想能较好地控制跨国并购财务风险

企业在并购之前对目标企业进行详尽的调查评估非常重要，并购需要大额资金，若并购企业未充分估计目标企业定价，在进行并购的时候，可能会造成失败，或者说，因为巨额的资金周转不过来，在企业并购之后，没有预先了解到目标企业的债务，而这些债务都将由并购的企业进行承担，并购企业偿债压力很大。同时，若并购后目标企业不能按照预期盈利并收到现金流，则并购企业需要充足的资金来保证不放弃也可以持续经营，否则将会造成资金的缺口越来越大。因此，企业在对目标企业进行并购的时候，必须要保证资金充足，引入期权思想来控制并购财务风险。

针对并购企业在并购前难以准确预计目标企业并购后产生的净现金流，即难以对目标企业估价的问题，并购方通过与目标企业持有方签订具有期权性质的对赌协议，使用这种选择权在一定范围内锁定并购支付风险，而且使目标企业持有方尽力维系目标企业的顺利交接和持续经营，能够很好地降低目标企业在并购后整合的经营不确定性，降低财务风险。

（五）模型应用场景和局限性说明

跨国并购财务风险问题错综复杂，对其的评估和管控研究还有待进一步深入。如关于跨国并购财务风险因素识别，由于风险因素的来源是复杂的、动态的，造成本研究所列举的风险因素并不能涵盖跨国并购所有的能够引起财务风险的因素；同时，德尔菲识别法依赖专家打分，其结果有一定的随机性和主观性。在局限性方面，因跨国并购相关资料收集的限制，只能对已经收集到的公开资料进行分析，这样得出的研究结论难免具有一定的片面性。

附　录

本研究所参考的2009—2018年我国（不含港澳台地区）主要跨国并购案例

时间	并购企业	目标企业	案例简介
2018年12月	安踏体育用品集团有限公司	芬兰亚玛芬集团（Amer Sports）	由安踏体育、方源资本、Anamered Investments及腾讯组成的财团，通过新成立的Mascot Bidco Oy公司以46亿欧元的价格（约合359亿元）收购芬兰体育品牌亚玛芬集团的全部股份。收购完成后，安踏间接持有亚玛芬57.95%的股份，方源资本占21.4%的股份，Anamered Investments持股20.65%，腾讯持股5.6%
2018年11月	其血液制品股份有限公司	西班牙GDS和德国Biotest AG公司	其收购100%西班牙GDS股权和德国Biotest AG公司股权，其中GDS股权作价50亿美元（折合约343亿元人民币），Biotest AG公司股权作价5.89亿欧元（折合约48亿元）。上海莱士通过发行股份及（或）支付现金方式完成收购

续表

时间	并购企业	目标企业	案例简介
2018 年 7 月	联想控股股份有限公司	卢森堡国际银行（BIL）	其成功收购卢森堡国际银行 89.936% 股权。共支付 15.34 亿欧元（约合 117.41 亿元），所用资金为联想控股境外自有资金
2018 年 2 月	中国吉利集团	德国戴姆勒股份公司（Daimler AG）	中国吉利集团在二级市场通过旗下海外企业主体以约 90 亿美元的价格收购了戴姆勒 9.69% 的具有表决权的股份，吉利集团成为戴姆勒最大股东
2017 年 9 月	中国华信能源有限公司	俄罗斯石油公司（Rosneft Oil）	其与嘉能可财团和卡塔尔投资局联合体达成了一项协议，中国华信收购该联合体所持有的俄油公司 14.16% 的股份，合同金额预计约 91 亿美元。此次收购使得中国华信成为俄油公司第三大股东，两家公司的合作会扩大至整个油气供应链
2017 年 7 月	中资财团	新加坡普洛斯（glp）	财团 116 亿美元（约合 160 亿新币）成功收购普洛斯。收购价每股按 3.38 新币计，停牌前普洛斯每股 2.7 新币。财团包括五方面：厚朴投资占股 21.3%、万科集团占股 21.4%、高瓴资本占股 21.2%、中银集团投资有限公司占股 15%、普洛斯管理层占股 21.2%
2017 年 6 月	中国投资有限责任公司	英国 Logicor	美国私募股权公司黑石集团以 122.5 亿欧元（约合 138 亿美元）把旗下泛欧物流地产公司 Logicor 出售给中投公司
2017 年 5 月	浙江吉利控股集团	马来西亚宝腾控股（PROTON Holding）和路特斯集团（LotusGroup）	浙江吉利控股集团收购马来西亚 DRB 旗下宝腾控股 49.9% 的股份以及英国豪华跑车品牌路特斯集团 51% 的股份，吉利集团成为宝腾汽车的独家外资战略合作伙伴。收购英国路特斯汽车集团 51% 的股权，吉利支付 5100 万英镑（折合约 4.5 亿元）；通过收购宝腾控股 49.9% 的股份，吉利支付包括现金 1.703 亿马来西亚林吉特（折合约 2.7 亿元）加吉利博越平台整个生命周期内授权使用费的代价
2017 年 4 月	中国化工集团公司	瑞士先正达（syngenta）	完成正式交割后中国化工已拥有先正达股份 94.7%，但未披露交易金额和支付方式
2017 年 1 月	美的集团	德国库卡集团（KUKA）	并购后美的持有库卡 94.55% 的股份。美的与库卡此前已达成协议，将维持库卡现有管理层，允许库卡独立运营。美的还将帮助库卡在中国发展机器人业务。库卡集团是全球知名智能自动化解决方案供应商。未披露交易金额和支付方式

续表

时间	并购企业	目标企业	案例简介
2016 年 9 月	国家电网有限公司	巴西 CPEL	国家电网以 600 亿美元，买下了巴西 CPEL 的 68% 的股份，在这个交易获得了成功之后，国家电网在巴西也拥有了配电和电网的资产，对于巴西的电力有了更强的市场掌握。与此同时，国家电网在巴西市场实现了电力业务范围内的全面覆盖，能够丰富国内公司在巴西的资产等方面的权利，提高了公司在巴西投资之后的抗风险能力，亦为后期国家电网开拓南美市场奠定了基础
2016 年 8 月	滴滴出行	美国优步（Uber）	双方在达成了协议之后，滴滴出行和优步成为了互相扶持的关系：优步在中国的品牌业务和数据等都由滴滴出行收购，优步拥有了滴滴出行 5.89% 的股份，相当于 17.7% 的经济利益，同样的，滴滴出行的董事长兼创始人成功的加入了优步的董事会
2016 年 6 月	腾讯	芬兰 Supercell	2016 年 6 月 21 日，腾讯公司对芬兰的 supercell 进行了收购，高达 84.3% 股权，交易总额高达 566 亿元
2016 年 1 月	海尔集团	美国通用家电（GE Appliances）	海尔集团通过现金支付的方式收购了美国通用家电，折合人民币约为 36 亿元
2016 年 1 月	万达集团	美国传奇影业公司（Legendary Pictures）	万达集团以不超过 35 亿美元现金（约 230 亿元）收购美国传奇影业公司 100% 股权
2015 年 12 月	恒大集团	香港新世界发展有限公司	恒大集团以 135 亿人民币的总成交价格收购了香港新世界集团 4 个超大型项目，这些项目分别位于海南海口、湖北武汉、广东惠州 3 个城市，三地项目的收购总价分别为 86 亿元、11 亿元和 38 亿元人民币；恒大集团全资附属公司——盛誉（BVI）有限公司作为买方与新世界发展（中国）有限公司签订协议，以 73 亿元的价格收购新世界持有的成都河畔项目与贵阳项目
2015 年 2 月、2 月、11 月	安邦保险	韩国保险公司东洋人寿（Tong Yang Life）、荷兰 VIVAT 保险公司、美国信保人寿保险公司（Fidelity & Guaranty Life Insurance Company）	安邦收购东洋人寿 63% 的股份，收购金额达 1.1319 万亿韩元（约合 61.70 亿元）；安邦保险出资 1.5 亿欧元收购荷兰 VIVAT 保险公司，并注资不超过 10 亿欧元；安邦保险以溢价 28.9%、每股 26.80 美元的价格收购美国信保人寿保险公司 100% 流通股股权，此次收购总额约为 15.9 亿美元

续表

时间	并购企业	目标企业	案例简介
2015 年 9 月	紫光集团	美国西部数据（Western Digital Corp）	紫光集团在 2015 年 9 月 18 日授权其子公司——紫光联合信息系统有限公司同美国的西部数据签订了协议。签订协议的时候，紫光联合有限公司以 92.5 元每股的价格购买了西部数据发行的 4081.5 万股普通股股票，总共支付了 37.75 亿美元，在这个交易完成之后，紫光集团总共拥有西部数据的 15% 的股权成为了西部数据的第 1 个大股东，紫光集团也成功地进入了西部数据的董事会
2015 年 7 月	海航集团	瑞士空港（Swissport International Ltd）	海航集团在 2015 年 7 月 11 日和欧洲的瑞士空港集团持有方签订了协议，以 27 亿瑞士法郎的资本购入了瑞士国际空港公司 100% 股份
2015 年 3 月	中国化工集团	意大利倍耐力（Pirelli）	中国化工集团子公司中国化工橡胶有限公司收购了意大利的倍耐力集团的股权，在购买股权的时候，以每股股票 15 欧元的价格收购，总的交易价格高达 71 亿欧元，之后又收购了倍耐力剩余的普通股和全部优先股
2015 年 2 月	万达集团	瑞士盈方体育传媒集团（Infront Sports & Media）	万达集团在 2015 年 2 月 11 日，联合了国内的三家机构，收购了瑞士盈方体育传媒集团的 100% 的股权，其中万达集团持股 68.2%，总共出资 10.5 亿欧元
2014 年 7 月	中国五矿集团公司等联合体	秘鲁邦巴斯铜矿（Las Bambas）	中国五矿集团旗下的五矿资源有限公司（MMG）与国新国际投资有限公司和中信金属有限公司组成的联合体（三方在联合体中分别持股 62.5%、22.5%、15%）与嘉能可（Glencore Xstrata plc）达成邦巴斯项目铜矿项目股权收购协议，以 70.05 亿美元完成股权交割
2014 年 3 月	中粮集团	荷兰 Nidera	中粮集团收购荷兰知名农产品及大宗商品贸易集团尼 Nidera51% 的股权，双方建立战略合作关系，并在 2017 年完成了对其剩余股份的收购。但交易价格和支付方式未公布
2014 年 1 月	联想集团	美国国际商业机器公司（IBM）、摩托罗拉（Motorola Inc）	联想集团斥资 23 亿美元收购 IBM X86 服务器硬件及相关服务维护业务。在联想集团支付的这 23 亿美元中，包括了 20.7 亿美元的现金，还包括了 1.82 亿美元的股份。同时期联想集团从谷歌公司和摩托罗拉收购了移动业务，总共花费了 29 亿美元，花费 29 亿美元包括，在收购时支付 14.1 亿美元，包括 6.6 亿美元现金和 7.5 亿美元的联想普通股股票，而剩下 15 亿美元则将以三年期本票支付

续表

时间	并购企业	目标企业	案例简介
2013 年 8 月	中国石油化工集团有限公司	美国阿帕奇石油公司（Apache Corporation）	中国石油化工集团以 188 亿元，折合约 31 亿美元的现金，收购了阿帕奇集团的埃及石油公司 33% 的股份利益
2013 年 5 月	双汇国际控股有限公司	美国史密斯菲尔德食品公司（Smithfield Foods）	双汇国际以约 432 亿元（71 亿美元）收购史密斯菲尔德，在对于食品公司的收购中包括了该公司的债务和股权，股权折合价格大约是 47 亿美元，而在债权的部分总共支出了 24 亿美元
2013 年 5 月	国家电网有限公司	新加坡电力公司（Singapore Power International）	2013 年 5 月 22 日，国家电网收购了新加坡的电力公司在澳大利亚的子公司 60% 的股权，总共出资 364.8 亿人民币，约 60 亿美元，同时获得了澳大利亚澳洲网络 19.1% 的股份
2013 年 3 月	中国石油天然气集团有限公司	意大利石油集团埃尼（ENI）	其斥资约 255 亿元（42 亿美元），收购了埃尼集团全资子公司埃尼东非公司 28.57% 的股权
2012 年 11 月	中信证券股份有限公司	里昂证券（CLSA Asia－Pacific Markets）	早先中信证券股份有限公司收购了里昂证券的 19.9% 股份，总共支付了 3.1 亿美元完成了收购。2012 年 7 月 8 日，正式签订了协议，获得了里昂证券剩余股权，即 80.1%，新收购的总价格为 12.52 亿美元
2012 年 7 月	中国海洋石油总公司	加拿大尼克森石油公司（Nexon）	中国海洋石油总公司（CNOOC）宣布将以每股 27.5 美元的价格现金收购尼克森石油公司（Nexon），交易总价值达 151 亿美元
2012 年 5 月	万达集团	美国 AMC 公司	万达集团将收购美国第二大院线集团 AMC 娱乐控股公司 100% 股权，并承担其债务。收购对价总计 26 亿美元（165.1 亿元），万达集团在对美国 AMC 集团的收购时候，总的投入金额不超过 5 亿美元的运营资金，就收购了 AMC 公司 100% 的股权，也承担了该公司的债务，万达集团在这一次的交易当中支付了 31 亿美元
2012 年 5 月	光明食品（集团）有限公司	英国维多麦（Weetabix）	光明食品（集团）有限公司从 Lion Capital LLP 基金收购维多麦 60% 的股份，交易金额折合人民币约 70 亿人民币，购买了 60% 的股份，并且对这 60% 股份承担了的债务

续表

时间	并购企业	目标企业	案例简介
2012 年 4 月	中国石油化工集团有限公司	美国戴文能源公司 (Devon Energy Corporation)	2012 年 4 月中国石油化工集团有限公司的子公司——国际石油勘测公司和美国能源公司签订的协议，收购戴文能源公司在美国 Niobrara、Mississippian、Utica Ohio、Utica Michigan 和 Tuscaloosa 5 个页岩油气资产 1/3 的权益。本次交易金额约 24.4 亿美元，以 30% 的现金以及 70% 的递延款方式进行，递延款用于支付戴文能源公司所持有权益对应的开发成本
2012 年 2 月	中国五矿集团公司	澳大利亚 Anvil Mining Limited	中国五矿集团公司所属五矿资源有限公司收购 Anvil Mining Limited，五矿资源已获得超过 90% 的股权，以 8 加元每股收购 Anvil 的全部普通股，交易金额达 13.3 亿加元
2011 年 11 月	中国石油化工集团有限公司	葡萄牙 Galp 能源公司	中国石油化工集团有限公司，在 2011 年 11 月 25 日，全资子公司国际石油勘探开发公司和葡萄牙的能源公司签定了协议，通过认购增发股份和债权的方式以 45.4 亿美元的价格获得了 Galp 巴西公司及对应的荷兰服务公司 30% 的股权
2011 年 10 月	中国化工集团	以色列马克西姆—阿甘公司 (Makhteshim Agan Industries)	中国的化工集团在 2010 年 10 月 11 日，以 24 亿美元成功收购了阿甘公司 60% 的股权
2011 年 9 月	中国铌业投资控股有限公司	巴西矿冶公司 (CBMM)	中国的铌业公司在 2011 年 9 月 3 日发起对巴西的矿冶公司股权交易，总共收购 15% 股权，总的交易价格为 19.5 亿美元
2011 年 2 月	万华实业集团有限公司	匈牙利化工公司宝思德 (BorsodChem)	万华实业集团有限公司以 12.63 亿欧元的交易总额收购了匈牙利的化工公司宝思德 96% 的股权，万华集团实际上成为了宝思德的控制人
2010 年 12 月	中电控股集团有限公司	澳大利亚 EnergyAustralia 和 Delta Western	中电控股集团有限公司全资附属公司 TRUenergy 收购 EnergyAustralia 能源零售业务、Delta Western 售电权合约及电厂发展用地总代价为 20.35 亿澳元，约合 155.95 亿港元。收购的融资将以 TRUenergy 新获得的 12 亿澳元贷款以及中电控股作出的资本性投入支付
2010 年 6 月	上海电气集团股份有限公司	美国高斯国际公司 (Goss International)	上海电气集团股份有限公司收购美国高斯国际公司 100% 股份，收购金额为 15 亿美元

续表

时间	并购企业	目标企业	案例简介
2009 年 8 月	兖州煤业股份有限公司	澳大利亚 Felix 公司	兖州煤业以 29 亿美元（约 198 亿元）的价格收购 Felix 公司股票。以每股 18 澳元的价格现金收购 Felix 股票，其中包括特别分红和 6.5% 的溢价（该股票停盘前价格为每股 16.90 澳元）
2009 年 8 月	中国石油化工集团有限公司	瑞士 Addax 石油公司	中国石油化工集团有限公司以大约 72.40 亿美元的价格收购 Addax 石油公司 100% 股权，双方以每股 52.80 加元的价格成功签署了收购协议

参考文献

［1］徐朝霞．对企业并购整合管理的思考［J］．财会学习，2019（19）：178－180.

［2］隋敏．公司治理框架下的内部控制系统构建［M/OL］．中国会计学会内部控制专业委员会 2009 内部控制专题学术研讨会论文集．北京：中国会计学会，2009：584－592.

［3］邱明峰．海外并购中能源类企业价值评估研究［D］．北京：中央财经大学会计学院，2018.

［4］陈丽旭．企业海外并购财务风险的分析与规避——以海尔公司为例［J］．全国流通经济，2018（21）：17－18.

［5］黄艺农，江云云．企业并购后的整合绩效分析——以锦江股份并购维也纳为例［J］．财务与金融，2018（6）：41－45.

［6］李常青．入世以来中国企业海外并购定价理论与实践运用［J］．价格月刊，2016（12）：27－30.

［7］陈志军．谈谈公司并购后的整合工作［J］．山东经济，2001.

［8］帅晓林．我国企业海外并购的风险分析与对策研究［J］．商业会计，2019（6）：100－102.

［9］付强，万文娇，韩君．我国企业海外并购定价理论与实践研究［J］．价格理论和实践，2016（4）：144－147.

［10］梁燕君．中国公司海外并购跨文化整合的方法［J］．广东经济，

2016（12）：64－66.

［11］邓欢英．中国公司海外并购的动因、问题与对策［J］．时代经贸，2006，4（7）：29－31.

［12］姜军．中国公司跨国并购的动因与发展趋势分析［J］．郑州轻工业学院学报（社会科学版），2006，7（4）：48－50.

［13］王馥霞．我国海外并购流动性风险研究［D］．北京：北京工商大学，2009.

［14］叶建木．跨国并购的理论与方法研究［D］．湖北：武汉理工大学，2003.

［15］刘耕耘．中国企业跨国并购战略研究［D］．北京：北京林业大学，2008.

［16］郑锦明．中国企业跨国并购风险及防范［D］．江苏：扬州大学，2010.

［17］王涛．中国企业跨国并购战略研究［D］．吉林：吉林大学，2009.

［18］詹巍．我国企业海外并购交易内部控制流程设计探讨［D］．江西：江西财经大学，2012.

［19］李静．中国上市公司并购绩效实证研究［D］．四川：西南交通大学，2006.

［20］赵鹰．FDI 集群研究：以长三角为例［D］．上海：华东师范大学，2004.

［21］黄渠成．某大型国有钢铁企业亏损的原因和对策［D］．陕西：西安建筑科技大学，2015.

［22］苏婧宇．中国企业跨国并购研究［D］．上海：上海外国语大学，2008.

［23］赵艳丽．我国石油企业跨国并购风险管理研究［D］．北京：中国石油大学，2008.

［24］张寒．跨国并购的理论、运作及我国企业的跨国并购问题研究［D］．北京：对外经济贸易大学，2005.

［25］孙征．企业并购与整合中的财务研究［D］．北京：北京邮电大学，2007.

［26］王习农．开放经济中企业跨国并购研究［D］．北京：中央党

校，2004.

[27] 张莹. 中国电信运营企业跨国并购战略研究 [D]. 北京：北京邮电大学，2007.

[28] 曹梦婷. 中国和印度利用 FDI 经济绩效对比研究 [D]. 上海：上海外国语大学，2013.

[29] 艾晓峰. 中国汽车企业技术寻求型 FDI 模式研究 [D]. 吉林：吉林大学，2008.

[30] 李军. 中国民营企业跨国并购战略研究 [D]. 甘肃：兰州理工大学，2007.

[31] 阮祥伦. 2001 –2007 年中国企业跨国并购案例的研究 [D]. 上海：华东师范大学，2008.

[32] Valerie Smeets，Kathryn Ierulli，Michael Gibbs. 企业并购后组织整合的实证分析（An Empirical Analysis of Post - Merger Organizational Integration）[M/OL]. 英国. 斯堪的纳维亚经济学杂志（The Scandinavian Journal of Economics），2016. 463 –493.

[33] Jing Huang，Joshua R. Pierce，Sergey Tsyplakov. 并购后整合持续时间与并购杠杆动态：理论与证据（Post – Merger Integration Duration and Leverage Dynamics of Mergers：Theory and Evidence）[M/OL]. 美国：南卡罗莱纳大学商业金融系摩尔学校（Moore School of Business Finance Department University of South Carolina Columbia，SC 29208），2013. 1 –65.

[34] Stephen. Hymer. 国内公司的国际化经营：关于对外直接投资的研究（The international operations of national firms，a study of direct foreign investment）[M/OL]. 英国. 麻省理工出版社（MIT Press）1976. 103 –104.

[35] Peter. j. Buckley；Mark. Casson. 跨国公司的未来（The Future of Multinational Enterprise）[M/OL]. 英国. 麦克米兰出版社（Palgrave Macmillan）2002. 1 –142.

[36] John. Dunning. 贸易，经济活动的区位和跨国公司：折衷理论方法探索（Trade Location of Economic Activities and the MNE：A Search for an Eclectic Approach）[M/OL]. 英国，麦克米兰出版社（Palgrave Macmillan）1977. 395 –418.

“一带一路”背景下矿业企业境外项目全生命周期税收筹划研究

——以A公司为例

刘　宇

摘　要　当前中国矿业企业抓住国家“一带一路”倡议的机遇，加速“走出去”的步伐，通过勘察开发、矿业并购投资和对外承包工程等方式投资海外矿山资源，布局海外矿产资源市场。但由于中国境外矿业投资多集中在资源丰富的落后国家和地区，税制环境复杂多变，加之境外矿业投资本身具有的涉税环节多、纳税周期长、涉税资金量大等特点，因此面临的税收风险高，对企业的税收管理能力要求也更高。

本研究通过对中国某矿业企业在刚果（金）的矿业投资项目进行实务研究，对矿业项目从建设、运营到退出全流程的涉税关键节点分解，探索境外矿业项目投资、建设和运营一体化的税收筹划规律，具体包括在项目公司设立阶段，采用间接控股架构，在充分利用税收协定优惠待遇的同时，可以有效地递延中国税收成本，提高资金在海外流转的便利性和灵活性并降低公司海外投资的资金成本；项目建设阶段，采用EPC合同分拆的签订模式，在满足经营管理需要的同时，能够有效降低项目整体税负；项目运营阶段，矿产品的生产、销售，利用现有供应链积累的丰富客户资源和销售渠道，降低税收管理成本；项目退出阶段，通过间接控股架构的设计，规避项目所在国和投资主体的纳税义务。

关键词：一带一路；矿业；境外项目；全生命周期；税收筹划

一、绪论

（一）研究背景

当前全球矿业已经进入深度调整阶段，国内矿业形势受矿业法律法规调整、产业结构升级以及环境保护等因素的影响，矿业开发约束突出，矿产资源供需矛盾日益突出；国际矿业形势受新能源产业发展、海外优质项目的标杆效应以及欠发达国家矿业优惠和鼓励政策的影响，整体开始好转。"一带一路"沿线国家拥有丰富的矿产资源，是世界矿物原材料的主要供给基地，这些国家都有加大矿产资源勘探开发及实现资源优势向经济优势转型的共同愿景。在这样的背景下，我国矿业企业积极实行"走出去"，前往海外进行矿产资源投资合作，这不仅是满足我国对矿产资源持续增长的内在要求，同时也是提升我国矿业企业核心竞争力，实现可持续发展的重要举措。

2008 年以来，我国矿业境外投资步伐明显加快。如图 1 所示，国家统计局数据显示，采矿业的对外直接投资存量逐年增长，矿产资源领域已经成为我国境外投资最主要的领域之一。

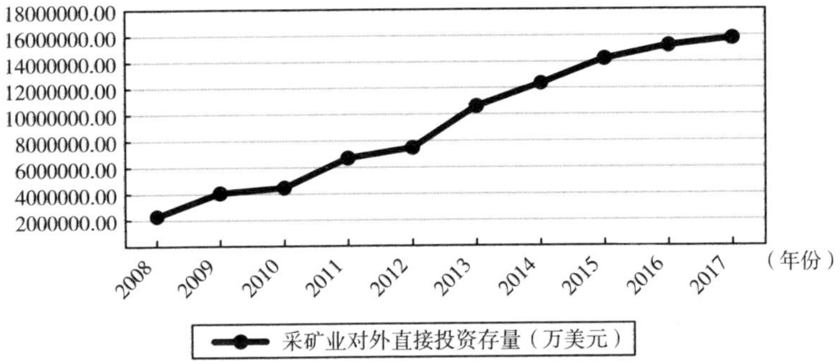

图 1　2008—2017 年中国采矿业对外直接投资存量

数据来源：国家统计局

目前，我国矿业企业主要通过开展勘查投资、矿业并购投资、对外承包工程和对外劳务合作等形式积极参与矿产资源国际竞争与合作。2019 年 1 月到 5 月，我国对外承包工程业务完成营业额为 3749.9 亿元，同比增长 3.8%，新签合同额为 5259.7 亿元，同比下降 3.2%。其中，在"一带一路"沿线国家新签对外承包工程项目合同 2517 份，新签合同额 469.3 亿美元，占同期我国对外承包工程新签合同额的 60.3%，同比增长 29.6%；完成营业额 305.7 亿美元，占同期总额的 55.1%，同比下降 0.6%。[①] 大量的海外工程实践为我国矿业项目对外工程承包的税收筹划提供了良好的基础，同时复杂多变的国

① 数据来源：中华人民共和国商务部官网。

际税收环境也对矿业项目投资的税收管理提出了更高要求。在当前全球经济持续走低的背景下，我国矿业企业如何抓住“一带一路”的历史机遇，在“走出去”的过程中，加强投资项目的税收管理，避免双重征税，降低税收风险，提高税后收益，成为本研究关注的焦点。

（二）研究意义

企业的经营活动是有规律可循的，按照企业的业务流程对其进行税收筹划，有利于挖掘最优的纳税方案，探索一种全新的纳税模式，并且这种纳税模式具有规律性，可以复制、移植和嫁接。本研究通过对海外矿业项目的投资、建设、运营和退出，进行全流程的税收筹划梳理，提取各关键环节税收筹划的要点，探索各关键环节税收筹划的规律，为我国矿业企业“走出去”进行矿业项目投资提供经验借鉴。

税收筹划的根本目的是实现税后收益最大化。对于境外矿业投资项目来说，矿产项目多集中在较为落后的国家和地区，其税制复杂多变。并且矿业项目从项目的融资、设计、采购、施工到运营，涉税环节多，仅在项目投标报价阶段无法对项目全生命周期的税务成本进行精确的计算，进而无法有效地降低税务成本、规避税务风险。境外矿业项目的纳税筹划方案在一定程度上，可以利用国与国的税收协定优惠待遇，降低企业的税收负担，减少企业的经营成本，为企业带来税收利益。此外，通过税收筹划方案的设计，境外矿业投资企业在一定程度上获得了最佳的纳税模式和方法，降低了企业的纳税风险，这对我国“走出去”企业的可持续经营具有重要的现实意义。

（三）文献综述

随着“一带一路”建设的推进，海外工程的投入不断加大，在理论和实践中对海外税收筹划的研究都有所发展。在理论研究方面，关注的重点为海外投资税收筹划方法的运用及税务风险的防控，具体到融资架构、控股平台和税收协定的利用等方面。王素荣、付博（2016）基于海外项目融资架构视角，采用案例分析形式，阐述利用双边税收协定，设计融资架构，实现海外股权融资和债权融资的税收利益。李铮、石嵩等（2018）认为，海外投资税收筹划的实现可基于中间控股平台的设立和风险防控体系的建设。中间控股平台在设立过程中，要充分考虑股息汇回和投资退出路径，运营过程中要注意商业实质的落实，并从短期和长期采取措施加强税务风险防控体系建设，从而实现海外投资经济化效益和社会化效益的双赢。刘杰（2018）基于 BEPS 行动计划和双边税收协定视角，认为中国企业海外税收风险防控应关注 BEPS 在双边税收协定优惠范围的界定、常设机构的判定以及数字经济等方面的行动计划，合规开展境外税收筹划。

在实践方面，海外工程投资税收筹划研究立足于海外工程项目实际，主要采用案例分析的形式，对海外工程投资进行全生命周期的涉税筹划。易祥大、李燕峰（2016）以尼泊尔在建项目为例，按照涉税税种分析了海外工程承包税收风险防范和税收筹划措施，如利润税中外账成本费用扣除、增值税和关税税收优惠的利用等。张红藻（2016）立足于大型水电基建项目，认为海外 EPC 工程总承包项目应从合同签订前涉税税种的筹划、税收协定的利用以及合同执行阶段国内和境外项目现场税务管理两个阶段进行税收筹划。刘秋冬、特布新（2018）以中国海油境外投资为例，总结出企业海外投资面临的缺乏风险管控机制、对税收协定理解不准确和税制差异等六类税务风险，并提出在事前、事中和事后加强税务风险管控的建议。

随着全球经济一体化的发展趋势，跨国公司的重要作用日渐突出，许多专家开始关注跨国税收筹划，促进了国际税收筹划理论的发展。Eckbo（1983）提出，企业在进行并购时，可通过债权融资“税盾效应”来进行税务筹划，通过增加并购融资中的负债占比和税法递延亏损条款等，合理降低税负成本。Mark Atkinsons（2002）较为深入地探讨了转移定价理论发展过程与当前现状，并就其条文规定、操作流程、操作方法等进行了阐述，同时还就跨国并购过程中应该如何应对税务机关方面的稽查风险提出了自己的建议。Voget（2008）研究发现，重新设置投资主体的目的就是避免或减少国际双重征税的发生。当母公司所在国所征税款采用抵免法来消除双重征税的情况下，投资母国与投资东道国之间的平均税率差异越大，则越可能导致投资主体的重设。

综合以上文献研究，当前海外投资的税收筹划研究，多集中在税收筹划方法运用的理论分析上，实务中的案例研究也多偏重对不同筹划方案的比较，对于海外工程项目全生命周期的税收筹划实务研究较少。同时，由于矿业工程投建营一体化项目投入资金量大、回收周期长、涉税环节多，并且多集中于税制较为不健全的落后国家和地区，面临的税收风险高。因此，在“一带一路”背景下，加强矿业企业境外工程项目全生命周期税收筹划研究，以提高中国矿业企业在海外矿业项目投资领域的经营效益，是本研究的重要创新之一。

（四）研究方法和创新

本研究采用以下研究方法。

1. 文献研究法

通过搜集有关海外投资税收筹划的文献资料，并进行文献初步整理，对海外投资税收筹划的筹划方法、税务风险防控及境内外税务管理等方面等进行系统的梳理，同时查阅“一带一路”沿线国家、新加坡等国家以及中国香港等地区的税制，为实务研究做准备。

2. 比较分析法

由于海外投资税收筹划的主要方案建立在利用控股平台享受税收协定优惠待遇的基础上，因此控股平台的选择成为海外投资税收筹划方案必不可少的环节。本研究在税收筹划的实务分析中，基于对不同控股平台的选择，对不同筹划方案进行比较分析，以寻求最佳的投资效果。

3. 案例分析法

本研究以中国某矿业企业 A 为例，具体分析其在刚果（金）投资的 D 项目，根据现行中国和刚果（金）等国家地区的税收法规，研究各种可行的投资模式，分析合资公司设立、建设、运营和退出等各环节的税务影响，分析可能产生的税务风险，并根据分析结果从税务角度提出最优的模式建议。

在以上研究方法的基础上，本研究的创新之处在于：将海外矿业投资项目税收筹划的理论研究和实务研究相结合，通过案例分析的形式，总结投资、建设、运营和退出各阶段税收筹划的要点及风险防控的措施，为企业避免重复征税、降低矿业项目税务成本提供借鉴。

二、税收筹划的基本理论

（一）税收筹划的定义

“税收筹划”来源于 1935 年英国的“税务局长诉温斯特大公”案。当时参与此案的英国上议院议员汤姆林爵士对税收筹划做了这样的表述:"任何一个人都有权安排自己的事业。如果依据法律所做的某些安排可以少缴税,那就不能强迫他多缴税收。"这一观点得到了法律界的认同。经过半个多世纪的发展,税收筹划的规范化定义得以逐步形成,即"在法律规定许可的范围内,通过对经营、投资、理财活动的事先筹划和安排,尽可能取得节税的经济利益"。

从其定义中可发现,税收筹划需满足三个条件:一是,税收筹划的主体是纳税人;二是,税收筹划必须在法律规定允许的范围内进行,不能违反法律法规;三是,税收筹划的目的是为企业获得一定的经济利益。

(二)税收筹划的特点

1. 合法性

税收筹划是在法律法规的许可范围内进行的,符合国家税法的立法意图,是纳税人在遵守国家法律及税收法规的前提下,在多种纳税方案中,做出选择税收利益最大化方案的决策,具有合法性。

2. 前瞻性

税收筹划通常是在应税行为发生前,甚至是在经营行为发生前,对企业的纳税方式和规模做出规划和安排,提前预测纳税筹划达到的效果。而企业在交易行为发生后才发生增值税纳税义务,在收益实现或分配后才发生所得税纳税义务。因此,纳税筹划相对于经营行为和纳税行为而言,具有前瞻性。

3. 目的性

税收筹划具有明确的目的性,纳税人选择进行纳税筹划,其目的均是节约税收成本,获得一定的经济利益。对于企业来说,降低相关税费的支出提高了企业的总体利润,使企业的现金流状况改善,可以投入更多的资金用于研发、扩大生产规模、更新生产设备等,使得企业进入良性发展循环。

4. 风险性

纳税筹划风险是指在多种因素共同作用下,纳税筹划的结果偏离预期,并且收益小于成本的可能性。这是因为纳税筹划是一项预先的行为,并且该项行为具有预测性和长期性的特点,导致纳税筹划存在风险。如果企业不恰当地选择纳税筹划方案,纳税筹划主体的专业水平有限,或是过度的纳税筹划导致税务机关认定企业存在偷税、漏税行为时，纳税筹划的风险是巨大的。

（三）国际税收筹划的注意要点

在进行国际税收筹划时，由于各国的税法体系存在较大差异，不同项目在具体实践中的税收筹划操作手法各有不同，筹划的侧重点也不一样。但综合来看，相对而言，以下几个税收筹划要点比较常见。

1. 熟悉各国的税收制度及相关的税收优惠

国际纳税筹划的复杂性主要体现在业务经营区域较广，各国家或地区的税收制度和相关政策繁多，并且不同的国家对应的税率、税种都存在较大差异，特别是在我国没有与其对应的税种，要在事前调研时重点关注。进行国家税收筹划时，要先充分了解各国的税制情况，关注其是否与我国签订双边税收协定，以及明确可能享受的税收优惠政策、可降低企业整体税负的抵免制度、税收饶让制度等。同时，还要随时关注税法的变化，并根据这些变化对方案进行相应的调整，尽可能地降低税负。

2. 优化组织架构和合同模式

科学、完善的组织架构以及合同模式对于境外工程项目有着十分重要的意义。尤其对项目前期阶段而言，企业需要对在国外开设分公司、子公司、常设机构的不同法律规定有一定了解，同时合理安排合同签订的主体，明确是否需要进行合同的分拆等。明确不同方式存在的差异性，构建不同的项目组织模式、商业合同构架及供应链安排，对税务风险进行评估，进而选择一种风险可控、税负比较低且资金流入及流出自由度较高的组织模式。

3. 将利润留存国外

对境外投资方面而言，纳税人将其利润汇回到国内时可能需要缴纳相应的所得税。因此，企业在国外进行投资时，可以尽可能地将利润保留在境外，从而将在本国缴纳企业所得税的时间推后。而且在将利润汇回国内的过程中，往往很多国家都会涉及预提税，将利润留在国外可减少预提税的支出。同时，部分国家对流出有着严格的限制，频繁或大量的利润汇回难以实现。将利润留在境外，当企业在同一国家有新项目开展或者新设投资时，可以直接将之前国外业务对应的利润进行投资，既可降低自身的税负压力，也避免了境外对资本流出的管制。

4. 合理利用资本弱化制定融资方案

资本弱化是指投资者以较少的股权和较多的债权来进行投资，使得股本承担非关联方经营风险能力减弱。为股份资本支付的股息一般不得税前扣除，而债权利息可以在所得税前扣除，从而降低所得税税负。当然，很多国家为了留住跨国企业的税收，在税法中制定了防范资本弱化条款，在关联方债权投资比例上都有明确的规定，对超过一定比例的借贷款利息支出不允许税前扣除。在符合投资国相关规定的前提下，企业可以考虑通过加大债务融资占比的方式降低税收成本。

三、矿业企业境外项目税收筹划模式及面临的税收风险

（一）境外项目全生命周期税收筹划模式

1. 项目设立阶段税收筹划的模式

（1）控股架构的设计。境外投资的持股架构分为直接持股和间接持股。直接持股即中国的母公司直接持有海外的目标资产或目标公司。若采用间接持股方式，则中国母公司将通过设立若干间接控股企业来持有目标资产或目标公司。一般来说，企业进行海外投资时之所以采取间接持股的控股架构，是希望利用目标国和中间控股公司所在国之间双边税收协定中股息利息以及财产收益的优惠待遇，达到降低整体税负的目的。直接持股和间接持股模式如图2所示。

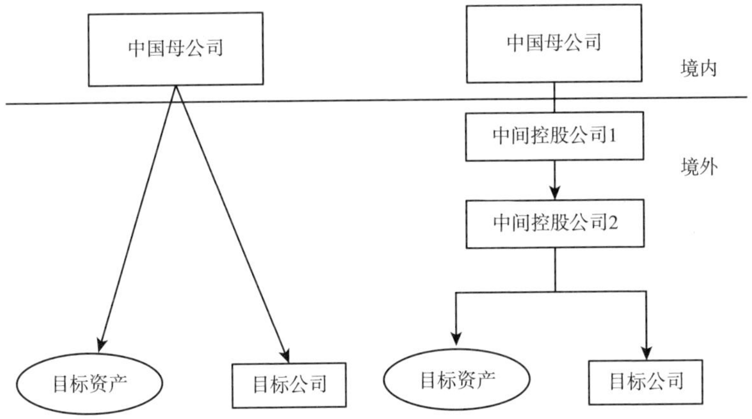

图2 直接持股和间接持股模式

（2）融资架构的设计。融资架构的设计包括股权融资架构设计和债权融资架构设计。其中，股权融资架构的设计，主要是利用在分配股息预提税较低的国家，设立中间控股公司，从而将海外经营地赚取的利润偿还股息时先分配给中间控股公司，再分配给中国母公司。债权融资架构的设计，主要是利用在支付利息预提税较低的国家，设立中间控股公司，通过中间控股公司进行中国母公司的贷款转贷，在实现海外经营地利息支出税前扣除的同时，利用中间控股公司与海外经营地和中国母公司的双边税收协定，降低资金拆借方的利息预提税。

2. 项目建设和运营阶段税收筹划的模式

（1）EPC 总承包合同拆分。国际工程项目 EPC 总承包合同的执行主要包括三种行为，即设计、供货和施工。施工行为由于必须针对特定的项目场地，因而必须在项目所在国完成，而设计和供货行为则具有更大的灵活性，可以根据技术难度、成本等因素灵活选择设计和供货地点。由于以上特殊性的存在，EPC 总承包合同按照设计、供货和施工活动地点的不同，拆分为在岸和离岸两大类的两个或多个合同。因此，该项合同不仅包括货物、服务贸易应缴纳增值税、关税、印花税等，还包括项目利润涉及的企业所得税、预提税。

（2）关联交易。国际工程项目 EPC 总承包合同设计和供货部分，通常由中国母公司及子公司完成，通过中间控股公司向项目所在地提供产品和服务，进而将利润转移到低税率地区。国际工程项目除施工阶段产生的利润在项目所在地纳税外，离岸设备供货和设计服务利润无须在项目所在地纳税，而以更低的税率在中间控股公司所在地纳税，从而将利润留存在低税率地区。

（3）常设机构。根据《〈中华人民共和国政府和新加坡共和国政府关于对所得避免双重征税和防止偷漏税的协定〉及议定书条文解释》的通知（国税发〔2010〕75 号）定义：常设机构是指一个相对固定的营业场所。通常情况下，具备以下特点：该营业场所是实质存在的；该营业场所是相对固定的，并且在时间上具有一定的持久性；全部或部分的营业活动是通过该营业场所进行的。对于承包工程，协定进一步规定，对于缔约国一方企业在缔约对方的建筑工地，建筑、装配或安装工程，或者与其有关的监督管理活动，仅在此类工地、工程或活动持续时间为 6 个月以上的，构成常设机构，未达到该规定时间的则不构成常设机构。

3. 项目退出阶段税收筹划的模式

项目退出阶段税收筹划的关键点在于退出方式的选择，是直接转让控股项目的股权，还是通过中间控股公司层面间接转让股权，需结合控股所在地的股权转让所得税规定以及项目的控股架构设计进行判断。

（二）面临的主要税收风险

1. 双重征税风险

造成国际双重征税的主要原因是基于国家与国家之间的税收管辖权相互交叉而引起的税收冲突。目前，包括我国在内的大多数“一带一路”沿线国家和地区都实行收入来源地管辖权和居民管辖权相结合的双重管辖权标准，单一行使收入来源地管辖权的国家和地区很少，包括马来西亚、文莱、科威特、卡塔尔、黎巴嫩等国。再加上各国对居民身份、收入来源地确认标准的不同，就使“走出去”企业从不同国家取得收入时，可能经常要面临东道国和母国税收管辖权重叠所带来的重复征税，承担双重纳税义务。

同时，由于EPC总承包合同既包括发生在项目所在国的施工和少部分当地设计、供货等在岸活动，也包括发生在项目境外的设计和供货等离岸活动，因此可能导致项目所在国税务部门将EPC总承包合同视为一个整体合同，并基于施工行为发生在境内，进而将合同总金额（含设计、供货和施工）作为征税依据进行征税。但是发生在项目所在国境外的供货行为也会受到来源地税务部门征税，这样针对供货行为就存在双重征税的风险。

2. 税制差异风险

“一带一路”沿线国家大多处于落后地区，经济发展水平较低，税制与我国存在较大的差异，且部分地区由于政治、社会、宗教等不稳定因素，税收征管效率较低，税法变动风险极大。我国“走出去”企业可能由于对当地税法了解不足或是由于税法的大幅变动、税收征管机构腐败等原因，面临较高的税收风险。从企业所得税来看，“一带一路”沿线国家的企业所得税的标准税率大多不超过20%，但也有菲律宾、印度、巴基斯坦、孟加拉国、斯里兰卡、不丹、以色列等国的企业所得税标准税率高于我国（25%）。按照我国“抵免法”制度的规定，我国企业从低税率国家取得的所得需要在我国补税，企业没有享受到东道国低税率的好处。从预提所得税税率来看，

“一带一路”沿线国家对股息、利息、特许权使用费征收的预提所得税税率通常在10%～20%，绝大多数与我国签订了双边税收协定的国家，协定优惠税率通常在5%～10%，但是协定一般对持股比例有要求，如果“走出去”企业对境外企业的持股比例达不到协定的要求，就无法享受到股息的协定优惠税率。

3. 受控外国企业风险

在控股架构的设计阶段，企业可采取间接持股的方式，利用双边税收协定达到节税的目的。但需指出的是，如果企业在实际企业所得税税负低于12.5%的国家地区，设立中间控股公司存在被认定为受控外国企业的风险。①一旦被视为受控外国企业，中国税务机关认为中间控股公司完全符合受控外国企业特别纳税调整事项管理的条件，则归属其中国母公司的利润，需要进行特别纳税调整。利润将无法留存在中间控股公司，需要在中国补缴企业所得税，税务风险较大。

4. 资本弱化风险

在融资架构的设计阶段，可将利润优先分配给中间控股公司，再分配给国内母公司，降低资金拆借方的利息预提税，达到减少纳税的目的。值得注意的是，一些国家在税法中制定了防范资本弱化条款，对企业取得的借贷款和股份资本的比例做出规定，对超过一定比例的借贷款利息支出不允许税前扣除。根据OECD的解释，企业权益资本与债务资本的比例应为1∶1，当权益资本小于债务资本时，即是资本弱化。但每个国家对这个比例的设定都不同，如果被海外经营地税务机关认定为资本弱化，则该超过部分的利息支出不得在税前扣除。

5. 关联交易风险

中国母公司及子公司与境外中间控股公司的关联交易是税收筹划过程中的重要风险点之一。根据国税发〔2009〕2号《特别纳税调整实施办法（试

---

① 注：根据《中华人民共和国企业所得税法》第四十五条及《国家税务总局特别纳税调整实施办法（试行）》（国税发〔2009〕2号）第七十六条规定：受控外国企业是指根据所得税法第四十五条的规定，由居民企业，或者由居民企业和居民个人（以下统称“中国居民股东”，包括中国居民企业股东和中国居民个人股东）控制的设立在实际税负低于所得税法第四条第一款规定税率水平50%的国家（地区），并非出于合理经营需要对利润不作分配或减少分配的外国企业。

行)》文件的要求，税务机关在选择关联交易转让定价调查对象时，对以下情形之一的企业进行重点审查，包括：关联交易数额较大或类型较多的企业；利润水平与其所承担的功能风险明显不相匹配的企业；与避税港关联方发生业务往来的企业；未按规定进行关联申报或准备同期资料的企业。

6. 常设机构风险

在项目的建设和运营阶段，EPC 工程承包中的采购和设计活动一般通过位于低税率地区的中间控股公司进行，但可能由于工作人员需要在国内长时间从事上述业务活动，而构成内地"常设机构"，产生在国内缴纳企业所得税的义务。离岸采购中心需要就归属于"常设机构"的利润在国内缴纳 25% 的企业所得税。因此，在 EPC 工程承包过程中，承包方要注意避免中间控股公司离岸的采购和设计活动被国内税务机关认定为常设机构，进而产生国内的纳税义务。

四、A 公司海外矿业项目全生命周期税收筹划案例分析

（一）公司及项目背景

1. A 公司的基本情况

A 公司是国务院国资委管理的大型中央企业，主业为有色金属矿产资源开发、建筑工程、相关贸易及服务。自 1996 年响应国家"走出去"成功投资赞比亚谦比希铜矿项目开始，A 公司在非洲中南部和中国周边国家［包括赞比亚、刚果（金）、蒙古、缅甸、泰国、塔吉克斯坦等］开发了一系列标志性的矿业项目，在境外投资方面积累了丰富的经验。目前，投资和经营的矿业开发项目涉及铜、铅、锌、镍、钽、铌、铍、金、银、稀土等 40 余个有色金属品种。A 公司在在中国和爱尔兰设立了控股平台，同时旗下有 C 贸易公司和 E 工程公司。

2. D 项目概况

非洲是 A 公司未来海外投资的重点区域，D 项目是 A 公司非洲投资的重点工程。为开发 D 项目，A 公司与刚果（金）B 公司成立了合资公司。中方 A 公司持有 51% 股权，刚果（金）B 公司持有 49% 股权。项目评价采用的计算期为 18 年，建设期 2 年，生产服务期 16 年。EPC 合同由 A 公司及成员企

业C贸易公司和E工程公司共同签署。

项目所需要的建设资金和生产资金全部由A公司通过银行贷款的方式筹集，然后以股东贷款的形式贷款给合资公司使用。股东贷款的利率为6个月美元Libor+8%，且不得超过9%。矿山生产所得利润，优先偿还股东贷款及利息。项目还款期预估为13年（不含基建期）。以年净现金流扣除当年生产期更新资金及当年生产期投资后的余额为可分配利润，进行中方和刚果（金）方分配。偿还贷款阶段，将可分配利润的70%用于偿还贷款。当年净利润额为正值时，可分配利润的30%扣除相关税收后，根据股东所占股份进行利润分配。项目全部贷款还清（约在生产第14年）后，A公司通过无偿转让股权的方式将项目移交给刚果（金）B公司。

（二）D项目所在国背景

1. 企业设立法律形式

刚果（金）于2012年正式加入非洲商法协调组织。刚果（金）相关法律规定，外国投资者在刚果（金）设立企业一般可采取以下几种形式：公共有限公司、简易联合股份公司、私人有限责任公司、私人公司和合伙企业等。本案例中，A公司与刚果（金）B公司成立的合资公司选择采用简易联合股份公司的形式。

2. 外汇管制

刚果（金）本国的货币为刚果法郎（以下简称“刚郎”或“CDF”）。刚果（金）实施外汇管制，但是总体较为宽松。在当地的市场和各银行，刚郎可以与美元等外币自由兑换。刚果（金）税务机关和海关通常采用中央银行官方发布的汇率进行纳税申报缴纳。企业需要就其以下业务往来向刚果（金）中央银行支付0.2%的外汇管制费：所有国内银行对外往来，包括收入和支出，但是汇回主要账户的销售收入除外；主要账户的所有借记和贷记，但支付国外的汇款除外。从子账户支付国外的汇款也免交外汇管制费。

刚果（金）法规并未规定企业利润留存境内比例，但是在《外汇管理法》和《矿业法》中都规定了在矿权持证人的基本账户和普通往来账户保留和管理60%的出口收入货款；《矿业法》更进一步要求出口收入中必须有

40%返还至刚果（金）国内基本账户。

刚果（金）不限制在其国内注册的合资企业在离岸银行开户，合资企业持有离岸银行账户也没有报告义务。但是，合资企业必须每月提交支付给主要海外外汇账户资金动向的报告，对于支付给该账户的订单也要附上相关出口文件。该报告与所述账户相关的银行对账单复印件一起要提交给矿业总局和中央银行以确认合规。中央银行有权事先书面通知账户持有人并派遣稽查人员验证基本账户的交易规律性。

此外，刚果（金）在联合国和美国的制裁名单中。美国对刚果（金）的制裁开始于2006年10月。现行生效的制裁包括冻结指定个人或实体的资金，禁止与被列名单中的个人及实体开展交易。由于上述制裁名单的客观存在，加之美元是国际结算最重要的货币，与刚果（金）相关的金融行为特别是美元的收付汇都面临风险。

3. 矿业行业管理

刚果（金）政府所颁布的《矿业法》是对企业在刚果（金）从事矿业活动进行管理的纲领性文件，其中对矿业行业所适用的税务和海关优惠措施进行了规定。

4. 刚果（金）基本税制

刚果（金）税费种类繁多，总体而言税负较重。目前有四大基本税收法律：《所得税法》（1969年2月10日第69-009号），包括企业所得税、工薪税、预提税等；《增值税法》（2010年8月20日第10-001号）；《外籍员工收入特别法》（1969年2月10日第69-007号）；《财产税法》（1969年2月10日第69-006号），包括车辆税、矿区和油田土地税等。

从企业所得税来看，企业应按照当年度营业利润的35%税率计算缴纳企业所得税。根据《矿业法》的规定，矿业企业适用30%的税率。

从增值税来看，在刚果（金）境内销售应税货物、提供应税劳务以及出口货物及劳务的所有个人、企业及政府机构，均应缴纳增值税。一般来说，进口物资设备需要缴纳16%的增值税。非居民在刚果（金）境内销售应税货物或者提供应税劳务，适用和居民一样的税务处理规定。

另外，开采许可证的持证人需要在销售矿产品时缴纳矿业税，具体情况详见附件1。

（三）公司设立阶段的税收筹划

1. 控股架构

就D项目而言，刚果（金）目前只与南非和比利时两国签有税收协定，可以利用的协定优惠非常有限。此外值得注意的是，在刚果（金）国内适用税收协定方面存在不确定性。截至目前，刚果（金）与比利时之间的税收协定尚未被刚果（金）税务机关质疑过，但刚果（金）与南非之间的税收协定已存在被税务机关质疑或直接否定的案例。税务机关的质疑涉及以下几个方面：该税收协定至今未在政府公报中正式发布，也未通过外交渠道得到双方承认，因此并未正式生效；否认税收协定中关于来自南非的非居民纳税人向刚果（金）居民纳税人提供服务，产生的营业收入免征预提税的条款；对税收协定中向南非的税收居民支付利息或股息享受优惠税率的条款提出质疑。因此，刚果（金）的双边税收协定，尤其是和南非之间的税收协定在实务中的适用性存在巨大的不确定性，存在税收风险。

根据刚果（金）税法，矿业企业对外支付股息需要在当地缴纳10%的预提所得税，对外支付利息无须缴纳预提所得税。但此免税借款必须是外币借款，且利率和其他借款条件必须等于或优于当地借款利率或借款条件。虽然刚果（金）与南非的税收协定将股息的预提所得税税率降为5%，但是南非再对外支付股息依然需要缴纳5%～15%的预提所得税。虽然刚果（金）与南非和比利时的税收协定将利息的预提所得税税率降为10%，但是南非和比利时向中国支付利息依然需要缴纳10%的预提所得税。因此，利用税收协定设计间接持股架构对D项目产生的节税效果相对有限，且存在一定的税务风险。但是，设立境外中间控股公司持有D项目合资公司的股权依然很有必要，这主要基于以下几点考虑。

（1）递延中国税务成本。虽然间接持股并不能有效降低D项目税负成本，但是在直接控股架构下，D项目取得股息收入在合资公司做出利润分配决定时，即刻产生了我国企业所得税纳税义务。而在间接控股架构下，如果有合理的经营需要且不受“受控外国企业”规定约束，合资企业赚取的利润可保留在境外中间控股公司做进一步投资之用，从而达到税务递延的效果。

（2）投资退出更为灵活。A公司可结合商业计划选择在合资公司层面退出，也可以选择在境外中间控股公司层面退出。

(3) 资金使用更为灵活。选择无外汇管制或外汇管制较为宽松的国家(地区)作为中间控股公司注册地，A公司可以将海外赚取的利润留存在境外，便于公司对海外资金的集中管理，大大提高资金在海外流转的便利性和灵活性。

(4) 简化对外再投资备案或审批流程。如果不涉及境内企业提供融资或担保的情况，仅用境外中间控股公司所持有的资金进行境外再投资时，无须再履行任何事前的外部审批或备案程序，而仅需在相关投资完成后履行一定的事后登记程序。

(5) 降低海外投资的资金成本。利用境外发达的资本市场，可以针对特定项目获取项目融资，从而降低资金成本，且不影响资产负债率水平和A公司整体融资能力。

基于以上分析，从A公司未来发展战略和海外投资的顶层架构设计角度考虑，A公司选择通过设立境外中间控股公司来持有D项目。

2. 境外中间控股公司所在国的选择

对非洲持股架构中，常用的持股公司所在地，从税务政策的优惠程度、商业环境的成熟度等方面进行了初步筛选后，选择了南非、荷兰、新加坡、比利时、爱尔兰和中国香港六个国家和地区进行分析，作为D项目持股公司备选地。从股息分配和资本利得的角度对这些备选地的税收成本进行了横向比较。具体分析图表请参见附件2。

综合分析，选择南非、中国香港或新加坡的总体税负相对较低。而相对南非而言，中国香港和新加坡拥有更成熟和完善的协定体系，常被从事境外投资业务的中国企业作为中间持股公司的地点。此外，考虑A公司在中国香港已设立过控股公司，并配备了一定的人员从事投融资相关的经营活动，相比较于新加坡而言，选取中国香港作为D项目的中间控股公司所在地更利于商业实质的建立。综合考虑各种因素，A公司选择将中间控股公司设在香港。

(1) D项目持股架构。基于上述对持股模式以及中间控股公司所在地的分析，A公司选择香港作为D项目持股公司所在地，而且通过新设公司的方式。具体的架构搭建上，有两种方案可以考虑。

方案1：中国—中国香港—刚果（金）模式

在该方案下，A公司在中国香港成立一家中国香港控股公司，持有合资公司的股权，具体如图 3 所示。

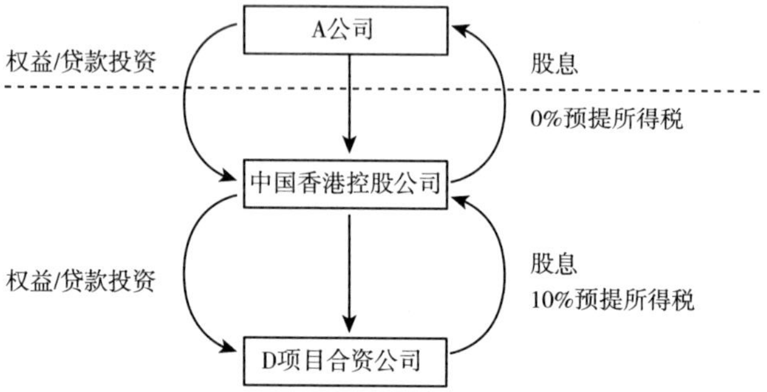

图 3　中国—中国香港—刚果（金）模式

方案 1 新设中国香港控股公司，主要有以下优势。

①递延中国税务成本。A 公司来自 D 项目取得的股息可以留存在香港控股公司，用于 A 公司非洲业务版块其他项目的投资。

②资金使用灵活性提高。中国香港没有外汇管制，A 公司来自 D 项目取得的投资收益留存在中国香港，可以提高资金境外流转的便利性。

③降低境外投资的资金成本。香港是亚洲领先的国际金融中心，A 公司可以利用中国香港发达的资本市场获取项目融资，从而降低资金成本。

除了融资便利，A 公司还可将中国香港控股公司作为未来境外项目的资金池，将中国香港控股公司和其他境外公司账户上的闲置资金汇集于中国香港控股公司，再贷款给资金紧缺的境外公司使用。香港特别行政区的税法规定，在中国香港存放于认可机构的存款所赚取的利息，可豁免缴付利得税。另外，其从境外机构收取的利息收入，可以界定为非源自中国香港的不征税收入。

④境外所得税间接抵免。方案一有两层外国公司，根据《财政部 国家税务总局关于企业境外所得税收抵免有关问题的通知》（财税〔2009〕125 号）的规定，可以享受企业境外所得税收间接抵免相关政策，可抵免境外所得税税额，为抵免企业来源于中国境外的所得依照中国境外税收法律以及相关规定应当缴纳并已实际缴纳的企业所得税性质的税款。

方案 2：中国—中国香港—开曼—刚果（金）模式

在该方案下，A 公司在中国香港成立一家中国香港控股公司，中国香港公司通过其 100% 控股的位于不征收资本利得预提所得税地区（如开曼群岛）

的公司，间接持有 D 项目。具体如图 4 所示。

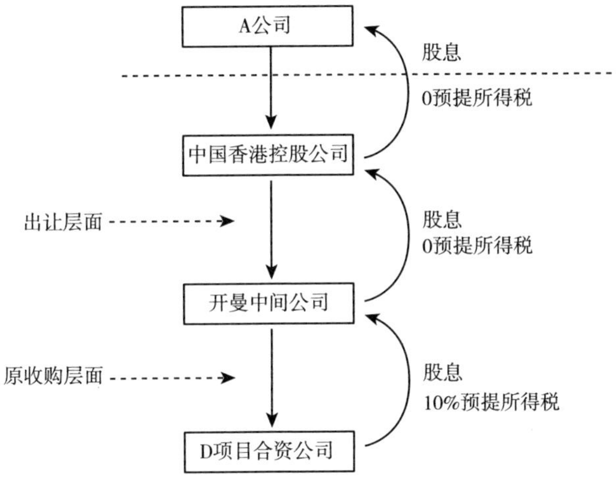

图 4　中国—中国香港—开曼—刚果（金）模式

方案 2 的优势主要体现在以下几个方面。

①项目处置更为灵活。若 A 公司在 D 项目经营期间出于商业上的考虑希望提前处置该项目，可以通过处置开曼中间公司的方式进行退出。这种退出方式一方面规避了在刚果（金）本地直接处置当地企业股权的监管要求，另一方面不会影响中国香港控股公司的中间控股公司地位和未来 A 公司在非洲版块的其他项目。在股权处置上如果有收益产生，不涉及中国、中国香港和刚果（金）的税收。

②递延中国税务成本。A 公司通过中国香港控股公司这一平台，可以在日后处置开曼中间公司的时候将有关资金存放于中国香港，在有合理经营目的情况下可以继续利用中国香港中间控股公司进行境外再投资，可以暂缓将利润汇回中国进行补税。

③降低中国香港税务成本。根据香港特别行政区《印花税条例》的规定，出让人及受让人或其代理人在办理中国香港公司的股份买卖时，需要就转让的股份分别及共同负担缴纳印花税。印花税的金额是代价款额或价值的 0.2%，另加每份文书港币 5 元。若 A 公司通过开曼中间公司间接处置 D 项目，则可以规避这一税款。

④境外所得税间接抵免。上述控股架构有三层外国公司。同样地，根据《财政部 国家税务总局关于企业境外所得税收抵免有关问题的通知》（财税

〔2009〕125号）的规定，可以享受企业境外所得税收间接抵免相关政策，可抵免境外所得税税额，为抵免企业来源于中国境外的所得依照中国境外税收法律以及相关规定应当缴纳并已实际缴纳的企业所得税性质的税款。

（2）方案1和方案2比较。鉴于非洲是A公司未来境外投资的重点区域，从A公司境外投资的长远规划考虑，设立一个区域性的持股平台可以实现投资管理和资金融通等职能，有其重要的战略意义。若采用方案2，无论直接还是间接处置D项目，都不会影响中国香港控股公司作为区域性持股平台的职能。因此，A公司采用方案2来持股D项目。

3. 运营公司持股架构

A公司出于商业安排，考虑在刚果（金）再成立一家运营公司对D项目进行管理，由运营公司和合资公司签订EPC合同。有关运营公司的持股架构，有两种方式可供选择。

（1）中国香港控股公司直接持有。因为运营公司的功能比较简单，一般来说无须采用间接出让方式来退出。从这个角度说，可以考虑由中国香港控股公司直接持有运营公司。

（2）中国香港控股公司间接持有。考虑未来运营公司向母公司分红时的相关税务影响，可考虑在中国香港控股公司下面再成立一家中间公司来专门持有运营公司。未来的运营公司不属于《矿业法》中所规定的持有矿权证的企业，因此对外分配股息的预提所得税税率为20%。从降低整体税负的角度考虑，可以在中国香港控股公司和运营公司之间加设一层中间控股公司。鉴于南非和刚果（金）之间的税收协定中给予股息5%的优惠税率，可将南非作为中间控股公司所在地。但是，如前文所述，实践中存在因刚果（金）税务机关质疑，无法享受南非和刚果（金）之间税收协定股息优惠税率的风险。

综上考虑，A公司选择由中国香港控股公司直接持有运营公司。A公司在非洲的控股架构如图5所示。

4. 融资架构

根据合资协议的约定，D项目所需要的建设资金和生产资金全部由A公司通过银行贷款的方式筹集，然后以股东贷款的形式注入合资公司。股东借款的利息率为6个月美元Libor+8%，该利率不得超过9%。

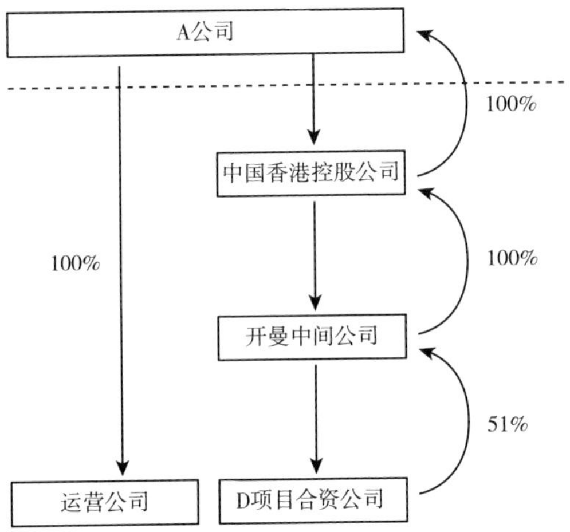

图 5　A 公司在非洲的控股架构

（1）融资模式的选择。从融资主体而言，融资模式有两种，一是从 A 公司层面融资，二是从中国香港控股公司层面融资。两种融资主体选择下的税务影响分析如下。

①中国香港控股公司层面融资。若 A 公司采用持股架构部分讨论的方案 2 持有 D 项目，股东贷款自中国香港控股公司层面注入合资公司的路径如图 6 所示。

假设中国香港控股公司的筹资成本为 4%。详见图 6。

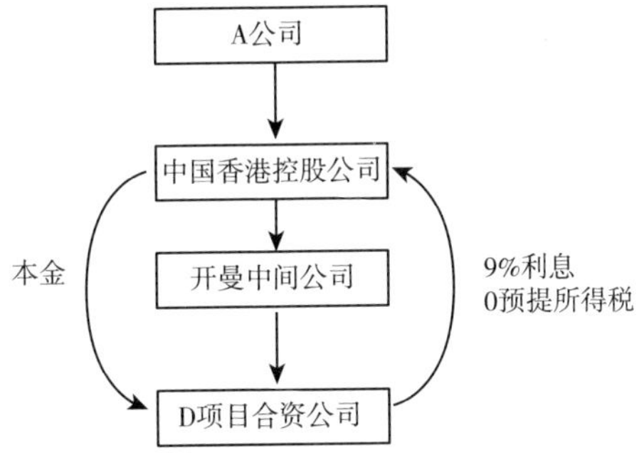

图 6　中国香港控股公司层面融资

②A 公司层面融资。若 A 公司采用持股架构部分讨论的方案 2 持有 D 项目，股东贷款自集团公司层面注入合资公司的路径有两种。

路径 1：A 公司层面进行融资，A 公司直接借款给合资公司（以下简称"直接融资模式"）。

路径 2：A 公司层面进行融资，A 公司先和中国香港控股公司签订贷款合同，再由中国香港控股公司转贷给合资公司。此路径下 A 公司和中国香港控股公司之间的贷款利率设置方法有两种。

一是不高于支付给金融机构的借款利率（以下简称“间接融资模式一”）；二是高于支付给金融机构的借款利率（以下简称“间接融资模式二”）。

在从 A 公司层面融资的模式下，采用间接融资的模式并尽可能满足统借统还的相关要件要求，能够降低流转税负担。下面将进行具体分析。

直接融资模式，如图 7 所示。

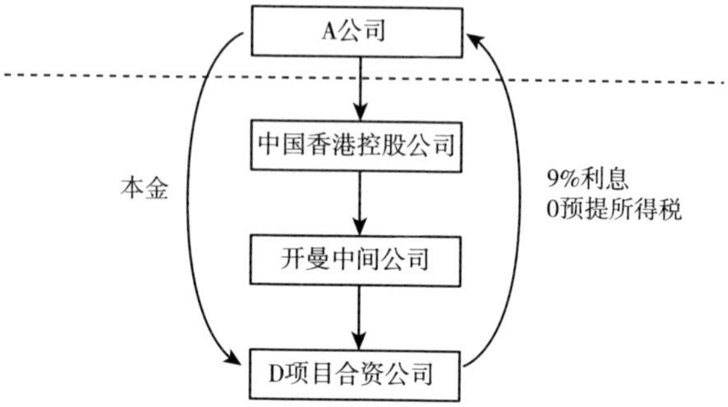

图 7　直接融资模式

间接融资模式一：假设 A 公司融资成本为 3%。详见图 8。

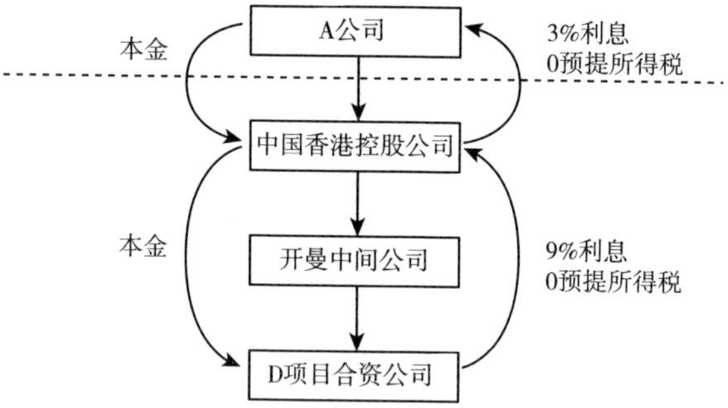

图 8　接融资模式间接融资模式一

间接融资模式二：假设 A 公司融资成本为 4%。详见图 9。

（2）税务影响。

①刚果（金）税务影响

刚果（金）预提税：根据刚果（金）税法的规定，持有矿权的企业支付

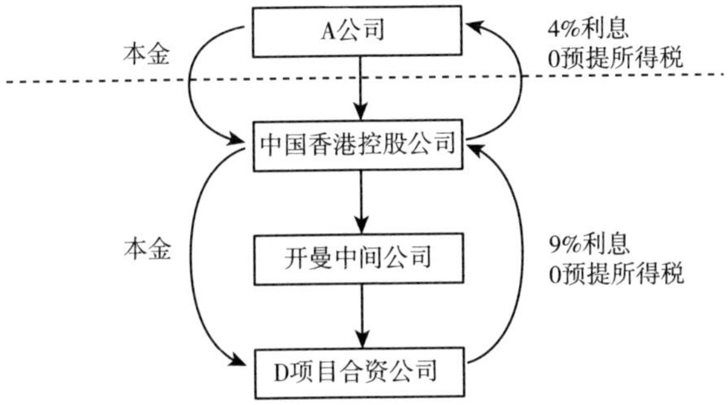

图9　融资模式间接融资模式二

从境外取得的外币贷款所对应的利息无须缴纳预提税。但是，刚果（金）税务机关对享受这一免税条件设置了苛刻的条件，即：该外币贷款的利率和其他借款条件必须等于或优于当地非关联方之间的借款利率或借款条件。根据与刚果（金）当地合作所了解的情况，刚果（金）中央银行并未针对美元贷款下发基准利率，实务中税务机关也并无发布符合条件的利率范围。但是，根据当地事务所实践中接触的案例经验，8%~9%的利率过高，在享受预提所得税免税方面存在较大的不确定性。

刚果（金）所得税前扣除：根据刚果（金）所得税法的规定，股东贷款的利息在所得税前可以扣除，但是要同时满足两个前提条件。

贷款偿还期必须在五年之内；利息不能超过偿还贷款当月的国际市场平均银行间利率。《矿业法》第二百五十四条规定，持证人支付给关联公司的贷款利息，只有在其利率低于或等于非关联公司给与的利率和条件时，方能从应税利润的基数中抵扣。在实务中，持有矿权证的刚果（金）企业进行境外融资安排时，相关的贷款合同都必须先由矿业总局审查，合同的复印件也会同时报送中央银行和税务机关。

合资公司偿还利息的期限明显超过了五年，目前没有看到有关豁免的条款。在实务中，如果将最初贷款合同的期限定为五年，五年到期后即使双方同意展期，税务机关仍然会以"超过五年"这一标准不允许在所得税前抵扣相关利息。为了规避这一风险，A公司选择将贷款合同的期限固定在五年之内，等合同到期再重新签订合同。

从刚果（金）税法理论层面看，如果实际贷款利率超过了所谓的国际市场上平均银行间利率或者非关联方之间的利率，需要进行纳税调整的是超过部分所对应的那部分利息。但是，在实务中，存在税务机关认为，所有的贷款利息都不可在所得税前抵扣的实际案例。如前述部分所述，8% ~9% 的利率对于刚果（金）税务机关可能过高，因此该部分利息在合资公司层面抵扣存在很大的风险。

刚果（金）资本弱化相关规定：刚果（金）暂时没有资本弱化的相关规定。

②中国香港税务影响。中国香港控股公司层面融资：中国香港税法规定：只有于香港产生或得自香港的利息才须缴付利得税。在决定产生利息或获得利息的地点方面，利息起因的所在地几乎肯定地确定了其来源。中国香港控股公司自合资公司取得的利息免缴利得税。根据香港特别行政区税务条例释义及执行指引第 13A 号的规定：为赚取应课税利润而招致的利息支出，才可从应税利润中扣除。也就是说，中国香港控股公司不可以在计算利得税应税利润时抵扣向债权人支付的利息。

A 公司层面融资：因为中国香港对于来源于境外的利息收入免税，且向内地企业支付利息时无预提税。也就是说，在两种间接融资模式下，中国香港控股公司从合资公司收取利息并向 A 公司支付利息环节免于缴纳香港利得税。中国香港控股公司不可以在计算利得税应税利润时抵扣向 A 公司支付的利息。

③中国税务影响，企业所得税：A 公司应该就收取的担保费收入或利息收入缴纳 25% 的企业所得税。

增值税：根据《营业税改征增值税跨境应税行为增值税免税管理办法（试行)》（国家税务总局公告〔2016〕第 29 号，以下简称“29 号公告”)，为境外单位之间的货币资金融通及其他金融业务提供的直接收费金融服务，且该服务与境内的货物、无形资产和不动产无关，则该服务免征增值税。A 公司向中国香港公司提供的担保服务，属于 29 号公告所规定的符合条件的直接收费金融服务，可以享受免征增值税待遇。A 公司应根据 29 号公告的规定，到主管税务机关就担保费收入办理免税备案手续。

根据《关于全面推开营业税改征增值税试点的通知》（财税〔2016〕36 号，以下简称“财税〔2016〕36 号文”）的规定，企业集团或企业集团中的核心企业以及集团所属财务公司按不高于支付给金融机构的借款利率水平或者支付的债券票面利率水平，向企业集团或者集团内下属单位收取的利息免征增值税。法规并未明确境内集团公司按不高于支付给金融机构的借款利率水平或者支付的债券票面利率水平，向境外集团内下属单位收取的利息是否免征增值税。但是，目前税法也没有统借统还，不得适用来自境外的利息的规定。因此，A公司享受统借统还免征增值税的规定。

（3）四种融资模式下的税负分析。对前述讨论的四种具体模式下的税负进行了对比，如表1所示。

表1　　四种具体模式税负对比

模式	刚果（金）	中国香港	中国	综合税负
中国香港控股公司层面	待定	无	企业所得税=担保费×25% 增值税免税	担保费×25%
A公司直接融资模式	待定	不涉及	企业所得税=本金×9%×25%	本金×2.25%
A公司层面-间接融资模式一	待定	无	企业所得税=本金×3%×25% 增值税免税	本金×0.75%
A公司层面-间接融资模式二	待定	无	企业所得税=本金×4%×25% 增值税=本金×4%×6%	本金×1.24%

就四种融资模式而言，间接融资模式下的综合税负较低。如果A公司境外资金分拨能够适用统借统还的政策，那么税负将进一步降低。

通过间接融资安排，A公司在收回本金的前提下可以将大部分利息收入存放于中国香港，在有合理经营目的的情况下可以继续利用中国香港控股公司这一投资平台进行境外再投资，而非将利息直接汇回中国交税。

（四）项目建设阶段的税收筹划

1. 工程建设过程中的税务影响

E工程公司此次若承担D项目下的工程建设工作有两种具体的模式：一是，工程公司以外国承包商的身份在刚果（金）开展工程建设活动；二是，工程公司在刚果（金）成立一家项目公司，以项目公司为主体开展工程建设活动。这两种模式下的中国和刚果（金）税务影响如下。

（1）外国承包商模式

第一，刚果（金）税影响。

一是企业所得税。根据《所得税法》第六十九条的规定，在外国承包商模式下，E 工程公司在刚果（金）有固定的营业场所且项目持续的时间超过 6 个月，构成了常设机构，应就其来源于常设机构的利润缴纳企业所得税。E 工程公司和取得利润相关的费用可以在其所得税前扣除，但是对于在境外发生的外国承包商总部费用不可以在所得税前扣除。

常设机构的适用税率和刚果（金）本地企业一样，为 35%。如符合《矿业法》的规定，则同样适用 30% 的优惠税率。

二是分支机构利润税。根据刚果（金）税法的规定，外国企业在刚果（金）的分支机构需要缴纳分支机构利润税，即：分支机构按 35% 或 30% 的税率缴纳企业所得税之后，如需将利润汇回母国，则同样需要缴纳 10% 的预提所得税。

三是增值税。E 工程公司在刚果（金）境内提供工程承包服务，属于增值税应税范围，需要就此缴纳 16% 的增值税。合资公司作为工程承包服务的接受方将作为代理人为 E 工程公司代扣代缴相应的增值税。合资公司可以将这部分增值税作为进项税进行抵扣。

第二，中国税影响。

一是企业所得税。E 工程公司作为中国的居民纳税人，应当就其来源于中国境内、境外的所得缴纳企业所得税。为了避免对企业的所得双重征税，企业所得税法也提供了相应的抵免政策，即：居民企业来源于中国境外的应税所得已在境外缴纳的所得税税额，可以从其当期应纳税额中抵免，抵免限额为该项所得依照企业所得税法规定计算的应纳税额；超过抵免限额的部分，可以在以后五个年度以内，用每年度抵免限额抵免当年应抵税额后的余额进行抵补。也就是说，E 工程公司在刚果（金）就其向 D 项目提供工程建设服务的所得已经在当地缴纳的企业所得税，可以从其在国内当期的应纳税额中抵免。刚果（金）的所得税税率为 35%，高于国内 25% 的税率，因此公司无须在国内补税。

二是增值税。E 工程公司在刚果（金）提供工程建设服务，根据财税〔2016〕36 号文《跨境应税行为适用增值税零税率和免税政策的规定》的规定：境内的单位和个人销售的工程项目在境外的建筑服务免征增值税，故公司无须在境内缴纳增值税。

（2）项目公司模式

第一，刚果（金）税影响。

一是企业所得税。E 工程公司在当地成立的项目公司，作为一个刚果

（金）法人实体，项目公司经营所得将按照35%的税率缴纳企业所得税。股息汇回的税务影响取决于E工程公司持有项目公司的具体架构安排。E工程公司持有项目公司的架构安排有两种。

第一种是直接持股。

直接持股模式下，E工程公司的项目公司取得利润后向国内的E工程公司支付股息，需要按照刚果（金）税法的规定缴纳预提所得税。因为项目公司不是矿权证的持证人，因此无法享受优惠，适用20%的预提所得税税率。如图10所示。

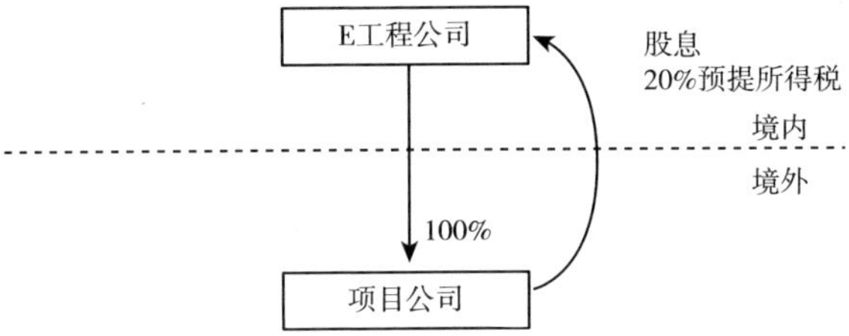

图10　直接持股

第二种是间接持股。

间接持股模式下，E工程公司的刚果（金）项目公司取得利润后向国内的E工程公司付股息，可以享受相关国家之间的税收协定优惠待遇，综合预提所得税税率为10%（5%+5%）。但是如前文所说南非和刚果（金）协定适用方面存在不确定性，是否最终采取间接持股模式还需结合其他因素谨慎考虑。如图11所示。

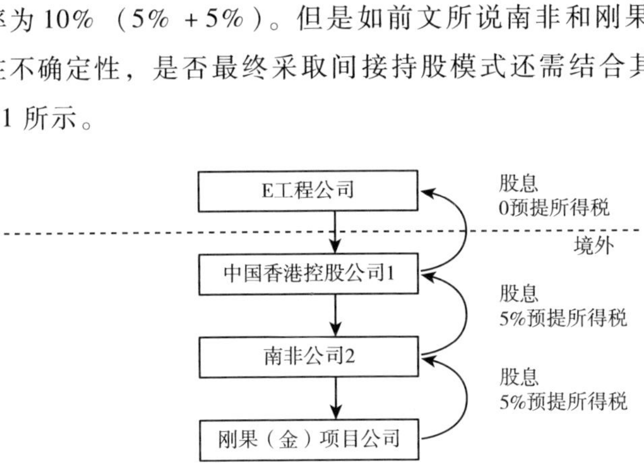

图11　间接持股

二是增值税。E工程公司项目公司在刚果（金）境内提供工程承包服务，属于增值税应税范围，需要就此缴纳 16% 的增值税。作为法人实体，E 工程公司项目公司需自行进行申报缴纳增值税。

第二，中国税务影响。

一是企业所得税。E 工程公司收到项目公司支付的股息，需要在中国缴纳企业所得税。《中华人民共和国企业所得税法》第二十四条规定，居民企业从其直接或者间接控制的外国企业分得的来源于中国境外的股息、红利等权益性投资收益，外国企业在境外实际缴纳的所得税税额中属于该项所得负担的部分，可以作为该居民企业的可抵免境外所得税税额，在规定的抵免限额内抵免。即 E 工程公司就其从刚果（金）项目公司分得的股息缴纳 25% 的中国企业所得税的同时，这部分股息在刚果（金）实际缴纳的预提所得税，可以作为 E 工程公司可抵免境外所得税税额，在抵免限额内抵免。

二是增值税。E 工程公司无须就其收到的刚果（金）项目公司的股息缴纳流转税。

第三，两种模式的比较。基于上述分析，对两种模式下的税负影响比较如表 2 所示。

表 2　两种模式的比较税负对比

模式	外国承包商模式	项目公司模式
刚果（金）税务影响	35% 企业所得税 分支机构利润税：税后净利润 ×20% 或 10% 16% 增值税	35% 企业所得税 股息预提所得税：税后净利润 ×20% 或 10% 16% 增值税
中国税务影响	需要在中国缴纳企业所得税，但可申请税收抵免（直接抵免）	需要在中国缴纳企业所得税，但可申请税收抵免（直接抵免和间接抵免）

根据上述分析，从税收的角度来说，外国承包商模式和项目公司模式下的税收负担相差不大。但是，根据刚果（金）当地外国公司若以外国承包商身份从事经营活动，其经营期限为四年（初始期限为两年，最多延期两年）。D 项目持续时间长，四年的期限难以满足要求，因此还是项目公司模式更具有可操作性。在项目公司模式下是否采用间接持股的模式，需要考虑南非与刚果（金）税收协定适用方面以及经营管理需要。

2. 设备采购的中国和刚果（金）税务影响

项目现场的使用设备和物资分为以下几类：第一类是合资公司从 C 国际

贸易公司采购；第二类是合资公司从境外供应商或者其在刚果（金）的代理点采购；第三类是E工程公司以外国承包商身份开展工程建设时携带入境；第四类是E工程公司在刚果（金）的项目公司自国内进口。每一种采购模式下的税务影响如下。

（1）合资公司自C国际贸易公司采购

第一，刚果（金）税务影响。合资公司作为矿权证持有人在项目的不同阶段进口符合条件的设备物资可以享受刚果（金）进口关税优惠税率。详见表3。

表3　　　　矿业企业的特殊海关制度

<table>
<tr><th>项目阶段</th><th>享受优惠政策主体</th><th>优惠政策</th></tr>
<tr><td colspan="3">进口环节</td></tr>
<tr><td>实际开始采矿前权</td><td>持证人及其子公司和分包商</td><td>纯粹为采矿进口的清单内物资和物品，适用2%的进口税率</td></tr>
<tr><td rowspan="2">实际开始采矿后</td><td>持证人及其子公司和分包商</td><td>纯粹为采矿进口的清单内物资和物品，适用5%的进口税率</td></tr>
<tr><td>持证人</td><td>为了扩大生产规模需要进口的机器设备和物资，在矿权登记管理局批准后适用2%的进口税率</td></tr>
<tr><td>项目期间</td><td></td><td>为项目进口的燃油、润滑油、试剂和耗品，适用3%的进口税率</td></tr>
<tr><td colspan="3">出口环节</td></tr>
<tr><td></td><td>矿业权持证人</td><td>出口免征关税</td></tr>
</table>

第二，中国税务影响。B贸易公司出口设备物资，可以按照外贸企业适用"免退"的方法申请出口退税。

（2）合资公司自境外供应商采购

第一，刚果（金）税务影响。同上述合资公司自C国际贸易公司采购部分刚果（金）税务影响。

第二，中国税务影响。合资公司自境外供应商采购设备物资无中国税务影响。

（3）E工程公司携带入刚果（金）境内

第一，刚果（金）税务影响。E工程公司可以作为分包商项目的不同阶段进口符合条件的设备物资可以享受表3所述的进口关税优惠税率。

第二，中国税务影响。根据财税〔2012〕39号文件的规定，企业对外承包工程的出口货物视同为出口货物，适用增值税退（免）税政策。及时的、足额的取得出口退税对于到境外进行工程承包的企业提高效益、缓解资金压力、增强在国际市场的竞争力具有重要的意义。E 工程公司携带入刚果（金）境内的设备为其从国内供应商处直接采购。因此从退税方法的选择上，E 工程公司应该作为外贸企业适用免退税的方法。

（4）E 工程公司项目公司采购

第一，刚果（金）税务影响。E 工程公司项目公司作为分包商在项目的不同阶段进口符合条件的设备物资可以享受表 3 所述的进口关税优惠税率。

第二，中国税务影响。E 工程公司项目公司自中国境内供应商处采购设备，在 E 工程公司层面无中国税务影响。

3. EPC 合同的签订模式

（1）可供选择的合同签订模式。正如在项目背景中所述，A 公司的子公司 C 国际贸易公司和 E 工程公司拟参与到 D 项目的建设运营过程中。EPC 的合同如何签订，有两种模式可以考虑：一种是合资公司作为项目业主，和 C 国际贸易公司和 E 工程公司签订合同；另一种是 A 公司在刚果（金）成立一家 100% 控股的，专门负责 D 项目的运营公司。运营公司和 C 国际贸易公司、E 工程公司签订合同。

（2）两种模式的税务影响比较。从税务的角度对两种模式进行分析，主要需要考虑两个因素：运营公司的成立，是否会带来 A 公司境外经营整体税负的增加；运营公司作为中间公司进行设备和服务的采购，是否影响刚果（金）相关优惠政策的适用性。下面笔者分别针对 C 国际贸易公司和 E 工程公司的业务情况进行详细的分析。

第一，C 国际贸易公司：继续由合资公司直接和 C 国际贸易公司签订设备物资采购合同，是比较好的选择。

一是运营公司的税率影响。如果由运营公司和 C 国际贸易公司签订设备采购合同，运营公司在刚果（金）境内从事贸易活动，将其从中国进口的设备物资销售至合资公司，由此产生的相关利润需要在刚果（金）缴纳企业所得税等相关税收。贸易公司目前在刚果（金）适用 35% 的企业所得税税率，高于合资公司按照《矿业法》享受的 30% 优惠税率，也高于 C 国际贸易公司在中国适用的 25% 企业所得税税率。

C 国际贸易公司负责 A 公司境外项目的设备物资采购时，多采取“设备价格 + 代理费”的定价模式，代理费的比例为 3% ~5%，利润水平相对固定。成立运营公司负责中间的采购环节，根据功能风险和利润匹配的原则，价值链条上的一部分利润将归属于运营公司。无论是将原属于合资公司还是 C 国际贸易公司的一部分利润转移至运营公司，都将适用较高的企业所得税税率，从整个 A 公司集团的税负角度考虑是不适合的。

二是进口设备物资优惠政策的影响。根据刚果（金）《矿业法》的规定，矿业项目进口特定采矿所需的物资和产品，可以享受优惠的进口关税税率。《矿业法》对享受优惠政策的主体进行了界定，即：“矿权持证人及其子公司和分包商。”“子公司”是指矿权证持有人持有 50% 以上股份或直接控股的公司，也指矿权证持有人持有 50% 以上股份或者直接控股的合伙公司。所谓“分包商”，是指为矿权证持有人的业务提供货物、服务或施工的人，包括项目的工业、行政、社会和文化的基础设施和其他与此直接相关的服务。

运营公司明显不属于《矿业法》中规定的矿权持证人（即合资公司）的子公司。运营公司从 C 国际贸易公司进口的设备物资并非自用，而是转售给合资公司，其是否属于“直接”提供货物的分包商，也存在较大的不确定性。

三是设立离岸设备采购中心。企业开展海外投资项目可以考虑在低税率国家或地区设立离岸设备采购中心来降低或留存采购活动的部分利润，从而实现降低整体税负的目的。就 D 项目而言，设立离岸设备采购中心直接从中国境内的厂家进行采购各有利弊。假设离岸采购中心设在中国香港，那么其优势体现在：采购利润的适用税率从 25% 降低到 16.5%。

根据控股架构部分的分析，A 公司在中国香港设立一个全资子公司作为合资公司的直接或间接的股东是最具税务效率的持股方案。如果中国香港控股公司能够同时履行采购的职能，将有利于坐实其商业实质，赋予享受相关税收待遇方面更大的确定性。但是，在现阶段改变原有的 C 国际贸易公司采购模式，设立中国香港离岸采购中心也存在一定的问题。

C 国际贸易公司承担了 A 公司目前绝大多数境外项目的采购工作，积累了丰富的经验。如果在 D 项目上由新成立的中国香港控股公司开展采购业务，短时间内建立新的采购团队和制定采购流程困难较大。在之前的海外项目中，C 国际贸易公司的相关工作人员会和境外项目公司成员在国内成立技术工作小组，对供应商进行评判，对技术文件进行审核和把关，参与整个招投标过程。如果D项目未来在这方面的工作都由中国香港的离岸采购中心开展，则很有可能因为其工作人员需要在中国内地长时间从事上述业务活动而构成内地“常设机构”，产生在内地缴纳企业所得税的义务。离岸采购中心需要就归属于“常设机构”的利润在内地缴纳25%的企业所得税。

基于以上分析，如果通过运营公司和C国际贸易公司签订设备物资采购合同，A公司整体税负会有所增加，用于采矿的设备物资在享受刚果（金）海关优惠政策方面存在不确定性。如果在低税率地区设立离岸设备采购中心，节税效应有限且在短时间内完全由离岸采购中心独立开展业务存在一定困难。因此，由合资公司直接和C国际贸易公司签订设备物资的采购合同较为合适。

第二，E工程公司的工程承包服务。

一是运营公司的税率影响。成立运营公司和E工程公司或者其在刚果（金）的项目公司签订工程承包服务合同，相比较以往E工程公司直接和境外项目公司签订合同的模式，实质就是将价值链上归属于工程承包活动的利润的一部分从E工程公司转移至运营公司。运营公司在刚果（金）适用35%的税率，E工程公司无论以外国承包商的身份还是在当地设立项目公司，按照刚果（金）目前的规定，可以参照矿业企业享受30%的优惠所得税税率。从A公司所得税整体税负的角度考虑，采用运营公司模式，税负有所增加。

二是进口设备物资优惠政策的影响。E工程公司在提供工程承包的过程中会使用大量的设备物资，这些设备物资未来进入刚果（金）到达项目现场可能有两种模式：第一种是，E工程公司在刚果（金）的项目公司进口这些设备物资，并用于D项目现场；第二种是，工程公司以外国承包商的身份携带这些设备物资进入刚果（金），用于项目现场。

在这两种模式下，设备物资的所有权并没有转移至运营公司。无论是E工程公司在刚果（金）成立的项目公司，还是E工程公司以外国承包商身份开展业务，都属于《矿业法》下所规定的“矿权持证人的分包商”，可以享受设备物资进口的相关海关优惠政策。

三是未来运营公司在A公司刚果（金）项目中的作用。如果A公司未来在刚果（金）还有新的项目，可以考虑将运营公司作为对所有刚果（金）项目工程建设方面进行统一管理的平台。运营公司承担越多的管理职能，按照实际履行的功能和承担的风险相配比的原则，应当在整个价值链条上占据更多的利润。

综上所述，单纯就D项目而言，通过运营公司签订设备工程建设合同在税负上有所增加。但是，如果从管理的角度将运营公司作为对未来集团刚果（金）项目工程建设方面进行统一管理的平台很有必要，则可以考虑从D项目开始引入运营公司参与其中。

（五）项目运营阶段的税收筹划

1. 采矿服务的刚果（金）纳税义务

E工程公司将负责提供D项目所需的采矿服务，具体包括采矿、剥离、采剥设备投资、修理等采场作业。和工程建设服务相同，E工程公司可以通过以下两种模式提供采矿服务：一是E工程公司以外国承包商的身份在刚果（金）提供采矿服务；二是E工程公司在刚果（金）成立一家项目公司，以项目公司为主体提供采矿服务。这两种模式下的税务影响分析，和工程建设服务部分的分析相同，此处不再赘述。

2. 保驾服务的刚果（金）纳税义务

E工程公司在海外项目中所提供的保驾服务主要是对项目现场的机器设备进行保养和维护。与工程建设服务相同，E工程公司可以通过以下两种模式提供保驾服务：模式1是E工程公司以外国承包商的身份在刚果（金）提供保驾服务；模式2是E工程公司在刚果（金）成立一家项目公司，以项目公司为主体提供保驾服务。这两种模式下的税务影响分析，和工程建设服务部分的分析相同，此处不再赘述。

3. 产品销售的纳税义务

（1）产品销售模式。合资协议规定，A公司对合资公司的产品享有排他购买权。购买合同将由向A公司本部或向A公司关联企业和合资公司签署。如果A公司购买产品后销售给第三方企业，则合资公司需要向A公司支付市场营销费。

购买方的选择。

在购买方的选择上有四种方案可以选择，详述如下。

方案1：C国际贸易公司。在A公司之前的境外项目中C国际贸易公司承担了大部分的产品销售职能。C国际贸易公司从境外合资项目公司购买矿产品后销售给境内外的客户。D项目可以继续沿用这一操作模式。

方案二：运营公司。A公司可考虑将合资公司的矿产品销售给其100%控股的运营公司，再由运营公司销售给境内外客户。

方案三：中国香港控股公司。A公司也可考虑将合资公司的矿产品销售给中国香港控股公司，再由其销售给境内外客户。

方案四：在开曼设立的离岸销售公司。A公司还可以考虑在开曼设立离岸销售公司，从事矿产品贸易活动。D项目的控股架构采取“中国—中国香港—开曼—刚果（金）”模式，则其中的开曼中间公司可以作为离岸销售公司。

（2）四种方案的税务影响

方案一税务影响。

一是刚果（金）税务影响。

企业所得税：合资公司需就销售矿产品的所得缴纳30%的企业所得税。当C国际贸易公司将矿产品销售给A公司外的企业时，合资公司向C国际贸易公司支付的市场营销费可以在所得税前扣除。合资公司向C国际贸易公司支付市场营销费时，需代扣代缴14%的预提所得税。

出口关税和增值税：合资公司需就矿产品的出口缴纳关税。铜产品的出口关税税率为5%。刚果（金）出口产品享受增值税零税率。

二是中国税务影响。

企业所得税：C国际贸易公司就其销售矿产品利润以及从合资公司收取的市场营销费缴纳25%的企业所得税。

增值税：C国际贸易公司需就其境内销售矿产品收入缴纳13%的增值税。

进口关税和增值税：C国际贸易公司需就进口的矿产品缴纳进口关税和增值税。铜矿砂及其精矿（非黄金价值部分）（海关编码：2603000090）的进口关税税率为0，增值税税率为17%（2018年5月1日起为16%，2019年4月1日起为13%）。C国际贸易公司所缴纳的进口环节增值税可以作为进项税抵扣。

方案二税务影响。

一是刚果（金）税务影响。

企业所得税：合资公司。合资公司需就销售矿产品的所得缴纳30%的企业所得税。当运营公司将铜矿销售给A公司外企业时，合资公司向运营公司支付的市场营销费可以在所得税前扣除。运营公司：运营公司就其销售矿产品利润以及从合资公司收取的市场营销费缴纳35%的企业所得税。运营公司向其境外股东支付股息时需缴纳预提所得税。

增值税：合资公司需就其矿产品销售收入缴纳16%的增值税，但可抵扣相应的进项税。

出口关税和增值税：运营公司需就矿产品的出口缴纳关税。铜产品的出口关税税率为5%。刚果（金）出口产品享受增值税零税率。

二是中国税务影响。

企业所得税：A公司需就自运营公司收到的股息缴纳25%的企业所得税，可享受相关税收抵免。

进口关税和增值税：中国境内的购买方需就进口的矿产品缴纳进口关税和增值税。铜矿砂及其精矿（非黄金价值部分）（海关编码：2603000090）的进口关税税率为0，增值税税率为17%（2018年5月1日起为16%，2019年4月1日起为13%）。境内购买方所缴纳的进口环节增值税可以作为进项税抵扣。

方案三税务影响。

一是刚果（金）税务影响，同方案一。

二是中国香港税务影响。

企业所得税：中国香港控股公司就其销售矿产品利润以及从合资公司收取的市场营销费缴纳16.5%的企业所得税。

增值税：中国香港不设增值税。

进出口关税：中国香港对矿产品进出口不征收关税。

三是中国税务影响。

中国香港控股公司层面：合资公司的矿产品最终将销售至内地的知名铜冶炼厂。如果中国香港公司从事矿产品贸易活动，必然会需要派遣销售人员在内地从事销售渠道建设、客户维护、商务谈判、合同签订等相关工作。根据《内地和香港特别行政区关于对所得避免双重征税和防止偷漏税的安排》，当一个人（除独立代理人以外）在一方代表另一方的企业进行活动，有权并经常行使这种权力以该企业的名义签订合同，这个人为该企业进行的任何活动，应认为该企业在该一方设有常设机构。中国香港公司派遣的销售人员若在中国内地进行商务谈判和合同签订等工作，很容易被认定为在内地构成“常设机构”，产生在内地缴纳企业所得税的义务，就归属于“常设机构”的利润在内地缴纳25%的企业所得税。

A公司层面：同方案二。

方案四税务影响。

一是刚果（金）税务影响：同方案一。

二是开曼税务影响：开曼无任何税项。

三是中国税务影响。

企业所得税：根据《中华人民共和国企业所得税法》的规定，依照外国（地区）法律成立但实际管理机构在中国境内的企业属于居民纳税人，需要就其境内境外的所得缴纳企业所得税。所谓实际管理机构，是指对企业的生产经营、人员、账务、财产等实施实质性全面管理和控制的机构。开曼公司作为离岸销售公司，对其生产经营、人员、账务实施实质管理和控制的机构应在中国境内，应根据"实际管理机构"原则被认定为中国的居民纳税人，就其经营所得缴纳25%的企业所得税。

进口关税和增值税：同方案二。

（3）四种方案税务影响比较，通过对四种销售模式的分析可以看出，运营公司作为合资公司产品的销售渠道，所得税负担最重，可以不用考虑。其余三种模式的税负相差不大。但是，C国际贸易公司在过去的经营活动中积累了丰富的销售经验，客户资源丰富，对铜业市场的把握清晰。而中国香港控股公司以及开曼中间公司层面之前没有矿产品销售经验，建立专门的销售队伍和营销渠道尚需时日。此外，中国香港控股公司和开曼中间公司因为从事的矿产品贸易工作非常可能在内地构成常设机构或者被认定为居民企业，处理相关税收问题的管理成本较高。因此，建议由C国际贸易公司负责D项目矿产品的终端销售。详见表4。

表4　四种方案税务影响比较

模式	企业所得税	增值税	进口关税和增值税
方案一	25% +对市场营销费用征收的14%预提所得税	17%	铜进口关税为零
			进口增值税可作为进项税抵扣
方案二	35% +10%股息预提所得税	16%	国内购买方承担
方案三	25% +对市场营销费用征收的14%预提所得税	不涉及	国内购买方承担
方案四	0（被认定为居民企业情况下为25%）+对市场营销费用征收的14%预提所得税	不涉及	国内购买方承担

4. 利润汇回的途径选择

除了合资公司将税收利润以股息的形式进行派发，A公司还可以考虑通过集团或者集团内相关企业向合资公司收取服务费进一步提高投资回报。

境外矿业投资项目投资大、风险高。工程建设、项目运营等各个阶段的各个生产环节流程复杂，涉及众多复杂技术问题。A 公司可以对合资公司从技术管理角度提供各种指导，收取服务费。相关税务影响如下。

（1）刚果（金）税务影响

第一，企业所得税。合资公司向 A 公司或者 A 公司内相关企业支付服务费，如果满足下列三个条件，则可以在合资公司层面做企业所得税前扣除：服务实际已提供；该项服务无法由刚果（金）境内的居民提供；服务费金额与所提供服务的实际价值匹配。A 公司或者 A 公司内相关企业在提供相关服务并收取服务费用之前，对服务合同等相关支持性文档进行梳理，明确服务性质并从转让定价的角度证明其定价的合理性，以备刚果（金）税务机关检查。服务提供方需要就其提供的服务在刚果（金）缴纳 14% 的预提所得税。

第二，增值税。服务提供方需要就其提供的服务在刚果（金）缴纳 16% 的增值税。

（2）中国税务影响。A 公司或者 A 公司内其他成员企业需要就其因向合资公司提供的服务所收取的服务费缴纳 25% 的企业所得税，可进行相关税收抵免。

（六）项目退出阶段的税收筹划

1. 项目退出方式

A 公司可以选择两种方式退出：正常退出，D 项目生产期结束后，中国香港控股公司或者开曼中间公司将其持有的合资公司 51% 的股份无偿转让给刚果（金）国家矿业公司；提前退出，在第二种“中国—中国香港—开曼—刚果（金）”模式下，如果 A 公司想提前退出，则可通过中国香港控股公司处置开曼中间公司股权的方式来实现。

2. 正常退出下的税务影响

（1）中国香港控股公司作为转让方

第一，刚果（金）税务影响。按照刚果（金）税法的规定，非居民企业需就其转让刚果（金）企业的股权转让所得转让缴纳所得税。但是根据合资协议的规定，生产期结束后的股权转让是无偿的，也就是说中国香港控股公司转让股权的对价为零，从此笔股权转让交易中并未取得收益，因此无须缴纳刚果（金）所得税。

第二，中国香港税务影响。中国香港企业转让所持有的境外企业股权所取得的收益无须缴纳利得税。加之该笔股权转让属于无偿交易，更无利得税影响。

（2）开曼中间公司作为转让方

第一，刚果（金）税务影响。同中国香港控股公司作为转让方部分的分析。

第二，开曼税务影响：开曼无任何税项。

3. 提前退出模式下的税务影响

在提前退出模式下，中国香港控股公司处置其拥有的开曼中间公司股权，无须缴纳中国香港利得税。

五、结论及建议

（一）结论

通过上文的案例分析，可得出如下结论。

在股权架构方面，A 公司采用间接持股的架构来持有 D 项目。由于刚果（金）目前只和比利时以及南非签订了税收协定且在协定适用方面存在一定的不确定性，加之目前《矿业法》已经给予从事矿产资源开发企业对外支付股息的优惠预提所得税税率，间接持股架构的节税效应有限。但是，采取间接持股架构可以有效递延中国税收成本，提高资金在海外流转的便利性和灵活性并降低集团境外投资的资金成本，从 A 公司未来发展战略和境外投资的顶层架构设计角度来说，仍然是更优的选择。考虑到 A 公司在中国香港已配备了一定的人员从事投融资相关的经营活动，选取中国香港作为 D 项目的中间控股公司所在地更利于商业实质的建立。在具体的构架搭建上，采取中国—中国香港—开曼—刚果（金）模式。

在融资模式方面，可选择从 A 公司层面或者中国香港控股公司层面进行融资。如从 A 公司层面融资则采用间接融资模式，即：A 公司先和中国香港控股公司签订贷款合同，再由中国香港控股公司转贷给合资公司，并尽可能满足统借统还的相关要件要求，降低流转税负担。从合资公司利息所得税前扣除以及享受刚果（金）预提所得税优惠的角度出发，目前拟定的利率水平和贷款期限均存在一定的风险。针对贷款期限的限制，可以考虑签订期限不超过五年的贷款合同，到期后再重新签订新的合同。

C 国际贸易公司和 E 工程公司参与 D 项目的建设运营。在 EPC 合同的签订方式上，由合资公司直接和 C 国际贸易公司签订设备物资的采购合同。在工程建设方面，单纯就 D 项目而言，通过新设立的运营公司和 E 工程公司签订合同并税负有所增加。如果考虑将运营公司作为对未来 A 公司在刚果（金）项目工程建设方面进行统一管理的平台，可以综合考虑各方面因素。考虑到刚果（金）当地法规对于外国承包商经营期限的限制，应由 E 工程公司以项目公司的方式在刚果（金）从事相关工程建设活动。

在产品销售方面，由 C 国际贸易公司负责 D 项目矿产品的终端销售。C 国际贸易公司对国际铜业市场的精准把握以及丰富的客户资源和销售渠道可以充分加以利用，相关的税收管理成本也较低。

除了合资公司将税收利润以股息的形式进行派发，A 公司还可以考虑通过集团或者集团内相关企业向合资公司收取服务费进一步提高投资回报。在提供相关服务并收取服务费用之前，对服务合同等相关支持性文档进行梳理，明确服务性质并从转让定价的角度证明其定价的合理性，以备刚果（金）税务机关检查。

采取"中国—中国香港—开曼—刚果（金）"的持股模式，在项目退出阶段，无论是提前退出还是正常退出，均无中国香港和刚果（金）纳税义务。

（二）对境外项目税收筹划的建议

本研究通过理论及案例分析，对"一带一路"背景下矿业企业境外项目全生命周期税收的有效筹划提出以下三点建议。

1. 优化组织结构

通过税收筹划对企业的组织结构进行优化，重塑企业的组织架构，不仅有利于企业效益的增加，也有利于企业未来资本配置的国际化。税收筹划具有一定的前瞻性和预测性，境外矿业项目投资的税收筹划在项目建设阶段应提前规划控股架构和融资架构，了解被投资国投资、税收相关政策。"一带一路"沿线国家税制差异较大，很难找到一个通用的最优模式，因此进行每个境外项目之前不仅要对直接控股架构和间接控股架构的节税效果差异进行考量，还需综合考虑资金的成本、灵活性和外汇规定等因素，进行差异化安排。

2. 加强供应链税收管理

税收筹划应该是系统且全面的，境外矿业项目的供应链包括资金供应链、货物和服务供应链等，通过对供应链进行税收管理，可以将节税效果贯彻到企业价值创造的全生命周期。在境外开展项目时，应从工程项目的设计、采购、施工等方面着手，贯穿于项目的各个阶段，对各个阶段涉及税种密切关注，结合中国与项目所在国税收制度与相关税收政策，进行仔细、全面且系统的筹划。具体到境外矿业项目建设和运营阶段，EPC 合同采购、设计和施工应进行合同拆分。采购环节由位于低税负的国家或地区，作为材料供货中心；施工环节由在当地新设的项目公司承建，从而满足当地工程承包资质的规定。

3. 防范税收筹划风险

税收筹划是风险与收益并存的管理活动。境外矿业投资企业在享受税收筹划给企业带来税收利益的同时往往忽略了相应的税收筹划风险。特别是境外矿业投资项目本身面临复杂的国际税收环境和涉税环节，更要求企业充分考虑各方案的税收风险，降低税收政策适用的不确定性，防范税收风险。纳税筹划的策略不是一成不变的。伴随着市场经济环境的变化，税收制度会随之变化。因此，纳税筹划的策略也应随着税收制度的变化而调整，从而尽可能地获取纳税筹划的收益。

附件 1：刚果（金）税制介绍

1. 企业所得税

1.1 纳税人

刚果（金）的企业所得税纳税人分为居民企业和非居民企业。按照刚果（金）法律成立且其总公司和主要经营场所位于刚果（金）的企业将被视为刚果（金）居民企业。在刚果（金）境内从事经营活动的外国企业则被视为非居民企业。

居民企业应就全球收入缴纳企业所得税，在刚果（金）从事经营活动的非居民企业仅应就其常设机构取得的刚果（金）来源收入缴纳企业所得税。

为了确定非居民企业的刚果（金）常设机构取得的应纳税所得额，刚果（金）境内所从事的全部经营活动和交易应分别核算。

有关非居民企业构成常设机构情况下企业所得税具体政策，请参照下文3.2非居民税收管理部分。

1.2 应税所得

1.2.1 所得分类

刚果（金）实行分类所得税制，企业需将所得做如下分类分别计算应纳税额：职业活动所得，包括企业从事职业活动所取得的全部所得；租金所得，包括企业因出租房屋或者土地而取得的所得；动产所得，包括企业取得的利息、董事费、利息和特许权使用费。

1.2.2 费用扣除

作为基本原则，所有与取得应纳税所得相关的费用都可以在企业所得税前扣除，包括：特许权使用费；向股东或者第三方支付的利息；雇员的工资薪金、奖金和津贴；资产折旧；矿业企业提取的矿床复原基金和场地恢复基金。

矿权证持有人可以提取应税利润的5%作为矿山发展基金。该项基金应当在提取之后3年内使用完毕。未能按照要求使用的，其余额应该在第四个会计年度计入应税利润。

矿权证持有人可以提取年度营业额的0.5%作为复垦基金。该项基金应当在提取之后10年内使用完毕。未能按照要求使用的，其余额应该在第11个会计年度计入应税利润。佣金和顾问费、向境外个人或者企业支付的满足下列条件的服务费：服务实际已提供、该项服务无法由刚果（金）境内的居民提供、服务费金额与所提供服务的实际价值匹配。

与企业经营无关的费用不能在企业所得税前扣除，具体包括：为非居民企业发生的总部费用；支付给联合股份公司的董事会成员的董事费；私人性质的费用；准备金；罚款和税收滞纳金；因使用专利、商标而向低税率国家或地区企业支付的特许权使用费。

手续费、佣金、商业折扣或其他、员工假期费用、偶然或非偶然费用、奖金或任何其他类型的奖励，都必须提供确切的受益人姓名、地址和支付日期，才能在税前抵扣。另外，手续费和佣金只有提交已足额缴纳流转税的凭据，才能在税前抵扣。

1.2.3 资产折旧

《所得税法》规定了三种折旧方法：直线法、递减折旧法、特殊折旧法。

企业资产的折旧方法依照普通法的规定采用直线折旧法。普通法规定了各类资产的不同折旧率（例如，办公家具的折旧期限为 10 年；机动车的折旧期限为 5 年），具体折旧率如附表 1 - 1 所示。

附表 1 - 1　　资产折旧率情况表

资产类型	折旧率
固定资产	5%
工业及商业建筑物	5%
住房	2%
工业及商业用材料、工具	10% ~33%
汽车	25% ~33.3%
办公用家具	10%

若企业适用除直线折旧法以外的折旧方法，应通知税务机关。该通知应说明每项折旧资产所采用的折旧方法、资产性质、使用年限和适用的折旧率。一旦选择采用递减折旧法或特殊折旧法则不得撤销。

1.2.4 亏损弥补

经税务机关事先批准，经营活动产生的亏损可以无限期结转。后续年度可以使用的以前年度结转税务亏损需以当年企业净应税利润的 60% 为上限。

1.3 税率

企业应按照当年度营业利润的 35% 税率计算缴纳企业所得税。根据《矿业法》的规定，矿业企业适用 30% 的税率。

1.4 纳税申报

2014 年 1 月 1 日起，全部企业的最低应缴税额不应低于该年度收入总额的 1% （“最低税额”）。在该年度发生亏损的矿业公司仍需要缴纳最低税额。若没有取得收入，则大型公司的最低应纳税额为 2500000 刚郎（约 2500 美元），中型公司的最低应纳税额为 750000 刚郎（约 750 美元），小型公司的最低应纳税额为 30000 刚郎（约 30 美元）。

企业所得税应分两期缴纳，每年 8 月 1 日和 12 月 1 日之前申报上一纳税年度 40% 的企业所得税。另外，企业在次年的 4 月 30 日之前需要进行当年的年度申报，年度应纳企业所得税税额和已缴纳上一纳税年度80%的税额之间的差额部分，需要在4月30日之前缴纳。如果某个年度缴纳的预缴税款超过本年度应缴企业所得税，经税务机关批准，溢缴税款可以抵扣财税总局负责征管的其他税款（除增值税以外）。

2. 增值税

刚果（金）自2012年1月1日起征收增值税，取代了之前执行的营业税。

2.1 纳税人和征税范围

在刚果（金）境内销售应税货物、提供应税劳务以及出口货物及劳务的所有个人、企业及政府机构，均应缴纳增值税。一般来说，进口物资设备需要缴纳16%的增值税。但是，根据2016年7月22日发布的16号内阁法令，矿权持证人及其子公司和分包商进口设备在2016年7月至2017年7月期间（12个月）可暂时享受增值税免税优惠。非居民在刚果（金）境内销售应税货物或者提供应税劳务，适用和居民一样的税务处理。

2.2 税率

增值税税率统一为16%，出口货物适用税率为0。

2.3 纳税申报

纳税人需根据法定税率向采购方收取销售税税款，并在开具增值税发票或向境外企业支付增值税应税款项的下月15日前，向税务机关申报销售税报表并缴纳相应税款。纳税人在取得销售款并收取税款后，需向付款方开具税务局规定格式的销售税发票，付款方可以作为增值税进项税额进行抵扣。

2.4 增值税返还

以下几种情况企业可申请进行进增值税进项税返还，并按月申请进行增值税返还：有累计进项税额的出口商、已停业公司（存在有累计可抵扣进项税额）、不再构成增值税纳税人的企业（存在有累计进项税额）、规模较大的投资公司（存在有累计可抵扣进项税额）。

3. 税收协定网络和非居民税收管理

3.1 税收协定网络

目前，刚果（金）已经和比利时以及南非签订了税收协定，协定中有关各项被动所得的预提所得税税率以及和国内法税率的比较如附表 1－2所示。

附表 1－2　　国内法税率和协定税率情况表

	股息		利息	特许权使用费
	个人和公司	符合条件的公司		
国内法税率				
公司	10%/20%	10%/20%	0/20%	20%
个人	10%/20%	不适用	0/20%	20%
协定税率				
比利时	10%	10%/15%	10%	10%
南非	15%	5	10%	10%

在刚果（金）适用税收协定存在巨大的不确定性。截至目前，刚果（金）与比利时之间的税收协定尚未被刚果（金）税务机关质疑过。但是，刚果（金）与南非之间的税收协定已存在被税务机关质疑或直接否定的案例。税务机关的质疑包括：该税收协定至今未在政府公报中正式发布，也未通过外交渠道得到双方承认，因此并未正式生效；否认税收协定中关于来自南非的非居民纳税人向刚果（金）居民纳税人提供服务，产生的营业收入免征预提税的条款；对税收协定中向南非的税收居民支付利息或股息享受优惠税率的条款提出质疑。

3.2　非居民税收管理

3.2.1　常设机构

《所得税法》第六十九条对刚果（金）税法下非居民企业构成常设机构的两种情形进行了规定：使用固定经营场所（如实际管理机构所在地、分支机构、工厂、厂房、车间、代理、店铺、办公室、实验室、销售柜台、仓库、租赁不动产以及其他股东或长期经营场所）；未构成固定场所，但以自己的名义直接在刚果（金）境内从事专业活动 6 个月以上的时间。一旦非居民企业在刚果（金）构成常设机构，则应该就常设机构取得的来源于刚果（金）的利润缴纳所得税、16% 的增值税、工薪税和外籍员工特殊薪金税。刚果（金）税制要求向刚果（金）企业提供服务的未构成常设机构的非居民企业缴纳 14% 的预提税，该项规定自 2013 年 2 月起生效[①]。

---

① 所得税法（1969 年 2 月 10 日第 69－009 号）第八十三条。

3.2.2 增值税

构成常设机构的非居民企业向刚果（金）企业提供增值税法下应税服务的，应缴纳16%的增值税。未构成常设机构的非居民企业向刚果（金）企业提供增值税法下应税服务的，反向计征16%的增值税。

非居民企业需要指定其在刚果（金）境内的具有相关资质的代理人负责其增值税纳税申报，并将代理人信息告知税务机关。如果非居民企业有晚缴或未缴的增值税款项，其刚果（金）代理人将负责缴纳税金和罚款。一般情况下，刚果（金）服务接受方将作为代理人为非居民企业代扣代缴增值税。

4. 关税和其他清关费用

4.1 关税

刚果（金）税法下，进出口特定货物均需要缴纳关税。进口货物关税按照标的货物的CFA刚郎价格计征，根据货物性质适用5%、10%或20%的关税税率。出口矿产品免关税。

4.2 矿业企业的特殊海关制度

根据《矿业法》的规定，相关主体可以在项目的不同阶段，享受不同的进出口优惠政策，如附表1－3所示。

附表1－3　　　　优惠政策情况表

项目阶段	享受优惠政策主体	优惠政策
进口环节		
实际开始采矿前权	持证人及其子公司和分包商	纯粹为采矿进口的清单[①]内物资和物品，适用2%的进口税率
实际开始采矿后	持证人及其子公司和分包商	纯粹为采矿进口的清单内物资和物品，适用5%的进口税率
	持证人	为了扩大生产规模需要进口的机器设备和物资，在矿权登记管理局批准后适用2%的进口税率
项目期间		为项目进口的燃油、润滑油、试剂和耗品，适用3%的进口税率
出口环节		
	矿业权持证人	出口免征关税

① 享受海关优惠政策的物资和物品清单，须经矿业部和财政部批准，下同。

为了享受上述进口优惠，纳税人应在进口之前取得刚果金矿业部和财政部联合发布的优惠清单。如果免税申请提交后30日内未取得优惠清单或其他政府答复文件，则纳税人可推定两部委已批准税收优惠。但是，实务中经常发生因纳税人未及时取得优惠清单而直接享受税收优惠产生的税务争端。为了降低税务风险，建议要在进口之前取得监管机构联合发布的优惠清单。未在优惠清单中的进口设备、物资、工具和其他商品依然适用关税一般税率。矿业企业出口与采矿项目相关的商品可免缴海关关税和其他出口税款。

为了享受免税，矿业企业必须持有矿权证或采矿许可。一经核实矿业企业或其分包商有出口需求，刚果（金）矿业总局（the Mining General Directorate）会核发出口矿产品许可。但是该矿业企业需要缴纳200美元（采石场产品）或500美元（采矿场产品）不等的申报费。矿业部（the Minister of Mines）会发布出口和销售矿产品的法令，该法令会写明运输期限和数量。

外汇管控条例还规定出口方必须事先取得当地银行出具的声明，声明是根据季度预计出口量做出的。该声明有效期为3个月。另外，矿业持证人雇佣与项目有关的外籍员工进口个人物品免缴进口环节各项税款。刚果（金）的矿业公司进口的商品、工具或设备若会复出口，可在取得海关批复的情况下享受6个月的临时免关税期。若满足特定条件，该临时免关税期可延期两次。矿业持证人离境时携带项目有关的样品用作工业分析和测试，可免缴关税和其他出口环节税款。

4.3 其他清关费用

除关税外，刚果（金）海关也会收取其他进口关税，包括5%行政管理费、2%控制费、0.59%海事运输管理费及2%行业推广税。

5. 其他税收

5.1 矿业行业适用的特殊税种

5.1.1 矿业税

开采许可证的持证人需要在销售矿产品时缴纳矿业税，税基为销售额减去运费、产品测试费、保险和销售费用。关联企业之间的销售价格必须等于或高于销售给非关联方的价格。销售额即为按照刚果（金）会计准则确定的销售额。从销售额中减除的相关费用据实抵扣，没有限额。

矿业税的税率：铁和铁类矿为 0.5%；非铁类矿为 2%；贵重金属为 2.5%；宝石为 4%；工业用矿石、碳氢化合物以及其他未列明项目为 1%；普通建筑材料为 0。

持证人需在销售完成 30 日内缴纳税款。如果货款支付到销售方的境外账户，账户持有人必须在 15 天内将 40% 的货款汇回刚果（金）。如果销售给外国客户，则商品所有权必须在 60 日内转移。超过 60 日，销售即视为已经完成，矿业税的纳税义务已经产生。销售发生 5 日内，持证人需向矿业总局申报销售情况。矿业总局负责调控销售价格和矿业税税基。持证人将矿产品出售给本国从事矿产品冶炼企业，其缴纳的矿业税的 1/3 可以作为抵扣额。

5.1.2 矿区和油田土地税

矿权证的持证人必须就其所占有的土地的面积缴纳该项税收。具体税率分为两种情况。

（1）勘探许可证的持证人

①首年每公顷 0.02 美元等值的刚郎；

②次年每公顷 0.03 美元等值的刚郎；

③第三年每公顷 0.035 美元等值的刚郎；

④此后年度每公顷 0.04 美元等值的刚郎。

（2）采矿许可证的持证人

①首年每公顷 0.04 美元等值的刚郎；

②次年每公顷 0.06 美元等值的刚郎；

③第三年每公顷 0.07 美元等值的刚郎；

④此后年度每公顷 0.08 美元等值的刚郎。

持证人需按年缴纳该项税收。政府有权收回逾期未纳税的持证人的勘探许可证或采矿许可证。

5.2 租赁所得税

企业需就其全年通过出租或者分租位于刚果（金）境内的不动产（房屋和土地）取得的所得总额缴纳租赁所得税。租赁所得税的税率为 22%。企业需在省级税务机关进行纳税申报。

附件2：备选地分配股息及资本利得待遇比较

附表2-1 备选地分配股息的税收待遇

目标国	事项	南非	荷兰	中国香港	新加坡	比利时	爱尔兰
刚果（金）	刚果（金）对境外分配股息红利在目标国的预提所得税	刚果（金）本国税法：一般企业向非居民企业分配利息，预提税率为20%，矿业企业向非居民企业分配股息，预提税率为0%					
		根据税收协定：5%	无税收协定	无税收协定	无税收协定	根据税收协定：10%	无税收协定
	协定税率所要求的持股时间	无	-	-	-	无	-
	协定税率所要求的技股比例	25%以上	-	-	-	无	-
区域持股公司从刚果（金）收到股息红利	持股公司从目标国收到股息红利	免税，但需满足持股比例要求	一般情况下免税（即参与豁免），但需满足持股比例要求	免税（注1）	不征税	若满足“参与豁免”条件，95%的股息可以股息收益中扣除，即仅5%的股息需缴纳比利时企业所得税，但需要满足持股比例、时间投资金额要求以及其他要求（注2）	12.5%（贸易收入）/25%（非贸易收入）
	所需求的持股时间	无	无	无	无	12个月	无
	所要求的持股比例	持股10%以上	持股5%以上（持股比例测试）且是出于商业目的的持股（动机测试）（注3）	无	无	10%或者并购或成本至少250万元	无

续表

目标国	事项	南非	荷兰	中国香港	新加坡	比利时	爱尔兰
区域持股公司对外支付股息	支付股息红利的预提所得税税率（以支付给香港公司为例）	南非本国税法：15% 南非和中国香港的税收协定：5%（直接持股 10%以上）/10%	荷兰本国税法：15%（注 3） 荷兰和中国香港的税收协定：0/10%（免税需满足一定条件，注 4）	不征税	不征税	比利时本国税法：0/10%/15%/20%/25 比利时和中国香港的税收协定：0/5%/10%（免税需满足一条件，注 5）	爱尔兰本国税法：20% 爱尔兰和中国香港的税收协定：0%
	支付股息红利的预提所得税税率（以支付给中国大陆集团公司为例）	南非本国税法：15 南非和中国的税收协定：5%	荷兰本国税法：15%（注 6） 荷兰和中国的税收协定：5%（直接持股 25%以上）/10%	不征税	不征税	比利时本国税法：0/10%/15%/20%/25% 比利时和中国的税收协定：5%（至少连续 12 个月内直接持股 25%以上）/10%	爱尔兰本国税法：20% 爱尔兰和中国的税收协定：5%（持股 25%以上）/10%

注 1：若该股息汇出国企业所得税税率为 15%以上，且该股息已经在汇出国缴纳了企业所得税（包括该股利相对应的利润已由汇出企业缴纳企业所得税，或者根据汇出国规定，该利润享受免税待遇）。

注 2：为享受“参与豁免”优惠（即 95%股息收入免税），需满足所列的持股数量、时间和投资金额要求（即满足“定量测试”）以及“定性测试”。不满足“定性测试”的情况主要指股息分配的实体无须缴纳比利时所得税，且无须缴纳与比利时所得税相类似的所得税，且股息分配实体所在国家的税收制度明显优于比利时的税收制度。

注 3：若满足持股比例测试，但不满足动机测试，即实际是为投资目的持股，则如果满足被转让公司 50%以上的资产应从事商业活动（而非组合投资目的，即资产测试），或者被转让公司超过 50%以上组合投资在其所在国缴纳企业所得税税率超过 10%（即应缴税测试），则也可能享受参与豁免。

注 4：根据中国香港和荷兰签订的税收协定，则荷兰居民企业向荷兰税务机关申请事先裁定/备案后向香港公司支付的股息，不需在荷兰缴纳预提所得税。申请事先裁定/备案需满足一些条件，主要为：①中国香港公司为股息实际受益人，并且有合理的商业实质；②中国香港公司持有荷兰居民企业至少 10%的股份等。

注 5：根据中国香港和比利时签订的税收协定，如果持股公司直接不间断连续持有控股公司一年至少 25%的股份，则股息红利预提所得税税率为 0；如果持有股份为 10%，则适用税率为 5%；其他情况为 15%。

附表 2－2　　备选地资本利得的税收待遇

目标国	事项	南非	荷兰	中国香港	新加坡	比利时	爱尔兰
刚果（金）	转让刚果（金）项目公司在刚果（金）的所得税	按正常税率征税，因转让价格为零，无须纳税					
	间接转让是否需要在刚果（金）征收所得税	否					
从刚果（金）收到股权转让所得	转让被投资企业股权转让所得在中间持股公司适用税率	免税，若满足以下持股期间和持股比例要求，且股份转让给南非的非居民企业或个人	免税，若满足以下持股期间和持股比例要求（即参与豁免条件）	不征税	0（注 1）	若满足“参与豁免”中的“定性测试”（注 1），则免于缴纳企业所得税。但若持股不满 12 个月，需缴纳 25.75% 的特别税 此外，针对满足“定性测试”和持股时间超过 12 个月条件，并且满足“参与豁免”条件的转让收益，需就免税的资本利得征收 0.412% 特别税（中小型企业除外）	免税，若满足以下持股期间和持股比例要求（即参与豁免条件）
	要求的持股期间	18 个月	无	–	24 个月	注 3	12 个月
	要求的持股比例	持股或投票权 10% 以上	持股 15% 以上（持股比例测试）且是出于商业目的持股（动机测试）（注 2）	–	20% 以上	注 3	5% 以上

续表

目标国	事项	南非	荷兰	中国香港	新加坡	比利时	爱尔兰
转让持股公司股权转让所得	转让中间持股公司是否需要在中间持股所在地征税	不征税	荷兰本国税法：如果非居民企业持有荷兰公司的股权5%以上，且不是出于实质经营目的，而是以避税为目的，则该股权转让所得需在荷兰缴纳25%的企业所得税 按照与中国香港的税收协定，不在荷兰征税	无须缴纳香港利得税	如果持股公司的股东是非新加坡居民，且并未在新加坡有任何业务经营且无商业存在，则转让持股公司不在新加坡征税	一般来说，转让比利时控股公司无须在比利时缴纳所得税 根据比利时与中国香港的税收协定，中国香港公司取得的转让比利时公司股权所得一般不在比利时征税（注4）	免税，若至少连续12个月持有至少5%股份

注1：一般来说，如果股权转让所得被认定为投资性收益性质，则无须缴新加坡企业所得税。如果股权转让收入被认定为运营性收入（如投资基金的主营业务为投资业务），则有可能在新加坡缴纳企业所得税。在判定股权转让所得是否是投资性收益性质时，对于2012年6月1日至2017年5月31日内发生的股权转让，在满足以下条件时无须在新加坡缴纳企业所得税：①转让方持有新加坡公司普通股至少20%以上；②转让方在转让前持有新加坡公司20%以上股权连续24个月以上。

注2：若满足了持股比例测试，但不满足动机测试，即实际是为投资目的的持股，则如果满足被转让公司50%以上的资产从事商业活动（而非组合投资目的，即资产测试），或者被转让公司超过50%以上组合投资在其所在国缴纳企业所得税税率超过10%（即应缴税测试），则也可能享受参与豁免。

注3：针对比利时中间控股公司从目标国收到股权转让所得：

①若不满足上述“定性测试”，按照正常公司税率征税，即33.99%。

②若满足了“定性测试”，但持有期间短于12个月，就转让所得征收25.75%。

③对于非中小企业（Small – Medium Enterprise），若满足了“定性测试”，且持有期间超过12个月，免于缴纳资本利得税，但需要就免税的资本利得缴纳0.412%的特别税。

④对于中小企业，若满足了“定性测试”，且持有期间超过12个月，免于缴纳资本利得税和特别税。

⑤近两年没有超过下列门槛之一的会被认定为中小企业。

⑥雇员每年平均人数：50。

⑦不含增值税年销售额：730万欧元。

⑧总资产：365百万欧元。

需要注意的是，中小企业的判定遵循整体原则，即企业会连同其附属企业，加总计算雇员人数、年销售额和资产总额来判定企业是否是中小企业。另外，雇员年平均人数达到100人在任何情况下都不会被认定为中小企业。根据分析，位于比利时的中间控股公司很可能不符合中小企业的定义。

注4：如果资本利得收入来源于转让一家公司50%以上的股份且其价值直接或间接来源于比利时的不动产，则该收入可以由比利时征税。但是本条款不适用来自于以下转让的资本利得：①转让在缔约国一方上市的股份；②在公司重组、合并、分立或类似操作下所转让的股份；③转让一家公司50%以上的股份且其价值来源于公司经营所用的不动产。

参考文献

［1］陈星．海外矿业投资项目财务风险评估研究［D］．江西理工大学，2018.

［2］冯丹丹，苏轶娜，胡德文，余良晖．2018 年度矿产资源经济形势分析及展望［J］．中国国土资源经济，2019，32（1）：30－35.

［3］郭庆．海外投资税收筹划的策略及税收政策的完善［J］．企业导报，2009（7）：27－28.

［4］刘杰．中国企业海外投资税收风险及对策研究——基于 BEPS 行动计划及双边税收协定视角［J］．国际贸易，2018（9）：44－47.

［5］刘培俊．税收筹划税法规制的适度性［J］．北京理工大学学报（社会科学版），2007（4）：17－21.

［6］刘秋冬，特布新．海外投资企业税务风险及管控研究——以中国海油为例［J］．商业会计，2018（21）：24－26.

［7］刘蓉，杜剑．股权并购与资产并购的纳税筹划［J］；财务与会计，2007（14）：21－24.

［8］刘五丰．海外投资税务架构设计思路解析［J］．中国经贸导刊，2015（22）：69－70.

［9］刘媛媛．“走出去”企业海外控股架构探讨［J］．管理观察，2016（9）：36－38＋41.

［10］帅文波，陈俊楠．境外矿业投资风险及应对建议［J］．中国国土资源经济，2013，26（5）：47－50.

［11］王素荣，付博．中国企业海外项目融资税收筹划研究［J］．财务研究，2016（4）：70－80.

［12］谢朋成．海外承包工程税收筹划［D］．北京交通大学，2017.

［13］谢艳．“一带一路”时期大型国有矿业资源型企业“走出去”经营战略的研究［J］．资源与产业，2016，18（3）：11－15.

［14］徐铭辰．基于全球矿业发展经验的新常态下中国矿业发展路径分析［J］．中国矿业，2018，27（3）：1－5.

［15］叶宝忠．企业投资的税收筹划［J］．经济论坛；2002（14）：37－40.

[16] 易祥大，李燕峰．海外投资项目税收筹划与税收风险防范对策——以在尼泊尔投资项目为例［J］．国际经济合作，2016（7）：67－70.

[17] 张红藻．海外EPC工程总承包项目合同的税收管理［J］．财经界（学术版），2016（19）：306－327.

[18] 中国电建集团海外投资有限公司课题组．实现海外投资税收筹划的中间控股平台设立及风险防控体系建设［A］．中国企业改革与发展研究会．中国企业改革发展优秀成果2018（第二届）下卷［C］．中国企业改革与发展研究会：中国企业改革与发展研究会，2018：12.

[19] 周铁军．会计政策选择在税收筹划中的运用［J］．北方经济，2007（2）：33－35.

[20] Eckbo, Horizontal Mergers. Collusion and Stockholder Wealth Journal of Financial Economics [J]. 1983 (11): 241－274.

[21] Mark Atkinson, David Tyrral. International Transfer Pricing: Apparitional Guide for Finance Directors [M]. Pearson Education Limited, 2002 (10): 21－23.

[22] Voget, J., Headquarter relocations and international taxation [J]. Centre for Business Taxation, Oxford University, 2008 (7): 35－39.

海外施工企业应用财务共享服务研究

——以中建中东公司为例

李　晔

摘　要　随着国家"走出去"及"一带一路"倡议的推进，很多中国企业开始走出国门，在境外谋求突破。由于全球经济发展开始放缓，企业间的竞争加剧，传统财务管理模式的缺陷和瓶颈逐渐暴露出来，如何化解这些问题为海外施工企业提供一套有效的财务解决方案，显得日益迫切起来。随着财务共享理论在全球得到充分实践和推广，财务共享服务中心能否解决海外施工企业面临的财务困境呢?

本研究通过作者在中建中东公司多年以来日常财务工作的经历和感悟，同时参考相关最新文献阅读，探究财务共享中心在海外施工企业的应用问题。通过个案分析，归纳总结出海外建筑企业应用财务共享中心可能遇到的共性问题，并尝试着给出相应的解决对策。

本研究采取了文献综述法、调查研究法及案例分析研究的方法对境外建筑施工企业构建财务共享中心进行了全面探究。第一，调查了学术界对财务共享服务中心的研究现状。第二，提出建筑企业在境外推行财务共享中心的理论与实践基础。第三，提出建筑施工企业财务管理模式现状和推行财务共享模式的动因；进而结合中建中东公司案例分析，探究推行实施财务共享中心实施规划和建设进展。第四，本研究指出海外建筑施工企业推行财务共享中心面临的共性问题与解决策略。第五，结论启示部分提及财务共享中心建设是一个时间周期很长的过程，需要根据企业战略要求与业务发展需要，动态调整财务共享中心服务内容。

关键词：财务共享；管理模式；企业价值

一、绪论

（一）研究背景

2013年12月6日，财政部发布了《企业会计信息化工作规范》，认可了电子会计资料的有效性，全面提高了企业工作效率，国家计划委员会，国家经济委员会和国家档案局共同颁布了《企业档案管理办法》，该办法需要电子和统一的会计档案，以促进企业的进一步经济增长。

财政部在2014年发布了《财政部关于全面推进管理会计体系建设的指导意见》，提出鼓励企业基于规模经济的原理，建立财务共享中心，促进管理会计工作的有效发展。从李克强总理2015年3月5日发表的“政府报告”可以看出，国家将大力在全国范围内推广“互联网+”计划。该计划将促进以云计算移动网络和大数据为代表的新一代信息技术以及制造业和服务业的集成和创新，这将不可避免地促进财务处理电子智能化朝着平台化方向发展。例如，会计、对账、付款，电子发票、对账、凭证，自助平台、交易操作平台、共享任务平台。这些功能将继续帮助公司优化共享流程并提高运营效率，因此公司应在数据时代建立财务共享中心。2016年2月25日，国家税务总局开始推行从“扫描认证”发票改为“网络认证”发票的做法。除上述政策外，还有许多有关电子发票、电子收据、电子会计档案等的政策，反映了IT信息系统和财务管理工作相结合的趋势发展。企业财务人员需要从传统的“实务财务会计”转变为“战略管理会计”。供给侧改革，创新驱动，转型升级为公司的财务管理和会计工作提出了新的方向和目标，要求财务管理人员树立创新、协调、绿色、开放、共享的财务工作理念，并积极适应新时代发展，并可以引领公司财务和其他方面的新常态发展，还应努力提高财务管理和会计工作的专业能力和综合素质，这要求企业改变传统的财务管理模式。

（二）研究意义

2017年以来，随着“一带一路”施行，我国增加了各项基建的投资比例，如计划在丝绸之路上修筑长达8.13万千米的沿线铁路，同时开展沿线公路、网络通信的等基础建设规划。跨区域、跨法人的大规模建筑企业在境外探索新的商业模式的同时，也需要变革传统的财务管理模式来增强市场竞争力。在“互联网+”的时代背景下，许多行业借助互联网技术，实现了传统财务管理的转型，将财务共享技术发展成为企业的竞争资产。财务共享中心适用于为规模大、跨区域、跨法人的集团企业提供会计核算服务。我国建筑施工企业在日益发展壮大的同时，也急需要进行一系列的财务管理变革。财务共享中心的成立能较好地为大型项目以及跨国集团公司提供会计服务，但由于建筑业的财务共享中心模型成型相对较晚，在实施财务共享中心的时候暴露出来的问题也很明显和突出，因此财务共享服务的模式在我国建筑企业中的应用还极为鲜见。

面对这样的国家战略支持，我国建筑行业的发展有了新的动力。但与此同时，建筑企业也必须尽快在境外探索新的管理和商业模式，以改善财务管理和增强市场竞争力。由于在境外的建筑企业规模较大，项目往往都跨区域甚至跨国别，因此对建筑企业在境外推行财务共享中心管理模式，并进行实施和运用有着深远的战略意义和时代性。

本研究的意义在于深入研究财务共享中心理论并结合作者在境外的工作经历［主要集中在阿拉伯联合酋长国（以下简称“阿联酋”）］，探讨建筑行业在境外推广财务共享中心的可行性。本研究将结合作者在中建中东公司的实际工作经验，分析在境外推行财务共享中心需要包含的几个主要模块；探究中建中东公司在境外推行财务共享中心能否实现建筑行业业务与共享系统协同工作。希望通过分析在境外推广财务共享中心可能遇到的共性问题，为有意向在推行财务共享中心系统的境外建筑企业提供宝贵的指导意见和建议。

（三）国内外研究现状

1. 国外研究现状

从全球角度来看，财务共享长期以来一直是一个新颖的话题。共享服务的概念和实践起源于20世纪80年代，经过30年的发展，共享服务已广泛应用于国外的各个行业。根据德勒（Deloitte）的一项调查，近90%的世界500强公司已在其布局管理中实施了共享模型。在已实施共享模型的各个行业中，它们分别被列为媒体和公共部门制造业，消费品、金融服务公司，通信服务、零售链、医疗保健公司和能源公司等。一般认为，在当前信息技术条件下，信息化薄弱的建筑企业不适合建立财务共享中心。在当前复杂多变的经济环境下，建立和优化财务共享中心已成为大多数企业管理者关注的重点。每个人都希望通过建立财务共享中心，降低成本，提高业务效率，加强企业内部控制，提高服务水平，支持企业价值创造等来实现财务转型。但在财务共享模式不同发展阶段，企业所建立的财务共享中心所要求实现的目标不尽相同。企业需考虑自身的成长周期，分清所处的阶段，制订不同阶段下的财务共享模型，以满足企业所需的目标。

Gunn（1993）等首先提出了共享服务的概念。他们认为，共享服务是一种新的管理理念，关键在于如何通过资源共享来提升企业的核心竞争力，使企业管理模式进一步得到完善。

Donniel Schulman（1999）提出了一个财务共享中心的定义：一个财务共享中心是一个新的组织，它整合了跨组织和组织间的资源，能够在企业内部提供财务服务职能。企业通过推行财务共享中心，能够有效降低和优化财务运营成本，以达到企业价值创造的目的。

Kai－Eberhard Lueg（2012）认为，财务共享服务在企业战略竞争中发挥着关键作用。它是一种具有竞争力的战略性竞争资产，而且能对内提升企业整体经营能力，对外为顾客提供服务，为企业创造新的价值。所以财务共享中心是最理想和有效的精简结构方式。

Uwe KageImanr（2000）认为，应根据流程再造理论建立财务共享中心，集中辅助功能以充分利用规模经济，同时可以进一步优化资源配置。因此，企业希望可以集中繁多的辅助功能，优化资源配置，建立财务共享中心。

Brian Bergerson（2002）在他的《共享服务的基本要素》一书中，以一般的“内部外包”（Internal outsourcing）形式提供了共享服务，以使公司能够获得更多的经济收入等，以便将其转移到已建立的独立业务实体中。这个独立的业务实体就是财务共享中心，可以统一运营提供这些公司的内部服务。

Brian Bergeron（2004）在他的《共享服务要素》一书中提出：“共享服务管理模型最初是用来节省成本和扩大规模的。在信息技术的支持下，使跨国公司在世界范围内成长。”

Andrew Chris 和 Martin Fay（2005）在《共享服务》中提出，共享服务是连续的并且是竞争性业务战略的一部分，该竞争战略不仅使公司能够通过整合资源来节省成本并获得稳定的回报，而且还能消除“集中”和“分配”的周期性逆转。另外，财务共享中心为客户提供了有价值的服务，使客户愿意多次购买其服务，其时间、质量和成本都极具竞争力。

Nick Rossiter，Sridhar Vedala（2006）在《中国共享服务》中提出，实施财务共享服务的关键成功因素是：（1）企业管理层的绝对重视，（2）共享理念与企业文化的匹配度，（3）以客户服务为导向的宗旨，（4）领导力与明确的企业愿景。

Dave Ulrich（1995）认为，财务共享中心可以提高业务灵活性促进企业的发展。从简单的职能部门到独立的服务组织，以服务为导向的变革改善了组织学习和创新为公司创造了巨大价值。

Belcourt（2006）在其关于财务共享服务中心的研究报告中指出了财务共享在该中心诞生之初，管理人员只关注流程标准化，成本控制以及提高工作质量和效率。随着企业的不断发展和管理人员的意识提升，如今财务共享中心更加注重企业创造价值、附加值以及有效管理对复杂财务会计操作的合规性控制和实现平衡绩效与风险之间的关系。

2. 国内研究现状

在20世纪90年代后期，我国越来越多的企业随着中国经济的快速发展开始探索和实践财务服务共享的管理模式。2005年，中兴通讯在全国范围内首先变革建立了我国企业第一个财务共享中心。随后，各种财务共享模式如雨后春笋般出现，特别是在我国的通信保险行业中无处不在。截至2018年，许多大型国有企业，如中国铁建、中石油等，也开始改革、尝试建立财务共享中心。从国内学者的研究发现，一些国内企业在实施财务共享方面存在一定的跟风性。其中的一些人仍在进行政治工作，但是他们往往缺乏持久的计划和内部创新。他们对财务共享寄予厚望，但定位不准确、缺乏了解，并且由于偏离预期目标而实现的财务共享效果令人困惑。鉴于每个行业都有自己的特征，他们的商业发展水平、管理水平和IT信息化程度也各有各的不同。因此，财务共享中心的实践不具有普适性，在特定行业中成功实施的财务共享不一定适用于其他行业。英国特许公认会计组织（ACCA）与德勤管理咨询在2018年进行了一次联合调查，并于2018年4月15日发布了《中国企业财务共享服务现状与展望》报告。报告显示：中国有近70%的大型企业实施了财务共享模式。目前，学术界与实业界基本上都达成一致的认识：推行财务共享中心，企业通过流程标准化提高流程效率，以腾出财务人员从而使得他们能够从事更高附加值的工作，进而促进财务职能的转变并提高公司的整体价值。根据 CIMA、ACCA、Deloitte、ZTE、Ernst 和 Young 等的调查报告，可以得到以下结论：中国一半以上的大型企业已开始使用财务共享服务。从国家会计学院的几门热门培训课程中，不同种类规模的公司都学到了财务共享相关知识，甚至行政机构也在计划并启动财务共享中心服务项目的建设。

在 2008 年《构建财务共享服务模式策略》中，张瑞君和张永冀提出，财务共享中心这种管理模式是建立在财务组织深度变革的基础上的。企业将独立核算的财务组织进行分离，将各个分支公司的财务组织单位一并划分到财务共享中心中，由财务共享中心的成员来承担集团单位简单重复并且标准化的业务，来实现财务集中管理与核算。

何瑛（2010）提出，财务共享服务新趋势的四个主要特征：（1）独立相同业务合并化：将一些具有很多独立运营单位的公司中的一些相同工作内容进行组合合并。（2）业务增值化：作为一个独立的系统，为内部客户提供增值服务。（3）去层级化：财务共享中心统一服务内部业务单元，并不需要增加新的层级。（4）效益优先化：杜绝一切重复流程，以节约时间和资金成本，提高单位时间效益为宗旨，提升服务跨度和质量、价值。

陈虎（2010）通过案例研究，调查中兴推行的财务共享中心的 10 年历程，从流程再造角度分析实施财务共享中心的关键成功因素：内部管理、KPI 与工作效率、持续变革跟进。

金莲花（2016）以建立财务共享中心的 23 家企业为样本，并以没有进行财务共享的企业集团作为对照组，运用回归分析等统计方法得出财务共享中心的建立能达到降低成本的效果。

3. 文献综评

综上所述，境内外学者从多个视角对财务共享中心在理论与实践层面进行深入探讨，并且在研究中不断尝试新的维度去分析实现财务共享中心的问题。本研究结合国内外学者研究成果提出建筑行业推行财务共享中心应顺应时代潮流，既符合国家政策的要求，又能突破自身的管理模式的限制。特别是在“互联网 +”的时代背景下，建筑行业完全可以借助互联网技术，实现传统财务管理的转型，将财务共享技术发展成为企业的竞争资产。就建筑行业经营环境特征来看，财务共享服务，可以在一定程度上解决项目地域跨度大，财务管理滞后等问题。本研究侧重方式跟大多数国内外学者不同，主要采用对单个公司进行单独式的剥离探讨，这也是本研究的意义所在。

（四）研究方法与研究思路

1. 研究方法

（1）文献综述法。通过收集和查阅境内外有关财务共享中心的相关文献资料，分析这些境内、境外财务共享中心在推广过程中所经历的不同开发阶段，并结合近年来国内外现状及中建中东公司案例，提出在境外推行财务共享中心模式可能面临的风险及应对策略与方案。

（2）调查研究法。通过对中建中东公司业务过程及中东地区（特别是阿联酋）经营环境的全面调查研究，提出建筑企业推行财务共享中心的构建步骤以及开发阶段会面临的难点及解决对策。

（3）案例研究法。以中建中东公司实施财务共享中心为案例，探究了境外建筑工程企业构建财务共享中心的方法，分析了可能遇到的问题，提出相应解决策略及取得的成果和创新。最后提出财务共享中心的推广意见：持续提升财务共享中心运营效率是一个持久过程，需要结合企业自身的战略发展不断地完善和优化。

2. 研究思路

本研究运用境内外的研究结果，深入研究中东地区（主要集中在阿联酋以及周边国家）的建筑企业推行财务共享中心的方法，即：首先，应把建筑企业的行业特点和国家宏观政策进行结合来分析建立企业财务共享中心的必要性和重要性；其次，阐述建立系统的过程步骤，并提出每步会面临的困难及应对策略；再次，阐述建筑行业建立系统的过程，并提出每一步会面对的困难及解决方法；最后，说明财务共享中心随着企业战略的改变还需不断优化改进。本研究内容分为以下 6 个部分。

第一部分是绪论。这部分内容主要介绍本研究的背景和意义，采取的研究方法思路、方法论。

第二部分是理论基础和实践基础。这部分主要介绍财务共享服务内容、发展历程、财务共享理论与实践基础。

第三部分是简单介绍建筑施工企业在境外应用财务共享服务的动因，分析了境外建筑企业财务核算与国内建筑企业的差异，并提出推行财务共享模式的原因。

第四部分是中建中东公司构建财务共享中心的案例分析。这部分主要通过对阿联酋经营环境与相关政策、中建中东公司基本情况、目前财务系统建设情况及未来建设规划的介绍；阐述说明中建中东建设财务共享中心的具体步骤，以及建设过程中遇到的问题和解决策略及当前取得的成果和创新进展；在目前实施财务共享中心进展中指出中建中东公司在推行财务共享服务中心会遇到的难点。

第五部分是针对中建中东公司在推行财务共享服务中心会遇到的难点，归纳总结出建筑施工企业推行财务共享中心面临的共同问题，并提出解决对策。

第六部分是结论与启示。

本研究的研究思路详见图 1。

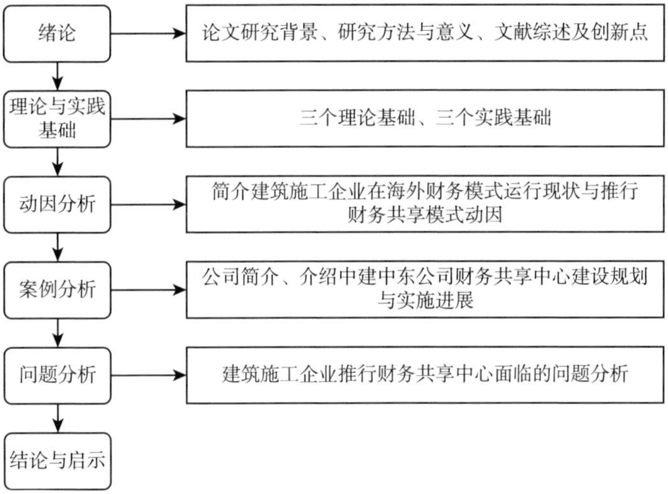

图 1　研究思路

（五）研究创新

本研究的创新点主要体现在选取了在阿联酋建筑行业中具有代表性的中建中东公司为研究对象，通过探究其在阿联酋推行财务共享中心的案例，归纳总结其在境外实施财务共享中心的经验，尝试为建筑企业在境外推广财务共享中心提供有建设性的方法和思路。

本研究通过作者在中建中东公司日常财务工作中的感悟及对相关文献的阅读，探究了如何在中建中东公司建立和推行财务共享中心。在查阅大量的国内外文献资料基础上，作者结合阿联酋当地情况做了一系列相关的调查，并没有找到有关如何为建筑行业在境外推广发展财务共享中心的完整案例素材。为此，作者通过案例分析研究境外建筑或者类似行业企业成功开发实践，尝试性地划分了在中建中东公司实施财务共享中心的5个阶段，即规划期、组建期、基于财务阶段、向业务延伸阶段和向管理延伸阶段，并对致力于推行财务共享中心的境外建筑企业提出了一些建设性的建议，希望能对其在境外实施财务共享中心提供参考和借鉴。

二、理论基础与实践基础

（一）财务共享中心理论基础

1. 扁平化理论

扁平化理论（Flattening theory），促进社会发展变革和社会发展。流程再造思想与扁平化理论相辅相成。流程再造旨在完全摆脱原始企业业务流程的束缚，以便员工可以参与企业管理并加强上下级之间的沟通效率。因此，扁平化理论提倡的管理体系旨在充分减少组织层级的基础上，缩短决策层之间的相对距离，改变各个管理体系层次结构的相对位置，使管理层可以更敏感地去了解并及时处理市场动态和信息。在这种模式下，基层员工也更容易理解管理者的决策方法，进而加强组织沟通并提高业务效率。财务共享中心的理论基础是减少组织层级、缩短沟通流程。该理论主要关注业务流程简化与优化，通过对共享中心中财务与业务的整合和信息共享，集中处理会计基础数据，从而提高企业财务与业务管理的效率。减少共享服务的管理层级，既可以提高企业的应急速度和处理能力，还可以降低管理成本、节省时间，使企业在激烈的市场竞争中保持核心竞争优势。

2. 规模经济理论

苏格兰著名的经济学家亚当·史密斯（Adam Smith）在早期就初步阐述

和解释了规模经济理论。他在《The Wealth of Nations》一书中提出，劳动生产率明显提高的原因是劳动技巧和谨慎的分工所引起的判断。美国著名的经济学家 Ailed Marshall 在《Principle of economics》一书中写到，要实现相当的批量生产，必须进行劳务分工。规模经济是一种为了提高企业集团利润与生产力的手段。企业在产品成本保持相对稳定阶段，为了进一步实现提高企业的生产能力，将扩大企业的相应规模以降低产品成本。规模经济理论告诉我们：企业生产规模的扩大不是盲目扩张，而必须建立在技术和工具等得到提升的基础上；企业内从事生产的人数增加，并且机器的使用将趋于合理化和专业化；通过一定规模的生产管理，可以实现在业务量增长的同时达到平均成本的降低。如果未实现共享服务，那么每个工人都需要完成一整套业务处理，这大大降低了工人的劳动效率。因此，企业基于规模经济原理，通过共享服务建立企业集中处理平台，将企业集团的不同业务与不同地区的重复性服务和标准化服务相集成，从而降低企业的平均处理成本，增强工人的工作效益，进而提高企业运作效率。

3. 业务流程再造理论

企业要生产力和利润率水平提高，有必要系统地改革和重组企业集团的原始业务流程和框架。业务流程的重新设计反映在企业业务流程的重组和分配上，是对其自身资源以及传统业务和分散业务流程的重新集成。分工重组设计结果是，精细的业务流程更加专业，核心竞争力更加突出，以达到适应动态竞争和环境变化的目的。财务共享中心的建立完全利用这样的理论基础，通过财务共享中心来重新部署和组织优化重复的业务流程，并最大限度地提高开发效率，使企业更好地实现资源合理配置的目标，以达到规模经济的效果。很多专家运用流程再造的理论和方法来深入探讨企业流程管理的变化，但是却往往对改进辅助业务流程并不是很重视。而财务共享服务的协同作用，则是集中在企业集团的内部资源整合优化上，从而降低运营成本、提高服务质量，最终提高企业价值。

（二）财务共享中心实践基础

在全球 NICMARians 协会（AGNI）的赞助下，建筑工程师论坛在迪拜名为“建筑中的梦想”的主题下，讨论了建筑行业的挑战和机遇，技术进步和创新。据参加此次活动的专家介绍，建筑行业在实施过程中，每个项目产生大约 50GB 的数据。而这些来自设计、计划、调度、模拟现实和连接劳动力的数据不会在平台之间共享，这是资源的极大浪费。人工智能可以用来分享不同参与者之间的沟通内容和情报，并在需要时引入自动化。我们可以利用共享数据使未来的项目更安全，更具成本效益，也更快，这将提高盈利能力。

建筑业负责和承担了地球上一些大的和最昂贵的项目。大量资源和工作进入主要建设项目，同时这也意味着产生了大量的数据。数字运算一直是建设的重要组成部分。最终数据与先进技术相结合，特别是那些财务共享云协作的技术，可以提高效率、减少项目交付时间和错误风险，从而提高项目利润率。到 2030 年，全球建筑服务市场预计将增长 85%，达到 15.5 万亿美元。这将给确保充足的熟练劳动力供应、采用新技术来提高效率以及创新等方面带来巨大的挑战。建筑物变得越来越大，越来越复杂，人们越来越关注可持续性。如果行业和技术发展之间合作的趋势持续下去，那么大数据技术的应用就有可能为所有这些问题提供解决方案。

在未来 5 年内，大数据和分析将彻底改变施工过程和施工合同业务。对于那些能够采用数据分析和新技术来创新我们构建事物的公司来说，未来似乎非常光明。作为传统产业，建筑业发展历史相当悠久，决策的正确性高度取决于决策者经验的丰富程度和判断事物的能力。财务共享技术为建筑企业的决策者提供了实务的经验。在企业发展过程中，管理层难以保证决策的科学性和正确性。大数据的出现使其逐渐成为企业重视的战略资产。企业高层决策者开始逐渐使用大数据挖掘技术来辅助战略规划决策。通过整理和分析大量的历史数据，可以为管理层提供更有效的决策依据。例如，决策者可以分析以前的项目建设条件、项目建设进度、项目建设影响因素和其他数据，为以后制订类似项目的建设进度计划以及相应的预算提供宝贵的参考。

2015 年，建筑行业的增速达到了 24 年来的最低值，仅仅比同期增长 4.3%。我国建筑企业需要充分利用自己的大数据和项目优势，逐步从粗放型向精细型管理方式转变，以提高生产效率，实现行业的长远发展和转型。

以建筑行业为例，建筑物在建造阶段可以产生 10T 的数据。如果处于操作和维护阶段，则数据量将更大。有关数据表明，全国每年平均产生约 50 万个甚至 60 万个项目。因此，建筑行业是一个能产生庞大数据的行业。这些海量数据分散在不同的事业部和建筑工地现场。这些大数据可以帮助建筑企业轻松了解市场并确定其需求。建筑信息模型（BIM）技术对于施工困难、结构复杂、专业交叉施工、时间周期长的工程建设项目起到非常大的作用。施工企业可以根据相关信息数据建立工程模型，并通过大数据技术了解人员和设备、材料和其他因素的市场条件，从而达到优化设计的目的。建筑工程设计师在设计之初就能够考虑成本、质量、进度、安全性和环境保护等因素，并在之间找到最佳平衡。另外，项目在合同履行阶段，可以实现减少浪费和人员怠工现象的发生，降低材料的延误期。

目前，大数据在建筑行业项目管理的应用，对于提升项目质量、实现项目成本的量化管理等方面所发挥的作用已经初见端倪。因此，打造集“互联网+物联网”以及大数据应用于一体的建设工程施工现场管理云平台，对建筑业企业全面掌握项目中存在的问题并提出针对性的解决方案、降低项目成本、提高工作效率、降低生产风险、提升企业利润等方面将有重要的作用。

1. 网络财务

财务共享服务的数据框架要求基础数据的“统一性”，即在数据采集的源头设置统一的逻辑规则。避免在不同分公司或者项目层面上，在处理数据时采用不同的规则；或者采用相同的规则但操作模式不被认同，按照各自的理解进行操作，从而导致并行汇总数据产生各种问题。集中办公的要求与原始文档的物理距离分散之间的矛盾是阻碍财务共享中心建立的一个重要屏障。

建设影像管理系统，能够消除集中办公的要求与原始文档的物理距离的矛盾。图像管理系统完成后，可以扫描各个地区每个项目生成的原始文档，形成电子文件，传输到财务共享中心，解决了物理文件传输的安全性、及时性和文档审查的便利性。图像管理系统的搭建对财务共享中心业务处理规模效益形成了有力的支撑，使企业能够在成本和风险较小的情况下扩展业务处理能力，提高运营效率。其优势体现在以下几个方面。

（1）具有审批权限的人能够在电子审批的同时见到影像；

（2）降低传递单据的成本；

（3）节约传递时间，提高流程时效；

（4）减少丢单、夹单等风险。

在实践中，网络财务的建立工作通常分为以下三个阶段。

（1）“无票据实物流程管理+无影像管理”的阶段；

（2）“票据实物流程管理+无影像管理”的阶段；

（3）“票据实物流程管理+影像管理”的阶段。

这三个阶段最主要的划分依据是票据实物流在财务共享中心内部流转管理。

在第一阶段下，财务人员工作面临最大的困境就是混乱无序。财务工作人员每天忙于查找单据。会计档案管理和凭证处于混乱状态，甚至有些单据被积压长达数月，涉及增值税的业务错过了增值税税款抵扣的最佳时期，企业白白损失一部分进项税，影响企业的现金流。

在第二阶段下，企业真正的实物流得到了很好的管理。但是这种管理需要企业投入大量的财力和人力，相关业务的每个人都需要跟踪每笔业务的物理状态，跟踪流程覆盖从票据分类到票据分发，再到业务处理以及最终到稽核和归档。

在第三阶段下，企业开始实行在图像管理系统环境下，票据直接由项目工作人员扫描传递进文件中心开始归档，财务共享中心完全可以实现无纸化办公。图像管理系统支持票证图像的实时采集、上载、集中审核和调阅，并获取图像文件以及纸质票证的状态信息和位置信息。

电子成像系统与电子会计系统的集成可实现基于图像的业务审批和财务审查。图像管理系统分为两部分：图像服务终端系统和扫描系统。扫描系统安装在PC计算机上，客户端可以控制高速扫描仪进行图像扫描、图像处理、封面条形码识别、票证OCR识别、图像自动分组和上传功能，以便有效地收集票证图像并将其上传到图像服务器。图像服务终端系统可以支持实物票据和票据图像的管理。现场工作人员将相关票据传递给文控之后，文控扫描上传至付款单（AP）管理模块。财务共享服务通过AP中心模块，记录、监控相关部门实物单据的接收，并在内部传输信息。企业会在各个子公司或者项目设置扫描站，业务前沿人员可以通过客户端扫描上传账单图像。财务共享中心工作人员审核并通过单据。期间，图像中心模块会自动完成对电子图像的检查以及生成相关的报告和统计信息。如果建立了企业的影像内容管理平台，项目合约人员可以将合同、对账单、票据等进行扫描并上传至影像内容管理平台进行管理，财务人员可以通过凭证号、票据号、合同号、对账单号等所有信息查询到相关文件。通过此功能，财务系统可以显示整个业务链中生成的所有文件，并且可以在一次查询中显示所有这些文件，从而大大地改善了审核效率和文件传输的问题。

财务共享中心影像扫描量特别巨大，目前普遍财务共享中心的一张影像大小为 300K ~ 500K。影像系统上线带来扫描上传、图像浏览等越来越慢和存储等问题。所以图像压缩等技术的使用是其关键，一张普通的 A4 张纸，文件大小在 50K 以下会是比较理想的。扫描上传速度、图像浏览速度等用户体验会非常好。

2. 管理基础

财务共享中心的建设需要以强有力的基础架构、良好的绩效管理、高效的运营管理能力和及时有效的风险管理为基础。

（1）强有力的基础架构要求企业具有系统的核算会计科目、统一管理的信息系统、完善的财务流程系统。仅当满足基础架构的要求时，财务共享系统才能够通过算法处理这样具有一致逻辑规则的数据，从而通过数据分析辅助企业管理层的决策行为。

（2）良好的绩效管理要求管理者制定清晰的绩效考核目标，制定绩效 KPI 指标并在组织内部充分沟通，通过对标管理达到持续改进的目的，确保企业战略能够按照预定的计划有效地进行。

（3）高效的运营管理能力要求企业持续挖掘财务信息背后的经营效益，从而能持续改善企业效益。

（4）及时有效的风险管理要求企业要有忧患意识，能够提前制定危机应对机制。例如，提前预测财务风险以及操作风险、运营风险等其他非财务风险，并对风险进行及时的评估，最终给予管理层准确的预警。

3. 组织基础

通过流程再造和整合，财务共享服务模型将大量富有工作经验的财务工作人员释放出来，进入更高要求的岗位上（如企业战略分析和商业财务中）。这种变化将使财务人员在企业中的地位进一步提升，其角色转化为战略规划财务。

在 20 世纪中后期，IT 信息技术得到了迅速的发展并得到了广泛的应用。社会运作方式的巨大变化主要集中体现在物理空间向数字网络空间的转移上。信息文明的社会变革和互联网时代的飞速发展将人类带入了另一个世界。同时，传统的财务会计专业领域也发生了翻天覆地的变化。在信息技术的基础上，大型企业开始利用各种新兴技术和手段在全球范围内集中进行会计核算，提高财务工作效率，建立财务共享服务平台。可以看出，新兴的IT信息技术的发展与网络和计算机技术的应用，大大简化了财务会计工作在企业的实践活动。

财务共享服务是把那些从事具有大量重复性质的财务核算工作岗位用信息技术和计算机进行替代，重新定义财务会计的工作内容。这样有助于财务共享中心为企业提供高质量的财务会计服务，能够做到整合资源、降低成本、提高效率和创造价值，并提升对客户的服务质量。

三、建筑施工企业境外应用财务共享服务的动因

（一）境外建筑企业财务核算现状

由于我国高校尚未开设针对境外工程类相关会计专业，相关会计专业毕业生即便参与海外建筑工程会计核算，最多只是记账或者出纳等角色，无法起到会计控制作用。另外，由于在“一带一路”倡议引领下刚刚走出去参与境外建筑工程的企业经验不够丰富，管理理念上存在偏差，有可能使企业在资金流、成本核算以及验工等环节出现重大失误，严重时直接造成境外建筑工程项目失败。

而境外建筑施工企业财务运用环境特点主要体现在：项目比较分散、财务核算项目多、核算口径不统一、信息数据传递效率不高、财务管理水平高低不同等。建筑施工企业的这些特性影响了企业财务核算的一致性、准确性、全面性和及时性。倘若没有一个统一且标准化的财务集中管理平台，各个分子公司层面、事业部层面或者项目层面的财务核算差异、财务状况和经营成果就很难被母公司或者管理层及时且准确地掌控；同时企业应对相应的风险不够及时导致企业陷入财务危机。这就需要有一套完善的财务体系来提高核算的准确性和及时性，并能够为母公司和决策层提供精准的决策支持依据。

财务共享中心正好能有效解决建筑施工行业的财务处理难题。分散且重复的日常会计核算基本业务在财务共享中心得到集中处理，能够有效地避免因核算施工项目繁多而导致的大量重复性工作，大大降低了财务人员的工作

量，财务工作人员的注意力得到更好的集中，并有效地提高工作效率。

（二）境外建筑企业财务核算与国内建筑企业的差异

目前，建筑施工企业在境外项目运作过程中，与国内建筑企业的差异主要有以下几个方面。

1. 境外项目财务管理理念较落后

目前，大部分的境外施工的项目管理者对财务的认识高度还有较大提升空间，特别是个别的项目经理总是存在误区——“财务就是出纳”。由于存在这种错误的认识，项目管理者仅仅停留在对整个项目的资金统筹、计划和使用上，并不能深层次地把握资金使用效益及风险。作为境外项目的负责人，项目管理者需要培养先进的管理理念并掌握先进的财务管理理念，能够指引项目的管理决策。

2. 境外财务人员综合业务素质有待提高

目前，建筑行业在境外进行施工项目时，财务人员往往由国内直接派遣到当地，普遍只是简单的从国内派往境外。他们对境外项目的财务管理，往往自我满足于把账做好，仅是记录业务，未能从日常财务基础工作中思考，未能从大量财务数据中归类、整理、分析反映项目管理运营水平。

3. 规范境外项目运作的法规相对缺乏

我国现在已经是高度法制化国家，各种法律法规都是通过验证切实可行的，而财务管理也都相当成熟。对于境外项目，每个国家的国情不同，每个国家的会计准则不同，每个国家执行的标准也不一样。我国的建筑企业需要既结合中国企业的特点，又适应当地国情的要求制定相应的制度措施加以执行，完善境外施工工程项目财务管理。

4. 境外施工项目缺乏风险意识，缺乏监督管理

境外建筑工程项目与国内项目相比，往往存在更多的不可预知因素，风险高，无法准确地、有效地被把控。其中最为明显的就是会受到当地货币汇率政策的影响，受宗教信仰和风俗习惯影响。然而，在远离企业总部的情况下，我国境外建筑施工企业内部往往存在体制不合理、管理混乱、管理成本高、职责不明晰、监督不到位等问题，这些问题降低了境外施工企业会计工作质量，阻碍了企业的发展。

5. 缺乏财务管理的战略眼光

由于近些年境外项目的迅速发展，企业管理人员对相关的人才储备没有给予足够的重视。一旦有了境外施工项目，这些建筑施工企业仍将派遣国内财务人员，并且仍使用国内财务管理体系人员。同时，境外施工的财务管理组织，通常过于精简，工作人员很少。我们可以想象，在人员素质、能力和精力有限的情况下，这些在境外工作的财务人员承担了大量业务工作，从而导致管理不完善。

（三）境外建筑施工企业应用财务共享模式的动因

由于施工建筑行业商业模式的特殊性，项目的流动性很大，往往会分散财务组织对其核算的管理。财务共享中心的出现，恰好给建筑企业带来了全新的变革创新。当构建财务共享中心运营的成本低于企业当前规模下的财务成本时，标准化财务共享中心的服务效率的优势也会逐渐体现：财务共享中心服务的最基本作用是降低成本，消除重复职位，减少从事会计工作的财务人员数量，优化流程和标准化流程以减少单位工作时间。

（1）标准化业务流程。财务共享中心使施工系统得以统一，使标准化管理和施工企业的运营过程更加方便，并可以确保施工企业的内部控制和标准化信息流转。一般地，境外建筑施工企业做到一定规模的时候，都面临跨区域甚至跨国别的情况，由此建设跨区域财务共享中心势必能降低其运营成本，能够将不同区域或国家的业务与资源进行有效的集中，能够减少重复岗位的支出。另外，跨地区建设财务共享中心有利于建筑施工企业标准化进程，能够有效地能缩短工作时间。针对境外建筑施工企业项目繁多的现实情况，建设跨区域财务共享中心能够支持企业未来规模扩张，应对工程施工项目数量的增加，能够有效地集中企业相关的财务职能，从而有效地提高企业规模扩张能力。

（2）规范财务行为。尤其对于建筑公司而言，项目周期跨度长，企业管理层需要非常重视项目实施开工基础数据的一致性和准确性以及财务行为的规范性。财务共享中心可以根据建筑企业的规范和要求，设计相应的模板，通过模板定向收集相关信息，不符合规范的信息不予接收，从而规范企业的财务行为、促进企业发展。

（3）提高资金管控水平。可以利用 Oracle 等财务共享中心系统集成的预算功能，通过预设资金额度，帮助企业优化资金分配并集中其财务工作。实现从外部到内部、从静态到动态的管理转变，加强了资金的管理和控制。

（4）税收管理标准化。境外企业面临的一大难题就是所在国的税收法规问题。尤其是跨国别的企业，需要面对不同国家的税收体系，施工企业也是如此。通过建立财务共享中心，利用财务共享中心集成的税务模块对所在国的税收法规进行分析、对纳税情况进行监管，可以使企业的税务管理规范化，进而减少税务管理成本，降低财务风险。

四、中建中东公司案例分析

本研究通过分析中建中东公司在阿联酋推行财务共享中心过程中的发展历程和遇到的困难，尝试通过对个案的分析来归纳总结建筑行业在境外推广财务共享中心的一些普遍特点和规律，主要分为以下两个主要部分。

第一，简要介绍阿联酋宏观经济背景和财务会计体系的特点，这是中建中东公司在阿联酋推行财务共享中心管理模式的外部宏观环境。

第二，在公司层面上，中建中东公司为了快速突破目前企业发展所面临的管理瓶颈，缓解财务管控不同国别的压力，同时满足中国建筑股份有限公司财务管理的要求，因而推行财务共享中心；这是中建中东公司推行财务共享服务发展的根本原因，也是企业的内部需求。

（一）公司简介

1. 属地国家宏观环境与相关财务特点

阿联酋是海湾地区第二大经济体和世界上最富有的国家之一。它位于海湾地区，在阿拉伯半岛的东南端，拥有丰富的石油和天然气资源，主要财政收入来源为石油和天然气；石油探明储量约为 978 亿桶，天然气探明储量为 6.09 万亿立方米，居世界第 7 位。阿联酋由 7 个酋长国组成，按政治影响、经济实力、人口比例排列依次为阿布扎比、迪拜、沙迦、哈伊马角、阿治曼、富查伊拉、乌姆盖万；国土面积约为 8.36 万平方千米（包括沿海岛屿，阿布扎比土地面积占总面积的 87%）；官方语言为阿拉伯语和英语，英语在商务活动领域普遍使用；货币为迪拉姆（AED）。值得一提的是，自2010年以来，在政治经济局势动荡不安的背景下，阿联酋的迪拜酋长国已经成为中东地区资金流、物流的避风港，其中东地区枢纽地位进一步提升。世界经济论坛2016报告显示，阿联酋在全球140个国家和地区中的竞争力排名为第17位。

阿联酋没有外汇管理法规和外汇管理机构，外汇不受限制，可以自由汇进汇出，外汇汇款也无须登记，但须符合阿联酋政府的反洗钱规定。阿联酋不征收公司利得税和营业税，2017年之前也没有设立税务局。为确保在2018年开始实施增值税业务，阿联酋7个酋长国于2017年年初成立联邦税务局，享有必要的法律行动能力和财务、管理独立的权利。阿政事务国务部长奥比德·塔耶尔宣布阿联酋将从2018年1月1日起阿联酋开始征收0～5%的增值税。一部分行业的商品和服务可以免于缴纳增值税。此外，部分农产品和药品免税，但对奢侈品征重税，如烟草税为50%～70%。阿联酋联邦政府不征收公司所得税、营业税、消费税等。各酋长国政府会根据自身的实际情况制定相关法律对企业经营实体征收所得税。阿联酋没有个人所得税，不需要对工资收入和资本所得征税，但大部分酋长国会征收市政费用。

2015年7月1日，阿联酋通过修订新的《公司法》，要求所有阿联酋公司都必须采用“International Accounting Standards and Practice”（即“国际会计准则与实务”）。在阿联酋境内公司必须在2016年7月1日前按照新的国际会计准则列报财务报表。在阿联酋上市的公司必须完全采用国际财务报告准则。中小企业可以选择采用国际财务报告准则。

2. 公司发展历程

作为中国建筑集团有限公司的主要海外机构之一，中建中东公司于2005年3月26日在迪拜正式成立。经过十多年的努力耕耘，中建中东公司已从最初的棕榈岛别墅项目部发展壮大成为覆盖房建、基础设施、机电安装、钢结构、融投资以及地产开发业务，经营范围涵盖阿联酋、科威特、沙特阿拉伯、卡塔尔、巴林、阿曼海湾六国的综合型国际承包商。在中东地区，中建中东公司在沙特阿拉伯王国、科威特、巴林和卡塔尔设有分公司或办事处，该公司的地区总部位于阿联酋迪拜，是中东地区最大的国际工程承包商之一。在

2006年进入中东市场时，中建中东公司承接的项目是大型但简易的项目，如别墅区、住宅区，但是当下已经成功向“高、精、尖”的高端项目转型，如迪拜世博村、科威特大学城、迪拜硅谷产业园等。创业维艰，披荆斩棘，在陌生的国度中前行，面临无数险阻。但无论是英标、美标的繁杂，还是文化差异，都无法阻挡前行的步伐。中建中东公司目前已实现GCC海湾六国全覆盖，合同额逐年提高，2018年的合同额逾20亿美元，已形成多业务布局格局，遍及基础设施、机电、钢结构、融投资、油气等领域。

鉴于中建中东公司近几年的发展达到一定规模且处于持续发展阶段，现有的财务体系已经很难满足企业发展战略的需求。随着阿联酋开始实施增值税，原有的财务核算体系很难满足进项增值税抵扣的时点要求，因此在中建中东公司推行财务共享中心将会是一个不错的选择。

（二）财务共享中心建设规划

研究表明，财务共享中心的发展一般会经历三个阶段：基于财务、向业务延伸和向管理延伸（如图2所示）。

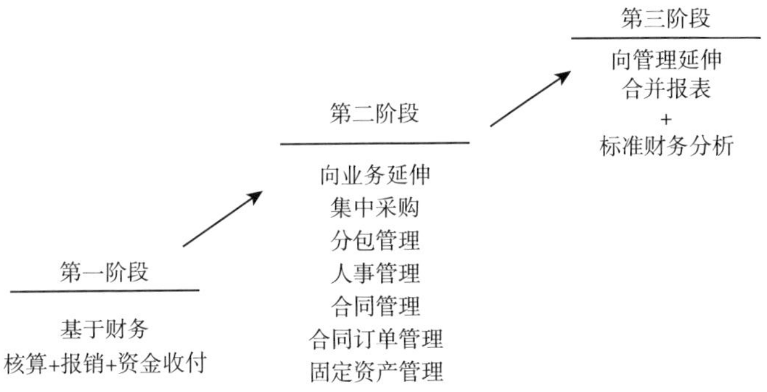

图2 财务共享经历的三个阶段

推动财务共享中心的建立是一项系统性工程，不可能一蹴而就，需要有计划、分阶段、分步骤进行。从2016年开始，中建中东公司开始计划成立财务共享中心，期间中建中东公司在顾问公司的指导下不断夯实财务共享中心的运行基础。基于财务共享中心上线运行必经的三个阶段，加上正式上线前的规划期和组建期，作者将中建中东公司财务共享中心建设总体规划分为以下五个阶段，并就各阶段的主要任务进行归纳，如图3所示。

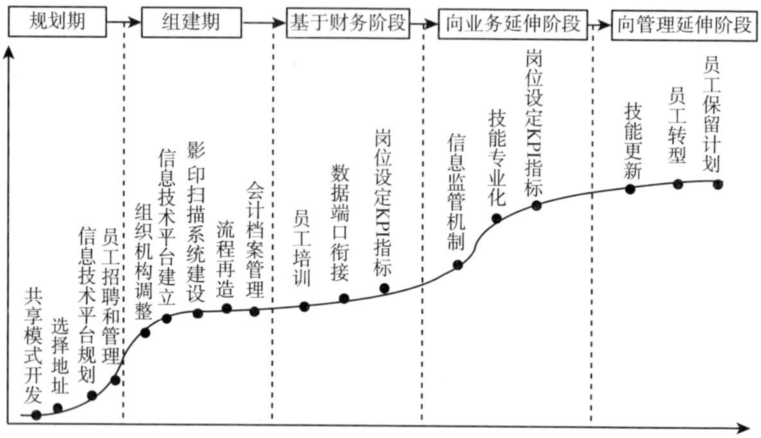

图3　中建中东财务共享中心各个阶段工作任务

1. 规划期

（1）共享模式开发（Shared mode development）。实施财务共享中心模型有两种方法：一种是直接在企业推广，另一种是先试点再全面推广。这选择哪种方法主要根据企业内部财务管理水平和IT信息化程度高低决定。如果企业内部会计处理比较规范，其信息化水平较高，可以直接在企业推广，选择这种方法风险较大，在推行的过程中可能会遇到不可遇见的阻力。对于内部管理水平较低、信息化程度较低的企业，建议首先尝试先进行试点，试点成功后再全面推进，这样能够考虑日常运营的风险，包括分析当前风险，识别潜在风险，能够设计和实施有效的风险管控措施，确保日常运营能够平稳进行。这种方法的缺点是共享中心的建设周期较长，但相对实施风险较小。

财务共享中心建设计划是成立财务共享中心的第一步。企业需要根据自己的业务和商业模式，调集企业内部对日常业务非常熟悉的人员与外部聘请的咨询公司组建财务共享中心开发小组，执行推进企业财务共享中心建设战略。在这个过程中可以结合自身优势组建内部小组自主开发，也可以部分或全部外包给咨询公司完成。企业自主开发的好处是可以节省雇用顾问的成本。风险是企业必须对财务共享服务理念有更为深入的理解，并且对开发小组人员的业务素质的要求很高。这就要求企业要有明确的计划和实施策略，但可能会面临实施过程中的很多不确定因素，需要员工花费相当多的时间和精力。咨询公司有相当多的成功实施共享中心的案例库，有经验和能力完成咨询服务，这是外包的优势。他们可以给予专业指导并制订可行性计划，将风险降到最低，这就消除了企业缺乏经验的这一短板，同时增加企业共享服务文化教育，并且在开发过程中可以帮助企业培养专业人才。其缺点是企业内部员工缺乏学习系统后台开发的培训，将来可能无法实现财务共享中心二次开发；企业必须提前支付一定的咨询费，增加财务共享中心的实施成本。作者建议建筑行业初探财务共享中心管理模式时，由于经验及人力相对缺乏，而且建筑业较为传统，相对缺乏经验和人力，在推广财务共享中心时，可以通过咨询公司的服务来实现。中建中东公司在财务共享中心建设初期使用咨询公司服务，后期结合项目在阿联酋运行的特殊性，再进行二次开发。未来，可以结合财务和业务特点，根据公司管理层的要求，进行定制开发。

（2）选择地址（Address selecting）。选址原则有以下几点要注意：地理关系、人员配置、资源优势等问题。建筑公司建立财务共享中心的最初目的是加强集中控制，同时降低成本并实现收益。因此，在建设初期，财务共享中心最好位于总部附近，这样可以得到适当的管理和控制。财务共享中心设备（如工作站、服务器和交换机）所处的物理环境也是一个非常重要的安全因素，将直接影响工作站、服务器、交换机等的使用寿命和性能状态。物理环境可能会对系统造成永久性损害。为了保证财务共享中心的正常运行，有必要优化其环境，开发计算机房管理系统。同时，系统可以自动备份、下载、恢复和压缩后台数据，还支持手动备份。根据系统管理员对系统预置的数据存储和数据备份的要求，保证了系统后端数据库的安全性。

（3）信息技术平台规划（IT platform planning）。在规划信息技术时，中建中东公司要考虑信息技术平台与企业的匹配度。在任何项目开始之前，在企业中实施可行性分析都是必不可少的。虽然财务共享理念很先进，但是在实践推行中并非适合所有企业。财务共享中心是一种有创新的财务概念，需要重新设计财务业务流程和更新管理流程，并辅助最新的信息科技和雄厚的资金支持。财务共享中心的建设也将影响一些领导者和员工的工作习惯和方式。可以看出，财务共享中心的建立是不能仓促的，有必要从管理、人员、系统技术等多个方面进行综合分析。由于其涉及企业的方方面面，企业需要组建专业团队或聘请专业人士进行早期可行性评估。

（4）员工招聘和管理（Employee recruitment and management）。在财务共享中心的建设过程中，员工招聘也是非常重要的一个环节。中建中东公司需要在新地点招聘一些新员工，把业务从海湾七个国家和地区迁移到迪拜总部，分散在各个项目的各地员工不可能都随着岗位一起迁移。在招聘员工时，管理人员必须根据业务流程和业务量（包括能力要求和工作指导）确定招聘人数、薪水和正式职位描述。境外实施的财务共享中心，特别强调财务员工的整体职业素质。例如，英语交流水平、与当地企业沟通能力、计算机信息系统的运行能力等以及对企业财务共享服务模式的认可程度。在员工招聘和管理上，财务共享中心应有针对性地进行一系列内部人员培训。

2. 组建期

（1）组织机构调整（Organizational adjustment）。按照不同员工的专业程度，业务流程的规范化，类似业务集约化的标准，调整财务内部组织结构，将分散在各个项目基础财务工作人员从各个国别或地区，如科威特、阿布扎比、沙加等各项目中抽调出来，合并到财务共享中心组织框架中。此外，财务共享中心应不定期评估财务工作的有效性和准确性，以确保设计的共享中心业务流程没有偏离既定的目标，可以实现既定目标，并持续为企业增值。随着共享中心日常业务运行的逐渐成熟，财务共享中心可能需要重新更改组织结构，重新调整人事安排或划分业务范围。

（2）信息技术平台建立（IT platform）。财务共享中心与企业的信息技术系统相辅相成，信息系统是建立财务共享中心的基础和平台，财务共享中心也为信息系统提供所需信息和服务。企业资源计划系统是企业主要的信息平台，为企业的各个业务单元服务，将财务共享中心与企业资源计划系统集成，方便实时采集数据、监控各业务单元的活动，财务共享中心生成的数据也能及时反馈到企业资源计划系统中，以便企业管理者随时监控。中建中东公司总部财务可以利用ORACLE系统内用户口令和操作权限的设置，能够进行授权，对风险进行控制。

（3）影印扫描系统建设（Photocopying scanning system）。财务共享系统所有业务都通过线上审批，每种业务类型的附件资料全部采用电子化文件方式随报账单一起提交。系统提供影像和附件两种方式上传资料，影像文件可以在报账系统中直接预览，电子附件需要下载到本地后，使用专门的软件阅读（如word文件需要Office、PDF文件需要Adobe Acrobat等）关于影像和附件的采集，系统提供扫码、高拍仪、本地影像和云盘等多种方式采集方式。对于增值税发票等有固定格式的票据，在采集影像过程中，系统会自动完成影像识别并完成相关单据信息的填报。对于上传的电子发票、增值税发票，同时完成验真处理（见图4）。

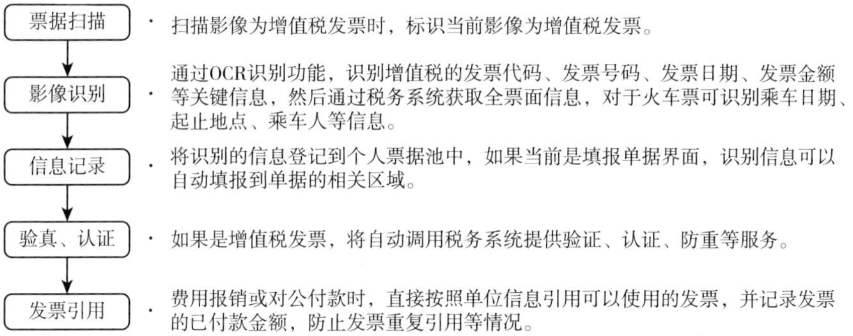

图4　影像增值税管理示例

财务共享中心影印扫描系统的建设为业务处理的规模效益提供了技术基础，使建筑行业企业能够在成本可控和风险较小的情况下扩展业务处理能力，提高企业效益。

（4）流程再造（Process reengineering）。在业务流程方面，财务共享中心与传统业务部门中的“face - to - face service”之间存在很大差异，应根据企业具体实际情况逐步实现远程服务，在及时保证经济业务的真实性和合规性情况下，调整财务流程。例如，在传统的费用报销过程中，项目行政人员会将原始凭证直接粘贴到报销表格上，然后交到财务部。财务部有专人对项目经办人员进行初步审查，然后利用财务共享中心的图像传输系统，通过扫描、传真等技术手段远程审核报销文件。在文件扫描上传之后，项目或者分公司财务人员按照不同业务类型，在共享系统中发起各项业务请求，通过统一规范的规则管控和流程审批后，财务人员使用财务共享操作平台提供的功能，按照标准作业流程，调用核心系统提供的系统服务，将前端的业务信息加工生成规范的财务信息，从而完成会计核算、资金结算等业务的信息处理。详见图5。

（5）会计档案管理（Accounting file management）。各部门的业务人员收集的当地的原始票据，通过扫描仪和图像管理程序收集并上载到ORACLE系统。原始有形票据由每个地区各个项目的单位的财务部门维护和保存，并定

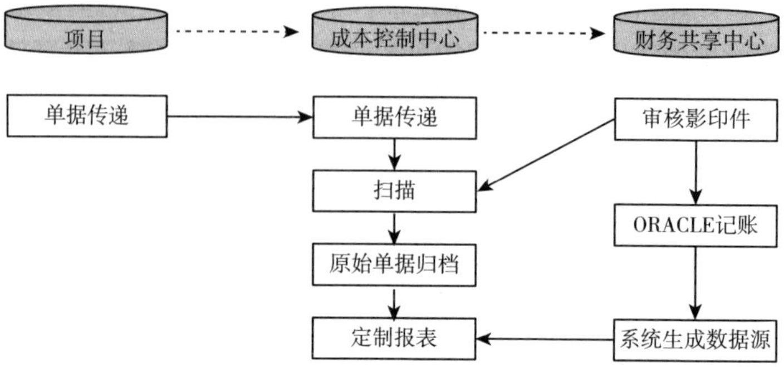

图5　中建中东业务流程图再造

期进行检查。对于财务电子票据，财务共享中心的审核人员应遵守财务共享服务规范的要求，进行业务处理，自动生成电子会计凭证并存储在服务器上。实物账单由总部统一保存，而电子账单由财务共享中心管理。各类相关文档通过扫描仪上传到财务共享中心的图像管理模块，这样能够有效地减少实物账单的传递环节，确保处理效率。

3. 基于财务阶段

（1）员工培训（Employee training）。员工培训的有效性直接影响日常财务工作的质量、工作的效率和客户服务满意度。同时，企业不能忽视员工管理的内容、业务能力和培训以及团队建设等方面建设。因此，在职位描述中应明确定义员工的业务能力，以便在招聘员工时人力部门可以通过参考职位描述快速、准确地招聘合适的员工。

（2）数据端口衔接（Data port connection）。中建中东公司采用 ORACLE 财务系统核算财务数据，而业务数据源于对项目业务的核算。项目成本核算是一项基本而重要的任务。过去的财务成本管理与项目成本管理，所运用的运营思路和工作流程不尽相同，导致脱节和差异。管理系统模块是无缝连接的，因此工程成本和业务处理原理是一致的，数据也是一致的，并且努力实现有效的成本控制，避免项目风险并最大化项目收益。但是，财务系统和项目核算系统是分开管理的，数据源并未连接。它主要通过项目业务人员传输给财务人员，然后由财务人员手动录入财务系统中。同时，财务人员将实现企业业务系统会计核算凭证的规则和数据提前预设，并将其传输到对接接口，将该接口直接引入 ORACLE 财务系统中，从而实现对财务业务的一体化管理。数据实时准确地导入 ORACLE 系统之后，财务人员只需选择预制在系统中的模板，即可生成相应的凭证，然后选择文档并处理订单。在这个模块中，订单可以分批处理，从而可以大大减少财务工作并且保证数据准确性与及时性。这些数据接口可以根据业务系统按照财务部要求进行重新设置。

（3）岗位设定 KPI 指标（Job KPI indicator）。财务共享中心的绩效评估系统应是动态的，要结合企业业务调整指标。因为内外部环境是发展的，并且项目需求在不断变化。企业可引入平衡计分卡（Balanced scorecard）的四个维度：财务层面（Financial level）、客户层面（Customer level）、内部经营流程层面（Internal business process）、学习与成长层面（Learning and growth）。

通常，“平衡计分卡”考评周期是一年，并且经理根据当年的业绩和年底的下一年计划来重新设置未来一年的平衡计分卡并及时告知给员工。

4. 向业务延伸阶段

（1）信息监管机制（Information supervision mechanism）。中建中东公司应结合阿联酋当地法律法规，建立创新的信息监管机制，在相应的中心数据平台上实现与企业各部门的有效沟通，建立相关系统，实现各功能系统之间的有效互联，实现数据传输，实现业务完成。可以动态监控和共享财务数据。企业应积极建立各种企业财务分类和监管模式，利用模型自动识别系统实现系统风险监管，为相应的风险技术提供预警和处理。

（2）技能专业化（Skill specialization）。本阶段的技能培训主要关注员工的知识储备和成长。

第一，加强财务业务人员与财务经理的沟通交流。例如，可以考虑在一年内实现员工与财务经理的一对一谈话，以便了解财务业务员工的职业发展趋势和生活情况，提高员工的忠诚度。

第二，重视员工技能专业化培训，建立员工学习支持体系，鼓励员工参加注册会计师 CPA、美国金融分析师 CFA、企业风险管理师 FRM、英国特许公认 ACCA 和 BEC 商务英语等国际型考试，鼓励员工通过学习考取相关专业资格证书，不断充实自己，具备国际视野，提高业务能力和服务质量。

第三，年末评选明星员工，并给予一定鼓励，通报表扬，这样能给新员工示范作用。

第四，充分受信员工，根据实际情况或者业务要求，财务工作人员在保证工作质量的前提下，执行远程办公计划或者在家办公，必须减少固定办公地点设立。从社会的角度来看，这一突破减轻了通勤的压力，从公司的角度来看，减少了某些通勤成本，从员工的角度来看，使员工可以更灵活地安排工作，平衡生活的压力。

（3）岗位设定 KPI 指标（Job KPI indicator）。在财务共享服务系统平台上，继续进行开发岗位设定 KPI 评估模块，进行各种评估：第一类是日常评估（Daily KPI assessment），它是指根据业务对日常工作中评估指标的评估。第二类是专项评估（Special KPI assessment），它是指内部和外部检查、评估、服务评估、重大项目评估的关键工作。第三类是综合评价（Comprehensive KPI evaluation），是公司对项目或个人总体业务综合能力的综合评价。第四种是个人评估（Personal KPI assessment），它是指财务共享中心所属单位员工的评估。

5. 向管理延伸阶段

（1）技能更新（Skill updating）。本阶段的共享中心财务人员日常工作基本已经满足业务能力的需求。信息化会计已经取代传统手工核算会计，财务人员需要朝着管理会计的方向发展。这要求财务工作人员有学习的动力，并在预算管理、绩效评估和资本运营方面培养自己的能力。同时，业务能力的提高可以作为工作考核的一部分，反映了财务工作人员对基本业务的熟悉程度。财务转型后，会计过程依赖于系统进行操作，但是系统的应用并不完全基于系统的思想。因此，基本的经济业务能力和对系统内部逻辑关系的理解是互补的。如果出现问题，那么系统中也可以找到问题的解决方案。在中建中东公司财务共享中心建设中，财务人员不能简单地守卫自己的会计科目，而是要从企业整体出发，结合经济业务，进行宏观财务分析，为企业管理层提供专业的意见供管理层决策时进行参考。

（2）员工转型（Employee transformation）。这是本阶段的主要问题。此时，共享服务的内容已从“会计工厂”（Accounting factory）转移到“财务咨询中心”（Financial advisory center）和“战略支持中心”（Strategic support center）。共享服务模型与公司整体战略的结合更加紧密，从而显示出强大的生命力和广阔的前景。财务共享中心应该具有很强的兼容性功能，可以吸收其他有用的模式来根据公司自身的管理需求创建具有自己特色的共享中心。

通过动态调整过程的不断发展，财务共享中心最后阶段的任务是满足企业内所有管理人员和外部信息需求者的要求，并为企业的整体战略发展和实施提供有力的支持。

（3）员工保留计划（Employee retention plan）。根据财务共享中心服务要求，企业需要对财务共享中心的关键人才制订个性化的保留计划。通常有以下四类。

①股票期权激励计划（Stock option incentive plan）。企业可以考虑股票期权激励计划，对于不同岗位的员工，设置一定的时间段和企业绩效标准，并确定何时以及给予多少股票期权。

②特别的津贴或补助（Special allowance or subsidy）。个人的特殊津贴或补贴，如对于外国雇员，给予他们租房补贴，帮助他们的子女就读当地的国际学校，为他们的家人提供阿联酋当地的医保。

③长期服务奖（Long service award）。经过一定年限的工作后才能获得一定数量的奖金，通常作为劳动合同的一部分。

通用汽车总裁艾尔弗雷德·斯隆（Alfred Pritchard Sloan）曾经说过："你可以拿走我的所有资产，但是只要我能保留我现有的人才，5 年后我一定会东山再起。"人才保留策略说起来很容易，但在实践中良好的实施并非易事。当然，人才保留策略的开发和实施不可能完美，总会由于各种原因导致人才流失。

（三）财务共享中心实施进展

1. 前三个阶段：已顺利完成

中建中东公司目前已经完成了前三个阶段的实施工作，即规划阶段、组建阶段和基于财务阶段。当前中建中东公司对财务会计工作采取集中式处理的方式，主要体现各个项目付款单、报销单传递到总部财务，由各个事业部会计集中审核和开支票，资金部按照资金计划进行支票的释放工作。在这个阶段，财务共享中心只能实现交易层面的共享，并没有延伸到其他业务环节，即"核算 + 报销 + 资金共享"共享模式。

财务共享服务的流程优化不是粗犷地把所有业务流程串起来，也不是将相同的工作汇聚在一起，而是要在考虑风险承受力的情况下，企业需要重新设计和优化流程，分开并避免重复的工作环节，以彻底分析流程和简化并控制风险。就像流水线一样，设计后的每个步骤都不复杂且没有多余的步骤。在流程节点设计时，我们还必须考虑接口之间的简化，以形成逻辑统一的整体。通过流程的简化和优化，将新流程分离出来，并设置每个步骤的操作规则。固定的过程模式根据标准专业类别收集和记录，每个共享中心人员完成标准操作。相关的业务流程有助于资源的集成和共享。在合并过程的基础上，对业务进行重新分类，改进现有的财务会计和业务处理模式，并与现有业务流程集成在一起。

2. 向业务延伸阶段：实施工作正在进行中

未来实施完成后，中建中东公司财务共享中心将实现对企业内部交易事项的集中式记录和处理，可以将项目一些交易记录人员集中到总部进行记录以及文件的转递工作。一方面，企业可以保证数据录入的准确性和及时性，改变了传统建筑行业单据传递周期长的局面；另一方面，企业可以及时地进行增值税进项税款抵扣，避免造成税金损失，缓解企业现金流压力。总部财务可以从源头上掌握内部各事业部及项目的交易数据，编制相应的定制报表，反馈给项目。成本控制中心和集采中心可以通过相关数据共享，挖掘共享的附加价值。中建中东公司可以将5000多客商信息录入财务共享模块，方便相关人员及时获取相关成本数据。共享平台支持财务服务，打通了业务和财务会计的障碍，深化相关业务领域，如资产管理、工程分包和合同管理，并逐步渗入项目前沿。一旦完成财务共享中心本阶段任务后，中建中东公司现有各财务流程将被重新改造以适应业务需求。详见图6。

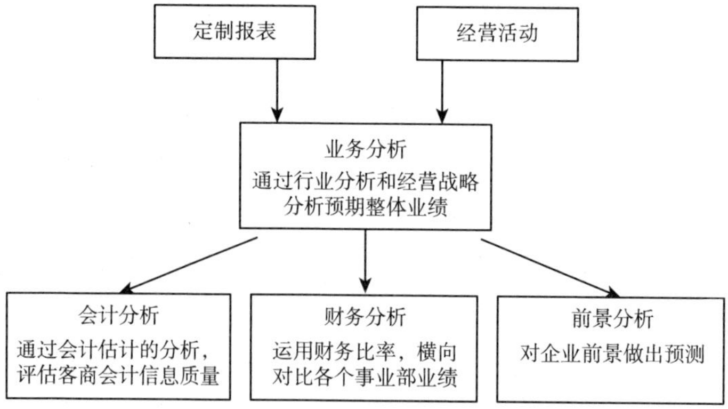

图6　财务共享中心－向业务延伸阶段

(1) 付款单管理流程：中建中东公司财务共享中心付款单审核流程详见图7。

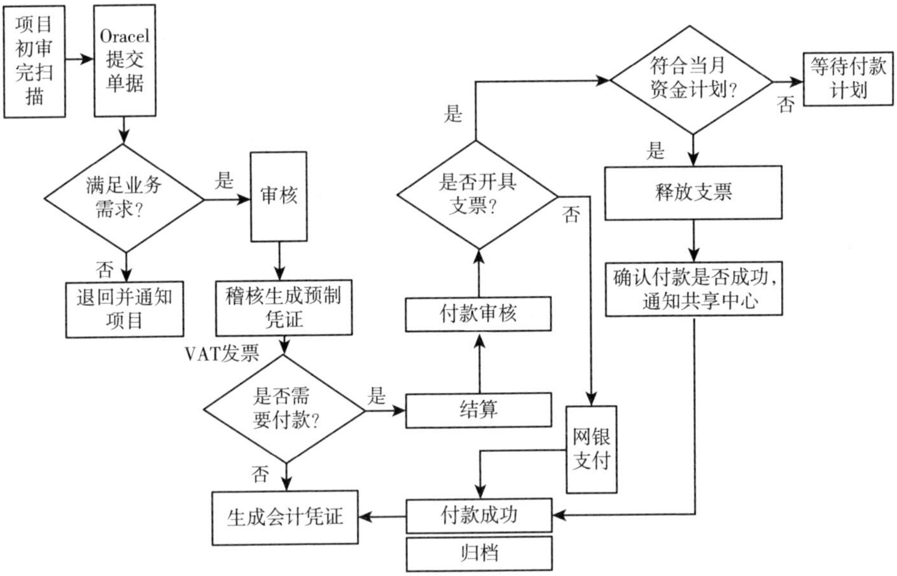

图7　中建中东公司财务共享中心付款单审核流程

第一，项目填报（Project reporting）。由各个事业部、各个项目的业务经办人通过Oracle系统（AP应付、AR应收、固定资产等）对应的Excel模板录入相关数据，系统会根据自动预设参数生成表单，如付款单和报销单。项目进行对应票据粘贴和数据填写，同时在项目中完成项目经理签字流程后，将文件送给财务共享中心的初审扫描员。报销单提交人必须对报销单的完整性、合规性等要求负责，保证所提交材料的真实性和合法性，并符合管理体系的要求。

第二，初步审核扫描付款单（Initial review scanning）。在接收到项目业务经办人的相应票据信息后，初审扫描员会进行审核并扫描原始票据上传至财务审批部门。财务工作人员，初步审核扫描程序在收到项目经理签字后的相应账单信息后，将审核原始账单并将其扫描到财务审批部门。

第三，各个项目会计审批（Accounting approval for each project）。在相应的内部控制下，相关人员需要对通过初步审核扫描上传的信息图像进行审核，并将审核后信息传递post进系统，然后输入财务共享中心的相应会计信息。

如未通过电子会计审核系统的单据，则直接拒绝（reject），退给报账人。

第四，稽核（Auditing）。业务部门的会计部门对电子账单系统中的对账单的业务报告进行相应的审计。如果完成对财务共享中心会计分支机构的审核，则会自动生成相应的凭证。如果不是，则将原路径退回。

第五，认证（Certify）。税收会计确认是否可以根据阿联酋的相关补充规定扣除补充进项税。

第六，结算（Settlement）。当付款单满足资金支付计划，则需要将相应的支付信息转换为业务结算并进行处理。财务共享中心资金审核员将根据相应的出纳确认文件审核付款，如果付款信息有误，则退回。否则，按照付款单上提供的付款方式进行付款。审核完成后，通知相应的项目部出纳员进行支付。付款成功后，总部出纳补充扫描支票等支付复印件作为付款成功依据，共享中心出纳进行付款成功确认。如果是线下支付，资金审核员审核完成后，将通知相应的项目部门付款。在项目经办人员如项目出纳员付款成功后，共享中心的会计人员补充支票扫描信息等，作为付款成功的依据，同时共享中心出纳员监督并确认付款成功。如果是线上支付，则共享中心出纳员将下达网上银行指令，审核员将在进行网上银行审核后确认网上银行支付是否成功。

第七，生成会计凭证（Accounting documents generating）。财务共享中心出纳员在结算中心确认系统中的线上银行或线下支付是否成功，输入凭证以生成待办任务池，并通过定制的凭证模板生成会计凭证。如果企业付款模块直接连接到银行，则付款信息将在确认结算后发送到银行。银行成功确认付款后，账单将进入凭证以生成待办事项任务池，并通过定制凭证模板来生成会计凭证。如果出现错误信息，银行将退还给结算中心的发起人。

第八，电子档案归档（Electronic archive）。财务共享中心将对相应的电子凭证文件进行归档整理。通过财务共享中心，实物票据被项目制单人员扫描形成 PDF 文件，实现集中的会计处理，缩短时间并提高财务信息的及时性。企业将采用统一的会计政策、单据标准、标准流程和信息系统，增强财务信息的标准化和可比性。通过统一的资金流管理，对业主的结算和供应商、分包等支出由财务共享中心集中控制，避免了因职责分工不足而怠工的现象，增强了每个职位的独立性，提高了资金的安全性。

（2）费用报销流程。费用报销流程是财务共享中心的关键流程，涉及企业的方方面面，并直接关系企业的效益，包括的流程环节也比较多。财务共享中心在收到每个项目中的费用报销单据之后，有必要对票据进行简单整理，检查票据的条形码等相关要素是否被完整打印，并检查这些票据是否符合公司报销单制度的要求。如符合要求，整理归类扫描准备准予报销；如不符合要求，则退回。

第一，票据扫描（Ticket scanning）。扫描票证并将其转换为图像存储后，扫描系统将根据分配的条形码自动进行分类，最后将扫描的图像上传到服务器。另外，需要对这些票据信息进行必要的处理，包括文档审阅和数据输入。

第二，账务处理（Accounting treatment）。完成票据扫描过程后，财务共享中心运营商将通过业务处理系统形成 Oracle 票务信息，并将该信息导入 Oracle 系统以形成会计处理记录。在导入信息之前，有必要查看票证信息，并且有必要进行后续处理，如审核验证、数据传输等。

第三，银行付款（Bank payment）。业务结算系统中的付款信息如供应商名称、支票金额、日期、银行账户、币种等信息可以导入到 Oracle 系统中。Oracle 系统将支付信息转换为符合在线银行接口标准信息并传达给银行，并将收银员转账引入在线银行系统以完成支付。换句话说，付款信息可以直接发送到 Oracle 系统中，由银行服务器完成付款，从而避免了文件传递过程中的内部控制风险问题。

第四，员工支付（Employee payment）。流程再造完成后，财务共享中心完全处理员工支付交易，各子公司或者项目的财务部门将不再处理此类业务。财务共享中心审查由前端业务与项目单据管理人员扫描和处理过的单据，只有审核通过的单据才能进行报销。报销申请人员不再需要亲自到出纳处领取报销款，可以通过银企互联系统直接将款项打到报销申请人银行账户上。与此同时，对报销人员进行信用评级，根据信用评级进行以后报销业务的处理。从此以后，不再需要报销行政人员亲自到财务部领取钱款。共享中心出纳像打工资形式一样，可以通过银行系统直接将相应的报销单金额打到相关报销人员的银行卡或者银行账户。同时财务共享中心可以根据报销行政人员进行评级考核，给予评级高的行政人员优先处理，对于一些不合规定的报销，要求追踪其报销单责任人。

第五，员工服务支持（Employee service support）。公司许多员工面临费用报销困难，流程周期长，影响项目日常现金的使用。因此，服务系统支持能促进财务共享中心的发展。例如，管理者通过事业部群和内部邮箱的建立来接受员工对系统的咨询，并查询文件。

3. 向管理延伸阶段：规划进行当中

完成这个阶段之后，多种共享中心与平台得以结合，如数据采集、流程审批、业务管控、信息集成和基础服务与财务操作平台、技术开发平台的集成和融合。一方面，通过财务共享中心业务的集中管理，实现业务的统一的控制，并基于业务事项的梳理实现预算的控制、核算的对应，确保实现报账业务的标准化及规则化，为日后随着共享中心发展的深入发展奠定基础；另一方面，财务共享中心的服务内容除基础日常财务流程工作（如应收账款 Accounts Receivable，应付账款 Accounts Payable、资产总账管理 General Ledger Management 等）之外，正在延伸到更多的高价值流程工作中（如计划分析 Plan Analysis、全面预算 Comprehensive Budget、税收筹划 Tax Planning、资金运作 Capital Operation、风险管理 Risk Management、公司治理 Corporate Governance、投融资管理 Investment And Financing Management 等），而这些价值增值的流程工作，要求企业必须做到管理会计、财务和业务的融合。“向管理延伸”是财务共享中心发展的终极阶段，其核心在于构建以数据共享为核心的财务共享中心，使其成为高层的数据中心。中建中东公司管理层能通过这些数据制定公司未来重大决策。例如，对外通过企业竞争者分析，通过财务及非财务数据挖掘竞争者的威胁信息，提前调整企业经营战略，制订相应的计划；对内通过财务分析，如三费比例分析，发现企业经营效率及效益，降低损失。

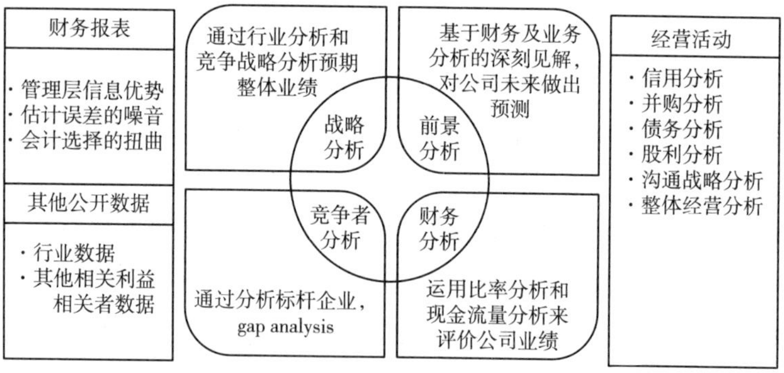

图 8　财务共享中心－向管理延伸阶段

本阶段的这种模式让财务人员进行了角色的转变，从“财务核算会计”到“管理会计”和“战略决策会计”。实施财务共享中心之前，企业的财务部门把大部分时间精力都放在日常的财务核算工作上，建立财务共享中心之后，复杂而烦琐的会计工作都经过财务共享系统算法自动完成。财务人员彻底从基础核算工作中解放出来，工作重心转移（见图9），向报表与财务控制及决策支持等领域转型。财务人员能够参与公司生产经营活动、战略规划、收购兼并、企业价值评估等活动，并且能够发挥财务工程师的角色。此时，财务工作人员更能实现自身价值和企业地位的提升。详见图9。

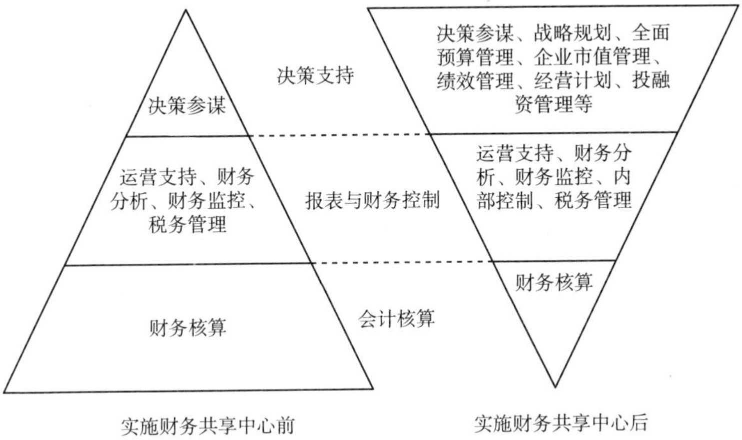

图9　实施财务共享中心前后工作转变

五、境外建筑施工企业推行财务共享中心的问题及对策

（一）境外建筑施工企业推行财务共享中心的问题

中国建筑股份公司长年在全球建筑投资类企业中排名第一，而中建中东公司作为其四大境外机构之一，其所处的中东地区建筑行业国际化程度和竞争挑战也非常高。选择中建中东公司进行案例分析具有一定的普遍性和代表性。通过对中建中东公司实施财务共享中心的过程分析，可以归纳总结出建筑施工企业在境外推行财务共享中心所需要克服的一些共性问题。

1. 人力资源管理缺乏

财务共享中心的推广关键成功因素为财务人员的集中化。建筑施工企业需将从事标准化财务工作的人员从事业部和项目中剥离出来，集中到财务共享中心，同时将基础、简单、重复和容易标准化的财务活动进行流程再造，设计成为统一标准流程，交由财务共享中心处理。然后将每个特定的流程划分为一个流程，每个财务人员仅负责变更操作，整个流程的操作类似工厂中的生产线，以节省工作时间和成本。但由于境外人力资源存在流动性强、属地化程度高等特点，如何克服语言和文化上的差异培养适岗的财务人员、如何使他们能够相对稳定地工作，是所有境外建筑施工企业在实施财务共享中心过程中需要回答的问题。

2. 会计业务系统维护困难

建筑施工企业顾名思义是以承揽项目为主。近年来，很多建筑施工企业走出国门，在境外承接大量合营、合作项目。新项目在预设财务系统中需要与合作方（往往是外国公司）进行沟通，企业除了要满足本企业的财务要求外，还需要考虑对方的财务需求，这导致不同的项目、不同的合作伙伴需求不一致，使初期对财务共享中心的设计要求产生偏差，导致其财务系统对新信息数据处理不达标，对财务系统的维护和更新管理都提出了严峻挑战。另外，部分流程存在重复且标准化程度不高，这在一定程度上影响了财务共享中心的运营效率，降低了客户的满意度。一些企业的财务共享中心正在流程管理过程中，由于某些员工对流程管理缺乏正确的了解，他们由此无法主动提出业务优化的要求。流程管理部门必须进行流程管理，发现问题和改进不足，以提升基层人员的工作效率。

3. 财务操作与业务分离风险

相对于国内的建筑施工企业，境外建筑企业的内部管理相对而言还不够完善，内部控制还有待加强。经常出现项目为了赶工，以避免影响施工进度为借口，亦或以保证建筑生产进度为由，绕过相关业务和财务部门之间的内部控制流程，来财务资金部催索付款。而通过财务共享中心标准化批准和内部流程控制，所有流程必须通过财务共享中心来完成，之前的情况将不会再出现，实施将变得更加标准化和高效化。因为所有经济业务的实施都要通过财务共享中心进行识别和审核，所以可以通过财务管理促进业务标准化，完善企业内部控制管理。通过实施财务共享中心可以实现实时监控现金流，统一资金调配，及时将事业部的资金进行上划归集。财务共享中心是各个模块，如 Oracle ERP Cloud 与各种项目信息系统高度集成，并且对业务部门数据有很高的要求。但是，如果财务共享中心只是充当一个服务单元（Strategic Business Unit，SBU），由于地域限制和业务限制，因而无法深入了解项目部门业务运营的变化。为了应对变化，我们只能通过建立常规的信息反馈机制，分析一定程度的差异，找出实质性问题并予以解决。

建筑施工行业的特性和境外承接工程的商业模式大致相同，大部分为房建、基础、机电项目，工程建筑实体的结构相当复杂，面临的环境也是可变的，并且经常会遇到一些特定风险，如所在国文化适应风险、政策风险、外汇风险等。财务共享中心并没有改变会计处理方式，而是扮演了监督业务的角色，这样可以缓解财务线与业务线之间的矛盾，可以实现业财融合。

4. 境外税务风险

目前，无论以何种形式“走出去”的境外建筑施工企业都面临不同程度的税务风险。特别在“走出去”的过程中，企业缺少相关的政策支持，对经营地的最新税务特征和税收情况不甚了解。这就使在推广财务共享中心时导致税务模块存在不确定性和相应的税务风险。

5. 信息技术整合风险

现行的4G技术条件不适合建立财务共享中心的企业，如制造业的工厂、建筑业、勘探业、信息化程度较低的企业等。财务共享服务的本质基于统一的系统平台、企业资源计划系统、统一的会计核算方法、操作流程通过信息技术推动的运营管理模式的变革。5G技术刚开始发展。目前，全球各个都在大力发展5G技术，与建筑施工企业财务共享中心存在整合风险。

6. 来自内部的阻力

实施财务共享中心受到来自项目层面的阻力是不可避免的。建设财务共享中心要对各个项目和事业部做好衔接，项目和事业部往往不愿意改变现状，通常会出现以下几种阻力。

（1）项目员工阻力：对于项目员工而言，财务共享服务的施行必定会面临组织架构调整、人员调整问题。由于财务共享中心人员单位单据处理效率高，相同业务量所需的人员减少。项目员工实行可能极度不安，担心失去工作，担心能力无法适应共享服务要求，担心不得不面对一个不确定的未来。

（2）项目整体阻力：对于项目整体而言，对财务共享中心推行的抵制可能来自三个方面：业务、领导和群体。

第一，从业务层面上。在具体业务处理时，项目人员需要首先审核原始付款凭证，然后上传相关影像资料。与之前的工作相比，项目人员工作量不减反增。

第二，从领导层面上。由于部分优秀的项目财务人员都被集中到财务共享中心，项目的管理人员没有相应的业务人员执行相关工作，导致很多事情找不到人来做，项目的管理人员会感觉权力被“架空”。

第三，从群体层面上：项目业务人员不能像以前一样与财务人员面对面交流，人际关系疏远，从心理上会感觉现场很多问题都难以得到及时的反馈和解决。

（二）境外建筑施工企业推行财务共享中心的解决对策

1. 提高并加强人力资源队伍的建设

长期以来，建筑施工企业的财务工作都是以核算型财务为基础的。这是一种相对传统的方法，更多关注于记账、审核等工作，财务人员的专业技能培养侧重于会计方向。财务人员尽管每天需要处理大量数据，但他们对管理分析的关注较少，理论知识不能灵活运用，在实践工作中不够专业，未能使财务数据有效地集成到财务管理中。目前，各高校财务相关专业只注重培养财务人员财务专业能力，忽略了对财务管理能力的培养。现阶段，国内外需要的是能够结合财务数据及时发现问题并解决问题的高素质财务管理人才，但是这类人才少之又少。从理论知识上来看，现需加强财务人员获得相关管理会计知识的渠道，提高其自身的专业素养，以更好地胜任管理会计的工作。

建筑施工企业在日常财务工作中有意发掘并培既懂业务又懂管理的财务工作人员。财务共享服务模型的出现，对原有财务部的组织、岗位分工方面产生了巨大冲击，通过对流程的重新设计，人员的重新分配，原来需要手工核算的工作量减少，财务核算人员岗位数量将减少，因而部分财务人员面临转型，如何对他们进行转型规划是未来工作的重点方向之一。另外，在财务共享中心为企业财务管理提供更为标准统一的基础数据的同时，企业对财务管理的需求也有所提升，急需与财务共享中心匹配的管理型财务人员。他们既能理解核算规则，又具备较强的财务管理能力。如何选拔培养并考核合适的管理人才也是需要规划的内容之一。

在财务共享中心内的分层缩减过程中，在相对垂直的组织模型中，财务人员职位晋升的渠道也可能被替换。财务人员的工作内容是相似的，企业可以通过增加财务人员的工作内容的丰富度来横向发展财务工作人员的技能。同时，在此过程中，指导财务工作的纵向发展。通过提高财务人员自身的技能和贡献率，员工可以通过定期的绩效考核获得职位晋升的机会。

通过定期的绩效考核评估对财务人员加以良性的激励，不仅有利于提高员工自身的工作能力，还有利于提高财务整体的工作效率。同时，员工晋级的次数和频率也是必须要考虑的方面，以确保创造公正透明竞争发展机制。企业的人力资源部门和共享中心部门管理者应为每个新入职的员工及时建立入职时间档案和发展计划。六个月的试用期结束后，无须受限于中期绩效评估和年终绩效评估对晋升比例的要求，员工应获得相同的晋升机会，实现晋升渠道的透明化、定制化。在员工晋升通道的设计中，可以参考发达国家成熟的“多层次，快速晋升”晋升梯度。例如，财务分析职位，从低到高可以命名为初等、中等、高等。

2. 维护信息化管理系统

企业内控一个重要的环节就是对企业内部业务流程优化。境外建筑施工企业应当首先满足实际工程项目的要求，保证业务流程的合理性和有效性。实际上，有时无用的工作量会无形地增加。例如，可以在企业资源计划系统中启动外部付款批准，但是在实际的办公系统中这种对外付款需设置更高的审批权限。如果流程中依然存在重复性工作内容，这样的流程设计必然不能实现高效的组合以提高运营效率。因此，设计审批流程必须考虑合理性和效率性，需要根据企业的实际情况来划分流程标准，结合多审批模式，如自主选定审批人流程、自主选定审批人流程批准、并行流程审批、混合流程审批等方式，以满足实际境外业务要求。另外，企业想要达到财务业务处理标准且高效，管理者就必须明确、细化业务管理准则，应尽量减少人为判断和主观因素引起的业务流程不规范的现象；管理者必须明确定义业务管理准则，制定相应的操作手册，并应最大可能地降低由主观判断因素引起的不规则业务流程风险。为提高过程标准化实施的准确性，需建立监察机制及奖惩制度，定期对流程标准化操作监察考核评估。

3. 建立业务监督与反馈机制

建筑施工企业运维部门的工作人员需要具有财务信息系统操作、项目管理及相关建筑业财务工作经验。他们的主要职责是了解项目不同业务的需求控制流程，进而转化为系统开发问题的优化升级，确保系统能够在任何时间准确、及时地生成定制的业务报表。此外，财务共享中心需要加强财务内部制度的日常运维管理，建立业财知识培训体系，培养财务与业务相结合的内部复合型人才。系统运维人员最好是由在公司工作年限较长的内部工作人员担任，因为他们对业务模块的设计和实施能够有更为深刻的见解，其设计管理理念会让设计出的流程更贴合实际工作环境。

建筑施工企业可以通过增加业务平台软件的建设，如手机办公 App，拓展相应业务模块的功能设置，整合并建立专门的维护小组及时跟踪反馈。财务共享中心可以通过多种沟通渠道方式，接受各个项目或者业务部门对内部控制系统的建议和反馈，将其整理并提交给后台业务处置部和财务总部业务部评估。另外，公司需要建立及时、有效的应急反应机制，防范潜在的风险，并且根据相关业务人员和前线业务人员的意见，及时调整服务内容与范围。

4. 与专业机构合作开发税务模块

为规避阿联酋新实施的增值税风险，中建中东公司已经购买了阿联酋当地的德勤和普华永道业务以针对税务咨询。德勤和普华永道将结合当地政府对建筑行业的增值税要求，编制税务规范手册。未来，中建中东公司将针对 Oracle 系统税务模块进行二次开发，定制一套符合阿联酋增值税规定的模块，从而降低税务风险。同时，将有关增值税业务配置专人负责，做好税务筹划工作。

境外建筑施工企业可以借鉴中建中东公司税务风险处理方式，从当地实际工程需要出发，多了解当地国家的税务法规和政策，在必要的情况下，利用当地的会计事务所提供相关税务咨询服务。由此，建筑施工企业根据所掌握的税务知识制定相关的税务手册，随时关注所属国的经济政策变化，同时在原有的财务共享系统上二次开发税务模块，以适应境外施工企业在税务方面适合当地的法律法规。

5. 渐进式信息技术整合方式

随着科技的不断进步和完善、5G 时代即将开启，财务共享中心也将不断与新技术进行磨合。例如，2019 年 5G 技术在阿联酋开始发展，运营商 Etisalat 与华为合作推出的固定和移动 5G 设备，尚处于部署阶段。未来中建中东公司将采用渐进式信息技术整合方式。初期财务共享系统依然依靠纸质传递作业，逐步实现企业单据和发票影像化，最终实现彻底的无纸化处理单据。在5G技术结合中，依然可以采用上述思路，初期通过一个项目采用试点5G技术接入财务共享信息技术接口；待整合成功之后，再在公司层面推广。

建筑施工企业需要结合当地信息技术，逐步实现技术整合，采用渐进式技术整合方式，消除技术整合风险。

6. 降低内部阻力策略

企业通过精心设计财务共享中心实施过程，能够降低来自项目的阻力，提高财务体系运行成功的概率。理想的降低项目的阻力策略应该包含以下几个。

（1）充分沟通，认真分析各个项目与总部的相互影响关系。这样主要是让项目充分认识到财务共享中心成立的实质好处及影响。同时，制定更加符合项目实际的策略。例如，对于跨地域的项目，考虑到原始凭证审核和传递困难等问题，可以调整传递单据到共享中心的频率，降低单据传递的成本。

（2）派遣相关专业技术人员到项目现场指导相关工作，消除项目业务人员的陌生感，开展财务共享中心的职能定位工作，可以通过邀请项目业务工作人员加入研讨会的方式对企业财务共享中心的人员工作进行规划部署，重点注重重要岗位的人员变动培训，切实明确换岗过程中的注意事项。

（3）加强人员配置管控，适当吸收当地专业人才加入项目。由于项目的工程管理领导主要是国内派遣的，也由于语言障碍，倾向于会说英语的员工，企业并没有充分利用当地的人力资源。在项目合同管理和商务的人员配置上，可吸收当地富有工作经验的人员，提高财务凭证的准确性和合规性。

六、结论与启示

中美贸易争端引发全球经济开始下滑，中东地区也受到波及，建筑业面临越来越激烈的竞争，整个行业发展放缓。建筑行业企业如果想重新获得竞争力必须寻求转型升级。

随着全球经济开始下滑，建筑行业面临的竞争也越来越残酷，行业发展进入下行通道，建筑业企业转型升级迫在眉睫。当前，财务共享中心管理模式已经成为境内外建筑企业提升企业运营效率的重要手段。目前，通信行业、保险金融等行业中的大部分企业已经成功建设财务共享中心，但是建筑企业构建财务共享中心，尤其是在境外构建财务共享中心的案例却不多见。研究分享建筑企业如何在境外构建财务共享中心显得非常重要且具有借鉴意义。本研究以中建中东公司为例，探索了在境外推行实施财务共享中心的方法，形成以下结论与启示。

第一，本研究是在对境内外学者研究成果做了大量调查研究的基础上，结合了国家政策和建筑企业自身战略转型特点，详细地分析了建筑企业建设财务共享中心的必要性（Necessity）和可行性（Feasibility）。提出建筑企业在构建财务共享中心时应采取的步骤方法；着重指出构建过程中的问题及解决策略；并探究了中建中东公司在境外推行财务共享中心的可行性，深入探讨了建筑施工企业应如何结合自身的独特性，建成人性化的财务共享中心。最后提出建筑施工企业的财务共享中心建设是一个需要持久坚持的过程，要适时而变。本研究选择了中国建筑集团有限公司二级子公司——中建中东公司作为案例，详细探究其在阿联酋地区推行财务共享中心模式的发展阶段和建设过程中面临的难点和应对策略，并从信息技术、组织结构、员工发展、业务流程再造和 KPI 考核等方面提出解决建议，希望以此对推行财务共享中心较晚的建筑施工企业起到示范作用，同时也为建筑施工企业在境外推行财务共享中心时各个发展阶段出现的困境和解决策略提供一些借鉴之处。

总体上说，财务共享中心管理模式能够解决境外建筑企业目前面临的一些共性问题，是境外建筑企业提升企业运营效率和竞争力的重要手段之一。财务共享中心管理模式在境外应用是非常有必要的，也是可行的。

第二，从本研究中可以得到如下启示：建筑施工企业在境外构建财务共享中心有三个方面的工作重心。一是财务共享中心的规划期与组建期需要与企业当前的管理水平相匹配，不能急于求成。二是由于施工企业的建设项目行业管理特点，推行施工企业建设财务共享中心时，必须解决实物管理的电子文件不能与纸质文件完全同步的问题。因此，电子档案与实物档案分开管理的风险防控就显得十分有必要。三是构建共享中心程序实施三个阶段，即基于财务阶段、向业务延伸阶段和向管理延伸阶段。财务共享服务的财务管理模式已成为建筑业改变企业管理模式，提高企业财务管理水平的重要手段。本研究介绍的境外建筑公司建立财务共享服务中心的实践经验，结合了建筑行业的特点和循序渐进的实践，特别是在施工过程中需要解决和关注的问题，可以为正在构建或准备构建财务共享中心的施工企业起到一定的借鉴作用。至少在设计和施工阶段，规范各项工作步骤和时间点，提前制定策略解决构建财务共享中心建设的各种阻碍因素，节约推广时间，降低运营风险。

参考文献

[1] 卢国志. 财务共享服务中心的实施条件和构建策略研究 [J]. 中国商贸，2013 (5)：15 - 18.

[2] 姚丹靖，金颖，汪雅琼，等. 财务共享中心模式下的内控深化建设与实施应用 [J]. 华东电力，2014.

[3] 宋志宏，李治明. 加快建筑业企业集团财务共享服务建设的思考 (Doctoral dissertation) [J]. 中国会计师，2015 (4).

[4] 崔惠钦，杨富春. 建筑企业管理信息化问题与对策的研究与实践 [J]. 施工技术，2005 (2).

[5] 张瑞君，陈虎，张永冀. 企业集团财务共享服务的流程再造关键因素研究——基于中兴通讯集团管理实践 [J]. 会计研究，2010 (7)：57 - 64.

[6] 德勤. 财务共享服务现状与展望 [J]. 首席财务官，2013 (5)：82 - 85.

[7] 曹锡锐. 以财务共享中心提升集团管控能力 [J]. 施工企业管理，2016 (7)：65 - 67.

[8] 李任. 试论财务共享服务中心对建筑施工企业项目管理的提升作用 [J]. 现代国企研究，2016 (2)：110 - 111.

[9] 李甘霖，张庆龙. 财务共享服务未来发展趋势 [J]. 中国注册会计，2012 (12)：26 - 28.

[10] 杨双. 建筑施工企业如何强化财务共享中心建设 [J]. 低碳世界，2016 (9)：97 - 98.

[11] 段培阳. 财务共享服务中心的典型案例分析与研究 [J]. 金融会计，2009 (9)：21 - 26.

[12] 王丽. 如何实现财务共享中心在建筑企业集团公司中的价值最大化 [J]. 时代金融，2017 (20)：212 - 212.

[13] 胡松．施工企业资金管理的要点分析 [J]. 中国集体经济，2014 (4)：84－85.

[14] 饶杰．建筑施工企业财务成本管理的思考 [J]. 财会研究，2015 (5)：58－60.

[15] GUNN, R. W., CARBERRY, D. P., FRIGO, R., & BEHRENS, S. (1993). Shared Services: Major companies are re－engineering their accounting functions. *Management Accounting (USA)*, 75 (5), 22－29.

[16] BELCOURT, M. (2006). Outsourcing—The benefits and the risks. *Human resource management review*, 16 (2), 269－279.

[17] BERGERON, B. (2002). *Essentials of shared services* (Vol. 26). John Wiley & Sons.

[18] HÄUSSER, A. (2013). Leverage Finance Shared Services (FSS) to optimize overall corporate performance. In *Finance Bundling and Finance Transformation* (pp. 189－217). Springer Gabler, Wiesbaden.

[19] KASTBERG, G. (2014). Framing shared services: Accounting, control and overflows. *Critical perspectives on accounting*, 25 (8), 743－756.

[20] KRUSE, D. L., BLASI, J. R., & PARK, R. (2010). Shared capitalism in the US economy: Prevalence, characteristics, and employee views of financial participation in enterprises. In *Shared capitalism at work: Employee ownership, profit and gain sharing, and broad－based stock options* (pp. 41－75). University of Chicago Press.

安庆石化公司深化财务转型问题与对策研究

周　琼

摘　要　中国石化安庆石化公司是中国石化集团下属42家炼化企业之一，按照集团公司的统一部署，2017年8月实现财务共享上线。2018年年底，中国石油化工集团国内企业基本完成共享上线后，集团公司要求各上线企业推进财务转型工作。深化财务转型，既是上级公司的要求，也是安庆石化公司提高效益、实现可持续发展的内在需求。目前，安庆石化公司财务管理在整个企业管理中的中心作用发挥得不明显，财务部门在公司的地位不高，深入生产、经营不够，大多数工作还处于事后被动接受的状态，需要制订深化财务转型的方案并予以实践。

本研究围绕“为什么转”“往哪儿转”“怎么转”，首先阐述了安庆石化公司深化财务转型的背景，指出了深化财务转型的必要性和转型方向，明确、细化了深化财务转型的内容，在此基础上制订深化财务转型方案并进行实践。作为特大型生产企业，安庆石化公司深化财务转型主要是向经营财务转型。以提高企业价值为目标，在公司高层的推动下，营造“全员财务”的氛围，着力推进财务职能转型、组织转型、人员转型，提高财务组织的业务洞察力，推动财务与业务的高效融合，共同推动公司生产经营效率和效益提升。本研究的创新之处，在于将转型后的职能细化为“业财融合职能”“财务专业职能”和“专家职能”；并提出设立财务“专员团队+专业团队”模式，同时，建立虚拟业财融合团队的组织、人员转型方案，通过组织、人员转型推动职能转型在工作中落实到位；建立专员团队+专业团队人员胜任力模型，有针对性地开展“现场化”或“专业化”培训，提高人员适应财务转型的能力。

本研究希望能够在企业管理实务中为相关企业提供参考，通过深化财务转型，推动集团公司下属生产制造型企业财务和业务管理能力的提升，促进实现企业的战略目标。

关键词：财务转型；业财融合；价值创造

一、绪论

（一）研究背景

财务转型是指企业在复杂多变的经济环境中，为适应企业生存和长期发展的需要，以战略性财务为导向，在加强现有财务管理工作的基础上，通过前移财务管理工作，全面参与企业战略管理、市场营销以及资产管理等经营活动，强化对企业经营全过程的决策支撑和价值管控。

财务转型的本质是梳理财务与战略、业务的关系，目标是促进企业价值持续增长和发展，内容是职能、组织和人才转型。20 世纪 90 年代以来，信息化技术的发展，特别是近年来共享服务中心的兴起，为财务转型奠定了组织基础、信息基础和数据基础，提供了财务从价值评估型向价值管理型转型的可行性。而日益激烈的市场竞争、企业集团资源整合和经济全球化等因素，促使大型集团企业要加强企业集团管控、提高企业效益，企业增值的本质属性要求财务加快转型，要求财务管理成为企业管理的重要抓手，甚至是最重要的抓手。

1. 宏观背景

2009 年，中央企业财务工作会议正式提出央企要进行财务转型，其主要内容是要推动财务从会计核算型转向价值创造型，核心思想是通过财务转型，推动中央企业管理水平不断提高。要求财务管理不能仅仅停留在传统的会计核算和报表信息的报送上，要向价值管理转型；推动企业构建资金集中管理、全面预算管理、财务信息化、内部控制建设等财务管理转型体系；提升集团公司财务资源的组织能力、配置能力、运作能力。伴随着中央企业集团化管理、精细化管理的需求，使财务必须实现价值创造的功能，中央企业的财务必须实现集团化价值财务体系。大型企业集团必须有一套非常优化，而且能够深入全员、全过程、全要素的财务管理体系。

2. 微观背景

近年来，中国石化集团公司按照中央和国资委的有关要求，着力推进财务转型，以更富活力的财务管理体制促进公司全面可持续发展。2012 年，中国石化集团制定《中国石化共享服务建设框架方案》，集团党组提出“财务共享服务先行，抓紧推进相关工作”的总体要求。2013 年，中国石化财务共享服务中心和东营分中心成立，当年即完成胜利油田等 13 家企业的财务共享试点。2016 年，启动中国石化 HR 共享、IT 共享服务试点，并进行财务共享服务第一批推广建设。2017 年，中国石化集团共享服务有限公司成立。2018 年年底，集团所属国内企业全部完成财务共享。2017 年 8 月，中国石油化工股份有限公司安庆分公司（以下简称“安庆股份分公司”）、中国石化集团资产经营管理有限公司安庆分公司（以下简称“安庆资产分公司”），统称“安庆石化公司”，作为集团下属二级企业之一，完成财务共享上线。截至 2018 年年底，经过一年多的磨合，共享上线基本稳定，为安庆石化公司深化财务转型提供了基础。针对安庆石化公司目前财务工作中，财务管理在整个企业管理中的中心作用发挥不明显，财务部门在公司的地位不高，深入生产和经营不够，大多数工作还处于事后、被动接受阶段，与企业战略、业务的融合度较低等问题，要积极推动深化财务转型，包括职能转型、组织转型、人员转型和数字化建设等，加快实现财务工作由核算型向管理型转变。

（二）研究意义

本研究所探讨的是在基本完成财务共享上线后，大型企业集团下属二级生产型企业按照集团公司的要求，进一步深化财务转型的工作思路和实践。深化财务转型，是安庆石化公司作为中国石化集团炼油化工板块所属的生产型企业之一，按照集团公司的统一部署，贯彻中央精神、转变管理方式、进一步完善财务治理、提高国有资本创效能力、不断做强做优做大国有资本的必然要求；深化财务转型，是安庆石化公司自身提高效益，促进企业完成各项任务目标的必然要求；深化财务转型，是安庆石化公司实现共享上线和会计核算、费用报销、资金收支等职能转移到共享服务有限公司或财务公司后，对企业财务工作的必然要求。

本研究的研究意义主要包括以下三个方面。一是明确了集团下属二级生产型企业在共享上线后，深化财务转型的方向，解决“往哪儿转”问题。二是明确了该类企业财务转型的内容，解决“如何转”问题。三是在实际工作中进行实践，总结经验，查找不足。本研究希望能够在企业管理实务中为相关企业提供参考，通过财务转型，推动集团公司下属生产制造型企业财务和业务管理能力的提升，促进实现企业的战略目标。

（三）国内外研究综述

为什么近20年来“财务转型”成为财会界的热词？“财务转型”究竟指什么？“财务职能”在不同时期是有所变化的。特别是伴随着企业大型化、跨国化、信息化建设等经济、技术环境的变化，财务的职能发生着改变。基于19世纪及20世纪背景而形成的传统财务模式及框架结构，已经与21世纪信息化的全新社会环境的客观要求不相适应，企业财务的转型已经成为21世纪整个企业界能否适应新环境而重塑自己管理组织、战略规划、激励控制乃至商业模式的基础。而且，在大型集团内，在不同的管理层级，相应的“财务职能”并不是相同的。

1. 国外研究综述

1998—2000年，美国管理会计师协会（IMA）先后发布了“财务职能再设计”“财务职能再设计的工具和技术”与“建立共享服务中心”三份公告。IMA认为，财务职能重塑后，主要包括负责全球经济监控、持续改进、标杆管理、新投资、战略分析、流程再设计等工作内容的经营顾问角色；负责项目领导、信息提供、绩效考核、经营子单元报告、竞争者分析等工作内容的经营分析师角色；负责信息系统、总账、往来、审计、税务、合规、法律、司库等工作内容的技术专家角色。并且定义了“财务最佳实践”，认为基于财务“增值、降本、提效、资讯”这些新目标，从“流程、人员、信息技术”三个维度实现持续优化变革。公告还从“学习力”“问题解析判断力”“项目管理”“信息超市”四个方面，介绍了“财务竞争力模型”的一般知识、通用业务能力、基本分析能力、高级财务能力、运用技术能力、沟通能力以及人力资源管理策略。最后对实现持续改进的基本方式——建立共享服务中心做了框架和制度、作业准则方面的探讨，使财务职务转型形成了一个相对清晰的起步基本框架；而现今风靡世界的基于信息化的业务财务一体化为主体特征的公司“集中”管理以及云计算和智能企业、智慧管理理论的形成，恰恰印证了IMA以上公告对人类实践发挥了积极推进作用。

玛格丽特·梅（2002）在《财务职能与公司增值》一书中提出，当今商业环境对财务的挑战主要包括：进一步降低成本的压力；根植于业务记录，以客户为中心、以服务为导向，实现并增加全公司价值的压力；必须对不断变化的需求迅速地做出反应的压力。财务部门的传统职能已经不再适用，有必要将其转变为增加公司价值的新职能，所有这些只有通过变革才能够实现。

Martin Fahy（2006）认为，在新老市场交替、竞争愈发激烈、技术迅速更新的背景下，公司外部的监管者们和投资者们要求更高的透明度和更强的问责制，公司内部的股东和公司管理者们则希望财务部门的工作不只停留在核算这一层面，而希望财务能帮助公司创造价值，因此财务部门迎来了转型升级的挑战，要求其从传统的记录和控制功能转型，成为更注重公司价值创造的管理合作型部门，财务工作的重心应由核算转为决策管理。

2009—2010 年，IBM 研究团队把现实中财务角色定位在四个层面：最低端基本版是“记分员”（数据记录、财务总管权、“事实”的多种版本）、升级版是“操作员”（专注于财务操作、信息提供、绩效说明）、提高版是“能力有限的顾问”（专注于分析、非最佳执行、零散数据）、顶级版是“价值整合者”（绩效优化、预见性洞察力、企业风险管理、业务决策制定）。详见图 1。

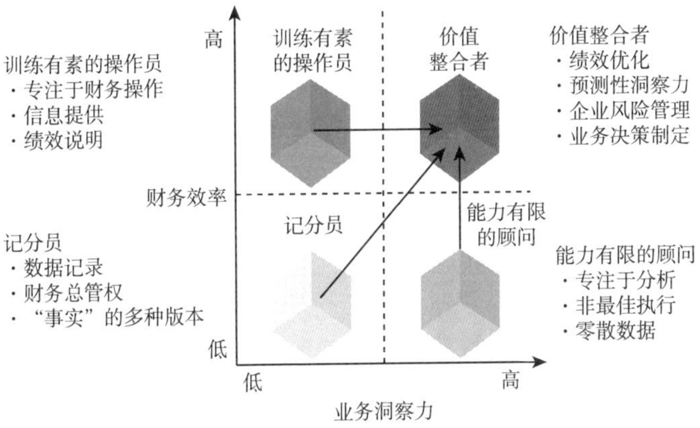

图 1　IBM 用研究团队财务角色分析

2. 国内研究综述

谈财务转型，首先要追根溯源来了解财务会计的基本定位。葛家澍（1998）认为，会计是一种信息系统，即会计是向各种利益相关者提供决策所需信息的一个信息系统。杨纪琬（1987）认为，会计是一种管理活动，即会计是参与或直接进行的一种管理和控制活动。前者称为“狭义会计观”，后者称为“广义会计观”或“大会计观”。在当前的会计实务中，企业多数是将财务与会计部门设置合二为一的，因此广义会计观更切合企业实际，财务转型也意味着从狭义会计走向广义会计。

我国企业财务与业务往往处于分离状态。1980 年，厦门大学余绪缨教授提出“(财务) 指标数字的分析只能提供初步的线索，作为深入地进行分析的入门向导。要真正说明问题、分析问题、解决问题，还必须把（财务）指标数字的分析和通过调查研究所掌握的经营活动中的‘活情况’紧密结合起来”。

何瑛、彭晓峰（2008）认为，所谓财务转型，是指企业的财务管理从传统的核算型、管理型向战略型转变。以改善基本财务作业流程为基础，通过提供高附加值的经营业务分析、公司风险的管理、绩效管理的建立和完善，以支持公司制订战略，并在实施过程中进行财务评估与控制，促使企业完成重要的战略目标。财务转型需要重点强化三个主要职能，即资源配置、过程管控和信息导航。

魏春红（2015）提出建立以价值管理为导向的财务转型路径。他指出，企业价值管理是以实现企业价值最大化为目的，以价值评估为重点，把控制、计量、预期和激励于一体的综合性管理模式。基于价值管理为导向的财务管理改变了传统财务管理以成本降低和利润最大化为目的，重点关注企业价值创造能力和核心竞争力提高，其目标是实现企业价值最大化、促进企业长远发展。企业转型发展的财务管理路径有如下四种。一是建立基于价值管理导向的全面预算管理体系。二是实现企业价值链上的财务协同，通过制度和流程重新评估、设计，将价值最大化的企业目标分解落实到各业务流程和战略单元，以保证企业目标的顺利实现。三是创新财务支撑，助力新兴业务及转型业务发展创新。财务支撑转变以核算、记账为主的基本支撑职能，向为企业提供战略管理、市场营销、客户价值等多领域支撑服务，为企业变革转型、新兴业务发展提供全方位的决策信息。四是转变理念，打造多层次的财务人才体系。改变把财务管理只是作为核算、记账的独立专项职能的观点，认同财务转型对企业价值运营的重要性，接受财务管理是企业价值创造、发掘者的重要角色，支持创新财务团队建设和财务人员的培养，打造全方位、多层次的财务人才体系。

陈虎（2016）认为，财务转型的目标，第一，要降低财务自身的运行成本；第二，需要提供深入价值链的业务支持，财务人员需要深入到企业各个价值链中，走到业务部门中间去，实现业务中的支持；第三，提供决策支持，财务部门要帮助企业各级管理者提供信息，把数据转化成为信息，在合适的时间给合适的人，并对其决策产生影响。他指出，伴随着财务转型的过程，企业的财务组织也将发生巨大变化，将逐步转变成一个完整的、四位一体的管理模式，即：公司层面控制管理的战略财务、全价值链财务管理支持的业务财务、交易处理为主的财务共享服务以及财务核心能力的专家团队。

上述各项研究尽管角度和目标不同，但一致认为：企业财务具体职能在20世纪后20年中，开始发生不同程度的转型。而这种财务职能转型，进入21世纪后，随着信息化浪潮已深深地影响人类社会生活的各个方面，在企业领域传统意义上几乎“泾渭分明”的财务与业务，借助于计算机网络平台更多地实现了越来越明显的融合，以至于出现了一体化趋势。如此，财务职能实践非常明显地面临着怎样重新定位问题。财务转型研究需要在财务业务一体化全新环境下，重新审视财务管理职能现实转型问题。并且，职能转型促使组织转型和人才转型，财务组织从记分员、训练有素的操作者、能力有限的顾问向价值整合者转型是非常明确的发展趋势，相对应的、所要求的人员能力发生变化，要求人员进行转型。

（四）研究方法、创新之处和研究框架

1. 研究方法

本研究主要采取理论到实践，以理论指导实践的研究思路。首先明确财务转型的含义和路径，结合国内外企业财务转型的模式和实践经验，探索中国石化集团公司下属安庆石化公司的财务转型思路，并在工作实践中提出保障财务成功转型的措施。

本研究主要应用文献综述法、案例分析法、演绎、归纳和比较分析法等研究方法。

2. 研究的创新之处

一是将集团下属生产型企业的财务转型后的职能细化为“业财融合职能”“财务专业职能”和“专家职能”；二是在分析职能转型的基础上，创新性地提出设立财务“专员团队 + 专业团队”模式，并建立虚拟业财融合团队的组织、人员转型工作方案，通过组织、人员转型推动财务职能转型在实际工作中落实到位；三是建立专员团队 + 专业团队人员胜任力模型，有针对性地开

展“现场化”或“专业化”培训，提高人员适应财务转型的能力。

3. 研究结构框架

研究结构详见图 2。

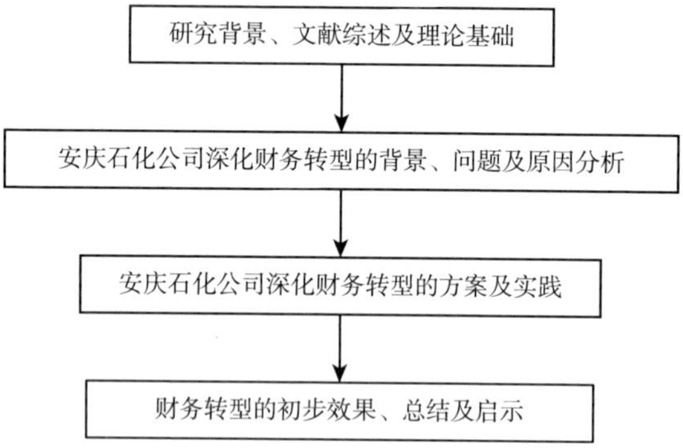

图 2　研究结构

二、理论基础

（一）财务转型的内涵和必要性

从根本上说，财务转型是面对日益复杂的经营环境，重新理顺财务与业务的关系，为企业创造更大的价值。

随着大型集团企业的不断发展，为适应复杂的外部环境和激烈的全球市场竞争，提高企业的创效能力和风险防范能力，企业需要财务部门进行转型，克服现行财务工作中存在的缺陷，深入企业战略和经营，更好地发挥价值管理作用；同时，20 世纪中叶以来，互联网、远程数据传输等现代信息技术的发展为大型集团的财务转型提供了可能性。

财务转型是大型企业集团提高效益、防范风险的必然要求。我们目前的财务管理现状难以满足企业希望财务承担的“以价值管理为中心”的需要。目前的财务工作存在如下主要缺陷。一是财务管理对企业的战略决策、经营决策支持不够。往往以财务业务为核心作为判断标准，而不是出于提升企业价值的角度来考虑问题，站位不高。二是财务与业务相分离，重核算轻管理，重数据轻信息，重事后轻事前、事中，会计信息缺乏完整性与实时性。造成会计远离业务流程，难以发挥创效职能；同时，会计对于业务的实时控制严重缺乏，会计的风险防范和监督职能难以得到有效的发挥。三是分散式的财务核算组织效率低下、成本高昂，并且缺乏对业务的支持和战略推进能力，缺乏对基层业务单位及子公司的监控能力。

现代信息技术、共享服务的发展为财务转型提供了可行性。大型集团企业的财务转型主要是基于共享服务的财务转型。共享中心建设是财务转型的起点，使财务人员从占用大量劳动力的传统会计核算业务中解脱出来去从事预算管理、财务分析、绩效考核、税收筹划、战略管理等管理会计工作，了解业务部门需求，促进核心业务发展，更好地服务于企业的管理，促进企业实现健康、可持续发展。

（二）财务转型的方向

基于共享服务的大型集团企业的财务转型，在不同的层级，财务转型的方向是不同的。转型方向主要有战略财务、经营财务、共享财务和专家团队，共同构成集团企业完整的财务治理体系。集团企业要逐步建成以战略财务为引领、以经营财务为主体、以共享财务为基础、以专家团队为支撑的“四位一体”财务管理模式。

战略财务在“四位一体”管理模式中处于主导地位。战略财务主要集中在总部层面，专注于决策支持，作为整个企业的决策参谋，发挥对企业战略的决策支持作用；同时，强化对集团会计核算和资金管理的集中管控。

经营财务是经营创效的实施主体。经营财务主要是企业层面，落实战略财务的部署和要求，专注于支持和服务所在企业的业务发展，作为业务合作伙伴，深化业财融合、风险管控、基础管理，实现企业价值引领和创效增效。

共享财务提供专业化会计核算服务。共享财务承担财务会计基础性工作，作为信息提供者和会计核算业务的服务者，推进会计核算业务标准化、规范化、智能化建设，提高服务效率与准确性，以准确、及时的会计信息支撑价值管理工作。

专家团队发挥财务智库作用。专家团队主要是针对经营环境变化、财税政策调整、改革发展重点难点问题和财务管理薄弱环节，开展专题研究、管理诊断和重点帮扶，为战略财务、经营财务、共享财务提供智力服务和技术支持。

（三）财务转型的主要内容

那么，如何实现财务转型呢？最终要落实到财务的职能、组织和人才转型上。职能转型是指为实现企业价值最大化，业务和财务关系需要进行调整，重新界定财务、业务的职能内涵。不同的财务转型方向，财务职能转型的内容不同。例如，战略财务的职能主要是强化战略研究、财务监管、政策争取、资源统筹、制度制定、信息化集成、队伍建设等。事业部级财务转型的方向是“战略财务+经营财务”，其职能既有战略财务的内容，如参与板块的战略规划、审核板块所属企业的大额投资、优化资源配置等；又有加强基于经营目标的预测分析、价值管理、绩效评价等经营财务的职能。二级企业财务转型的方向是经营财务，其财务职能主要是加强全生命周期价值链预算管理、全过程成本管理、全周期资产管理、资金管理等。而共享中心作为战略数据中心，转型方向是共享财务，其主要职能是优化共享平台建设，利用AI等新技术，不断拓展增值服务，提供“核算业务+数据业务”的支持等。组织转型是指财务职能调整往往需要财务组织架构及岗位设置进行优化，为财务转型提供相适应的组织保障。人才转型是指根据职能转型的需要，重新确定所需的人才标准，提升人员能力，为财务转型提供能力保障。

三、安庆石化公司深化财务转型的背景及问题分析

（一）安庆石化公司概况

安庆石化公司始建于1974年7月，当时作为解决几亿人穿衣吃饭问题的战略举措之一，经毛泽东主席和周恩来总理亲自批准，安庆石化公司开始第一次创业，建设了炼油和化肥装置，填补了安徽省石化工业空白；20世纪90年代第二次创业，建设了丙烯腈/腈纶工程，奠定了油化纤电一体化格局，实现每年500万吨的综合加工能力配套。2010年1月，国家石化产业调整和振兴规划的重点工程——安庆石化800万吨/年的原油加工炼化一体化项目开工建设，拉开了第三次创业序幕。2013年9月，项目全面建成投产。

目前，安庆石化公司系安徽省最大的中央直属生产企业、最大的石化产品生产基地，已经发展成为年营业收入近500亿元、年实现税费超100亿元

的特大型石油、化工、化纤、热电联合企业。拥有年综合加工能力800万吨的炼油装置，日处理煤2000吨的壳牌粉煤气化装置，以及年产33万吨合成氨、21万吨丙烯腈、7万吨腈纶、10万吨乙苯—苯乙烯等主要生产装置70余套；同时拥有20万千瓦发电机组、吞吐能力382万吨/年的油品化学品码头、80万吨/年的卸煤码头和日产24万吨的供水系统，以及全长13千米的厂内铁路专用线。截至2018年年底，安庆石化公司在册员工总数4606人，固定资产原值220.84亿元，净值114.2亿元，累计上缴国家和地方的税金超过847亿元。其中，2018年全年加工原料油758.63万吨（原油727.46万吨），累计实现营业收入464.23亿元、利税140.35亿元、盈利22.45亿元。其中，炼油盈利17.38亿元、化工盈利5.04亿元、资产分公司盈利392万元。经济效益创历史最高水平，在中国石化沿江企业实现领跑，并被中国石化授予“炼化企业创效进步优胜单位”“人均劳效优胜单位”称号。

在中国石化42家炼化企业中，安庆石化公司具有品类齐全、规模中等、成本费用较高、竞争力有待进一步提高的特点。第一，安庆石化公司既有炼油，也有化工，还有化纤；同时自备电厂，属于石油、化工、化纤、热电联合企业，具有品类齐全的特点。第二，安庆石化公司是规模中等的沿江炼油化工企业，近年来效益较好，但是吨油费用居高不下。安庆石化公司原油加工量为800万吨/年，年产成品油约550万吨，在中石化炼油板块处于中等水平。安庆石化公司炼油业务与中石化其他4家沿江企业在规模、产品结构上基本相同，但与镇海石化、金陵石化、青岛炼化等沿海大型石化厂相比，加工能力偏低，由于长江运输的限制，难以实现原油和成品油的大进大出，导致成本高于沿海企业。化工业务全年生产化工产品70万吨左右，主要是丙烯——丙烯腈—腈纶产业链，规模较小，整体竞争力偏弱；其中，C1化工小板块和腈纶小板块长期处于微利或亏损状态。

（二）安庆石化公司深化财务转型的背景

2017年8月，安庆石化公司按照集团公司的统一部署，实现财务共享上线。经过一年多的磨合，到2018年年底，财务核算职能基本转移到共享中心，为深化财务转型提供了基础。结合安庆石化公司的实际情况，学习领先企业的财务转型经验，解决财务管理中存在的问题，发挥财务在企业管理中的中心作用，确定深化财务转型的方向、原则、具体方案并落实到实际工作中。

第一，深化财务转型是安庆石化公司实现可持续高质量发展战略的需要。党的十九大吹响了培育具有全球竞争力世界一流企业的号角，安庆石化公司作为国有企业，要转变传统管理方式，实现治理能力现代化，促进企业高质量可持续发展，迫切需要财务深化转型、加快变革，进一步完善财务治理体系，提升价值创造能力，为做强、做优、做大国有资本做出贡献。

第二，深化财务转型是安庆石化公司落实中国石化集团公司对下属企业推进财务转型要求，共同实现集团公司战略目标的迫切需要。中国石化集团公司确立了建设基业长青的世界一流能源化工公司的战略目标，迫切需要财务深化转型。集团公司将 2019 年列为深化财务转型的起步之年，要求各企业抓好顶层设计、抓好职能梳理和优化，积极深化财务转型，构建企业管理以财务管理为中心的管理体系。

第三，深化财务转型是安庆石化公司实现财务共享上线后，对财务职能、财务组织、财务人员改革的必然要求。新技术、新经济正在引发企业管理模式的革命性变革，财务共享上线后，将会计核算、费用报销等工作转移到共享中心，既为财务改革提供了基础，也逼迫财务进行改革，促使企业的财务管理工作内涵发生深刻变化，需要企业深化财务转型，进一步完善体制机制、转变职能、全面增强队伍素质和能力，实现自我变革、创新发展。

（三）安庆石化公司深化财务转型问题分析

1. 财务管理总体情况及存在的主要问题

总体情况：财务基本处在财务经理式的财务部阶段，会计基础工作约占总体工作的 50% ~60%，能够抽出一部分精力从事管理会计工作，如预算管理、成本管理、资金管理等，但是财务部门在公司的地位不高，深入生产和经营不够，总体被视为“后勤部门”。与集团公司要求的“企业管理以财务管理为中心”有差距，财务管理在整个企业管理中的中心作用发挥不明显，大多数工作还处于事后被动接受，处于专注于财务操作、提供信息和绩效说明的“操作员”阶段。具体表现为以下几个方面。

在财务职能作用发挥上，与企业战略、业务的融合度较低，业财融合进展缓慢。财务对生产、工程建设、设备维修保养、物资采购、商品销售、科技开发等业务的介入程度不深，“知其然，不知其所以然”，推动各部门采取精准措施实现增收节支的力度不够。

在财务机构设置上，全厂财务全部集中在公司财务处，定编 45 人，设立 7 个科室，分别是综合会计科、资金科、预算科、成本科、内控科、基建科及资产科。与 2003 年机构扁平化改革之前相比，对各作业部的生产情况了解不够，难以对预算、成本费用进行很好的管控。

在财务人员能力素质上，财务人员基本上都是会计或经济专业出身，对生产流程优化、生产和安全环保技术等专业内容的了解不深入，能力素质与财务转型对财务人员的要求不匹配。

2. 财务各项职能发挥情况及存在问题

预算职能发挥情况及存在的问题如下所述。能够按照集团公司的要求，编制和分解预算报表，但存在站位不高、指标先进性不够、业财人员博弈、信息系统取数难等问题。一是预算主要是发挥了“二传手”的作用，接受总部下达的预算指标，将总部下达的指标进行分解，主要是依据以前年度数据和对标兄弟单位数据，预算对通过管理提升，企业能够达到的利润、费用目标心中无数，没能反映企业加强管理、进行技改、提高现场操作能力所能达到的水平，指标的先进性不够，预算对企业管理的引领力不强。二是业务单位、部门从自身利益出发，在编制预算时，不实事求是、不思指标争先，强调主观理由，费用“宽打窄用”，利用财务人员对业务熟悉程度不够的缺陷，与财务部门博弈。三是预算指标信息化建设有待加强，未能建立集财务指标、技术经济指标、操作指标为一体的全面预算指标体系，未通过信息化平台搭建全员、全过程、全方位、动态可控的预算监督考核体系。

成本管理职能发挥情况及存在问题。财务部门是公司全员目标成本管理工作的牵头部门，负责组织全公司的成本管理。存在成本管理全员参与氛围不浓、财务难以推动业务部门主动去减费、考核力度小、从源头抓成本管理不落实、重点费用压降进展缓慢等问题。成本指标的排名落后于利润指标的排名，降本减费工作没有取得实质性进展。2018 年，炼油完全费用 314.95 元/吨，同比增加 38.48 元/吨，在总部 30 家炼油企业（剔除 300 万吨/年规模以下的 4 家企业，排名倒数第 4，仅低于九江、荆门、高桥）中仅排名第 22 位，比炼油板块平均高 74 元/吨；化工产品完全加工费 2113 元/吨，同比增加 122 元/吨，在总部排名第 20 位，排名倒数第 3 位，比化工板块平均高 546

元/吨。

价格管理职能发挥情况及存在问题。公司的价格管理小组设在财务，财务处为价格管理小组牵头部门，但主要是签字同意销售中心等部门提出的价格建议。没有分采购类、销售类、外包类价格制定定价管理机制，明确管理原则。没有建立分品种的价格数据库，与市场价格对比开展的很少，主要是由销售部门自己提供比价情况，财务对价格的监管作用、对促进销售推价和采购压价的价值助推作用发挥不充分。

营运资金管理职能发挥情况及存在问题如下所述。安庆石化公司的财务费用较高，反映出存货、贷款结构等营运资金管理存在一定的不足之处。2018 年年底，安庆石化公司资产负债率不到 50%，但付息债务较高，达 22.21 亿元，其中高利率的基建借款为 20.82 亿元（贷款利率 4.0375%）。2018 年发生财务费用 8956 万元，吨油财务费用 12.58 元，较股份公司平均水平高 19.23 元，居于沿江企业之首；较沿江兄弟企业先进水平高 33.17 元。其主要原因：一是贷款结构不合理，2018 年年平均 28 亿元贷款中，其中基建占用 13 亿元、存货占用 15 亿元，但高利率的长期贷款达 22 亿元，造成长贷短用，高于中国石化股份公司平均贷款利率。二是企业存货长期偏高，2019 年年存货指标 15 亿元，产成品、半成品、原材料长年在 40 万吨以上，高于沿江炼化企业 10 万吨以上，而且经常发生存货超总部下达指标，造成罚息的情况，根源在于财务处与生产计划部门沟通不充分，没有对生产计划部门负责的存货超指标进行严格考核，也没有组织生产计划、销售、物资采购和储运部门从根本上探究存货长年偏高、解决降低存货资金占用问题。三是低利率的承兑汇票使用较少。近十年几乎未对外开具承兑汇票，用于支付货款或工程款，而目前承兑汇票的贴现利率低于银行贷款至少 1 个百分点。四是对自采原油的资金支持力度不够，对原油期货等金融衍生品工具缺乏了解。

资产管理职能发挥情况及存在问题如下所述。目前，资产管理主要处于资产的会计核算阶段，距离资产的全生命周期管理有很长的路要走。突出表现为修理费偏高。需要从源头上抓资产质量，以资产全生命周期使用效益最好、成本费用最低为标准，而不是在资产采购时片面强调低价中标，造成设备“万国牌”，整个资产反而容易损坏，造成设备停工，既增加了修理费支出，更重要的是，也带来安全环保隐患。在资产管理工作中，财务的资产全生命周期费用最低的理念需要提升。

税务管理职能发挥情况及存在问题。停留在及时缴纳税款、确保不发生税务风险阶段。结合企业生产、设备工程、土地等业务，在开展税收筹划、税收减免工作，努力降低税收成本方面，有待提高。

信息化方面存在的问题如下所述。安庆石化公司现有各类信息系统 100 个，其中与财务直接关联的信息系统 42 个。从目前信息系统应用情况看，多数信息系统相对独立，高度集成信息系统只有 23 个，信息系统之间涉及财务与业务之间的数据核对，仍要依靠财务人员通过手工进行抽取和核对，加大了岗位人员的工作强度，数据难以实时提供，工作效率低。

3. 财务组织架构情况及存在问题

财务组织架构的演变及目前存在的问题如下所述。2003 年 4 月，机构扁平化改革之前，安庆石化公司的炼油、化工、化纤、热电都是公司所属的各分厂，实行“总公司—分厂”（按照油、电、化、纤）的管理模式，共有财务人员约 200 人。每个分厂都有自己独立的财务科，将分厂报表上报到总公司财务处合并汇总。由于装置不同，4 个分厂的核算内容和管理重点相差很大。例如，炼油分厂的主要成本是原油，占总成本的 90% 以上；热电分厂的主要成本是燃料煤；腈纶分厂是劳动密集型企业，主要成本是人工成本。2003 年，安庆石化公司推行扁平化管理，撤销分厂，改成“总公司 - 作业部”两级管理模式，将各分厂财务科取消，分厂财务全部集中到总公司财务处，分厂改为作业部，不再有财权。总公司财务处按照财务职能，下设综合会计科、资金科、预算科、成本科、基建科、资产科及内控科共 7 个科室，分别负责全厂的会计核算、资金、预算、成本、工程核算、资产和内控管理业务。2003 年，财务职能由分厂集中到总公司统一管理的模式，有利于总公司加强对分厂的财务会计管理，提高核算准确率、降低财务风险、提高资金使用效率。但随着 ERP 系统、费用报销系统等信息系统的上线，从业务发生的初始就进行业务和财务事项的连接，提高了对业务自身流程的监控。但是业务、费用本身该不该发生，金额是否合适，ERP 系统、费用报销系统并不能做出判断和结论。

随着信息系统在企业管理中作用的发挥，企业财务部门的职能发生变化，进而对财务部门组织架构也提出变化的要求。特别是，在 2017 年实现财务共享上线，账务处理和报表出具转移到共享中心以后，原来从事核算和报表工作的人员富余出来，有精力更多地关注原来由于忙于核算业务难以深入了解的各作业部的生产特点、成本重点。

而扁平化以后的财务集中在总公司，不在基层作业部，并不适应整个企业的“总公司—作业部”的管理模式，降低了财务的业务洞察力，难以实现财务与业务的充分沟通，发挥提升企业价值的职能。

4. 财务人员情况及存在问题

从财务人员专业来源看，90%以上人员毕业于财经专业院校，主要熟悉会计核算业务，虽然在作业部锻炼2年至3年，但对生产、设备、安全环保技术掌握不深。

从财务人员年龄结构看，在45名财务人员中，20世纪60年代出生的34人（占75.56%）、20世纪70年代出生的6人、20世纪80年代出生的4人、20世纪90年代出生的1人，5年内将退休15人（占33.33%）。财务人员严重老化，后继乏人。

从财务人员能力素质看，缺乏懂业务的复合型业财人员，造成业财融合难以深度推进。财务人员的生产技术、安全环保等专业知识储备能力与财务职能转型的岗位需求不匹配，难以对生产优化、技术降费提出要求，造成业务人员与财务人员进行博弈。财务人员存在结构性过剩和需求缺口问题，具备核算处理能力的传统会计人员较多，熟悉生产、技术、计划、统筹优化的人员少，并且老龄化严重、人员能力提升空间有限。目前，财务人员现状难以满足深化财务转型对人员能力素质的要求问题成为制约深化财务转型的主要问题之一。

5. 信息化建设情况及存在问题

目前，信息系统繁多且多数独立，未能实现完全共享。生产运行系统、合同系统等业务系统与核算、资金、预算等财务系统相互独立，信息碎片化、信息孤岛化，存在数据不能同源、查询不能穿透的问题。财务系统与业务系统相独立，导致财务人员不能及时了解业务、设备部门的执行情况，要了解数据只能靠手动传输，十分耗时，致使信息滞后，缺乏完整性与实时性，会计的预警和监督功难以得到有效发挥。

四、安庆石化公司深化财务转型的对策研究

安庆石化公司的财务转型是基于共享服务的财务转型，深化财务转型的

总体方向是经营财务、业财融合，财务组织的角色转变是从训练有素的操作员转向价值整合者。深化财务转型的目标是通过转型形成财务与业务融合互动、相互支撑决策的业财关系，从而促进企业的价值增长，提升企业业绩。深化财务转型的路径是以经营财务为转型方向，围绕支持和服务业务发展，不断提高业务洞察力和财务效率，全面实行财务职能转型、组织转型和人才转型。

（一）深化财务转型的目标和方向

安庆石化公司深化财务转型的目标是通过转型，形成财务与业务融合互动、相互支撑决策的业财关系，从而促进企业的价值增长，提升企业业绩。因此，要首先明确安庆石化公司深化财务转型的方向，解决“往哪儿转”的问题。

第一，安庆石化公司的财务转型是基于共享服务的财务转型。基础的会计核算业务转移到集团公司下属的财务共享服务公司，将安庆石化公司目前的财务人员从会计核算中解放出来；既为公司深化财务转型提供了可行性，也是公司深化财务转型的促进剂、促使财务进行全面转型。

第二，作为大型集团下属的二级企业，安庆石化公司深化财务转型的方向是经营财务。这是由安庆石化公司在中国石化集团公司以战略财务为引领、以经营财务为主体、以共享服务为基础、以专家团队为支撑的“四位一体”财务治理体系中所处的层级决定的。安庆石化公司作为集团公司所属生产型企业，是经营创效的实施主体，其主要任务是贡献利润。因此，安庆石化公司深化财务转型的方向是经营财务，不同于总部的战略财务转型方向，也不同于中国石化集团公司的共享财务方向。经营财务主要是要专注于服务生产、技术、经营的发展，作为业务的合作伙伴，深化财务与业务融合，通过财务转型，实现创效增效。

第三，从安庆石化公司目前财务所存在的问题和改进方向看，安庆石化公司财务组织需要从训练有素的操作员转向价值整合者。以财务效率即数据和流程在所有财务流程中的通用程度和业务洞察力即为实现优化，进行规划和提供前瞻性见解专用的财务人才、技术和分析能力的成熟度为维度，IBM将财务角色定位分为四类，其中最低端基本版是“记分员”、升级版是“操作员”、提高版是“能力有限的顾问”、顶级版是“价值整合者”。安庆石化公司财务组织目前所处的位置是训练有素的操作员，与价值整合者相比，主要差距是财务对业务的洞察力不强，由此转型方向是从训练有素的操作员转向价值整合者。而从训练有素的操作员到价值整合者，安庆石化公司深化财务转型的关键在于提高业务洞察力和合作能力，提高业务洞察力，需要业财人员提高合作意识，要有适应业财融合的信息系统，要提高财务人员参与业务管理的能力，通过业财融合，及时发现产供销活动、投资、人财物资源、技术应用、新产品研发中存在的价值改善点，找出财务数据后面原因，加以改进。这就要求财务职能、财务组织、财务人员进行全面的、深入的转型。

（二）深化财务转型的思路

紧紧围绕中国石化集团公司“两个三年、两个十年”战略部署，聚焦价值引领，深化业财融合，着力推进财务职能转型、组织转型、人员转型，打造财务处引领、业务财务实施、专家团队支撑的“三支柱”管控模式，为公司全面可持续和高质量发展提供有力支撑。

第一，以“价值”为导向，以“业务”为中心，以“流程”为主线进行全流程梳理和优化，使公司价值链过程管理与业务过程深度融合，并为信息化集成应用、实现数字化转型打下基础。

第二，推动财务与业务的高效、无缝衔接，使财务与业务从现在的“串联”关系转变为“协同”的价值链关系，业务和财务数据“同台唱戏”，实现从业务数据到财务数据的“核算会计”向财务数据穿透到业务数据的“管理会计”的转变，使一切工作向价值创造聚焦，一切资源向价值创造流动，提升价值创造能力，实现企业价值最大化。

第三，按照“做什么”（通过业务梳理优化，推动职能转型）、“怎么做”（通过重组内设机构，推动组织转型）、“谁来做”（通过“专员团队 + 专业团队”模式，推动人员转型），制定转型工作方案，落实任务、明确责任，有序地、持续地推进。

第四，通过推动财务转型，实现企业财务人员职责“全转变”，不再从事核算业务，专注企业价值管理；能力“全提升”不仅是成为财务领域专家，也熟知生产经营业务；业务“全覆盖”，深入业务，实现业财融合协同，财务人员与业务人员共同组成新型矩阵团队；数量“全优化”，在满足化工转型发展财务管理工作的前提下，财务人员总量有所减少。

（三）深化财务转型的原则

第一，价值引领原则。以公司战略规划为导向，以持续创造价值为核心，推动一切工作向价值创造聚焦、一切资源向价值创造流动，促进公司全面可持续和高质量发展。

第二，业财融合原则。深入企业全价值链，找准财务和业务的结合点，完善财务管理体制机制建设，实现业财双向互融互通，共同推动公司生产经营效率和效益提升。

第三，统筹规划原则。坚持系统思维，加强通盘谋划和整体设计，财务与各业务部门协同配合、共同推进，确保转型工作扎实落地，并与事业部、总部的转型工作有机衔接。

第四，积极稳妥原则。坚持速度与质量相统一，既要转型切实到位，又要把握好工作节奏，制定分阶段工作目标，稳打稳扎，确保转型工作平稳、有序推进。

（四）深化财务转型的进度安排

第一步：到 2019 年年底，以“专员 + 专业”为特点的新型财务管控模式初步形成。业务全流程梳理优化完成，公司价值链过程管理与业务过程紧密融合，财务职能机构调整初步到位，人员素质逐步提升，财务专员工作全面展开。

第二步：到 2021 年，新型财务管控模式成熟稳定。财务职能转型到位、职责更加清晰，满足化工转型发展财务管理要求的机构和人员配备调整到位，人员素质满足新型财务管控模式要求，新型管理会计体系构建完成，数字化转型实现突破，财务价值引领和决策支撑作用有效发挥，公司财务绩效指标进一步改善，实现全面可持续发展。

第三步：到 2023 年，财务管理中心作用充分体现。业财深度融合，财务队伍能力素质进一步提高，以管理会计为核心的企业价值管理体系持续优化，财务价值引领和决策支撑作用充分发挥，财务管理的中心作用充分体现，公司全要素生产率大幅提升并实现高质量发展。

（五）深化财务转型的具体内容

在深化财务转型的方向明确后，要解决“如何转”的问题，关键在于明确和细化转型的具体路径。从职能、组织、人员能力方面全面转型，以能否加强与业务的融合、提高业务洞察力为判断标准，细化职能。在梳理职能的基础上，优化机构和岗位设置，并因岗设人，选择经培训后能力素质与岗位相匹配的人员上岗，将深化财务转型切实落到实处。

1. 深化财务职能转型

从海尔集团、波音公司、辉瑞公司等企业的财务职能转型来看，先进制造企业更关注财务分析、成本管理、流程优化等职能，特别是将成本管理作为预算管理、经营绩效管理的核心，成本管理是协助企业获得优势、全面提升决策合理性的有力抓手。例如，海尔集团在合规基础上提供增值的财务报告，从数据上挖掘可以创造价值的信息。波音公司深入业务单元，在各个环节寻找成本费用优化点；在全公司层面推行统一的成本核算系统和方法，精简核算流程，尽可能地减少人工错误；组成专门团队负责不断识别核算流程、决策流程中的优化点，精简管理流程。辉瑞公司协助业务人员寻找生产和经营中的问题，并共同寻找解决方案。

安庆石化公司在财务共享上线后，将原由企业承担的会计核算、会计报表编制、应收应付管理等职能移交给了共享服务公司，财务职能要从以核算职能为主转向构建“业财融合职能”“财务专业职能”和“专家职能”体系，同时又增加对一线业务单元支持等职能。安庆石化公司的财务共享图如图 3 所示。

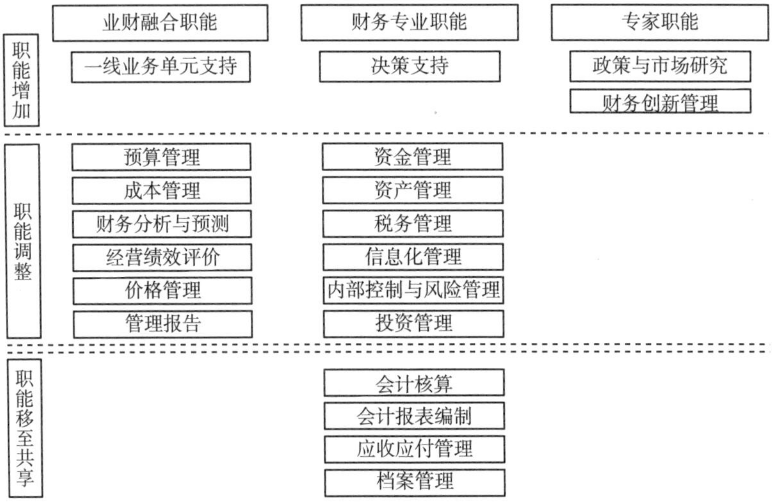

图 3　安庆石化公司的财务共享图

其中，业财融合职能包括预算管理、成本管理、财务分析与预测、经营绩效评价、价格管理、管理报告等；公司为提高业务洞察力，借助“财务专员”工作机制，增加对一线业务单元支持的职能。转变的内涵是从制度、流程、人员进行业财融合，各类经营活动均从战略目标出发，利用各类数据和科学分析手段对经营行为进行监控、分析和调整，从而实现效益最大化。在转型实践中，要围绕价值提升逐项明确每项职能的具体工作内容。

第一，预算管理——深入业务前端，使业、财指标挂钩，科学对标先进，优化考核，解决业财博弈和上下博弈问题。

充分发挥预算在价值管理中的引领作用，结合绩效评价，围绕“整体效益最大化”，坚持财务全面融入业务，将各类绩效指标进一步梳理、细分，逐个落实到相应的责任部门，并通过多级次挂钩使得财务部门与业务部门打破“围墙”，聚焦整体效益最大化，形成合力，助力企业高质量发展。

借助财务专员工作机制，协助业务部门量化工作计划，解决好“两张皮”问题，将工作计划与预算编制合二为一，按量价合一的价值管理原则，业务做实量，财务做实价，细化预算编制基础数据，将预算执行分析与工作总结合二为一，在帮助业务部门减负的同时全面强化零基预算。针对共享后的职责变化，以问题为导向，重点解决月结、年结中存在的突出矛盾和问题，确保月结、年结的可控与顺畅。

在投资预算管理领域。深入参与投资项目全周期管理，探索建立投资项目技术经济评价模型，从而规范投资行为，规避投资风险，提高投资回报，促进发展方式转变，提高发展质量。

第二，经济活动分析与经营绩效评价——根据不同装置，建立在线业务数据平台，提高业务分析的针对性和及时性，充分发挥数据分析对生产经营的指导和监控作用，解决数据滞后、针对性差的问题。

以“业务”为中心建立经济活动分析机制，特别要强化对公司各类生产经营活动的过程实时分析、管理、监控，使之成为财务与业务协同工作的平台。

探索建立内部管理会计报告。在财务会计报告的基础上，通过业财融合，结合公司业务实际制定一套行之有效的管理会计分析报告，为公司内部管理和决策提供支撑。

强化预测预警分析。以财务报表为基础，通过建立多维度预测预警指标体系和数学模型，对公司业务运行状况和财务绩效情况进行检测，监控公司生产经营活动过程中出现的异动，从而向公司管理层发出警示，为公司生产经营决策提供支撑。

充分发挥数据和信息在经济活动分析中的作用。通过数据集中集成和深化应用，消除业、财信息系统间的壁垒，迅速获取经济活动分析所需要的生产经营数据，大大提高经济活动分析的效率和效用，使之成为公司生产经营和创新发展的“智库”平台。

第三，成本管理——从业务源头抓成本费用管控，将财务指标前移、细化到生产的技经指标，从管理降费、技术降费两个方面着手，全面落实“精细降本、精准降本、精益降本”的管理要求，解决成本管理只是财务部门的事的问题。

健全完善公司、专业部门、作业部、基层班组四级全员成本目标管理考评体系，构建“全面”“精细”的考评机制，落实责任，推动“全员参与”，激发活力，形成全员降本的浓厚氛围，发挥目标成本的引领作用，实现挖潜增效。

在重点费用管理上“精准”发力，抓好原油采购、物资采购、物流优化、修理费、外包业务费用、停工损失费用、人工成本等重点成本费用管控，降低原料成本和现金操作费用。从而实现在重点成本费用源头参与优化、成本发生过程科学指导、对成本费用结果客观评价。

关注成本投入的产出效益，“精益”管理，追求以最小投入创造最大价值。重点是强化不同生产经营方案动态、实时优化比选、产品链效益优化排序、装置边际贡献测算分析、装置现金操作成本管控等，充分发挥财务管理的中心和导向作用。

第四，价格管理——统筹强化价格管理，利用好价格管理平台，建立健全企业价格管理体系，充分发挥财务在价格管理中的专业性和独立性，解决价格管理滞后的问题。

建立健全分类定价管理机制。制定采购类、产品类、外包类、服务类等外部价格及内部转移价格等不同类型的定价管理办法和定价管理机制，优化定价模式与流程，完善相关制度。

牵头搭建公司价格数据库，做好价格数据积累，显化价格自动分析与趋势展示，突显异常数据，及时预警提示；同时做好价格对比分析，对价格趋势进行合理预测，为公司生产经营管理决策提供支持。

财务专业职能，如资金管理、资产管理、税务管理、投资管理、内部控制与风险管理、信息化管理等，加强规范性操作，随着共享中心不断拓展增值业务，逐渐向共享中心过渡，远期转化为总部垂直管理并同时向属地企业报告的模式。

第一，营运资金管理——以风险可控、周转加快、收益提升为目标，与生产、计划、销售、物资采购、储运等相关部门共同加强存货管理，提高存货周转率，降低存货风险，减少财务费用。

协同总部资金统筹管理、企业资金计划管理、共享中心支付管理，优化资金收付流程，提升资金管理效率。

加强存货管理，提高存货周转率，减少存货资金占用。存货管理水平是生产型企业综合管理水平的体现，如果生产不平稳，就会要求维持相当数量的半成品；如果销售不畅，就会造成产成品上升；如果物资采购过多，也会造成存货上升；而且以企业价值最大化为目标，在不同的价格变化时期，保留多少存货，也要财务与相关部门共同判断以提高企业效益。为提升存货管理水平、减少资金占用，要求生产、计划、销售、物资采购、储运等部门对存货长期偏高开展深入分析，加以改进，切实提高存货周转率，降低财务费用。

提高金融衍生品业务管理能力，提高货币金融衍生品业务认知和操作能力，整体提高公司资金管理运作水平，提高资金回报率。

第二，资产管理——强化资产全生命周期管理和项目投资管理，提高资产创效能力。

在总部资产分类评价的基础上，进一步细化制定符合公司资产特点和管理需求的评价标准。例如，对固定资产的分类评价要在装置整体经济性评价的基础上，进一步深入区域、单元乃至单一设备，从资产的重要性、使用状况、运行效率、维修效率指数、投入产出率等角度出发建立多维度、综合性地评价模型，以全面、正确的评价资产效能，发现短板，盘活闲置、低效、无效、负效资产，实现管理提效。

以信息化手段强化工程项目全过程管控。超过 60 亿元的化工转型项目即将开展，在建工程财务管理的强度和难度进一步加大，要大力运用信息化手段，以工程项目建设管理系统和工程项目数字化交付为基础，实现资产核对、组合等转资工作全流程在线管理，提高转资工作的质量和效率。同时，加大工程项目进度管理和结算的监控力度，发挥财务管理在工程项目建设中的价值管控作用。

在资产运行管理中，以提高效率、控制风险和提高资产质量为目标，采取切实措施，解决资产到而不领、领而不用、报废与处置脱节等管理问题；加强信息化应用，打通固定资产转资交付、更新改造、调拨、租赁、清查、处置核销等全生命周期信息化管理，动态地、及时地掌控固定资产的运行状况，实现各管理环节的高效衔接，提高资产管理效率。

第三，税务管理——强化税收成本管控，从源头做好税务筹划。建立业财协同税管环境，实现合规全过程税务筹划和税务管理，降低企业税务成本。

加强与税务主管部门沟通，掌握税收征管环境和财务执业环境的变化动向，利用金税三系统结合业务数据，进行敏感性分析，防范税务风险。

强化税务政策研究，充分发动安徽区域财税协调小组等专业力量，发挥专家团队的作用，做好税务筹划与项目建设、企地合资合作、研发费用、安全环保、生产经营等工作统筹结合，利用好税收政策红利，应享尽享税收优惠，实现纳税最低成本。

加强税务培训，深入业务做好涉税业务指引，从源头强化税务合规管理，提高生产经营全过程税务风险防控水平。

第四，财务风险管理——强化风险管控，做好重大风险防范。高度重视财务风险管理，进一步健全财务风险防控体系，对公司在生产经营活动过程中存在的财务风险进行识别、度量和分析评价，并及时采取有效措施进行防范和控制，保障公司生产经营活动正常、安全开展，避免公司利益受损。主要从以下几个方面进行：战略风险（与公司发展方向的一致性）、筹资风险（如利率风险、汇率风险、偿债能力、财务杠杆效应等）、投资风险（如投资项目决策程序、股权投资监控等）、经营风险（如资金回收、资金管理、税务管理、存货管理等）及合规性风险等。

专家职能，主要是政策与市场研究、财务创新管理等。该项职能主要依托集团公司的专家团队来开展。

2. 深化组织转型

在深化职能转型的基础上，设立财务“专员团队 + 专业团队”架构，改革安庆石化公司财务部门。针对预算、成本、价格等业财融合职能，设立三个以深入业务为主、对业务部门派出专员的财务专员团队，作为业务伙伴，贴近业务实际，提高财务对业务的掌握程度；针对资金、资产、内控管理等财务专业职能，设立三个以财务专业为主的专业团队，进一步精进专业水平，为公司生产经营决策提供专业支撑。

同时，为加强业务与财务的融合，根据工作需要设置以项目或专项工作为内容的虚拟专家团队，由财务人员和业务人员共同组成，以项目制为主开展工作。基于对业务的了解，聚焦重点提出业务优化建议，提高项目绩效。参与项目人员采用“一岗双责”的方式进行管理。

（1）现有科室结构和职责分工

现有科室结构和职责分工详见图4。

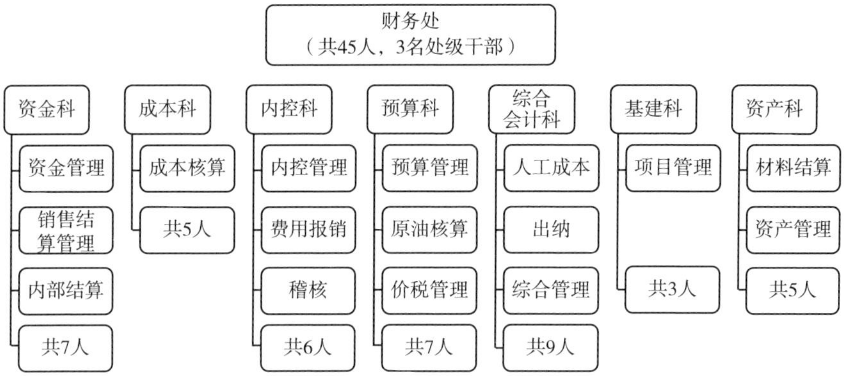

图4　现有科室结构和职责分工

目前，公司财务资产处定编45人（含3个处级，7个科级），下设综合会计科、资金科、预算科、成本科、基建科、资产科及内控科共7个科室。各科职责分工及岗位设置（含科级）情况如下。

综合会计科：负责归口编制、上报公司会计报表；公司制造费用、管理费用、福利费、其他应收应付款、营业外收支等审核、报销、核算工作；负责会计电算化管理；负责会计人员的资格认证和职称考试工作；负责住房资金及住房公积金核算和管理；负责所得税的纳税申报、缴纳工作。设置会计科科长、总账、会计报表、费用核算、综合业务处理、ERP信息管理、银行结算、出纳、档案管理等岗位，定编9人。

资金科：负责公司资金预测、预算、安排等管理工作；负责销售核算及应收账款的核算、管理。设置财务科科长、资金核算、资金管理、销售核算管理、内部结算等岗位，定编 7 人。

预算科：牵头公司全面预算管理工作；负责相关成本费用的报表编制、测算及有关生产经营方案优化的效益测算工作；负责原油成本、原油核算、价税管理等各项工作。设置预算科科长、利润预算、原油成本核算、价税管理等岗位，定编 7 人。

成本科：负责公司成本核算工作。设置成本核算科科长、炼油成本核算、化工成本核算、热电成本核算等岗位，定编 5 人。

基建科：负责公司在建工程的成本核算、投资控制、报表编制等工作，组织开展工程项目清查，跟踪工程结算进度和资产交付。设置工程科科长、工程成本、限上项目成本核算、限下项目成本核算、工程造价审核等岗位，定编 3 人。

资产科：负责一般物资采购等相关费用的日常核算，做好公司资产盘点、处置结算、相关报表编制等管理工作。设置资产科科长、材料结算、资产管理等岗位，定编 5 人。

内控科：负责组织内控制度的修订完善工作；组织内控流程季度穿行测试；配合总部及公司组织的内控综合评价检查；负责向总部企改部内控处汇报内控工作；负责公司风险管理工作；负责会计稽核；负责费用报销工作。设置内控科科长、内控管理、稽核、费用报销等岗位，定编 6 人。

（2）机构转型方案

机构转型方案详见图 5。

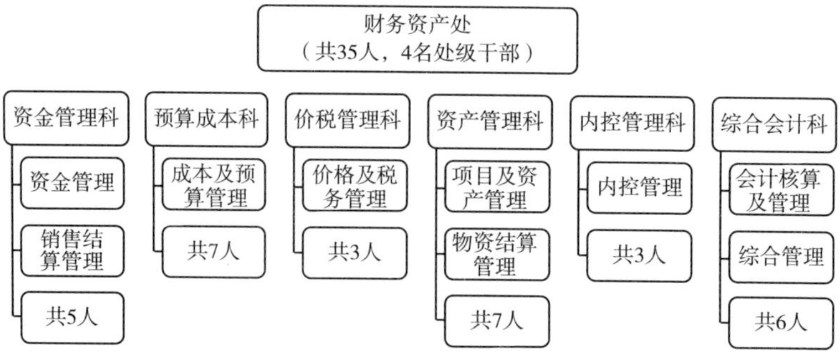

图 5　机构转型方案

重组设立 3 个以专员服务为主的科室（即预算成本科、综合会计科、价税管理科）以及 3 个以专业财务为主的科室（即资金管理科、资产管理科和内控管理科)。重组后财务资产处拟定编35人，在管理规模翻、区域合作扩大的情况下，定编较之前核减22.22%。重组后的科室结构及职能分工如下。

(1) 预算成本科（专员团队）

职能：负责组织开展全面预算管理，做好年度预算方案的分解、跟踪、落实工作；负责组织开展财务经济活动分析。组织编报公司月度、年度财务预算；组织公司预算分析、考核；负责分解、下达财务指标；协助综合会计科做好ERP系统月结工作；负责向总部财务部、资产管理公司、炼油事业部、化工事业部等有关部门汇报预算编制工作、预算完成情况和考核结果。负责公司成本费用管理工作；负责审核和协助共享服务公司做好原油成本、动力成本核算；负责向总部财务部、资产管理公司、炼油事业部、化工事业部等有关部门汇报成本核算与管理。

岗位设置：设置预算成本科科长1人、炼油成本预算1人、化工成本预算1人、热电成本预算1人、原油预算与分析1人、业务外包等其他费用管理1人、财务分析与管理1人等岗位，定编7人。炼油成本预算1人、化工成本预算1人、热电成本预算1人分别为对口炼油一部、炼油二部，化工一部、化工二部、热电部的财务专员，深入作业部了解降本减费的关键点，做好对口作业部的成本管理、效益测算与分析等价值提升工作。

专员管理范围：各部门。

对口共享中心：总账报表部、成本核算部。

对外联络：股份财务部综合处、财务处，事业部财务处，资产公司财务会计处。

(2) 综合会计科（专员团队）

职能：牵头制订、修订会计核算办法，负责会计政策的实施及企业内部会计制度的修订；负责会计信息系统的管理，组织和协调ERP系统财务月结；负责会计报表管理，协助共享服务公司完成报表编制和上报工作；负责协助编制、审核相关成本费用月度、年度预算报表；负责会计档案管理；负责出纳工作；负责审核成本费用；负责向总部财务部、资产管理公司、炼油事业部、化工事业部等有关部门汇报会计核算与管理工作；负责与共享服务公司沟通和协调日常会计核算工作；负责处务管理；负责会计人员的培训工作。

岗位设置：设置综合会计科科长1人、股份公司总账和会计报表1人、资产公司总账和会计报表1人、费用管理1人、档案及综合管理1人、宾馆财务核算1人等岗位，定编6人。

专员管理范围：各部门。

对口共享中心：费用报销、应付业务部、总账报表部、档案管理部。

总部联络：股份财务部会计处、事业部财务处、资产公司财务会计处。

（3）价税管理科（专员团队）

职能：负责价格及税收管理；负责向总部财务部、资产管理公司、炼油事业部、化工事业部等有关部门汇报价格、税收征管与检查等情况；负责依据国家及总部规定，及时调整产品价格；与相关部门配合，提出产品、业务承揽、原辅材料等采购价格的意见，报公司批准后执行；负责价税优惠政策的争取和落实工作。

岗位设置：设置价税管理科科长1人、税务岗1人、价格岗1人，定编3人。

专员管理范围：各部门（税费）、销售中心、物资采购中心、设备工程处等（价格）。

对口共享中心：应付业务部。

总部联络：集团财务部价税处，股份财务部价格处、税务处。

（4）资金管理科（专业团队）

职能：负责资金预算的上报、分解和落实工作，确保集团公司下达的存货、应收账款、货币资金、现金流等5项资金指标的完成；负责资金筹措、调度工作，合理筹措、调度资金，控制资金成本，保证公司生产经营和有效发展的资金需求；负责内部资金结算工作；负责产品销售结算；负责与总部、地方金融机构的沟通联系，争取资金优惠政策；负责向总部财务部、资产管理公司、炼油事业部、化工事业部等有关部门汇报资金管理工作，负责与华中销售分公司、化工销售公司、燃料油公司等专业公司联系相关业务。

岗位设置：设置资金管理科科长1人、资金管理1人、销售结算3人，定编5人。

专员管理范围：各部门，重点是生产计划处、销售中心、物资采购中心。

共享中心：应收业务部、资金结算部。

总部联络：股份财务部资金处、资产公司资金处。

（5）资产管理科（专业团队）

职能：深度参与投资项目财务效益专项论证，充分了解项目可研经济评价数据，做好财务效益专项论证工作；不断做好资产分类评价创效工作，制定资产提质增效措施，充分发挥各类资产的效率；全生命周期参与资产管理，从固定资产转资交付到更新改造、调拨、租赁、清查、处置核销等全生命周期财务人员全程参与；负责审核物资采购成本，并及时提交共享中心进行核算；负责物资出库监督、检查，参与库存物资的清查盘点；负责审核修理费及设备检测费；参加物资（含废旧物资）销售的询比价或招投标，审核物资（含废旧物资）销售；负责长期投资管理，审核长期投资收益情况；负责按内控权限处置资产。

岗位设置：设置资产管理科科长 1 人、物资结算管理 2 人、工程项目管理 2 人、资产管理 1 人，定编 6 人。

专员管理范围：设备工程处、物资采购中心、发展规划处。

对口共享中心：资产核算部、应付业务部。

总部联络：股份财务部资产处、资产公司资产处。

（6）内控管理科（专业团队）

职能：负责牵头组织内控制度的修订完善工作；组织内控流程季度穿行测试；负责内控制度的培训；配合总部及公司组织的内控综合评价检查；负责向总部企改部内控处汇报内控工作；负责公司风险管理工作。

岗位设置：设置内控管理科科长 1 人、内控管理岗 2 人，定编 3 人。

专员管理范围：各部门。

总部联络：集团企改部内控处。

（7）组建虚拟项目团队。针对安庆石化公司价值管理、风险防范中存在的主要问题，组建临时项目团队。例如，2019 年针对化工小板块扭亏、外包业务管理、宾馆业务规范管理等问题，建立小板块扭亏团队、业务外包团队、宾馆业务检查团队等。通过加强业务与财务的融合，找准管理中存在的问题，制订涉及多个单位、多个部门的措施并进行考核，改善管理，从而提高绩效、防范风险。

3. 深化人员转型

人员转型是深化财务转型能否成功的必要条件。如果财务部门的人员不能够提高适应业财融合、提升价值管理的能力，财务转型很难成功。财务转型对全体财务人员来说是一次革命性的变革。要改变传统模式下的“会计认知”，深刻认识财务转型工作的重要性和紧迫性，深刻认识共享模式下的企业经营财务所要承担的使命和责任，深刻认识财务转型后对财务人员能力素质方面的全新要求，主动投身转型、谋划转型。

转型后的财务队伍采用“专员+专业”模式，建立一支辐射公司各单位、各部门的综合型服务的财务专员队伍，实施与之相配套的标准化培训、工作体系，加强在业务源头进行服务和管理；建立一支以投资管理、营运资金管理、资产管理、税务管理等为主要工作内容的专业团队，加强在公司层面上的财务专业支持、管理和监督。

（1）财务专员团队

工作目标。以服务为基础，寓管理于服务之中。根据公司各部门、各专业不同业务的财务需求，编制通用财务知识的培训模板，制定服务标准和工作机制，变“等活上门”的传统会计核算模式为“主动找活”的财务共享后的新业态模式，使财务专员逐步成为业务与财务的桥梁纽带，更准确地将业务语言翻译为财务语言，在会计信息质量上实现事前管理。同时通过更多地参与业务设计将财务管理的要求贯穿业务发生的全过程，更好地优化业务流程，防范风险。

工作机制。财务专员与作业部、处室、中心等各业务部门进行一一匹配（按照目前人员配备情况，一个财务专员通常匹配多个业务部门）；财务专员在人事上隶属财务资产处，作为业务伙伴，在业务上融入业务部门，根据不同业务部门的不同需求，为业务部门提供财务服务，并运用其财务专业能力帮助业务部门创造价值；财务专员深入业务、掌握第一手业务动态，及时将业务部门和财务专员无法解决的问题提交专业团队，由其进行集中分析、集中会诊，并将分析结果提交业务部门和公司决策层，提高决策的时效性。

（2）财务专业团队

工作目标。一是运用其所精通的财务特定方向上的专业技能和判断力为公司业务活动提供技术支持和分析支持；二是运用其所具备的业务洞察力、组织协调能力、管理创新能力、商务分析及辅助决策能力在公司全生命周期价值链管理过程中为公司生产经营决策提供专业支撑；三是负责对财务专员团队的培训指导和专业支持。

工作机制。财务专业团队作为业务部门与公司决策层之间的桥梁和纽带，为公司生产经营决策提供专业支撑；在中国石化“四位一体”财务管控体系中，财务专业团队作为企业经营财务代表，负责对口总部和事业部战略财务、经营财务，协助企业总会计师落实总部和事业部战略财务、经营财务的部署和要求。

转型后的财务管控体系架构图如图 6 所示。

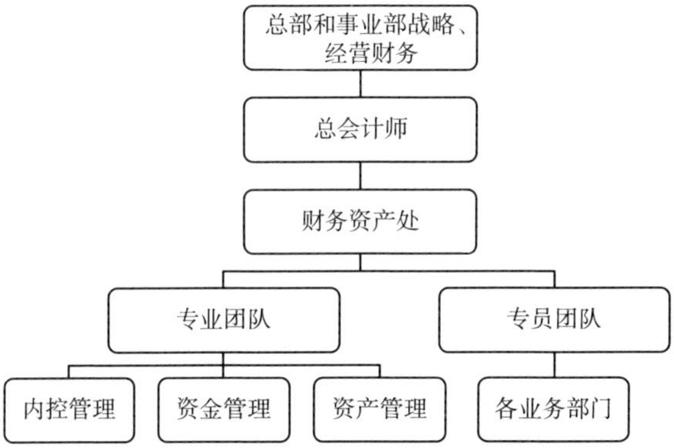

图 6　转型后的财务管控体系架构图

（3）强化培训，打造一流团队。针对财务转型要求，开展分层分级培训。对于专业团队，按“专业化”模式进行培训，培养提高其专业能力和解决综合性复杂问题的能力；对于专员团队，按“现场化”模式进行培训，侧重于提升其业务知识和通用技能。“专员团队”与“专业团队”形成人才阶梯。

在培训形式上，采取参加总部举办的培训班、外聘培训机构、购买学习网络课程、开展财务大讲堂、召开经验分享会、请进业务部门等多种形式来实现培训目标。

专员团队人员胜任力模型如图 7 所示。

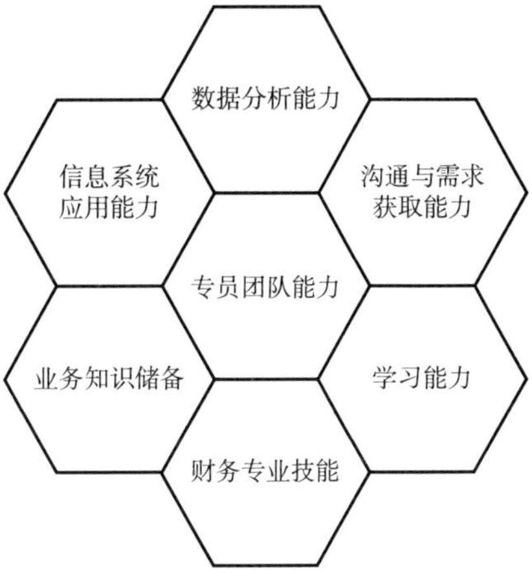

图 7　专员团队人员胜任力模型

专员团队人员能力需要在现阶段所普遍具备的财务专业技能的基础上着重提升和培养其业务知识储备、信息系统应用能力、学习能力、沟通与需求获取能力、数据分析能力等。

业务知识储备主要是指掌握所负责生产、经营部门的专业知识，了解主要原理和相关因素，建立财务指标、技术经济指标和工艺操作指标的关系模型，将财务指标转化为可量化、可考核的技经指标和工艺操作指标。信息系统应用能力指熟悉相关的业务、财务信息系统，能够快速、准确地提供所需数据的能力。沟通与需求获取能力指财务人员要具备善于沟通、促进其他部门的人员愿意与财务人员形成共同意愿的能力。数据分析能力指能够从数据中发现问题，并找到解决问题的关键要素，为采取措施解决问题提供信息。

专业团队人员胜任力模型如图 8 所示。

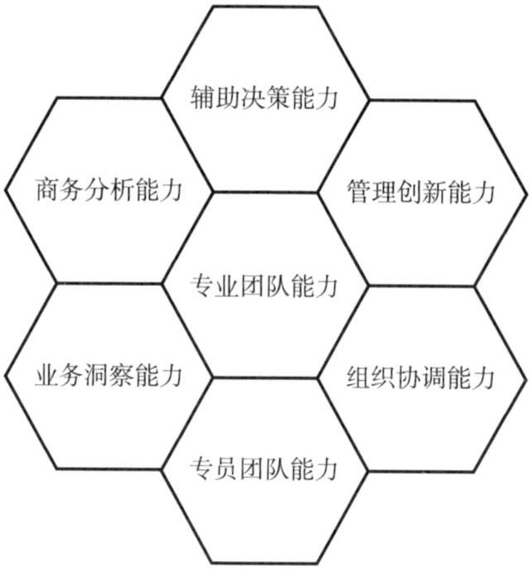

图 8　专业团队人员胜任力模型

专业团队人员需要进一步提升和培养其在业务洞察、组织协调、管理创新、商务分析及辅助决策等方面的能力。业务洞察能力是指能够及时发现专业运营和管理的机会和风险点，抓住机会、规避风险，从而为企业创造价值、减少损失。组织协调能力是指在发现专业机会或风险时，能够组织涉及的机构、人员，为实现目标而行动。管理创新能力、商务分析能力、辅助决策能力，是指从专业角度，在战略层面为整个企业赋能的能力。

人员的能力要与其所承担的职能相一致，并非一定要是会计、经济类学校毕业。特别是从事成本管理、财务分析的人员，可以从相关业务部门抽调到财务部门，其有业务背景的优势，进行相关数据来源的培训后，可以较好地胜任财务管理工作。甚至选调优秀的业务人才到财务部门担任领导职务。也可以将财务人员选送到业务部门进行培训，促使其更深入地了解业务，提出改善经营业绩、提升企业价值的措施。

4. 推动财务数字化转型

强化信息化建设，打通本企业业务与财务、本企业与共享服务有限公司的信息共享，为提升管理创造良好的数据基础。

（1）本企业业务与财务之间的信息一体化建设。

①全面、全流程梳理公司业务，识别其中的低效、无效管理行为，通过删减流程节点或系统集成等手段去除“肠梗阻”，实现管理流程的“瘦身”，减轻财务部门及业务部门负担，提升管理效率，降低管理成本。

②在全面梳理、简化流程的基础上，借助信息化、智能化工具，建立全流程打通、数据就源、全局共享、集中集成的业务财务管理信息平台。引入“机器人”在财务、业务领域的具体应用，大幅减少低价值、高重复、操作简单的工作，如 MDM 主数据创建、发票开具等。借总部推广商旅平台、合同履约集成及三单匹配等项目之际，实现系统高度集成、提高工作效率，减轻员工负担。

③从易派客收取发票、报销等业务入手，分析其中的低效环节，推动业务模式转变，提高运转效率；同时设立放置于现场的会计原始凭证单据收集箱，切实减轻基层负担。

（2）本企业与共享服务有限公司的数据建设。根据共享操作规范及共享服务协议，厘清企业与共享服务的职责界面，实现会计核算职能移交给共享服务有限公司，真正退出企业“财务初审”。通过对企业业务部门的服务、培训，对共享业务处理的过程检查，实现会计信息质量、会计处理效率的双提升。

为减少报销业务的错单、退单，提升共享服务有限公司的会计核算处理的效率，企业通过全面推广财务专员机制，发挥企业财务人员在业务部门与共享中心之间的桥梁作用，在提供业务服务的同时，辅导业务部门准确提报会计需求，确保企业业务与共享的无缝衔接。

通过与共享服务有限公司商定量化的、个性化的服务标准，建立科学合理的评价机制，通过企业和共享服务有限公司的共同努力促使共享提高核算质量，最终确保会计信息的准确性。

虽然共享后会计核算由共享服务有限公司完成，但企业永远是会计信息质量的主体责任人。转变会计人员工作职责，由目前的事前线下审核转向事后的稽核，对业务提报的真实、合法合规性以及共享业务处理的正确性进行稽核，并将稽核结果与共享服务水平进行挂钩考核。

五、安庆石化公司深化财务转型的经验总结与启示

（一）深化财务转型的具体做法

转型实践案例 1：

发挥财务专员作用，将财务指标转化为技经指标、操作指标，推动基层作业人员关心成本费用，做实、做细降本减费工作。

财务资产处派出财务专员深入现场，了解设备情况、人员使用情况、技术经济指标优化办法等，摸清情况，找准差距，深入开展基层经济核算帮促工作。财务资产处综合会计科专员与生产计划处对接燃动、三剂、管廊损失成本管控；财务资产处预算成本科专员与人力资源处对接外包业务成本管控，与物采中心对接原料煤成本管控；财务资产处资产管理科专员与设备工程处对接修理费管控。加深基层操作人员对成本费用的理解，通过基层经济核算及时反映操作岗位的劳动成果，将成本效益意识向一线延伸，自上而下传递效益压力，提升全员成本效益意识，及时进行奖励，逐步形成“人人关心效益，时时关注成本”的良好氛围，让基层单位自觉加强对成本费用的关注，提高企业效益。

例如，为强化区域管理，降低装置能耗物耗，提高岗位操作水平和装置经济效益，预算成本科派驻炼油作业部的财务专员深入炼油二部重整区域，与作业部的同志一起研究该区域影响经济效益的主要操作指标，开展指标达标竞赛，通过精细管理降本减费，取得了较好的降本减费效果。

一是抓住装置的降费重点，推进技经指标转化，围绕关键操作指标抓优化。在广泛听取技术人员和班组人员的意见后，确定了蒸汽耗量、加热炉氧含量、混合二甲苯收率、C201 和 C402 回流比等关键技经指标，努力寻找产品质量和指标优化的平衡点，卡住“指标达标考核”和“产品质量考核”两

边，在保住产品质量的前提下，最大限度地优化指标。

二是改进班组达标竞赛方式，引导班组人员主动开展精益生产。将关键操作指标作为班组竞赛主要计分内容，利用实时监控系统自动采集统计数据，将达标竞赛计分结果作为班组奖金兑现的主要依据，拉大兑现差距。坚持“每周一报”，在交接班会和企业微信群通报各班组排名，有效提高了班组关注度，使精益生产要求成为员工的自觉行为和追求目标。今年以来，该区域达标竞赛活动的开展有效地提升了重整装置经济运行水平，1 月到 7 月重整单位动力费用同比下降 13.48 元/吨，降本 1020 万元。

转型实践案例 2：

在人员转型方面，通过引进优秀业务人员，提高财务部门的业务洞察能力，提高业财融合水平。

4 月，将一名同志从生产计划处调到财务资产处。该名同志原来为生产计划处生产计划科的科长，1975 年出生，毕业于成都理工大学化学系，长期从事生产计划工作。计划是企业的龙头，该同志对生产的优化运行非常熟悉。在 4 月的公司人员调整时，公司将其从生产计划处科长提拔为财务资产处任副处长，分管预算成本科。该名同志牵头，带领财务专员，分炼油、化工、资产 3 个板块，开展业财“结对子”。例如，为解决燃动费用高于股份平均 43.6 元/吨、高于沿江标杆企业金陵 65.4 元/吨的问题，他率领财务专员与生产计划处密切配合，从指标分解、制订专项考核办法、优化生产系统、实施节能措施、加强现场管理、杜绝蒸汽放空等方面，多管齐下，取得了较好的降本效果。

一是积极做好总部指标分解工作，在总部预算对接的基础上，按照 10% 进行压缩，同时制定确保、力争和奋斗三级台阶考核指标。

二是制定《装置达标运行专项考核办法》，按照提升指标对主要装置长周期运行、能耗、物耗、加热炉氧含量等指标进行考核激励，达标得奖、不达标不得奖，引导基层作业部将节能降耗作为自觉行为。

三是在 2018 年相继进行 RLG 装置增设自产蒸汽并网、焦化柴油改进重油加氢、裂解气压机背压汽送至二联合等生产优化的基础上，继续开展氢气等系统优化工作，努力减少装置消耗。

四是确保现有节能措施高效运转，对蒸汽螺杆发电等项目进行整改完善，同时积极推进“能效提升”项目实施。

五是从严生产管理，每周组织对现场“低、老、坏”等一乱三长现象进行检查，督促基层提高精细管理水平。

1月到8月，累计加工原料油540.68万吨，吨油动力费用70.24元/吨，较自控指标下降12.87元/吨（节约费用6958万元）、同比下降15.41元/吨；累计生产化工产品59.56万吨，吨化工产品燃动费用826.17元/吨，较自控指标下降52.11元/吨（节约费用3104万元）、同比下降96.10元/吨。通过技术和管理降费，节约燃动费用超过1亿元，取得了降本增效的良好效果。

转型实践案例3：

C1化工小板块扭亏虚拟团队案例。

化工板块中的C1化工小板块长期亏损，2014—2017年，C1板块账面利润分别为－2.19亿元、－2.16亿元、－1.74亿元和－2.51亿元。2018年，经相关单位、部门不懈努力，C1化工小板块亏损局面得到缓解，账面亏损降至1.04亿元，小板块市场化模拟核算已实现2241万元内部利润，但考虑承担公司机关管理费用5419万元后，小板块仍亏损3178万元，尚未在公司层面真正摆脱亏损局面。

为加快解决C1化工小板块长期亏损问题，公司在充分对接研究的基础上，于6月初成立财务牵头的C1化工小板块减亏组织机构，制定了《C1化工小板块2019年减亏工作方案》，确保C1化工小板块减亏取得实际效果，推进化工业务年度效益目标的实现。

第一，成立业财融合的组织机构。为加强减亏工作的组织、协调和推进，公司成立C1化工小板块减亏工作组，公司总会计师任组长，财务处长、生产处长和所在作业部主任任副组长，物资采购部门、销售中心、计划部门、设备维修部门、运输部等部门负责人任组员。工作组至少每季度召开一次小板块减亏专题会，听取各责任主体项目措施落实情况汇报，分析问题，动态调整措施，布置下阶段工作。

第二，财务部门听取C1小板块所在化工一部的意见，理顺内部价格关系，实行市场化运作。液氨是C1小板块的主要出产产品之一，是安庆石化化工二部丙烯腈板块的原料。原来供化工二部的液氨价格按照化工一部C1小板块的液氨生产成本进行结算，明显低于市场价格，无法真实地反映C1和丙烯腈小板块的产值。现在将液氨按照对外销售的市场价格计算，真实地反映两个小板块的成本、收入。

第三，明确生产计划处、物资采购中心、销售中心、化工一部、设备工程处、检验计量中心等各相关部门的减亏责任，在原料采购、降低能耗、提高产品价格、减少非计划停工等多方面下功夫，多措并举，实现降本增效。例如，生产计划处牵头负责提高煤气化稳定运行能力，力争煤气化全年运转时间不小于300天，同比增加2.4天，较年计划增加10天，这一条又细化成3点措施。物资采购中心牵头负责尽快降低原料煤成本，通过进一步扩大煤炭采购的招标参与范围，引进低成本高低灰煤源，减少高价煤种进厂；争取总部物装部、国事华南的支持，加大澳洲动力煤进口招标采购力度；加强与总部的沟通，争取更经济的基地煤源，积极试用，形成备用渠道；优化配煤方案，降低来自云南镇雄的高价煤的使用比例。销售中心负责提高合成氨售价，持续优化客户布局和各目标市场货源分配，紧盯市场及时跟进调整策略，努力提高推价稳价能力，力争合成氨售价超过“两湖”均价20元/吨，同比提升21.8元/吨。

6月制定《C1化工小板块2019年减亏工作方案》后，财务资产处每月印发《C1小板块减亏方案落实情况通报》，对完成情况进行通报，分析进度与目标的差距，明确各责任部门下一步应采取的措施。由于任务量化、各项措施细化到位、可执行，各责任部门从降低采购价格、提高销售价格、平稳生产等多方面积极采取行动，7月、8月C1小板块模拟利润分别为347万元、836万元，扭转了亏损逐月扩大的被动局面，起到了较好的业财融合、共同解决问题、提高企业创效能力的效果。

（二）深化财务转型的初步效果

2019年，安庆石化公司深化财务转型以来，通过提高财务深入生产经营的能力，制定促进各部门关心效益、关心成本的考核机制，营造全员关心成本效益的浓厚企业文化，有效提升了公司全体员工对预算、考核、全员成本目标管理工作的关注度，促进精细管理、精益操作理念转化为行动，在全公司范围内营造了降本增效的良好氛围。通过健全预算、成本管理机制，按零基预算要求对专业费用、装置变动费用及消耗与各作业部进行深入对接和分解压缩，充分利用月度成本量化考核、装置优化运行考核、对标分析等管理手段，促进生产经营部门尊重财务意见，按照提升成本利润率为原则来安排生产经营。财务深入生产经营能力取得了有效提升，减少了业财之间的博弈，对于财务牵头、业务部门配合，共同发现的问题，业务部门从技术改造降费和管理降费两个方面入手，积极采取措施，取得了一定的降本减费成效，业务和财务的良性互动正在形成。

2019 年 1 月到 8 月，安庆石化公司累计加工原料油 540. 68 万吨，实现营业收入 312. 96 亿元、税费 83. 84 亿元、利润总额 11. 11 亿元，其中炼油业务盈利 8. 83 亿元、化工业务盈利 2. 17 亿元、资产业务盈利 1112 万元。炼油业务吨油利润 163. 39 元、吨油完全费用 299. 95 元/吨，在炼油板块排名通报中，利润总额、吨油利润分别位居炼油板块第七位和第四位，为沿江中上游企业第一位；公司利润进步程度排名板块第二位、吨油利润进步程度排名第三位、吨油完全费用列完成较好排名第一位。炼油在折旧、人工成本等固定费用同比上升 10. 75 元/吨的情况下，同比下降 10. 72 元/吨，归功于吨油变动费用由 2018 年同期的 115. 55 元/吨下降到 94. 08 元/吨，同比下降 21. 47 元/吨，降本增效超过 1. 1 亿元。化工业务吨化工产品加工费 1965. 78 元/吨，同比下降 174. 55 元/吨，明显优于年度指标。

1 月到 8 月，安庆石化公司所取得的利润、费用成绩得到了上级领导和企业基层员工的肯定。各部门、各单位都做了大量的工作，其中开展财务转型、加强业财融合对于效益的取得和成本费用的降低起到了较好的促进作用。中国石化新闻网、中国石化报多次介绍了安庆石化公司降本减费增效的有关经验。例如，2019 年 7 月 9 日中国石化新闻网刊登《安庆石化打好降本减费组合拳》，指出安庆石化公司以管控燃动费用为突破口，通过大力开展成本管理对标活动和形式多样的宣传活动，征集对预算管理、成本管理的合理化建议，开展全员成本管理成绩突出的专业管理部门、作业部、班组评比工作，促进全方位形成“人人关心效益，时时关注成本”的良好氛围和企业文化，在加强管理和优化调整两个方面下功夫，全力打好降本减费组合拳，深入推进全员成本目标管理和降本减费工作，1 月到 6 月累计吨油动力费用同比下降 16. 45 元/吨，吨化工产品燃动费用同比下降 70. 81 元/吨。2019 年 8 月 28 日，中国石化报刊登文章《安庆石化优化流程降低吨油能耗》，指出安庆石化公司持续推进全员成本目标管理，通过加强技术攻关和流程优化，不断提高能源利用效率，深挖装置节能潜力，1 月到 7 月吨油费用同比下降 5%，其中吨油动力费用同比下降 18. 8%。2019 年 8 月 28 日和 9 月 24 日，中国石化新闻网分别刊登文章《安庆石化大力优化电热结构努力提升技经指标》和《安庆石化聚力凝气创供电标煤耗历史最好记录》，介绍安庆石化公司热电作业部持续完善全员目标成本管理，健全以热电经济技术指标和装置安稳运行为重点的两大考核体系，各生产装置、各岗位深挖装置潜力，大力提升作业部技术经济指标以及多措并举降低供电标煤耗的经验。2019 年 8 月 6 日，中国石化报刊登《安庆石化多管齐下拓展节能降耗空间》，介绍 2019 年以来，安庆石化公司腈纶作业部针对装置实际运行工况制订严格细致、切实可行的节能增效工作计划，并将忧患意识灌输给每一名职工，将压力传递到生产最前沿，使节能增效工作贯穿于整个生产过程的每一个环节。突出技术创新，提高节能水平，通过加强管理、技术创新和优化运行，努力拓展节能降耗空间。

（三）总结与启示

作为大型企业集团下属的生产型企业，在明确财务转型的方向、路径后，针对财务转型面临的问题，要顺利实现财务转型的目标，需要从以下几个方面予以保障。

第一，统一思想、转变观念，公司高层推动，在全公司范围内促进形成财务转型的合力。

一是突出整个公司的观念转变，由公司层面来推动财务转型，而不是财务部门自导自演。财务转型、业财融合或者说业财一体化是全公司的事，而不是财务单个部门的事，参与者应是全体员工。财务转型的目的是促进整个企业长期可持续发展，提高企业的价值，实现企业价值最大化，而不是财务部门单个部门的目标。要树立“每个部门都是一个创效主体、每个班组都是一个核算单元、每个员工都是一个价值创造者”的“全员财务”的理念。激发各层级、各部门的积极性，形成上下、左右联动的氛围，提高财务和非财务人员参与财务转型、业财融合的主动性和积极性，为财务转型、业财融合实践奠定良好的思想基础。

二是强化组织领导，高层大力推动。财务转型、业财融合需要顶层设计，需要公司主要领导对财务转型工作的大力推动、财务分管领导的主动作为和其他副职领导在各自的分管领域的积极配合，需要明确各位领导和牵头部门在财务转型工作中的职责，提高各单位、各部门对落实本单位、本部门财务转型、业财融合工作的责任意识。

三是建立激励约束机制。推进财务转型、业财融合就是围绕企业价值创造，促进优化企业资源配置和提升资源效率。要建立考核机制，调动员工参与财务转型、提高企业效益的积极性。例如，从降本减费角度看，节约下来的成本是否分配、如何分配直接影响企业推进财务转型的积极性。需要加大对企业推进财务转型、业财融合工作的激励力度，依据降本增效的成果，给予一定的薪酬或费用的奖励，激发企业推进业财融合工作的主动性和自觉性。

四是财务部门要积极作为，提高能力素质，积极工作，善于工作。财务部门有为才能有位，有位也才能有更大的作为和更大的影响力，形成良性循环，真正落实企业管理以财务管理为中心的管理体系。

第二，根据形势的变化，以财务深入业务为方向调整财务机构设置，让听得见炮声的人来指挥战斗，深化机构改革，建立业财双向交流机制，同时增加柔性业财融合单元。

前些年，为加强集团管控，整个财务机构的设置方向，以集中为主；但是，随着财务共享的上线，核算和会计管控逐渐转移到共享中心；企业的财务部门有更多时间和精力投入业务活动的实质管控上。这就要求财务机构的设置方向，应与时俱进，转向深入业务部门，以适应财务转型对组织架构的要求。

开展财务转型，需要财务人员深入业务前端参与公司战略规划的制定、项目决策论证、物资采购管理、企业生产经营与销售等各个环节，并参与企业的内部管理体系的构建与维护、决策与控制以及风险控制体系的建设。在财务共享服务真正能够承担核算业务后，应试点分层级、分板块对企业内部的财务体系进行重新定位，岗位与职责权限重新调整与梳理，发挥其管理会计的职能。例如，针对企业投资、物资采购、产品营销、客户管理、员工业绩考核以及装置核算等，派驻财务人员。对于炼化企业，按照作业成本的要求，可以试行对不同装置派出财务人员，将每个装置的生产流程、物料消耗、业务外包等各项内容吃深吃透，提出合理化建议，促进生产部门优化来实现增效减费。又如，针对闲置土地，发展、财务、土地等相关人员可以组成专门小组，将闲置土地与企业今后的投资项目结合起来，通过土地置换等方式盘活资产，同时降低新建项目的投资金额等。同时，要针对财务转型对人员匹配的要求，建立业务、财务人员双向轮岗的交流机制，鼓励业财轮岗、强化业财培训，畅通业财晋级通道，提升业务、财务人员助力提高企业价值的能力。

第三，财务转型，要求财务职能全面转型，而不是部分科室转型，财务要全方位地深入企业的生产经营，业财全力配合，促进企业价值提升。

生产型企业，产、供、销均有涉及，因此，从产、供、销三个方面，财务都要深入生产经营，从平稳生产、优化生产，多生产高附加值产品、提高产品总收入，努力提高成本利润率、严格控制非生产性费用等方方面面，来推动业务部门改善生产经营效果，创造更大的企业效益。例如，全面预算管理要以三大计划融合为基础，更加注重价值引领，注重长期与短期相结合，突出资源优化配置；成本管理要以全员、全方位、全过程覆盖为基础，更加注重全价值链管理，突出投入产出效果；投资管理要以总量调控为基础，更加注重项目效益评价审核、过程管控及项目后评价，突出投资回报；资产管理要以分类评价为基础，更加注重全生命周期管理，突出创效增效；资金管理要以安全高效为基础，更加注重营运资本管理，提高资金流动性；税务管理要以依法纳税为基础，更加注重科学筹划，突出节税创效；财务风险管理要以完善制度为基础，更加注重事前预警与防控，突出源头治理。总之，要全面拓展财务管理的边界和内涵，以提升价值管理能力为导向，拓展财务管理深入整个企业生产经营管理的深度和广度，推进财务与业务一体化运行。

第四，提高财务和业务人员的转型意识、能力和素质，为财务转型提供能力保障。

一是财务和业务人员要提高转型意识、积极主动作为。传统财务部门与业务部门的职能分工，导致了财务与业务深度融合的难度。这就要求财务团队首先在理念上，提高财务服务于公司战略的意识，以统一的组织价值目标实现为理念，顾全大局，管理端口前移，提升与业务融合的主动性。同时要不断加强对业务人员价值创造和价值管理意识的教育，培养业务人员掌握基本的算账本领，促进其在业务工作中主动听取财务部门的意见、建议，促进业财深度融合，推动企业精益化管理水平上台阶。

二是要提升自身本领。财务转型、业财融合要求企业财务管理人员要熟悉企业生产经营全过程，深刻理解财务背后的业务活动，成为企业价值管理者。财务人员的身份要从数据的提供者向价值的挖掘者、过程的跟踪提示者、绩效体系的设计与考核参与者的转变。财务团队所掌握的专业技能不再是对于财务知识的认知能力，而是对于数据信息的搜索能力、数据信息的加工能力和数据信息的洞察能力。财务团队应从对于会计准则知识的掌握，延伸到对于行业政策与趋势、各种商业模式、供应商与竞争者信息等相关信息的关注。应该学会从浩瀚的经营数据、财务数据中搜索和洞察出具有商业价值的信息，并基于数据的分析和预测，将其转化为对于各种决策具有价值的建议。

三是要提高协调沟通能力。财务转型需要财务团队人员具有很强的沟通能力。这种沟通能力不再是过去财务人员的固执己见和自娱自乐，而是基于业务服务的思考，站在业务的角度，客观分析和评价结果，促进业务人员接受财务团队提供的决策建议，并予以改进。

第五，推进企业一体化数字建设，构建适应财务转型的信息平台。

一是对于现有信息系统，要加强系统整合。我们的信息系统并不少，但是不少系统建设之初都是各线条出于自身管理的需要，内容多数限于本线条的流程，与其他线条的系统关系不紧密、未预留接口，造成了信息孤岛、信息烟囱。而业财融合要求业务、财务信息采集便捷、数据唯一、处理高效，这就要求必须尽快推进财务系统和业务系统的全面链接和集成，建立涵盖全产业链的数据仓库，加强全面预算管理、投资管理等系统建设，实现信息流、资金流、业务流“三流合一”，消除信息孤岛，大幅提高信息共享水平。

二是对于新信息系统的建设，要利用好现代信息技术，推进数据同源、一体化建设。顺应“大智移云”信息化发展趋势，采用大数据分析、人工智能、区块链等先进技术，分业务构建价值管理模型，开发建设管理会计应用系统，深入挖掘各类数据资源价值，增强经营分析诊断和决策支持功能，更好地服务企业价值管理和创造，助力单位财务转型、业财融合的顺利开展。

六、结论

对于集团下属生产型企业来说，完成财务共享上线后，面临着财务转型。企业层面的财务转型方向主要是以提高企业价值为目标，深化业财融合，向经营财务转型。转型的内容包括职能转型、组织转型和人员转型。职能转型主要是需要更加关注财务分析、成本管理、流程优化、绩效考核等职能，协助企业获得成本优势，提高创效能力。职能转型促进组织转型，财务深入业务部门，构建“专员＋专业”、业财成为伙伴的组织体系，并根据专项任务的需要成立虚拟的业财融合团队。财务职能的转型，需要人员的转型，实现业财人员双向融合，提升财务人员、业务人员深化财务转型的自觉性、能力和素质。企业深化财务转型需要企业主要领导的重视、主管领导的积极作为、其他分管领导的支持、信息系统的支撑等。财务转型在企业的实践是一个逐步深入的过程，需要不断地完善。下一步，我们将继续在绩效管理、优化运行、提升成本利润率、风险控制等方面，深化财务转型。由于笔者知识和经验有限，对财务转型理论的研究显得不足，对财务转型实践中组织职能衔接和优化、人员的管理和考核等方面也未做出深入研究，这些有待笔者在今后的工作和研究中进一步完善。

参考文献

[1] 杨纪琬. 开展我国会计理论研究的几点意见 [J]. 会计研究，1980 (1).

[2] 朱本美，王棣华. 现代企业财务关系协调新思维 [J]. 湖南财政与会计，2000 (9).

[3] 托马斯·沃尔瑟，等. 再造金融总裁 [M]. 赵娟，译. 北京：商务印书馆.

[4] 玛格丽特·梅. 财务职能与公司增值 [M].

[5] 普华永道. 首席财务官 [M]. 王立彦，等，译. 北京：北京大学出版社.

[6] 西德克·雷德，等. 公司财富的引擎 [M]. 郑德渊，等，译. 北京：中国财政经济出版社.

[7] 上海国家会计学院. 成为胜任的 CFO [M]. 北京：经济科学出版社.

[8] Martin Fahy. 财务的变革.

[9] 罗布·诺顿. CFO 思想领袖 [M]. 李芳容，译. 上海：上海远东出版社.

[10] IBM 中国商业价值研究院. 洞察中国 [M]. 北京：东方出版社.

[11] 陈虎. 基于共享服务的财务转型 [J]. 财务与会计，2016.

[12] 何瑛，彭晓峰. 基于战略视觉的企业财务转型拓展路径研究 [J]. 经济与管理研究，2008 (9)：44.

[13] 斯图尔特·克莱门茨. CFO 的观点 [M]. 钱逢胜，等，译. 上海：

上海财经大学出版社.

[14] 葛家澍. 葛家澍会计文集 [M]. 上海：立信会计出版社.

[15] IBM 商业价值研究院. 复杂环境下的 CXO [M]. 北京：东方出版社.

[16] 美国 IMA. 管理会计公告（第 4 辑）[Z]. 刘霄仑，主译. 北京：人民邮电出版社.

[17] 魏春红. 中国经济新常态下财务转型探讨 [J]. 中国总会计师，2015 (5).

[18] 杨璐. 业财融合践行分析 [J]. 中国总会计师，2015 (11).

[19] 李桂荣，刘卓然. 财务共享、财务职能转型与财务人员角色转变 [J]. 会计之友，2017 (10).

[20] 章丹妮，管理会计背景下的价值创造型财务转型 [J]. 现代经济信息，2018 (2).

[21] 汪文珺. 关于财务转型工作的探讨，基于共享服务的财务转型 [J]. 财会学习，2018 (5).